ARBITRAGEM
MEDIAÇÃO, CONCILIAÇÃO E NEGOCIAÇÃO

Edições anteriores

1.ª edição: 2008
2.ª edição: 2009
3.ª edição: 2010
4.ª edição: 2011
5.ª edição: 2014
6.ª edição: 2015
7.ª edição: 2016
8.ª edição: 2018
9.ª edição: 2019
10.ª edição: 2020

O GEN | Grupo Editorial Nacional – maior plataforma editorial brasileira no segmento científico, técnico e profissional – publica conteúdos nas áreas de concursos, ciências jurídicas, humanas, exatas, da saúde e sociais aplicadas, além de prover serviços direcionados à educação continuada.

As editoras que integram o GEN, das mais respeitadas no mercado editorial, construíram catálogos inigualáveis, com obras decisivas para a formação acadêmica e o aperfeiçoamento de várias gerações de profissionais e estudantes, tendo se tornado sinônimo de qualidade e seriedade.

A missão do GEN e dos núcleos de conteúdo que o compõem é prover a melhor informação científica e distribuí-la de maneira flexível e conveniente, a preços justos, gerando benefícios e servindo a autores, docentes, livreiros, funcionários, colaboradores e acionistas.

Nosso comportamento ético incondicional e nossa responsabilidade social e ambiental são reforçados pela natureza educacional de nossa atividade e dão sustentabilidade ao crescimento contínuo e à rentabilidade do grupo.

Luiz Antonio Scavone Junior

ARBITRAGEM
MEDIAÇÃO, CONCILIAÇÃO E NEGOCIAÇÃO

11ª edição revista e atualizada

■ O autor deste livro e a editora empenharam seus melhores esforços para assegurar que as informações e os procedimentos apresentados no texto estejam em acordo com os padrões aceitos à época da publicação, e todos os dados foram atualizados pelo autor até a data de fechamento do livro. Entretanto, tendo em conta a evolução das ciências, as atualizações legislativas, as mudanças regulamentares governamentais e o constante fluxo de novas informações sobre os temas que constam do livro, recomendamos enfaticamente que os leitores consultem sempre outras fontes fidedignas, de modo a se certificarem de que as informações contidas no texto estão corretas e de que não houve alterações nas recomendações ou na legislação regulamentadora.

■ Fechamento desta edição: *15.03.2023*

■ O Autor e a editora se empenharam para citar adequadamente e dar o devido crédito a todos os detentores de direitos autorais de qualquer material utilizado neste livro, dispondo-se a possíveis acertos posteriores caso, inadvertida e involuntariamente, a identificação de algum deles tenha sido omitida.

■ **Atendimento ao cliente:** (11) 5080-0751 | faleconosco@grupogen.com.br

■ Direitos exclusivos para a língua portuguesa
Copyright © 2023 by
Editora Forense Ltda.
Uma editora integrante do GEN | Grupo Editorial Nacional
Travessa do Ouvidor, 11 – Térreo e 6º andar
Rio de Janeiro – RJ – 20040-040
www.grupogen.com.br

■ Reservados todos os direitos. É proibida a duplicação ou reprodução deste volume, no todo ou em parte, em quaisquer formas ou por quaisquer meios (eletrônico, mecânico, gravação, fotocópia, distribuição pela Internet ou outros), sem permissão, por escrito, da Editora Forense Ltda.

■ Até a 8ª edição, esta obra foi publicada com título *Manual de Arbitragem – Mediação e conciliação.*

■ Capa: Aurélio Corrêa

■ **CIP – BRASIL. CATALOGAÇÃO NA FONTE.**
SINDICATO NACIONAL DOS EDITORES DE LIVROS, RJ.

S315a
Scavone Junior, Luiz Antonio

Arbitragem: mediação, conciliação e negociação / Luiz Antonio Scavone Junior. – 11. ed. – Rio de Janeiro: Forense, 2023.

Inclui bibliografia
ISBN 978-65-5964-818-4

1. Arbitragem e sentença - Brasil. 2. Negociação - Brasil. 3. Mediação - Brasil. 4. Conciliação (Processo civil) - Brasil. I. Título.

23-82879 CDU: 347.918(81)

Meri Gleice Rodrigues de Souza – Bibliotecária – CRB-7/6439

Agradeço ao
DR. FREDERICO JOSÉ STRAUBE,
Presidente da Câmara de Comércio
Brasil-Canadá, pelo suporte prático
ao presente livro.
A DEUS, por tudo, sempre.

SOBRE O AUTOR

Doutor e Mestre em Direito Civil pela Pontifícia Universidade Católica de São Paulo – PUC/SP. Professor dos cursos de graduação em Direito da Universidade Presbiteriana Mackenzie, em São Paulo. Professor titular do curso e do mestrado em Direito da Escola Paulista de Direito – EPD. Coordenador e professor do curso de pós-graduação em Direito Imobiliário da Escola Paulista de Direito – EPD. Advogado militante e administrador de empresas pela Universidade Presbiteriana Mackenzie. Autor, coautor e coordenador de diversas obras jurídicas.

APRESENTAÇÃO

Depois de cinco edições desta obra, surgiu a Lei 13.129, de 26 de maio de 2015, que alterou a Lei de Arbitragem, bem como a Lei 13.140, de 26 de junho de 2015, que introduziu no sistema jurídico brasileiro a mediação entre particulares como meio de solução de controvérsias e tratou, também, da autocomposição de conflitos no âmbito da Administração Pública.

Nas edições posteriores, a interpretação dos tribunais sobre essas alterações foi incorporada no livro.

Posta assim a questão, apresentamos a nova edição da obra *Arbitragem – Mediação, conciliação e negociação*.

Trata-se de livro didático, escrito para servir tanto aos operadores do direito quanto aos estudantes e estudiosos da matéria.

Os temas foram abordados de forma objetiva, com parágrafos curtos, capítulos repletos de exemplos e jurisprudência, sem descuidar do conteúdo.

Ao final de cada capítulo, preparamos um quadro-resumo, útil para fixação dos temas e para leitura rápida dos institutos estudados.

Iniciamos com os aspectos gerais da arbitragem, tratando da relação desse meio de solução de conflitos e a possibilidade de sua aplicação aos diversos ramos do Direito, como ao Direito do Consumidor, ao Direito do Trabalho, ao Direito Administrativo e ao Direito Falimentar, entre outros temas.

Seguem os capítulos que tratam da convenção de arbitragem, dos árbitros, do procedimento arbitral, da sentença arbitral, inclusive estrangeira e sua homologação e, por fim, da mediação e da conciliação, de acordo com a Lei 13.140/2015 e com o atual Código de Processo Civil.

Esperamos, assim, colaborar com o estudo de importante tema, quando se discute a celeridade na solução dos conflitos como elemento relevante do Estado Democrático de Direito e da dignidade humana.

Luiz Antonio Scavone Junior

PREFÁCIO À 1.ª EDIÇÃO

A minha presença nesta obra deve-se a dois fatos. Primeiro, a amizade que preservo com o autor, fruto da nossa convivência acadêmica nos cursos de graduação e pós-graduação em Direito do Centro Universitário das Faculdades Metropolitanas Unidas (FMU). Tive a oportunidade singular de acompanhar a sua carreira desde o ingresso no curso de Direito por concurso, em 1999, e a honra de participar de sua banca de doutorado em 2006, na Pontifícia Universidade Católica de São Paulo, ao lado dos professores João Batista Lopes (orientador), Renan Lotufo, Gilberto Haddad Jabur e Roberto Senise Lisboa, momento em que verifiquei o brilhantismo da fundamentada defesa da tese *As consequências do descumprimento das obrigações à luz do princípio da restituição integral: uma interpretação sistemática e teleológica*.

O segundo fato refere-se à reforma curricular que realizamos no curso de graduação em Direito na FMU. Ao lado do Professor Luiz Accácio Pereira, assumimos a coordenação do curso de Direito no início de 2006 e, de pronto, vislumbramos a necessidade da atualização do currículo, sendo necessária a inserção das disciplinas da modernidade.

Neste estudo, foram preservados os fundamentos essenciais do modelo educacional sustentado há décadas pelo Centro Universitário das Faculdades Metropolitanas Unidas. O Projeto Pedagógico de 2007 trouxe adaptações e atualizações, em especial à implantação do sistema de ensino por ciclos, que privilegia a investigação dos conteúdos em ciclos do conhecimento. Abandona-se a abordagem sequencial em que a enciclopédia jurídica é estruturada por matérias eminentemente dogmáticas.

Foram inseridas disciplinas com perfil humanista voltadas para a formação e destinadas a ressaltar a valorização da dignidade da pessoa humana, e disciplinas que surgiram com o avanço científico e social, como psicologia jurídica, biodireito e direito da sociedade da informação. Nesse contexto, foi inserida a disciplina "solução alternativa de conflitos". Se no passado o operador do Direito era formado para litigar, no presente devemos ensinar que existem outras opções. No mundo contemporâneo, o profissional deve estar preparado para negociar e buscar a conciliação, deixando a Jurisdição como via posterior e reservada a conflitos de maior complexidade.

Ao inserirmos essa disciplina, tendo como um dos temas centrais a arbitragem, confiamos a sua regência ao experiente advogado e professor Luiz Antonio Scavone Junior, que, como resultado, já traz um novo trabalho acadêmico, que servirá de livro-texto não só para os alunos de graduação e de pós-graduação, mas para toda comunidade jurídica.

Objeto de estudo relativamente novo nas Escolas de Direito, a arbitragem merecia uma abordagem didática e precisa, e ao mesmo tempo profunda, o que foi exposto com muita precisão pelo autor no *Manual de Arbitragem*, que pelos dois fatos descritos acima, ora apresento ao leitor.

O livro estabelece premissas fundamentais para a melhor compreensão do tema, ao salientar acertadamente que o Estado se mostra incapaz de atender plenamente à necessária solução adequada de todos os conflitos que surgem no seio da sociedade, e, ainda, que a arbitragem surge, portanto, como meio de solução de conflitos de forma mais eficaz, sem a pletora de recursos que atolam o já assoberbado Poder Judiciário, fazendo que um processo judicial demore tempo suficiente para que a solução, muitas vezes, não tenha qualquer eficácia.

De fato, torna-se atraente a adoção de meios alternativos de solução de litígios, dentre os quais se destaca a arbitragem, brilhantemente tratada nesta obra.

Mercê da experiência haurida da constante atividade docente na FMU, o autor entregou-se à elaboração deste precioso livro que traduz a essência das aulas que ministra sobre o tema e agora chega às livrarias para auxiliar alunos e profissionais que se deparam com a necessidade do conhecimento específico dos meios alternativos de solução de conflitos.

A partir da 8.ª edição, o material suplementar, contendo legislação correlata e modelo de regulamento de centro de arbitragem, pode ser acessado pelo site da Editora Gen.

O autor, demonstrando familiaridade com o tema, brinda-nos com texto atual e extremamente didático, que certamente merecerá ampla acolhida pelos alunos de direito e profissionais da área.

São Paulo, janeiro de 2008.

Prof. Dr. Paulo Hamilton Siqueira Jr.
Coordenador do Curso de Direito da FMU

SUMÁRIO

ABREVIATURAS	XIX
CAPÍTULO 1 – ASPECTOS GERAIS DA ARBITRAGEM	1
1. Conceito de arbitragem – jurisdição	1
2. Arbitragem, mediação e conciliação	7
3. Normas de direito material aplicáveis à solução do conflito pela via arbitral	9
4. Limite geral imposto à possibilidade de solução arbitral	11
4.1 Direitos patrimoniais disponíveis	13
5. Espécies de arbitragem: institucional e avulsa	17
6. Arbitragem e sua constitucionalidade	18
7. Outros limites impostos à possibilidade de solução arbitral dos conflitos	20
7.1 Arbitragem e relação de consumo	20
7.2 Arbitragem e contratos de adesão	26
7.3 Arbitragem e direito do trabalho	32
7.4 Arbitragem e locação de imóveis urbanos	44
7.5 Arbitragem e Administração Pública – Direito Administrativo	47
7.6 Arbitragem, contratos societários e estatutos associativos	56
7.7 Falência e recuperação judicial do demandante e arbitragem	61
7.7.1 Falência	61
7.7.2 Recuperação judicial	63
7.8 Condomínio edilício e arbitragem	67
Quadro sinótico	71
CAPÍTULO 2 – CONVENÇÃO DE ARBITRAGEM	79
1. Obrigatoriedade da arbitragem	79
1.1 Cláusula arbitral e cláusula de eleição de foro	81
1.2 A obrigatoriedade da arbitragem e o contrato que configura título executivo	82

2. Espécies de convenção de arbitragem 84
   2.1 Cláusula arbitral ou cláusula compromissória 84
       2.1.1 Cláusula arbitral cheia 85
       2.1.2 Cláusula arbitral vazia – conceito e execução específica 86
   2.2 Compromisso arbitral 89
3. Requisitos do compromisso arbitral 90
4. Autonomia da cláusula arbitral – competência-competência 95
Quadro sinótico 104

CAPÍTULO 3 – ÁRBITROS 107

1. Quem pode ser árbitro 107
2. Poderes, deveres dos árbitros e sua equiparação aos funcionários públicos no exercício da função 110
   2.1 Poderes conferidos aos árbitros 110
   2.2 Deveres dos árbitros 110
       2.2.1 A equiparação dos árbitros aos funcionários públicos e suas consequências 112
3. O significado da expressão legal "tribunal arbitral" 115
4. Critérios para escolha dos árbitros e do presidente do tribunal arbitral 116
5. Impedimento do árbitro e sua arguição – o dever de revelação 119
   5.1 Arguição de recusa do árbitro 124
6. Impossibilidade de atuação do árbitro e sua substituição 126
7. Número de árbitros e suplentes 127
Quadro sinótico 128

CAPÍTULO 4 – PROCEDIMENTO ARBITRAL 135

1. Normas de procedimento 135
   1.1 Ata de missão 136
   1.2 Princípios impositivos 137
   1.3 Primeiras providências e tentativa de conciliação 140
   1.4 Participação de advogado e representantes das partes 142
2. Instituição da arbitragem e a interrupção da prescrição 143
3. Arguição de incompetência, suspeição e impedimento do árbitro e arguição de nulidade da cláusula arbitral 147
   3.1 Momento da alegação 150

	3.2 Impedimento ou suspeição do árbitro...	152
	3.3 Nulidade da convenção de arbitragem e incompetência do árbitro ou do tribunal arbitral..	154
4.	Relação de coordenação entre a arbitragem e o Poder Judiciário – cartas arbitrais	155
5.	Produção de provas	157
	5.1 Depoimentos das testemunhas, interrogatório das partes e confissão...	159
	5.1.1 Interrogatório, depoimento das partes e confissão..................	160
	5.1.2 Depoimento das testemunhas	161
6.	Tutelas provisórias de urgência e de evidência	163
	6.1 Tutelas provisórias de urgência de natureza cautelar ou antecipada incidentais...	164
	6.2 Tutelas provisórias de urgência de natureza cautelar ou antecipada antecedentes	165
	6.3 Tutelas de evidência	167
	6.4 Jurisprudência..	168
7.	Pedido contraposto..	170
8.	Revelia	170
9.	Comunicação dos atos	172
10.	Despesas com a arbitragem	173
11.	Intervenção de terceiros..	174
	Quadro sinótico...	176

CAPÍTULO 5 – SENTENÇA ARBITRAL... 183

1.	Características da sentença arbitral e seu cumprimento	183
	1.1 Natureza do provimento, carta de sentença arbitral e seu ingresso no registro público, liquidez e execução	186
	1.2 Cumprimento espontâneo e procedimento de cumprimento judicial da sentença arbitral	191
	1.2.1 Citação..	193
	1.2.2 Cumprimento definitivo da sentença que reconhece a exigibilidade de obrigação de pagar quantia certa – momento da exigibilidade da multa e dos honorários previstos.................................	194
	1.2.3 Cumprimento definitivo da sentença que reconhece a exigibilidade de obrigação de entregar bens móveis ou imóveis, fazer e não fazer	196
2.	Prazo para emissão da sentença arbitral..	198

3. *Quorum* para a sentença no caso de tribunal arbitral............................	200
4. Requisitos da sentença	201
5. Acordo e sentença homologatória no curso da arbitragem	202
6. Comunicação e pedido de esclarecimento ("embargos de declaração")	204
7. Nulidade da sentença arbitral	207
8. Ação anulatória da sentença arbitral...	221
8.1 Procedimento..	223
8.2 Impugnação da execução e seus efeitos...	228
9. Sentença arbitral que não decide todo o litígio	231
Quadro sinótico...	232

CAPÍTULO 6 – SENTENÇA ARBITRAL ESTRANGEIRA 239

1. A sentença arbitral e a necessidade de homologação pelo Superior Tribunal de Justiça	239
2. Procedimento de homologação	242
3. Hipóteses de rejeição do pedido de homologação	244
Quadro sinótico...	252

CAPÍTULO 7 – NEGOCIAÇÃO 255

1. Conceito..	255
2. As fases da negociação	257
3. Pontos fundamentais da negociação	257
3.1 Identificação do objeto do conflito e o objetivo das partes	257
3.2 Identificação da motivação e da intenção das partes	258
3.3 Entre na negociação munido de mais de uma possibilidade de desfecho...	258
3.4 Domine o prognóstico tanto quanto possível.................................	258
4. "Rapport"	259
Quadro sinótico...	261

CAPÍTULO 8 – MEDIAÇÃO E CONCILIAÇÃO... 265

1. Conceito de mediação e de conciliação	265
1.1 Centros judiciários de solução consensual de demandas	266
2. Princípios impositivos da mediação e da conciliação e a confidencialidade......	267
3. Mediadores e conciliadores	270
3.1 O conciliador	270

	3.2 O mediador	271
	3.3 Cadastro de conciliadores e mediadores judiciais e câmaras de conciliação	271
	3.4 Impedimentos	272
	3.5 Equiparação para fins penais	273
	3.6 Exclusão	274
	3.7 Pagamento	274
4.	Conciliação judicial	274
	4.1 Procedimento do Código de Defesa do Consumidor no caso de superendividamento	274
	4.2 Procedimento do Código de Processo Civil	276
5.	Regras gerais do procedimento de mediação (Lei 13.140/2015, arts. 14 a 20)	277
	5.1 Instituição do procedimento de mediação	278
	5.2 Reuniões	279
	5.3 Recusa, impedimento ou suspeição do mediador e do conciliador e dever de revelação – as consequências do descumprimento do dever de revelação	280
	5.4 Mediação e conciliação no curso do procedimento judicial ou arbitral	281
	5.5 Advogado	281
	5.6 Termo final de mediação e de conciliação e natureza do título no caso de transação	283
6.	Peculiaridades da mediação/conciliação extrajudicial – a cláusula escalonada	284
7.	Peculiaridades da mediação judicial	287
8.	Mediação e conciliação no Direito Público	288
	8.1 Conflitos envolvendo particulares e a União, os Estados e os Municípios	288
	8.2 "Transação por adesão" nos conflitos envolvendo a Administração Pública Federal Direta, suas Autarquias e Fundações	289
	8.3 Controvérsia entre órgãos ou entidades de direito público que integram a Administração Pública Federal	290
	8.4 Desapropriações	292
Quadro sinótico		292
BIBLIOGRAFIA		301
OBRAS DO AUTOR		305

ABREVIATURAS

ADIn	–	Ação Direta de Inconstitucionalidade
Ag	–	Agravo
AgExec	–	Agravo em Execução
AgRg	–	Agravo Regimental
AI	–	Agravo de Instrumento
Ajuris	–	*Revista da Associação dos Juízes do Rio Grande do Sul*
Ap.	–	Apelação
Ap. Cív.	–	Apelação Cível
Ap. Crim.	–	Apelação Criminal
Bol. AASP	–	*Boletim da Associação dos Advogados de São Paulo*
Bol. IBCCrim	–	*Boletim do Instituto Brasileiro de Ciências Criminais*
Bol. TJSP	–	*Boletim de Jurisprudência da Biblioteca do Tribunal de Justiça de São Paulo*
Câm.	–	Câmara
CC	–	Código Civil
CC/1916	–	Código Civil de 1916
CComp	–	Conflito de Competência
cit.	–	citado(a)
CLT	–	Consolidação das Leis do Trabalho
CP	–	Código Penal
CPC	–	Código de Processo Civil
CPP	–	Código de Processo Penal
Crim.	–	Criminal
CTN	–	Código Tributário Nacional
Des.	–	Desembargador(a)
DJ	–	*Diário da Justiça*
DO	–	*Diário Oficial*
ED	–	Embargos de Declaração
EI	–	Embargos Infringentes
Emb. Div.	–	Embargos de Divergência
j.	–	Julgado em
JSTF	–	Jurisprudência do Supremo Tribunal Federal
JSTJ	–	Jurisprudência do Superior Tribunal de Justiça
JTJ	–	Julgados do Tribunal de Justiça (antiga Revista de Jurisprudência do Tribunal de Justiça de São Paulo – RJTJESP)
LC	–	Lei Complementar
m.v.	–	Maioria de votos
MI	–	Mandado de Injunção

Min.	–	Ministro(a)
MS	–	Mandado de Segurança
op.	–	obra
p.	–	página ou páginas
RAM	–	*Revista de Arbitragem e Mediação*
RE	–	Recurso Extraordinário
Rec.	–	Recurso Criminal
rel.	–	Relator
REsp	–	Recurso Especial
RF	–	*Revista Forense*
RISTF	–	Regimento Interno do Supremo Tribunal Federal
RISTJ	–	Regimento Interno do Superior Tribunal de Justiça
RJTJ	–	*Revista de Jurisprudência do Tribunal de Justiça* (ex.: *RJTJSP, RJTJRS*)
RJTJRJ	–	*Revista de Jurisprudência do Tribunal de Justiça do Rio de Janeiro*
RJTJRS	–	*Revista de Jurisprudência do Tribunal de Justiça do Rio Grande do Sul*
RJTJSP	–	*Revista de Jurisprudência do Tribunal de Justiça de São Paulo*
RSTJ	–	*Revista do Superior Tribunal de Justiça*
RT	–	*Revista dos Tribunais*
RTFR	–	*Revista do Tribunal Federal de Recursos*
RTJ	–	*Revista Trimestral de Jurisprudência* (STF)
RTJE	–	*Revista Trimestral de Jurisprudência dos Estados*
SEC	–	Sentença Estrangeira Contestada
STF	–	Supremo Tribunal Federal
STJ	–	Superior Tribunal de Justiça
t.	–	Tomo
T.	–	Turma
TA	–	Tribunal de Alçada (ex. TACRIM, TACPR, 1.º TACSP)
TFR	–	Tribunal Federal de Recursos
TJ	–	Tribunal de Justiça
TJMG	–	Tribunal de Justiça de Minas Gerais
TJSP	–	Tribunal de Justiça de São Paulo
TP	–	Tribunal Pleno
TRF	–	Tribunal Regional Federal
v.u.	–	Votação unânime

Capítulo 1

ASPECTOS GERAIS DA ARBITRAGEM

1. CONCEITO DE ARBITRAGEM – JURISDIÇÃO

A arbitragem é um dos mais antigos meios de composição de conflitos pela heterocomposição, ou seja, a solução do conflito por um terceiro imparcial.

Segundo Jacob Dolinger,[1] a arbitragem já estava presente entre os hebreus na antiguidade, descrita no pentateuco[2] que relata conflitos decididos por árbitros, a exemplo daquele entre Jacó e Labão.[3]

No Direito Romano, a arbitragem voluntária e facultativa era admitida e até estimulada; sempre foi aceita e mesmo incentivada. A arbitragem obrigatória também existiu entre as fases das ações da lei ("legis actiones") e do processo formulário ("per formulas").[4]

Certo é que a arbitragem estava prevista no Código Civil de 1916 entre os meios indiretos de pagamento, sob o título de "compromisso" (arts. 1.037 a 1.048), mas não encontrou larga utilização como meio de solução de conflitos, tendo em vista que, nos arts. 1.085 a 1.102, o Código de Processo Civil de 1973 exigia a homologação do então denominado "laudo arbitral" (hoje equivalente à sentença arbitral), por sentença judicial com todos os recursos inerentes.[5]

Com isso, o Poder Judiciário se transformava em "segundo grau de jurisdição" da arbitragem.

---

[1] Jacob Dolinger. Conciliação e arbitragem no Direito Judaico, Apud: Luiz Roberto Ayoub. *Arbitragem*: o acesso à Justiça e a efetividade do processo – uma nova proposta. Rio de Janeiro: Lumen Juris, 2005, p. 23.

[2] Cinco primeiros livros da Bíblia.

[3] Gênesis 31: 36 e 37 NVI: "Jacó ficou irado e queixou-se a Labão: 'Qual foi meu crime? Que pecado cometi para que você me persiga furiosamente? Você já vasculhou tudo o que me pertence. Encontrou algo que lhe pertença? Então coloque tudo aqui na frente dos meus parentes e dos seus, e que eles julguem entre nós dois.' Labão acusava Jacó de ter-lhe furtado ídolos que lhe pertenciam".

[4] José Carlos Moreira Alves. *Direito romano*, 15. ed., Rio de Janeiro: Forense, 2012, p. 27.

[5] Ainda assim, havendo compromisso arbitral anterior à Lei atual de Arbitragem (Lei 9.307 de 23 de setembro de 1996 (em vigor 60 dias após a sua publicação – publicada no DOU de 24/09/1996), é a lei atual que se aplicará em razão da sua natureza processual. Neste sentido, a Súmula 485/STJ: "A Lei de Arbitragem aplica-se aos contratos que contenham cláusula arbitral, ainda que celebrados antes da sua edição."

A Lei 9.307, de 23 de setembro de 1996, acabou com a necessidade de homologação judicial da sentença arbitral e equiparou o árbitro ao juiz togado no desempenho da arbitragem (art. 18), esclarecendo que a sua decisão é sentença e, como tal, constitui título executivo judicial (CPC, art. 515, VII), fazendo coisa julgada material ao decidir o mérito do conflito.[6]

Eis o dispositivo da Lei 9.307/1996 (Lei de Arbitragem): "Art. 18. O árbitro é juiz de fato e de direito, e a sentença que proferir não fica sujeita a recurso ou a homologação pelo Poder Judiciário".

Esses aspectos, conjugados com a previsão da extinção do processo sem resolução do mérito pela existência de convenção de arbitragem entre as partes, desde que alegada em preliminar à contestação (CPC, arts. 485, VII, e 337, X), bem como a competência absoluta do árbitro, inclusive para decidir sobre eventual nulidade do contrato que contenha a cláusula arbitral e a nulidade da própria convenção de arbitragem (arts. 8º e 20 da Lei de Arbitragem), fortaleceram o instituto como meio alternativo de solução de conflitos e permitiram seu desenvolvimento como importante mecanismo para a consecução do objetivo maior do direito: a paz social pelo fim dos conflitos.

> A arbitragem pode ser definida, assim, como o meio privado, jurisdicional e alternativo de solução de conflitos decorrentes de direitos patrimoniais e disponíveis por sentença arbitral, definida como título executivo judicial e prolatada pelo árbitro, juiz de fato e de direito, normalmente especialista na matéria controvertida.

A par das críticas que normalmente são feitas ao conceito de arbitragem como meio "alternativo" de solução de conflitos, posto que, para alguns autores, a exemplo de Carlos Alberto Carmona, correto seria denominar a arbitragem de "meio adequado" de solução de controvérsias,[7] o fato é que, se não constituísse uma alternativa às partes, seria inconstitucional, posto que haveria imposição da solução por intermédio da arbitragem, o que fere o princípio da inafastabilidade da tutela insculpido no art. 5º, XXXV, da Constituição Federal (vide item 6 deste capítulo).

Em outras palavras, a arbitragem resulta de negócio jurídico mediante o qual as partes optam pela solução arbitral, abdicando da jurisdição estatal em razão dos seus direitos patrimoniais e disponíveis.

Trataremos desses aspectos.

É preciso reforçar que a solução dada pelo árbitro, como dito, é denominada *sentença arbitral* e sua atividade é indubitavelmente jurisdicional, rompendo com a ideia inicial trazida por Giuseppe Chiovenda, para quem a jurisdição era atividade estatal de aplicação do direito ao caso concreto, o que foi adotado pelo sistema anterior à Lei 9.307/1996.

---

[6] O art. 502 do Código de Processo Civil esclarece que "denomina-se coisa julgada material a autoridade que torna imutável e indiscutível a decisão de mérito não mais sujeita a recurso."

[7] Carlos Alberto. *Arbitragem e processo*: um comentário à Lei 9.307/96, 3. ed. rev., atual. e ampl., São Paulo: Atlas, 2009, p. 31.

De fato, "jurisdictio" designou, na origem, o poder de administrar a justiça, aplicando o direito.[8]

Eis como Chiovenda definia jurisdição na época em que a arbitragem dependia de homologação judicial e, portanto, era contratual: "... função do Estado que tem por escopo a atuação da vontade concreta da lei por meio da substituição, pela atividade de órgãos públicos, da atividade de particulares ou de outros órgãos públicos, já no afirmar a existência da vontade da lei, já no torná-la, praticamente, efetiva."[9]

Como dissemos linhas atrás, essa ideia refletiu no Código Civil de 1916 e na redação original do CPC de 1973, posto que a arbitragem era tratada como "compromisso" no âmbito dos meios indiretos de pagamento e o "laudo arbitral" dependia, para ser cumprido coercitivamente, de prévia homologação judicial por sentença, o que, evidentemente, retirava toda a vantagem da arbitragem, posto que o Poder Judiciário se transformava em segunda instância da arbitragem.

O panorama se alterou durante o século XX.

Hoje, a arbitragem possui a mesma força de uma sentença judicial transitada em julgado, até porque o Código de Processo Civil coloca a decisão arbitral (sentença) no rol dos títulos executivos judiciais.[10]

Trata-se, a toda evidência, de atividade jurisdicional.

Nessa medida: "Art. 515. São títulos executivos judiciais, cujo cumprimento dar-se-á de acordo com os artigos previstos neste Título: (...) VII - a sentença arbitral (...)".

Jurisdição significa "dizer o direito", ou seja, é o poder conferido a alguém, imparcial, para aplicar a norma e solucionar o conflito por meio do processo, prolatando sentença capaz de produzir coisa julgada material e, nessa medida, pode ser imposta aos litigantes.

Clara é a posição de Nelson Nery Junior[11] a respeito da natureza jurisdicional da arbitragem: "A natureza jurídica da arbitragem é de jurisdição. O árbitro exerce jurisdição porque aplica o direito ao caso concreto e coloca fim à lide que existe entre as partes. A arbitragem é instrumento de pacificação social. Sua decisão é exteriorizada por meio de sentença, que tem qualidade de título executivo judicial, não havendo necessidade de ser homologada pela jurisdição estatal. A execução da sentença arbitral é aparelhada por título judicial...".

---

[8] Cf. 2 Digesto, 1, 3: "imperium cui jurisdictio in est" – "jus dicere". O Digesto, também conhecido por "Pandectas" (do grego), nada mais é do que a organização de fragmentos de jurisconsultos clássicos no Direito Romano. Digesto vem do latim "digerere", ou seja, colocar em ordem. As Pandectas resumiram todo o Direito Romano e, inclusive, serviram de fundamento para as Institutas de Justiniamo, mais simples. Nas Pandectas as inovações foram mescladas com as decisões clássicas. Ficaram elas, inicialmente, circunscritas ao Império Bizantino e, no século XI, passaram a ser reestudadas pelo Ocidente, principalmente na Universidade de Bolonha, influenciando a maioria das legislações europeias e, ao depois, a nossa, influenciada que foi pelo direito francês, português e europeu em geral do século retrasado.

[9] Giuseppe Chiovenda. *Instituições de direito processual civil*, Campinas: Bookseller, 2000, vol. II, p. 3.

[10] O CPC/1973 foi alterado pela Lei 11.232/2005 para incluir a sentença arbitral no rol dos títulos executivos judiciais, ideia mantida pelo art. 515, VII, do atual CPC.

[11] Nelson Nery Junior. *Código de Processo Civil comentado*, 3. ed., São Paulo: RT, 1997, p. 1.300.

O fato de o árbitro não reunir poderes de executar as decisões que toma, inclusive as tutelas provisórias, de urgência, cautelares ou antecipatórias de tutela, ou de evidência, não retira o caráter jurisdicional daquilo que decide.

Suas decisões são impostas da mesma maneira que são impostas as sentenças judiciais e, bem assim, a sentença arbitral é um título executivo judicial na exata medida da clara redação conferida ao art. 515, VII, do Código de Processo Civil.[12]

"Assim, os argumentos da doutrina favoráveis à jurisdicionalidade do procedimento arbitral revestem-se de coerência e racionalidade. Não há motivos para que se afaste o caráter jurisdicional dessa atividade".[13]

O Código de Processo Civil claramente adota a dualidade jurisdicional, estabelecendo paralelamente a jurisdição estatal e a jurisdição arbitral, inferência que se extrai dos arts. 3º e 42.

O art. 3º do CPC de 2015 está assim redigido: "Art. 3º Não se excluirá da apreciação jurisdicional ameaça ou lesão a direito. § 1º É permitida a arbitragem, na forma da lei. § 2º O Estado promoverá, sempre que possível, a solução consensual dos conflitos. § 3º A conciliação, a mediação e outros métodos de solução consensual de conflitos deverão ser estimulados por juízes, advogados, defensores públicos e membros do Ministério Público, inclusive no curso do processo judicial."

No art. 42 do CPC encontramos o seguinte: "Art. 42. As causas cíveis serão processadas e decididas pelo juiz nos limites de sua competência, ressalvado às partes o direito de instituir juízo arbitral, na forma da lei."

Eis um aresto nesse sentido: "Superior Tribunal de Justiça. Administrativo. Mandado de Segurança. Permissão de área portuária. Celebração de cláusula compromissória. Juízo arbitral. Sociedade de economia mista. Possibilidade. Atentado. (...) 15. A aplicação da Lei 9.307/96 e do artigo 267, inc. VII do CPC [atual, art. 485, VII] à matéria *sub judice*, afasta a jurisdição estatal, *in casu* em obediência ao princípio do juiz natural (artigo 5º, LII da Constituição Federal de 1988). (...) 16. É cediço que o juízo arbitral não subtrai a garantia constitucional do juiz natural, ao contrário, implica realizá-la, porquanto somente cabível por mútua concessão entre as partes, inaplicável, por isso, de forma coercitiva, tendo em vista que ambas as partes assumem o 'risco' de serem derrotadas na arbitragem. (Precedente: REsp 450.881 de relatoria do Ministro Castro Filho, publicado no *DJ* 26.05.2003) 17. Destarte, uma vez convencionado pelas partes cláusula arbitral, o árbitro vira juiz de fato e de direito da causa, e a decisão que então proferir não ficará sujeita a recurso ou à homologação judicial, segundo dispõe o artigo 18 da Lei 9.307/96, o que significa categorizá-lo como equivalente jurisdicional, porquanto terá os mesmos poderes do juiz togado, não sofrendo restrições na sua competência. 18. Outrossim, vige na jurisdição privada, tal como sucede naquela pública, o princípio do Kompetenz-Kompetenz, que estabelece

---

[12] O juiz de instrução criminal não deixa de ter jurisdição por não ser competente para executar sentença que determina, nos termos dos arts. 63 e 387 do Código de Processo Penal e do art. 91 do Código Penal, condenação do réu em ressarcir em razão do crime praticado. Essa sentença, da mesma forma e pelo mesmo dispositivo (CPC, 515, VI) do Código de Processo Civil, é título executivo judicial.

[13] STJ, Conflito de Competência 113.260-SP (2010/0139887-0), j. 08.10.2010.

ser o próprio juiz quem decide a respeito de sua competência (...)" (MS 11.308/DF, Rel. Min. Luiz Fux, Primeira Seção, j. 09.04.2008, *DJe* 19.05.2008).

Em complemento, importante verificar que a jurisdição compreende a aplicação do direito ao caso concreto com a capacidade de produzir coisa julgada material, o que a sentença arbitral cumpre estritamente nos termos do que prevê a Lei de Arbitragem nos seus arts. 18 e 31, segundo os quais a decisão final proferida pelo árbitro é sentença da qual não cabe recurso e está equiparada, para todos os efeitos, às sentenças proferidas pelos órgãos do Poder Judiciário.[14]

Nota-se, assim, a grande vantagem imposta pela sentença arbitral, tendo em vista que a equivalente sentença judicial, fato notório, demora anos para encontrar sua solução final.

Por outro lado, a sentença arbitral, pela experiência até agora, demora somente alguns meses para que possa gerar o mesmo efeito da sentença judicial transitada em julgado, com a solução de todos os recursos previstos no Código de Processo Civil.

Imaginemos, como exemplo, que uma empresa exportadora de suco de laranja pretenda adquirir, de grande produtor rural, sua próxima safra de laranjas, tendo em vista as previsões de incremento do mercado no ano vindouro.

Em razão dessa necessidade, a empresa exportadora celebra um contrato de compra e venda de safra futura do produtor rural.

Suponhamos que uma das cláusulas preveja que eventual quebra da safra, desde que o produtor rural tenha tomado determinadas providências de ordem técnica, será suportada pelo comprador, que se obriga, assim, a pagar integralmente o preço pela quantidade mínima estabelecida.

Verificada a quebra da safra, as partes podem, em razão da interpretação do contrato, se colocar diante de um impasse, ou seja, o vendedor não concorda com o recebimento do preço por valor inferior ao que foi contratado e o comprador pretende pagar o valor pela safra efetivamente entregue, com a alegação de inobservância, por parte do vendedor, da cláusula que o obrigava a tomar as providências determinadas no contrato.

Diante do fato, se não houver cláusula arbitral, o litígio em torno da entrega da safra e do valor do pagamento pode levar anos para encontrar solução junto ao Poder Judiciário.

Será necessária uma petição inicial, a citação, uma contestação, a produção de prova pericial, audiência de conciliação, audiência de instrução e julgamento, sentença, eventuais embargos de declaração, apelação com efeito suspensivo, contrarrazões ao recurso de apelação, acórdão, eventualmente os embargos infringentes, embargos de declaração novamente, recursos especial e extraordinário, eventual agravo de decisão que nega seguimento a esses recursos, decisão do relator dos recursos nos tribunais

---

[14] "Art. 18. O árbitro é juiz de fato e de direito, e a sentença que proferir não fica sujeita a recurso ou a homologação pelo Poder Judiciário."
"Art. 31. A sentença arbitral produz, entre as partes e seus sucessores, os mesmos efeitos da sentença proferida pelos órgãos do Poder Judiciário e, sendo condenatória, constitui título executivo."

superiores com eventual agravo regimental, embargos de declaração novamente e embargos de divergência, entre outros recursos.

Por outro lado, se houver uma cláusula arbitral, significa que, previamente, as partes concordaram em levar o litígio à solução de um árbitro ou de um tribunal arbitral, de tal sorte que a solução será rápida, informal e virá em tempo abissalmente menor que aquele necessário para a solução judicial.

Ao final, de qualquer forma, o resultado será um título executivo judicial.

Certo é que as medidas de urgência (tutelas antecipadas e cautelares) deferidas pelo árbitro, bem como a execução da sentença, ainda são levadas a efeito junto ao Poder Judiciário, que as materializa.

Todavia, a celeridade da decisão de mérito ainda torna, sob este aspecto, extremamente vantajosa a solução arbitral.

Aqueles que preferem a arbitragem, quando aplicável, costumam apontar diversas vantagens.

Nessa medida:[15]

a) *Especialização*: na arbitragem, é possível nomear um árbitro especialista na matéria controvertida ou no objeto do contrato entre as partes. A solução judicial de questões técnicas impõe a necessária perícia que, além do tempo que demanda, muitas vezes não conta com especialista de confiança das partes do ponto de vista técnico.
b) *Rapidez:* na arbitragem, o procedimento adotado pelas partes é abissalmente mais célere que o procedimento judicial.

---

[15] Joaquim de Paiva Muniz. *A arbitragem ao alcance de todos* – Cartilha de arbitragem, Rio de Janeiro, OAB-RJ, 2004.
"Comparada com o processo judicial tradicional, a arbitragem tem três vantagens. A primeira é a rapidez. Enquanto na Justiça uma sentença definitiva pode demorar mais de dez anos para ser proferida, causando com isso vultosos prejuízos para as empresas, na arbitragem um litígio costuma ser decidido, em média, em até seis meses. A segunda vantagem está nos procedimentos. Enquanto os tribunais são obrigados a seguir a intrincada sistemática de prazos e ritos do Código de Processo Civil, a arbitragem tem procedimentos mais simples e flexíveis, que podem ser adaptados às peculiaridades de cada caso. A terceira vantagem está na indicação dos árbitros, que não precisam ter formação jurídica, sendo, na maioria das vezes, escolhidos em razão de sua experiência profissional, de sua reputação no mercado e da confiança de que gozam entre os litigantes. Enquanto os juízes são generalistas, os árbitros são técnicos na matéria que está sendo discutida, o que lhes permite ter uma atuação objetiva e precisa. Por isso, a arbitragem vem sendo cada vez mais utilizada em controvérsias nacionais e internacionais que envolvem discussões específicas. Entre as áreas em que ela vem crescendo, se destacam os setores imobiliário, siderúrgico, de franquias, planos de saúde, telecomunicações e, principalmente, conflitos individuais e coletivos de trabalho, além de questões societárias. Muitas entidades de classe, como associações empresariais, câmaras de comércio e órgãos de representação corporativa no campo da engenharia e da economia, já constituíram suas câmaras de arbitragem. Institutos da área educacional também vêm criando grupos especializados em arbitragem, oferecendo esse serviço para a iniciativa privada (Joyce R. Markovits e Silvia F. Rawet. A expansão da arbitragem. *O Estado de São Paulo* – Notas & Informações. 21.08.2008. Disponível em <http://www.estadao.com.br/estadaodehoje/20080821/not_imp227925,0.php>. Acesso em 27.10.2008).

c) *Irrecorribilidade*: a sentença arbitral vale o mesmo que uma sentença judicial transitada em julgado e não é passível de recurso.
d) *Informalidade*: o procedimento arbitral não é formal como o procedimento judicial e pode ser, nos limites da Lei 9.307/1996, estabelecido pelas partes no que se refere à escolha dos árbitros e do direito material e processual que serão utilizados na solução do conflito.
e) *Confidencialidade*: a arbitragem pode ser sigilosa e nesse particular diverge da publicidade que emana, em regra, dos processos judiciais a teor do art. 189 do CPC.

Portanto, se as partes convencionarem o sigilo, quer na convenção de arbitragem, quer por ocasião do início do procedimento arbitral na assinatura do termo inicial de arbitragem, o procedimento será sigiloso e manterá essa característica durante eventual fase de execução perante o Poder Judiciário, obrigando o árbitro em razão do dever de discrição insculpido no § 6º do art. 13 da Lei 9.307/1996, o que não ocorre no procedimento judicial que, em regra, é público.

Trata-se de vantagem da arbitragem.

Isto porque, muitas vezes não interessa aos contendores, notadamente no âmbito empresarial, que suas demandas se tornem públicas, posto que escancarar as entranhas corporativas pode significar o fim do negócio.

Ainda que na fase de execução forçada de sentença arbitral o processo obrigatoriamente deva ser levado ao Poder Judiciário, como se verá, o segredo de justiça será decretado a teor do art. 189, IV, do CPC, segundo o qual o sigilo é inerente aos processos "que versem sobre arbitragem, inclusive sobre cumprimento de carta arbitral, desde que a confidencialidade estipulada na arbitragem seja comprovada perante o juízo".

Assim, em suma, como é praxe que, por ocasião da instauração da arbitragem, as partes estabeleçam o sigilo na assinatura do termo de arbitragem, o que prestigia os princípios que envolvem a arbitragem e cercaram a fase de conhecimento do processo e do qual depende o fomento do próprio instituto, o mesmo sigilo deve ser estendido para a fase de execução mediante pedido e comprovação do termo de arbitragem pelo exequente.

Posta assim a questão, a execução é uma fase do procedimento e, ainda que seja levada a efeito junto ao Poder Judiciário, como veremos, o sigilo que o cercou na fase de conhecimento deve ser mantido na fase de execução.

2. ARBITRAGEM, MEDIAÇÃO E CONCILIAÇÃO

Os meios para solução dos conflitos que surgem na sociedade são:
I – *Heterocomposição*:
a) Jurisdição estatal;
b) Arbitragem (jurisdição privada);
II – *Autocomposição*:
a) Conciliação;
b) Mediação; e,
c) Transação (CC, arts. 840 a 850).

A jurisdição estatal e a arbitragem representam heterocomposição.

A heterocomposição é a solução do conflito pela atuação de um terceiro dotado de poder para impor, por sentença, a norma aplicável ao caso que lhe é apresentado.

A solução através do Poder Judiciário (*jurisdição estatal*) decorre da atribuição sistemática do Estado, que deve dizer o direito e, principalmente, impor a solução do conflito.

Sendo assim, a solução judicial será dada pela heterocomposição.

Igualmente a *arbitragem*, que, como vimos, é um meio privado e alternativo à solução judicial de conflitos, desde que esses conflitos sejam decorrentes de direitos patrimoniais e disponíveis, solução esta atribuída por intermédio da sentença arbitral, obrigatória para as partes nos termos da Lei 9.307/1996. Ainda assim, a coerção, ou seja, a imposição da decisão, ainda é prerrogativa exclusiva do Poder Judiciário.

Portanto, nada obstante a arbitragem encontre sua origem em prévia convenção entre as partes (cláusula arbitral ou compromisso, como veremos), trata-se de heterocomposição, posto que o árbitro é juiz de fato e de direito e, assim como o juiz, impõe sua decisão por sentença (arts. 18 e 31 da Lei de Arbitragem).

Embora a arbitragem represente heterocomposição assim como a solução do conflito pelo Poder Judiciário, certo é que, diante do descumprimento, a sentença arbitral depende da coerção pelo Estado, o que não afasta a sua natureza jurisdicional e de heterocomposição tendo em vista que o árbitro é "juiz de fato e de direito" (Lei de Arbitragem, art. 18) e prolata sentença equiparada, em todos os seus termos, àquelas prolatadas pelos órgãos do Poder Judiciário (art. 31 da Lei de Arbitragem).

Diferente da jurisdição arbitral e da jurisdição estatal, na *conciliação*, o conciliador, embora sugira a solução, não pode impor sua sugestão compulsoriamente, como se permite ao árbitro ou ao juiz togado.

De outro lado, tenta que as partes aceitem suas ponderações e alternativas para a resolução do conflito, a qual deve ser por elas adotada espontaneamente.

Em resumo, na conciliação não existe solução sem acordo entre as partes, como ocorre nas soluções judicial e arbitral, nas quais o juiz e o árbitro são dotados de poderes para solucionar o conflito independentemente de acordo entre as partes.

Na *mediação*, de maneira diversa, o mediador, neutro e imparcial, apenas auxilia as partes a solucionar o conflito sem sugerir ou impor a solução ou, mesmo, interferir nos termos do acordo.[16]

O resultado útil da conciliação e da mediação é a *transação*, ou seja, o acordo entre as partes que, igualmente, podem transacionar sem o auxílio de um conciliador ou mediador.

A conciliação, a mediação e a transação espelham *autocomposição*, o que se afirma na exata medida em que o mediador e o conciliador se restringem a, respectivamente, orientar as partes e sugerir a solução do conflito, de tal sorte que não podem, como faz o juiz ou o árbitro, impor qualquer decisão.

Trataremos especificamente desse tema no Capítulo 8.

---

[16] *Vide*, a esse respeito, no item 6 do material suplementar, a Lei 13.140/2015, que, sem muita técnica ou respeito à distinção doutrinária, tenciona regular a atividade de mediação.

3. NORMAS DE DIREITO MATERIAL APLICÁVEIS À SOLUÇÃO DO CONFLITO PELA VIA ARBITRAL

Ao surgir um conflito, se não houver a cláusula ou o compromisso arbitral, as partes deverão procurar o Poder Judiciário e, para tanto, nos termos do art. 9º da Lei de Introdução às normas do Direito Brasileiro, "para qualificar e reger as obrigações, aplicar-se-á a lei do país em que se constituírem".

Sendo assim, em regra, o juiz utilizará, para as obrigações constituídas no Brasil, a lei brasileira.

Por exemplo: se o problema decorrer de contrato de agência e distribuição, será aplicada a lei especial que regula a matéria no Brasil.

Todavia, convém observar que o § 2º do art. 9º da Lei de Introdução às normas do Direito Brasileiro traz norma, no mínimo, geradora de possibilidades estranhas, vez que determina que "a obrigação resultante do contrato reputa-se constituída no lugar em que residir o proponente".

Nessa medida, se o proponente brasileiro, que assume obrigação que deve ser cumprida no território nacional, residir (notem que o texto usa o conceito de residência e não de domicílio) no exterior, a obrigação poderá ser regida pela norma alienígena.

Seja como for, se houver cláusula ou compromisso arbitral, nos termos dos art. 2º da Lei 9.307/1996, as partes podem livremente escolher a norma aplicável à solução de seus conflitos pela via arbitral, ainda que seja o direito estrangeiro.

Não há confundir a forma de solução dos conflitos, que pode ser pelo meio tradicional, ou seja, pela jurisdição estatal, e a forma estabelecida pela Lei 9.307/1996, que estabelece a possibilidade alternativa e privada de solução de conflitos pela via da jurisdição arbitral.

O que se quer dizer é que, se a decisão for pela solução arbitral do conflito, que substitui a via judicial, como os direitos são patrimoniais e disponíveis, *as partes podem escolher quais normas de direito material serão aplicadas pelo árbitro*.

Logo, podem escolher:

a) leis internacionais de comércio;
b) *lex mercatoria*, ou seja, de acordo com Irineu Strenger, "o conjunto de regras emanadas de entidades particulares, organismos internacionais, ou de origem convencional, de natureza 'quase legal', que atua desvinculada das jurisdições específicas ou de sistemas legais de qualquer país";[17]
c) leis internacionais;
d) leis corporativas;
e) equidade, ou seja, o que parecer coerente e justo ao árbitro; e,
f) princípios gerais de direito.

---

[17] Irineu Strenger. *Direito do comércio internacional e* lex mercatoria, São Paulo: LTr, 1996, p. 145.

Se não escolherem uma dessas possibilidades, por evidente – e até se recomenda para evitar discussões acerca da afronta à ordem pública – será utilizado o direito nacional, tal qual determina o art. 9º da Lei de Introdução às normas do Direito Brasileiro.

> Podemos afirmar, portanto, e em resumo, que a arbitragem pode ser:
> a) *de direito* e, nesse caso, não afrontando a ordem pública (norma cogente que regule a matéria que se pretende submeter à arbitragem) e os bons costumes, as partes podem escolher a norma que querem ver aplicada pelo árbitro para solução do seu conflito decorrente de direito patrimonial e disponível. Caso não escolham, o árbitro decidirá com fundamento na lei nacional;
> b) *de equidade*, desde que, nesse caso, as partes convencionem a hipótese expressamente e desde que não haja, igualmente, afronta à ordem pública nacional. Ao aplicar a equidade, o árbitro se coloca na posição de legislador e aplica a solução que lhe parecer razoável, ainda que haja lei disciplinando a matéria, desde que não se trate de norma cogente;
> c) pela aplicação dos *princípios gerais de direito*; e
> d) pelos *usos e costumes*.

Eis os dispositivos da Lei 9.307/1996 que emprestam suporte a essa conclusão:

> "Art. 2º A arbitragem poderá ser de direito ou de equidade, a critério das partes. *§ 1º Poderão as partes escolher, livremente, as regras de direito que serão aplicadas na arbitragem, desde que não haja violação aos bons costumes e à ordem pública.* § 2º Poderão, também, as partes convencionar que a arbitragem se realize com base nos princípios gerais de direito, nos usos e costumes e nas regras internacionais de comércio § 3º. A arbitragem que envolva a administração pública será sempre de direito e respeitará o princípio da publicidade".
> "Art. 11. Poderá, ainda, o compromisso arbitral conter: (...) IV – a indicação da lei nacional ou das regras corporativas aplicáveis à arbitragem, quando assim convencionarem as partes".

Em razão dessa possibilidade, estipulada pela Lei 9.307/1996, surge interessante julgado do extinto 1º TACSP:[18] "1. Arbitragem – Constitucionalidade – Contrato de agência contendo cláusula que impõe a resolução dos conflitos no juízo arbitral, segundo o direito francês – Validade – Inteligência do art. 2º da Lei 9.307/1996 – Incidência do princípio da autonomia da vontade. 2. (...). Pela mesma razão não se vislumbra vício em haver previsão de que seja com base no direito francês que os árbitros venham a resolver a pendenga. Embora o contrato de agência, ou representação comercial, seja regulado por lei especial, isso não significa que não pudesse a relação aqui questionada ser alvo de disposição pelas partes contratantes, uma vez que o direito ali agitado é disponível para ambas as partes e, portanto, não vem revestido

---

[18] Carlos Alberto Carmona. Op. cit., p. 85-86.

da característica da irrenunciabilidade. (...) Dessa sorte, sobre ele incide naturalmente o princípio da autonomia da vontade, podendo, assim, as partes transigir livremente, inclusive no que concerne à forma de solução de suas diferenças" (AI 1.111.659-0, 7ª Câmara, Rel. Juiz de Alçada Souza José, j. 24.09.2002).

Convém sublinhar, entrementes, que a escolha da regra aplicável encontra limites nas normas cogentes, ou seja, na ordem pública nacional e nos bons costumes.[19]

A autonomia da vontade das partes encontra, sempre, limite na ordem pública.

Normas de ordem pública são aquelas que não podem ser derrogadas pelas partes, vez que sua aplicação interessa a toda a sociedade.

Nos termos do que ensina Silvio Rodrigues, "a ideia de ordem pública é constituída por um conjunto de interesses jurídicos e morais que incumbe à sociedade preservar. Por conseguinte, os princípios de ordem pública não podem ser alterados por convenção entre os particulares; *jus publicum privatorum pactis derrogare non potest*".[20]

Eis um exemplo de norma de ordem pública nacional: o art. 5º, *caput*, da CF, que determina a igualdade entre as pessoas.

Assim, uma norma eleita para a solução arbitral não pode afrontar a necessária igualdade, configurada, nesse contexto, como questão de ordem pública.

Não há regra estabelecida, legal ou doutrinária, para esclarecer quais seriam as normas de ordem pública no sistema e quais seriam dispositivas.

O conceito de ordem pública é impreciso e, bem assim, a doutrina não ousa se aprofundar.

Com exceção de algumas poucas normas que no seu corpo esclarecem,[21] essa definição se dá, apenas, pela atividade dos tribunais, ou seja, pela jurisprudência.

No julgado mencionado linhas atrás, esclareceu-se que as normas que tratam do contrato de agência ou representação comercial (CC, arts. 710 a 721 e Lei 4.886/1965) não são cogentes ou de ordem pública.

Assim, admitiu-se a aplicação do direito francês no âmbito da arbitragem.

Essa é forma de identificação das normas de ordem pública na maioria dos casos.

4. LIMITE GERAL IMPOSTO À POSSIBILIDADE DE SOLUÇÃO ARBITRAL

Nos termos do art. 1º da Lei de Arbitragem (Lei 9.307/1996), a arbitragem se limita à capacidade de contratar e aos direitos patrimoniais e disponíveis.

---

[19] A Convenção de Nova Iorque sobre Arbitragem, que foi ratificada pelo Brasil em 2002, igualmente determina a impossibilidade de a sentença estrangeira violar as normas de ordem pública do país em que for aplicada.

[20] Silvio Rodrigues. *Direito civil* – Parte geral, 32. ed., São Paulo: Saraiva, 2002, v. 1, p. 16.

[21] Como, por exemplo, o art. 327 do CC, segundo o qual "efetuar-se-á o pagamento no domicílio do devedor, *salvo se as partes convencionarem diversamente*, ou se o contrário resultar da lei, da natureza da obrigação ou das circunstâncias". Outro exemplo decorre do art. 35 da Lei 8.245/1991: "Salvo expressa disposição contratual em contrário, as benfeitorias necessárias introduzidas pelo locatário, ainda que não autorizadas pelo locador, bem como as úteis, desde que autorizadas, serão indenizáveis e permitem o exercício do direito de retenção".

Vejamos: "As pessoas capazes de contratar poderão valer-se da arbitragem para dirimir litígios relativos a direitos patrimoniais disponíveis".

Portanto, basta que a pessoa tenha personalidade jurídica para que possa se submeter à arbitragem.

Lembre-se de que, nos termos do art. 1º do CC, personalidade jurídica é a capacidade de ser titular de direitos e obrigações, adquirida pela pessoa natural com o nascimento com vida (art. 2º do CC).[22]

Isto porque estamos no campo da capacidade de gozo dos direitos (capacidade de direito) e não do seu exercício pessoal (capacidade de fato), que depende da inexistência de incapacidades absolutas ou relativas, tal qual delineadas no Código Civil.[23]

O que se quer afirmar, diferentemente do que pensam alguns autores, é que as pessoas podem ser representadas, assistidas ou podem estar abarcadas pela concessão de tomada de decisão apoiada (art. 1.783-A do CC) na convenção de arbitragem, desde que respeitados os limites decorrentes da matéria, que deve versar sobre direitos patrimoniais disponíveis.

Assim, com respeito a posições em sentido contrário, nada obsta que, circunscritos aos limites de mera administração impostos à representação, tutela, curatela e tomada de decisão apoiada,[24] os pais, tutores, curadores ou apoiadores possam representar, assistir ou apoiar os incapazes ou pessoas com deficiência, firmando cláusulas

---

[22] "Art. 1º Toda pessoa é capaz de direitos e deveres na ordem civil.
"Art. 2º A personalidade civil da pessoa começa do nascimento com vida; mas a lei põe a salvo, desde a concepção, os direitos do nascituro".

[23] "Art. 3º São absolutamente incapazes de exercer pessoalmente os atos da vida civil os menores de 16 (dezesseis) anos.
"Art. 4º São incapazes, relativamente a certos atos ou à maneira de os exercer: (Redação dada pela Lei nº 13.146, de 2015): I – os maiores de dezesseis e menores de dezoito anos; II – os ébrios habituais e os viciados em tóxico; III – aqueles que, por causa transitória ou permanente, não puderem exprimir sua vontade; IV – os pródigos. Parágrafo único. A capacidade dos indígenas será regulada por legislação especial.
"Art. 5º A menoridade cessa aos 18 (dezoito) anos completos, quando a pessoa fica habilitada à prática de todos os atos da vida civil (...)".

[24] Eis os dispositivos legais do Código Civil que emprestam suporte à nossa afirmação: "Art. 1.689. O pai e a mãe, enquanto no exercício do poder familiar: I – são usufrutuários dos bens dos filhos; II – têm a administração dos bens dos filhos menores sob sua autoridade.
"Art. 1.690. Compete aos pais, e na falta de um deles ao outro, com exclusividade, representar os filhos menores de 16 (dezesseis) anos, bem como assisti-los até completarem a maioridade ou serem emancipados. Parágrafo único. Os pais devem decidir em comum as questões relativas aos filhos e a seus bens; havendo divergência, poderá qualquer deles recorrer ao juiz para a solução necessária.
"Art. 1.691. Não podem os pais alienar, ou gravar de ônus real os imóveis dos filhos, nem contrair, em nome deles, obrigações que ultrapassem os limites da simples administração, salvo por necessidade ou evidente interesse da prole, mediante prévia autorização do juiz (...)
"Art. 1.740. Incumbe ao tutor, quanto à pessoa do menor: I – dirigir-lhe a educação, defendê-lo e prestar-lhe alimentos, conforme os seus haveres e condição; II – reclamar do juiz que providencie, como houver por bem, quando o menor haja mister correção; III – adimplir os demais deveres que normalmente cabem aos pais, ouvida a opinião do menor, se este já contar 12 (doze) anos de idade.

ou compromissos arbitrais que versem sobre direitos patrimoniais disponíveis desses mesmos incapazes ou pessoas com deficiência.

Em consonância com o acatado, não se admite a representação ou a assistência no caso de contrato de venda de imóvel de pessoa incapaz (CC, art. 1.750) sem a necessária autorização judicial, de tal sorte que a cláusula arbitral inserta nesse contrato será nula, posto que foge da permissão legal bitolada pelos atos de mera administração.

Todavia, como os representantes e assistentes estão autorizados a praticar atos de mera administração do patrimônio dos incapazes, contratos que não fujam destes limites poderão conter cláusula arbitral.

É o que ocorre no contrato de locação que os pais, tutores ou curadores firmam em razão da necessária administração dos bens dos incapazes.

4.1 *Direitos patrimoniais disponíveis*

Podemos afirmar que os direitos são, sob o aspecto patrimonial, divididos em:

a) Direitos patrimoniais; e,
b) Direitos não patrimoniais.

Entre os direitos de cunho patrimonial, encontramos as relações jurídicas de direito obrigacional, ou seja, aquelas que encontram sua origem nos contratos, nos atos ilícitos e nas declarações unilaterais de vontade.

Os direitos não patrimoniais, por seu turno, são aqueles ligados aos direitos da personalidade, como o direito à vida, à honra, à imagem, ao nome e ao estado das pessoas, como, por exemplo, a capacidade, a filiação e o poder familiar, entre outros com a mesma natureza.

"Art. 1.741. Incumbe ao tutor, sob a inspeção do juiz, administrar os bens do tutelado, em proveito deste, cumprindo seus deveres com zelo e boa-fé.

"Art. 1.747. Compete mais ao tutor: I – representar o menor, até os 16 (dezesseis) anos, nos atos da vida civil, e assisti-lo, após essa idade, nos atos em que for parte; II – receber as rendas e pensões do menor, e as quantias a ele devidas; III – fazer-lhe as despesas de subsistência e educação, bem como as de administração, conservação e melhoramentos de seus bens; IV – alienar os bens do menor destinados a venda; V – promover-lhe, mediante preço conveniente, o arrendamento de bens de raiz.

"Art. 1.748. Compete também ao tutor, com autorização do juiz: I – pagar as dívidas do menor; II – aceitar por ele heranças, legados ou doações, ainda que com encargos; III – transigir; IV – vender-lhe os bens móveis, cuja conservação não convier, e os imóveis nos casos em que for permitido; V – propor em juízo as ações, ou nelas assistir o menor, e promover todas as diligências a bem deste, assim como defendê-lo nos pleitos contra ele movidos. Parágrafo único. No caso de falta de autorização, a eficácia de ato do tutor depende da aprovação ulterior do juiz.

"Art. 1.749. Ainda com a autorização judicial, não pode o tutor, sob pena de nulidade: I – adquirir por si, ou por interposta pessoa, mediante contrato particular, bens móveis ou imóveis pertencentes ao menor; II – dispor dos bens do menor a título gratuito; III – constituir-se cessionário de crédito ou de direito, contra o menor.

"Art. 1.750. Os imóveis pertencentes aos menores sob tutela somente podem ser vendidos quando houver manifesta vantagem, mediante prévia avaliação judicial e aprovação do juiz.

"Art. 1.774. Aplicam-se à curatela as disposições concernentes à tutela (...)."

Todavia, para que possa ser adotada como meio de solução dos conflitos, além de se limitar aos direitos patrimoniais, a arbitragem ainda exige a existência de direitos disponíveis.

A disponibilidade dos direitos se liga, conforme pensamos, à possibilidade de alienação e, demais disso e principalmente, àqueles direitos que são passíveis de transação.

Assim, por exemplo, não é possível transacionar acerca do direito ao próprio corpo, à liberdade, à igualdade e ao direito à vida.

Entretanto, esses conceitos não são suficientes para que possamos entender os limites impostos à possibilidade de as partes adotarem a solução arbitral.

Nessa medida, a afronta aos direitos indisponíveis, a exemplo dos direitos da personalidade, como é cediço, são indenizáveis e, quanto a essa indenização, cabe a arbitragem, tal qual delineada na Lei 9.307/1996.

Por exemplo: ninguém pode transacionar, abrindo mão do seu direito à honra, que é um direito da personalidade.

Contudo, a afronta à honra da pessoa gera o direito de receber indenização por danos morais.

Assim, diante da afronta ao seu direito, nada obsta que, através de compromisso arbitral com o ofensor, o valor da reparação seja arbitrado nos termos da Lei 9.307/1996.

Nesse contexto, o árbitro não pode decidir se a pessoa tem ou não o direito à honra, vez que este direito é indisponível.

Porém, nada obsta que decida acerca do fato que enseja a afronta ao direito à honra e quanto à liquidação dessa afronta. Por exemplo: diante de acidente aéreo, surge inevitavelmente o dever de a companhia aérea reparar os danos materiais e morais aos parentes das vítimas.

Optando as partes pela arbitragem, através do compromisso arbitral, nada obsta que o valor da indenização por danos morais seja arbitrado nos termos da Lei 9.307/1996.

Podemos ir além.

Com efeito, nos termos, até, do art. 852 do CC, "é vedado compromisso para solução de questões de estado, de direito pessoal de família e de outras que não tenham caráter estritamente patrimonial", o que não significa, portanto, que as questões de cunho patrimonial decorrentes dos direitos indisponíveis não possam ser objeto de arbitragem.

Assim, não afastamos a possibilidade de compromisso para submeter à arbitragem a fixação de alimentos, por exemplo, na escritura de separação nos termos da Lei 11.441/2007, que incluiu o art. 1.124-A ao CPC de 1973 e, agora, se mostra presente no art. 733 do CPC de 2015.[25]

---

[25] "Art. 733. O divórcio consensual, a separação consensual e a extinção consensual de união estável, não havendo nascituro ou filhos incapazes e observados os requisitos legais, poderão ser realizados por escritura pública, da qual constarão as disposições de que trata o art. 731.
§ 1º A escritura não depende de homologação judicial e constitui título hábil para qualquer ato de registro, bem como para levantamento de importância depositada em instituições financeiras.
§ 2º O tabelião somente lavrará a escritura se os interessados estiverem assistidos por advogado ou por defensor público, cuja qualificação e assinatura constarão do ato notarial."

Ainda que o art. 733 do CPC determine que a escritura trate dos alimentos em razão de remeter ao art. 731, nada impede que, concordes com a separação, as partes resolvam submeter, na escritura, o valor dos alimentos a um árbitro e, nessa medida, estarão dispondo sobre os alimentos, o que se aplica, inclusive, à partilha dos bens, nos termos do seguinte julgado: "Arbitragem – Determinação pelo árbitro de realização de perícia contábil na empresa do recorrente – Possibilidade – Partes que elegeram o Tribunal Arbitral de São Paulo para solução do litígio que versa sobre a revisão de partilha de bens em separação judicial. A instituição da arbitragem deve ser respeitada pela jurisdição estatal como qualquer convenção privada. Evidente que não se afasta do controle do Poder Judiciário a apreciação da regularidade do processo de arbitragem, que, como todo ato jurídico, está sujeito a ser invalidado. Providência requerida que deverá ser postulada no órgão perante o qual se processa a arbitragem. Decisão mantida. Agravo não provido (TJSP, AI 501.512-4/4-00, rel. Des. Élcio Trujillo, j. 30.05.2007)."

Para nós, em consonância com o acatado, a disponibilidade era mais bem definida pelo revogado art. 1.072 do CPC de 1973, que vinculava a disponibilidade à possibilidade de transacionar, ou seja, nos seus termos, afirmava que "as pessoas capazes de contratar poderão louvar-se, mediante compromisso escrito, em árbitros que lhes resolvam as pendências judiciais ou extrajudiciais de qualquer valor, concernentes a direitos patrimoniais, sobre os quais a lei admite transação".

Em resumo, questões que não envolverem direito que admita transação (patrimoniais disponíveis) não são passíveis de arbitragem e, entre esses direitos, podemos mencionar questões penais, aquelas referentes ao estado das pessoas, matéria tributária e direitos pessoais concernentes ao direito de família,[26] como, por exemplo, filiação e poder familiar.

---

[26] Entendemos, *de lege ferenda*, que outra solução poderia ser dada em casos especiais, como o contemplado no Projeto de Lei da Câmara 4.019, de 2008 (da Sra. Elcione Barbalho), que propunha alteração na Lei 9.307, de 23.09.1996, para permitir a separação litigiosa e o divórcio litigioso por meio de convenção de arbitragem, salvo quando houver interesse de incapazes: "O Congresso Nacional decreta: Art. 1º O art. 1º da Lei 9.307, de 23.09.1996, passa a vigorar acrescido de parágrafo único: 'Parágrafo único. A separação litigiosa e o divórcio litigioso poderão ser objeto de arbitragem, mediante compromisso arbitral firmado pelas partes, salvo quando houver filhos menores ou incapazes do casal e observados os requisitos legais quanto aos prazos, devendo a sentença arbitral dispor sobre a descrição e à partilha dos bens comuns, à pensão alimentícia e, ainda, quanto à retomada pelo cônjuge de seu nome de solteiro ou à manutenção do nome adotado quando se deu o casamento'. Art. 2º Esta lei entra em vigor na data de sua publicação". Justificação: "Mediante sugestão do Dr. Luiz Antonio Scavone, mestre e doutor em direito pela PUC-SP, professor dos cursos de graduação, pós-graduação e mestrado em Direito na UniFMU, em São Paulo, é que apresento este projeto de lei a fim de permitir a separação litigiosa e o divórcio litigioso por meio de convenção de arbitragem. Aproveitamos, neste caso, a redação do art. 1.124-A do CPC, apenas permitindo que tanto a separação quanto o divórcio litigiosos, mediante compromisso arbitral e não havendo interesses de incapazes, sejam levados ao árbitro da confiança das partes. Isto porque talvez seja mais conveniente às partes que um árbitro resolva suas diferenças, mormente quando se tratar de pessoa de sua confiança. Dessa forma,

Pode ser que, durante o procedimento arbitral que estudaremos no Capítulo 4, seja suscitada questão referente a direito indisponível, da qual depende a apreciação do mérito – incompatível, portanto, com o art. 1º da Lei 9.307/1996.[27]

O art. 25 da redação original da Lei 9.307/1996,[28] que tratava do assunto e determinava a suspensão do procedimento arbitral até que as partes resolvessem a questão no Poder Judiciário, foi revogado pela Lei 13.129/2015.

Mesmo assim, tratando-se de direito indisponível, ainda que incidental, do qual dependa a solução da controvérsia, haverá *questão prejudicial* que extrapole os limites da possibilidade de solução arbitral.

Nos termos do relatório do Senado ao PLS 406/2013 que resultou na Lei 13.129/2015, "quanto ao art. 25, observamos que as medidas de que trata esse dispositivo podem ser utilizadas de má-fé, principalmente pelas partes que buscam nelas uma forma de tangenciar o processo arbitral, procrastinando seu andamento, a partir da 'criação' de questões de direito indisponível. A sua supressão é uma forma de se prestigiar ainda mais a arbitragem, evitando com isso paralisações e ingerências judiciais indevidas. A exclusão do artigo não tem a intenção de dar ao árbitro competência para resolver questões de direitos indisponíveis. Isto é vedado pelo próprio art. 1º da Lei. Se o árbitro entender que a discussão envolve direito indisponível, ele deverá suspender ou mesmo extinguir a arbitragem."

"Ademais, nada impede que os árbitros julguem – *incidenter tantum* – questões prejudiciais, sem força de coisa julgada. Isso amplia o objeto do conhecimento do árbitro, mas não amplia o objeto do processo arbitral, de modo que o árbitro não estará proferindo

---

não há razão para se negar este direito aos cônjuges sob pretexto da indisponibilidade, vez que a separação consensual já é levada a efeito fora do Poder Judiciário. De mais a mais, a disposição sobre alimentos já é permitida na separação consensual, sendo o direito, a par de respeitáveis opiniões em contrário, passível até de renúncia, vez que não se trata de pensão alimentícia decorrente de parentesco (STJ, REsp 17.719-BA, 8.862-DF, 85.683-SP, 36.749-SP, 226.330-GO, entre outros). Isto posto, entendemos não haver nenhuma divergência quanto à aprovação deste projeto, porquanto contribuirá para desafogar o Poder Judiciário e, ao mesmo tempo, contribuirá para a redução do trauma que uma ação dessa natureza causa aos casais. Sala das Sessões, em 03.09.2008. Deputada Elcione Barbalho."

Nesse caso, houve resistência injustificada do Congresso, sob o pálido argumento de que a Lei de Arbitragem não pode tratar de casos específicos, e que, caso quisessem, as partes poderiam contratar árbitro para "intermediar o divórcio litigioso" (sic) e, assim, levar a efeito o rompimento ao cartório. Nada obstante, parecer pela rejeição do projeto, do Dep. Geraldo Resende, da Comissão de Seguridade Social e Família, foi aprovado por unanimidade pela Comissão em 18.09.2013. O argumento não convence, posto que não é, a toda evidência, essa a função do árbitro e, demais disso, arbitragem seria apenas uma alternativa aos cônjuges litigantes. Ocorre que, dado o tempo de tramitação, notadamente com a rejeição na Comissão de Seguridade Social e Família da câmara, o que se lamenta, é provável que o projeto seja arquivado, até porque, com a Emenda Constitucional 66/2010, que acabou com o prazo para o divórcio, deveria passar por adaptação para suprimir o termo "e observados os requisitos legais quanto aos prazos".

[27] "Art. 1º As pessoas capazes de contratar poderão valer-se da arbitragem para dirimir litígios relativos a direitos patrimoniais disponíveis."

[28] "Art. 25. Sobrevindo no curso da arbitragem controvérsia acerca de direitos indisponíveis e verificando-se que de sua existência, ou não, dependerá o julgamento, o árbitro ou o tribunal arbitral remeterá as partes à autoridade competente do Poder Judiciário, suspendendo o procedimento arbitral."

julgamento sobre questão de direito indisponível, que poderá ser levada a qualquer tempo, pelo eventual interessado, ao Poder Judiciário. A experiência demonstrou que o art. 25 não encontra utilidade prática e pode apenas causar perplexidade e confusão. Tanto isso é verdade que o dispositivo italiano que inspirou o art. 25 já foi revogado há anos."

Sendo o caso de o árbitro optar pela suspensão, não será ele quem remeterá o processo ou cópia dele ao Poder Judiciário.

De outro lado, às partes compete – qualquer delas –, diante da suspensão, tomar a iniciativa de provocar o Poder Judiciário para que se pronuncie, em ação própria, sobre a questão prejudicial.

É o caso, por exemplo, de alegação de união estável entre as partes em discussão contratual sobre o qual pesa a controvérsia sobre propriedade de bens.

Nesse caso, instalado o procedimento arbitral, suponhamos que uma das partes alegue que vivia em união estável com o outro contratante quando firmou o contrato e, consequentemente, o bem é comum. Dessa forma, a questão contratual submetida à arbitragem depende de declaração da existência ou inexistência da união estável entre as partes.

Trata-se de questão evidentemente prejudicial e que versa sobre direito indisponível, posto que inerente ao estado da pessoa natural.

Sendo assim, ao juiz togado compete julgar a questão prejudicial, declarando ou não sua existência.

Resolvida a questão prejudicial, a arbitragem terá seguimento, ainda que seja para que o árbitro possa extinguir o feito nos termos do art. 20 da Lei de Arbitragem.

Em outras palavras, o árbitro leva em conta a decisão judicial que versa apenas sobre a questão prejudicial e, se for o caso, extingue o processo arbitral por sentença terminativa.

Entretanto, poder-se-ia redarguir, afirmando que o árbitro poderia ignorar a decisão judicial sobre a questão prejudicial.

Se isso ocorrer, caberá, como veremos no Capítulo 5, ação declaratória de nulidade da sentença arbitral por nulidade da convenção arbitral (art. 32, I, da Lei de Arbitragem).[29]

5. ESPÉCIES DE ARBITRAGEM: INSTITUCIONAL E AVULSA

Para levar a efeito a arbitragem, as partes podem escolher uma entidade em funcionamento, que se dedique à atividade arbitral (uma instituição arbitral), ou um árbitro independente de uma instituição.

Surge, assim, a *arbitragem institucional ou administrada*, na qual existe uma instituição especializada que administrará a arbitragem, com regras procedimentais de acordo com a Lei de Arbitragem (Lei 9.307/1996) acerca dos prazos, forma da prática dos atos, maneira de escolha dos árbitros, custos para a realização da arbitragem, forma de produção de provas, entre outras regras indispensáveis ao procedimento.

---

[29] "Art. 32. É nula a sentença arbitral se: I – for nula a convenção de arbitragem; (...)."

Nesse sentido, o art. 5º da Lei 9.307/1996: "Reportando-se as partes, na cláusula compromissória, às regras de algum órgão arbitral institucional ou entidade especializada, a arbitragem será instituída e processada de acordo com tais regras, podendo, igualmente, as partes estabelecer na própria cláusula, ou em outro documento, a forma convencionada para a instituição da arbitragem".

A título de exemplo, seguem, ao final, em material suplementar, as normas institucionais da Câmara de Comércio Brasil-Canadá.

> Por outro lado, existe a *arbitragem avulsa*, também conhecida como arbitragem *ad hoc*, que se realiza sem a participação de uma entidade especializada.

De fato, ninguém pode ser compelido a vincular a decisão arbitral a uma instituição que se destine à arbitragem.

Poderão, assim, as partes, contratar um árbitro e, com isso, normalmente reduzir os custos da arbitragem.

Todavia, nesse caso, embora os custos da arbitragem sejam em regra menores, como não há a administração do procedimento pela entidade especializada, as partes deverão dispor sobre o procedimento e, no caso de lacuna, os árbitros deverão decidir.

Demais disso, o risco de nulidade, por evidente, é substancialmente maior, além de ensejar discussões acerca do procedimento detalhado na cláusula ou no compromisso arbitral.

6. ARBITRAGEM E SUA CONSTITUCIONALIDADE

Tradicionalmente se entende que a jurisdição é monopólio e função do Estado que, assim, substitui as partes na solução do conflito que os envolve, mediante aplicação do direito material por meio do processo.[30]

A inferência doutrinária que considera a jurisdição um monopólio estatal se funda no princípio constitucional da inafastabilidade da tutela jurisdicional pelo Poder Judiciário (art. 5.º, XXXV, da CF).

Todavia, também pela tradição do nosso direito, admite-se a autotutela como exceção nos conhecidos casos de esbulho (art. 1.210, § 1.º, do CC), direito de retenção (art. 1.219 do CC) e direito de greve (art. 9.º da CF).[31]

Em verdade, a arbitragem é a jurisdição exercida fora do âmbito do Estado, o que se admite posto que as partes são livres para transigir sobre seus direitos patrimoniais e disponíveis.

A transação, que sempre foi admitida entre nós, é ato jurídico bilateral que visa extinguir ou prevenir litígios mediante concessões recíprocas das partes interessadas ou, ainda, a composição com troca de vantagens pecuniárias.

---

[30] Cândido Rangel Dinamarco, Ada Pellegrini Grinover e Antonio Carlos Araújo Cintra, *Teoria geral do processo*, 10. ed., São Paulo, Malheiros, 1994, p. 125.
[31] Vicente Greco Filho. *Direito processual civil brasileiro*, São Paulo: Saraiva, 1996, v. 1, p. 34.

De fato, dispõe o art. 840 do CC que "é lícito aos interessados prevenirem ou terminarem o litígio mediante concessões mútuas".

O instituto, assim como a arbitragem, é de utilidade para as partes, que evitam perdas ou demora na solução da lide mediante composição, principalmente ante a pletora de feitos que assoberba o Poder Judiciário.

De acordo com Carnelutti,[32] "a transação é a solução contratual da lide, e, por tal razão, equivalente contratual da sentença".

Dentro deste contexto, se as partes são livres para transigir e se são livres para contratar em razão do princípio da autonomia da vontade, podem, igualmente, através da mesma autonomia da vontade, decidir pela extinção dos conflitos através da solução arbitral.

O Supremo Tribunal Federal, que, em última análise, interpreta os dispositivos constitucionais, acabou consagrando a constitucionalidade do instituto.

Por maioria de votos, no dia 12 de dezembro de 2001, o Plenário do Supremo Tribunal Federal julgou recurso em processo de homologação de sentença estrangeira (SE 5206).

Nele, o Min. Carlos Velloso, além de reafirmar a possibilidade da arbitragem que verse sobre direitos patrimoniais disponíveis, asseverou que as partes podem renunciar ao direito, que não lhes é tolhido, de recorrer à Justiça.

Nessa medida, afirmou que "o inciso XXXV (do art. 5º da CF) representa um direito à ação, e não um dever".

Se assim o é, as partes podem ingressar no Judiciário e, se não quiserem, em razão do princípio da autonomia da vontade, podem optar pela via arbitral para dirimir os litígios decorrentes de direitos passíveis de transação (patrimoniais disponíveis).

> Nesse mesmo processo, manifestou-se o então Procurador-Geral da República, Dr. Geraldo Brindeiro, que resumiu todo o pensamento adotado no histórico julgado: "(...) o que o princípio da inafastabilidade do controle jurisdicional estabelece é que a lei não exclui da apreciação do Poder Judiciário lesão ou ameaça a direito. Não estabelece que as partes interessadas não excluirão da apreciação judicial suas questões ou conflitos. Não determina que os interessados devem sempre levar ao Judiciário suas demandas. Se se admite como lícita a transação relativamente a direitos substanciais objeto da lide, não se pode considerar violência à Constituição abdicar do direito instrumental de ação através de cláusula compromissória. E, em se tratando de direitos patrimoniais disponíveis, não somente é lícito e constitucional, mas é também recomendável aos interessados – diante do acúmulo de processos e do formalismo excessivo que têm gerado a lentidão das demandas judiciais – abdicarem do direito ou do poder de ação e buscarem a composição do conflito por meio de sentença arbitral cujos efeitos sejam idênticos àquele das decisões prolatadas pelo Poder Judiciário".

Em resumo, o que se entendeu, e acompanhamos, é que o princípio da inafastabilidade da tutela jurisdicional pelo Poder Judiciário (art. 5º, XXXV, da CF) significa

---

[32] Francesco Carnelutti. Sulla causa della transazione, *Rivista del diritto commerciale*, v. 12, pt. 2, Milano, 1914, p. 580.

– o que parece óbvio a partir do dispositivo constitucional – que "a lei não excluirá da apreciação do Poder Judiciário lesão ou ameaça a direito".

Ou seja, nenhuma lei pode impor a aplicação compulsória da arbitragem.

Não é isso que faz a Lei 9.307/1996, vez que não impõe a ninguém a utilização compulsória da arbitragem.

De outro lado, ao contratar, as partes já dispõem de ampla e constitucional possibilidade de acessar o Judiciário, o que está à disposição de qualquer cidadão.

Todavia, por se tratar de direitos patrimoniais e disponíveis, podem, manifestando livremente sua vontade, preferir levar seus eventuais conflitos para a solução arbitral e não judicial.

E essa decisão, que decorre da autonomia da vontade das partes sobre os seus direitos patrimoniais disponíveis, passíveis, portanto, de transação, é perfeitamente constitucional.

Para rematar, no art. 114 § 1º, a própria Constituição Federal, ao tratar dos dissídios coletivos do trabalho, prevê que "frustrada a negociação coletiva, as partes poderão eleger árbitros", ou seja, não ignora a existência do instituto.

7. OUTROS LIMITES IMPOSTOS À POSSIBILIDADE DE SOLUÇÃO ARBITRAL DOS CONFLITOS

Tratamos, agora, de algumas hipóteses especiais, em que há discussão sobre o cabimento ou não da arbitragem como meio jurisdicional alternativo e adequado de solução de conflitos.

Não pretendemos tratar de todas as hipóteses, mas, a partir do próximo tópico, discutiremos algumas matérias nas quais se vislumbra celeuma acerca do cabimento da arbitragem.

Vamos a elas:

7.1 Arbitragem e relação de consumo

Já escrevemos alhures[33] que, em regra, para a aplicação do Código de Defesa do Consumidor, de acordo com o critério objetivo e legal, faz-se imprescindível a presença concomitante do consumidor e do fornecedor, definidos nos arts. 2º e 3º da Lei 8.078/1990, além do objeto, constituído por produtos ou serviços: "Art. 2º Consumidor é toda pessoa física ou jurídica que adquire ou utiliza produto ou serviço como destinatário final. Parágrafo único. Equipara-se a consumidor a coletividade de pessoas, ainda que indetermináveis, que haja intervindo nas relações de consumo. Art. 3º Fornecedor é toda pessoa física ou jurídica, pública ou privada, nacional ou estrangeira, bem como os entes despersonalizados, que desenvolvem atividades de produção, montagem, criação, construção, transformação, importação, exportação, distribuição ou comercialização de produtos ou prestação de serviços. § 1º Produto é qualquer bem, móvel ou imóvel, material ou imaterial. § 2º Serviço é qualquer

---

[33] Luiz Antonio Scavone Junior. *Obrigações* – Abordagem didática, São Paulo: Juarez de Oliveira, 2006.

atividade fornecida no mercado de consumo, mediante remuneração, inclusive as de natureza bancária, financeira, de crédito e securitária, salvo as decorrentes das relações de caráter trabalhista".

Portanto, para que haja relação de consumo, são necessários os seguintes elementos, ao mesmo tempo, na relação jurídica:

a) Consumidor (destinatário final, pessoa física ou jurídica);
b) Fornecedor (aquele que habitualmente fornece produtos ou serviços); e,
c) Produto ou serviço.

Ausente qualquer desses elementos, não há relação de consumo; conseguintemente, não se aplica, em regra, o Código de Defesa do Consumidor, exceto em hipóteses específicas, como, por exemplo, nas práticas comerciais abusivas e em relação ao *bystander* ou equiparado.

A teoria objetiva define o consumidor como aquele que ocupa a posição final na cadeia distributiva, à qual, pela análise do art. 2º da Lei de Consumo, percebe-se filiar a legislação pátria ao exigir que a condição de destinatário final seja uma das características do consumidor.

O consumidor, portanto, seja pessoa física ou jurídica, é aquele que, como destinatário final, adquire produto, utiliza serviço ou atividade do fornecedor.

Assim, aquele que adquire um automóvel para uso próprio, mesmo em caso de pessoa jurídica, será destinatário final, e, portanto, consumidor.

A loja revendedora de automóveis não é consumidora, na exata medida em que adquire veículos para revenda.

Entretanto, no mesmo caso, se a loja revendedora de automóveis adquire um veículo da fábrica para utilização na sua atividade, para servir os vendedores externos, por exemplo, será consumidora nos termos da Lei de Consumo.

Claudia Lima Marques[34] identifica na teoria objetiva, em relação ao consumidor, a doutrina maximalista.

Essa doutrina considera o Código de Defesa do Consumidor um texto que normatiza as relações de consumo de acordo com a definição legal de consumidor.

A pessoa pode ser qualificada como consumidora ou fornecedora de acordo com a sua posição na relação jurídica de consumo, assim identificada de acordo com o critério objetivo do destinatário final.

Defende Claudia Lima Marques que tal tendência é prevalente na jurisprudência, citando o fato de ser este o pensamento orientador da elaboração do projeto pelo Conselho Nacional de Defesa do Consumidor do Ministério da Justiça em 1989.

Nada obstante vislumbra-se, a par da teoria maximalista, a denominada teoria finalista que leva em conta o destinatário final fático e econômico do produto ou do serviço prestado.

---

[34] Claudia Lima Marques. *Contratos no Código de Defesa do Consumidor*, 5. ed., São Paulo: RT, 2006, p. 118.

Todavia, existe, ainda, a teoria finalista aprofundada ou maximalista mitigada, que leva em consideração o destinatário final de qualquer espécie aliado à vulnerabilidade como pressuposto da existência do consumidor, seja a vulnerabilidade econômica, técnica ou jurídica, ainda que não seja destinatário final econômico.

Posta assim a questão, verificada a relação de consumo, surge a seguinte indagação: é possível a arbitragem, tal qual delineada na Lei 9.307/1996, no âmbito dessas relações jurídicas?

A resposta, que parece simples, começa pela análise do art. 51, VII, do CDC: "São nulas de pleno direito, entre outras, as cláusulas contratuais relativas ao fornecimento de produtos e serviços que: (...) VII - determinem a utilização compulsória de arbitragem".

Portanto, nos termos da lei, não pode ser imposta a arbitragem ao consumidor, presumidamente (presunção relativa) a parte vulnerável da relação jurídica, seja essa vulnerabilidade técnica, jurídica ou econômica.

Assim, a *mens legis*, ou seja, a intenção da lei, foi a de proteger o consumidor vulnerável que, diante dessa peculiar situação no negócio jurídico, poderia ser compelido a aceitar cláusula arbitral.[35]

Aqui, um pequeno parêntese para explicar que a cláusula arbitral é aquela inserida no contrato ou em documento apartado que, *antes da ocorrência de qualquer litígio*, impõe às partes contratantes a necessidade de submeter seus conflitos à arbitragem.

> É evidente que, diante do espírito da norma, com algumas exceções nas quais não se vislumbra a vulnerabilidade jurídica do consumidor, é nula a cláusula arbitral – convenção que surge antes do conflito – no contrato do qual decorra uma relação de consumo, posto que, nessa situação, diante da vulnerabilidade jurídica do consumidor, haverá determinação de utilização compulsória da arbitragem vedada pelo art. 51, VII, do CDC[36] na exata medida em que, diante do conflito, não haveria escolha ao consumidor.

---

[35] Sem discrepar, a Lei 13.129/2015 incluiria o § 3º no art. 4º da Lei de Arbitragem – o que foi vetado – impondo que, "na relação de consumo estabelecida por meio de contrato de adesão, a cláusula compromissória só terá eficácia se o aderente tomar a iniciativa de instituir a arbitragem ou concordar expressamente com a sua instituição".
Eis as razões do veto (mensagem nº 162, de 26 de maio de 2015): "Da forma prevista, os dispositivos alterariam as regras para arbitragem em contrato de adesão. Com isso, autorizariam, de forma ampla, a arbitragem nas relações de consumo, sem deixar claro que a manifestação de vontade do consumidor deva se dar também no momento posterior ao surgimento de eventual controvérsia e não apenas no momento inicial da assinatura do contrato. Em decorrência das garantias próprias do direito do consumidor, tal ampliação do espaço da arbitragem, sem os devidos recortes, poderia significar um retrocesso e ofensa ao princípio norteador de proteção do consumidor."

[36] Contrato de adesão – Cláusula de arbitragem – Cláusula que deve ser afastada por implicar em renúncia ou disposição de direitos do consumidor hipossuficiente – Art. 51, VII, do CDC – Recurso improvido (TJSP, AI 7.124.027-2, rel. Des. J. B. Franco de Godoi, j. 20.06.2007). Nesse sentido, assevera Luiz Antonio Rizzatto Nunes (*Comentários ao Código de Defesa do Consumidor*, São Paulo: Saraiva, 2007, p. 568): "(...) a instituição do juízo arbitral com a escolha do árbitro é questão que depende de profundo conhecimento das partes e que deve ser deliberada

Portanto, a regra da nulidade da cláusula arbitral que determinar a utilização compulsória da arbitragem pode sofrer exceções em razão da ausência da vulnerabilidade jurídica do consumidor.

Entretanto, pode-se questionar, indagando como o consumidor pode não ser juridicamente vulnerável a ponto de não haver determinação de utilização compulsória da arbitragem ao firmar uma cláusula arbitral.

A resposta se dá com simplicidade jurídica: se o consumidor estiver assistido juridicamente e ainda assim firmar a cláusula arbitral, notadamente em documento apartado, sem descartar a hipótese da cláusula no próprio contrato, respeitando os requisitos do art. 4º da Lei de Arbitragem, não haverá vulnerabilidade jurídica e, nessa medida, imposição que tornaria a cláusula nula.

Em suma, pela iniciativa do consumidor, não haverá imposição da arbitragem e, nessa medida, válida a cláusula arbitral (ou compromissória), não fere o art. 51, VII, do CDC.

Igualmente, é o caso de o consumidor concordar expressamente com a instituição se a arbitragem encontrar a sua origem no compromisso arbitral.

O compromisso arbitral, que ainda será estudado, é um pacto entre as partes, que resolvem submeter um *conflito já existente entre elas* à solução arbitral e não ao Judiciário.

Assim, depois do conflito instaurado, com o Judiciário à sua disposição – já que a cláusula arbitral no contrato não é válida se o consumidor não concordar expressamente com a instituição da arbitragem –, caso o consumidor resolva firmar compromisso arbitral, manifestando livremente sua vontade, é evidente que concordou expressamente em submeter esse conflito já existente a um árbitro.

> Portanto, nas relações de consumo, em regra (havendo exceções), a cláusula arbitral não é válida (CDC, art. 51, VII) e, se for pactuada, só terá eficácia se o consumidor não se mostrar juridicamente vulnerável ou se, além da cláusula, ainda que seja cheia, ou seja, preenchendo todos os requisitos formais do art. 10 da Lei de Arbitragem, resolver concordar expressamente, firmando, além da cláusula – ou na ausência dela –, compromisso arbitral.

Ressalva-se que "o art. 51, inciso VII do CDC se limita a vedar a adoção prévia e compulsória da arbitragem no momento da celebração do contrato, mas não impede que, posteriormente, diante de eventual litígio e havendo consenso entre as partes (em especial a aquiescência do consumidor), seja instaurado o procedimento arbitral, mediante compromisso" (REsp 1.169.841/RJ, rel. Min. Nancy Andrighi, 3ª Turma, j. 06.11.2012, *DJe* 14.11.2012).

---

em pé de igualdade real, de forma a não haver premência alguma de uma sobre a outra". Igualmente Claudia Lima Marques, Antonio Herman V. Benjamin e Bruno Miragem (*Comentários ao Código de Defesa do Consumidor*, 2. ed., São Paulo: RT, 2006, p. 704-705), segundo os quais "as cláusulas contratuais que imponham a arbitragem no processo criado pela Lei de 1996 devem ser consideradas abusivas, forte no art. 4º, I e V, e art. 51, IV e VII, do CDC, uma vez que a arbitragem não estatal implica em privilégio intolerável que permite a indicação do julgador, consolidando um desequilíbrio, uma unilateralidade abusiva ante um indivíduo tutelado justamente por sua vulnerabilidade presumida em lei".

Portanto, a princípio, nas relações de consumo é possível o compromisso arbitral – posterior à existência do conflito –, mas, em regra, é inválida a cláusula arbitral por expressa disposição do art. 51, VII, da Lei 8.078/1990 (CDC), admitindo-se, entretanto, algumas exceções.

Corrobora a nossa afirmação a tentativa frustrada, na tramitação da Lei 9.307/1996, de revogar o inciso VII do art. 51 do CDC e a tentativa frustrada novamente, posto que vetada, de permitir a cláusula arbitral nas relações de consumo na Lei 13.129/2015.

Também não há falar-se, em razão do princípio da especialidade, que a Lei 9.307/1996, por ser posterior ao Código de Defesa do Consumidor, teria revogado aquela disposição que torna nula a cláusula arbitral compulsória.

O Código de Defesa do Consumidor representa um sistema que se aplica às relações de consumo, não havendo falar-se, portanto, em especialidade da Lei 9.307/1996.

Ainda que seja assim, não descartamos – e existem exemplos jurisprudenciais – a admissão da arbitragem por cláusula arbitral nas relações de consumo.

Entendemos que essa possibilidade demanda a prova, pelo fornecedor, de que não determinou a utilização compulsória da arbitragem ao firmar a cláusula arbitral e que, portanto, o consumidor, mesmo firmando cláusula arbitral, concorda expressamente com a instituição da arbitragem, o que não feriria o inciso VII do art. 51 da Lei 8.078/1990, notadamente pela ausência de vulnerabilidade jurídica do consumidor.

Seria mesmo demais sustentar que haverá utilização compulsória da arbitragem, vedada pelo art. 51, VII, do CDC, ou que o consumidor não concordou com a instituição da arbitragem, se ele firmou compromisso depois do conflito ou mesmo cláusula arbitral, antes dele, no próprio contrato com assistência de um advogado, por exemplo, ou em documento apartado.

Mesmo assim, alegada a insubsistência da cláusula arbitral, militará a favor do consumidor a presunção de invalidade, cabendo ao fornecedor provar que a cláusula não foi imposta e que o consumidor concordou expressamente com a instituição da arbitragem, notadamente diante das peculiaridades do negócio firmado e das condições pessoais do consumidor (forma do negócio, idade, instrução, capacidade econômica etc.).

> Seja como for, nos termos do art. 8º da Lei de Arbitragem, a competência para infirmar o pacto de arbitragem será do próprio árbitro, com a possibilidade de posterior alegação de nulidade da sentença (art. 32, I, da Lei de Arbitragem, que analisaremos no Capítulo 4, item 3, e no Capítulo 5, itens 7 e 8). Como sustentou a Ministra Nancy Andrighi no julgamento da Medida Cautelar 14.295-SP (2008/0122928-4), julgado no dia 9 de junho de 2008, "a *kompetenz-kompetenz* (competência-competência) é um dos princípios basilares da arbitragem, que confere ao árbitro o poder de decidir sobre a sua própria competência, sendo condenável qualquer tentativa, das partes ou do juiz estatal, no sentido de alterar essa realidade. Em outras palavras, no embate com as autoridades judiciais, deterá o árbitro preferência na análise da questão, sendo dele o benefício da dúvida".

Continua, no seu voto, a Ministra: "Dessa forma, a resolução de questões litigiosas fica a cargo do árbitro e, para isso, não exige a lei que o ato jurídico seja válido ou imune a nulidades ou causas supervenientes de ineficácia, como se defende na espécie. Ao contrário, a questão litigiosa pode ser justamente a ineficácia do ato jurídico. Nessas circunstâncias, a jurisdição arbitral não se desloca, pois legalmente é o árbitro quem detém competência para dirimir essas matérias assim como para decidir sobre sua própria competência".

"Essa prioridade não apenas se perfila com os princípios que circundam o instituto da arbitragem e com a sistemática introduzida pela Lei nº 9.307/1996, que se censura atos de protelação ou afastamento do rito arbitral, como também assegura a proposta de tornar o procedimento, uma vez eleito pelas partes, uma alternativa segura e incontornável de resolução de conflitos, limitando a atuação do Poder Judiciário à execução da sentença arbitral".

Nada obstante essas razões, sobre as quais se recomenda a leitura do Capítulo 2, item 4, já se decidiu o contrário e, embora os fatos indiquem o abuso em face do consumidor que se vê diante da imposição da convenção de arbitragem, certo é que permitir o ingresso direto no Poder Judiciário sob a alegação de nulidade da cláusula arbitral significa colocar em risco todo o sistema de solução de conflitos instituído pela Lei 9.307/1996 e afrontar diretamente os arts. 8º e 20 dessa lei, segundo os quais quaisquer questões referentes à invalidade da convenção de arbitragem devem ser, inicialmente, resolvidas pelo árbitro ou pelo tribunal arbitral e só depois, eventualmente, pelo Poder Judiciário com supedâneo nos arts. 32, I e II, e 33 (ação anulatória da sentença arbitral).[37] Em outras palavras, o Poder Judiciário não resta afastado, mas, ainda que seja nula a cláusula arbitral diante de uma relação de consumo, inicialmente compete ao próprio árbitro declarar a nulidade e, se não o fizer, o consumidor poderá buscar a jurisdição estatal para anular a sentença e cumular o seu pedido com fundamento nos arts. 8º, parágrafo único, 20 e 32, I e II, da Lei 9.307/1996.[38]

---

[37] Em que pese nossa opinião, eis um julgado em sentido contrário: "Compromisso de compra e venda. Bem imóvel. Rescisão com reintegração de posse. Apelo contra sentença de parcial procedência. Preliminar rejeitada. Vedação da aplicação de cláusula de arbitragem nas relações de consumo, nos termos do art. 51, IX, do CDC. Pedido de retenção das parcelas pagas. Impossibilidade. Sentença mantida para determinar a devolução das parcelas adimplidas, nos termos do artigo 53 do Código do Consumidor, com retenção de 10% a título de despesas administrativas Recurso improvido" (TJSP, Apelação 0109551-38.2007.8.26.0011, Rel. Luiz Ambra, 8ª Câmara de Direito Privado, j. 29.02.2012, data de registro: 03.03.2012. Outros números: 6096604600).

[38] "Art. 8º A cláusula compromissória é autônoma em relação ao contrato em que estiver inserta, de tal sorte que a nulidade deste não implica, necessariamente, a nulidade da cláusula compromissória. Parágrafo único. *Caberá ao árbitro decidir* de ofício, ou por provocação das partes, *as questões acerca da existência, validade e eficácia da convenção de arbitragem e do contrato que contenha a cláusula compromissória.*"

"Art. 20. A parte que pretender arguir questões relativas à competência, suspeição ou impedimento do árbitro ou dos árbitros, *bem como nulidade, invalidade ou ineficácia da convenção de arbitragem, deverá fazê-lo na primeira oportunidade que tiver de se manifestar, após a instituição da arbitragem.* § 1º Acolhida a arguição de suspeição ou impedimento, será o árbitro substituído nos termos do art. 16 desta Lei, reconhecida a incompetência do

7.2 Arbitragem e contratos de adesão

O direito privado moderno exige, em razão do necessário equilíbrio decorrente da função social do contrato, da boa-fé e da eticidade, que os contratos sejam transparentes.

O princípio da transparência pode ser verificado no Código de Defesa do Consumidor, em razão da exigência do § 4º do seu art. 54, em relação à redação clara e à necessidade de destaque em cláusulas impositivas de obrigações ("limitação de direito do consumidor") nos contratos de adesão. De acordo com esse dispositivo, "contrato de adesão é aquele cujas cláusulas tenham sido aprovadas pela autoridade competente ou estabelecidas unilateralmente pelo fornecedor de produtos ou serviços, sem que o consumidor possa discutir ou modificar substancialmente seu conteúdo".

Nesse sentido, os seguintes parágrafos do citado artigo: "§ 1º A inserção de cláusula no formulário não desfigura a natureza de adesão do contrato. § 2º Nos contratos de adesão admite-se cláusula resolutória, desde que alternativa, cabendo a escolha ao consumidor, ressalvando-se o disposto no § 2º do artigo anterior. § 3º Os contratos de adesão escritos serão redigidos em termos claros e com caracteres ostensivos e legíveis, cujo tamanho da fonte não será inferior ao corpo doze, de modo a facilitar sua compreensão pelo consumidor. § 4º As cláusulas que implicarem limitação de direito do consumidor deverão ser redigidas com destaque, permitindo sua imediata e fácil compreensão".

Nelson Nery Junior, com fundamento em Raymond Saleilles,[39] distingue o contrato de adesão e o contrato por adesão, lembrando que o Código de Defesa do Consumidor fundiu os conceitos, denominando ambos como "contratos de adesão", que se contrapõem ao contrato de comum acordo (*contrat de ré à gré*).[40]

Segundo Arruda Alvim, Thereza Alvim, Eduardo Arruda Alvim e James Marins, o contrato de adesão se caracteriza pela inexistência da fase das tratativas preliminares e, conseguintemente, pela imposição de condições contratuais rígidas, normalmente em favor do fornecedor.[41]

árbitro ou do tribunal arbitral, bem como a nulidade, invalidade ou ineficácia da convenção de arbitragem, serão as partes remetidas ao órgão do Poder Judiciário competente para julgar a causa. § 2º Não sendo acolhida a arguição, terá normal prosseguimento a arbitragem, sem prejuízo de vir a ser examinada a decisão pelo órgão do Poder Judiciário competente, quando da eventual propositura da demanda de que trata o art. 33 desta Lei."
"Art. 32. É nula a sentença arbitral se: I – for nula a convenção de arbitragem; II – emanou de quem não podia ser árbitro".

[39] *De la declaración de volonté*. Paris: Librairie Générale de Droit et de Jurisprudence, 1929.
[40] Nelson Nery Junior et alii. *Código de Defesa do Consumidor comentado pelos autores do anteprojeto*, 6. ed., Rio de Janeiro: Forense Universitária, 1999, p. 551. "Contrato de adesão" é aquele em que não há qualquer escolha, ou seja, o consumidor não pode optar por outro fornecedor, devendo aceitar o contrato caso deseje o produto ou serviço, como ocorre, atualmente, por exemplo, com o fornecimento de água. Já no "contrato por adesão" existe escolha. Com efeito, apesar de o contrato ter sido redigido pelo fornecedor com apresentação de cláusulas prontas, o consumidor poderá optar por outro fornecedor, caso não concorde com o negócio imposto pelo fornecedor.
[41] Arruda Alvim; Thereza Alvim; Eduardo Arruda Alvim; James Marins. *Código do consumidor comentado*, 2. ed., São Paulo: RT, 1995, p. 265.

Todavia, salientam, a par da imposição das condições gerais, que a inserção de cláusulas particulares não desnatura o "contrato de adesão" (art. 54, § 1º, da Lei 8.078/1990).

Em consonância com o acatado, nada obstante sua importância para a economia de escala, o § 3º do art. 54 da Lei 8.078/1990 exige a redação clara, sob pena de interpretação *contra proferentem*,[42] ou até a nulidade da cláusula obscura, nos exatos termos do art. 51, XV, da Lei 8.078/1990, vez que a redação obscura de condições contratuais afronta o sistema de proteção ao consumidor e a inafastável transparência que deve permear do contrato no âmbito das relações de consumo.

Portanto, tratando-se de cláusula impositiva de obrigações ao consumidor em contratos de adesão, a compreensão deve ser imediata.

Nas relações civis, em razão dos princípios da boa-fé, da eticidade e da socialidade, que inspiraram a Lei 10.406/2002, a conclusão não é diferente.

Nessa medida, os arts. 422 a 424 do CC: "Art. 422. Os contratantes são obrigados a guardar, assim na conclusão do contrato, como em sua execução, os princípios de probidade e boa-fé. Art. 423. Quando houver no contrato de adesão cláusulas ambíguas ou contraditórias, dever-se-á adotar a interpretação mais favorável ao aderente. Art. 424. Nos contratos de adesão, são nulas as cláusulas que estipulem a renúncia antecipada do aderente a direito resultante da natureza do negócio".

Posta assim a questão, eis a redação do § 2º do art. 4º da Lei 9.307/1996: "Nos contratos de adesão, a cláusula compromissória só terá eficácia se o aderente tomar a iniciativa de instituir a arbitragem ou concordar, expressamente, com a sua instituição, desde que por escrito em documento anexo ou em negrito, com a assinatura ou visto especialmente para essa cláusula".[43]

A intenção da lei foi de chamar a atenção do aderente para a importância do ato que pratica, posto que, com ele, afasta a jurisdição estatal e se obriga à jurisdição arbitral.

---

[42] Idem, p. 267. O prof. Arruda Alvim, supedaneado em Cian e Trabucchi (*Commentario breve al Codice Civile*, p. 929), salienta que a *comunis opinio* indica a interpretação contrária a quem redigiu o contrato de adesão, citando, inclusive, o art. 1.370 do Código Civil italiano, o art. 1.288 do Código Civil espanhol e o art. 1.162 do Código Civil belga.

[43] Nesse sentido: "*Shopping center* – Promessa de locação e cessão de uso e fruição de espaços comuns e estrutura técnica do empreendimento – Mora do empreendedor na entrega do espaço objeto do negócio – Justo motivo para rescisão – Dever de restituição. Ineficácia da cláusula de submissão dos litígios decorrentes à arbitragem, por falta de realce da própria em negrito. Legitimidade *ad causam* passiva da parte acionada, diante da presunção de ignorância pela autora da mudança da pessoa responsável pelo empreendimento. Grupo empresarial com sócios majoritários comuns em todas as pessoas jurídicas envolvidas. Falta de razoabilidade da defesa, ao sustentar a ausência de obrigação quanto a prazo de entrega dos espaços à utilização. Má-fé processual configurada. Procedência. Apelação improvida, com recomendação" (1º TACSP, Ap. com Revisão 638.682-0/9, rel. Juiz Sebastião Flávio, j. 19.11.2002). Nesse julgado, ficou consignado que "é ineficaz a convenção para a adoção da arbitragem na solução dos litígios decorrentes do negócio em causa, pois, em se tratando de contrato por adesão, portanto com cláusulas impressas e, assim, predispostas, era indispensável que sua redação observasse a formalidade do § 2º do art. 4º da Lei 9.307, ou seja, que viesse o texto respectivo destacado em negrito ou que contivesse manifestação específica da aderente reveladora de sua ciência e concordância àquela disposição excepcional".

Com efeito, a Lei 9.307/1996 determina que, nos contratos de adesão, a arbitragem somente é admitida se:
a) tratar-se de *compromisso arbitral* (aquela convenção de arbitragem que surge depois de instaurado o conflito entre as partes e, portanto, é firmada em documento apartado, e, como o conflito já está instaurado, mesmo nas relações de consumo, tendo em vista que por intermédio do compromisso o consumidor concorda expressamente com a arbitragem, que, por essa razão, não lhe é imposta);
b) tratar-se de *cláusula arbitral* (contemporânea ao contrato ou em ato posterior, mas anterior à existência de qualquer conflito entre as partes, mediante a qual se obrigam a submeter futuros conflitos à solução arbitral), se:
b.1) não se tratar de contrato que represente relação de consumo – vez que neste, em regra (havendo exceções), a cláusula arbitral é nula em razão da imposição da arbitragem ao consumidor quando surgir o conflito (art. 51, VII, do CDC);
b.2) respeitar a forma escrita, mesmo que por correspondência digital no bojo do contrato ou em documento apartado (aditivo contratual);
b.3) a cláusula estiver em destaque, referindo-se à Lei 9.307/1996, da necessidade de estar "em negrito";
b.4) houver assinatura específica para a cláusula arbitral no bojo do contrato ou em documento anexo.

Embora a conclusão já seja inferida do que dissemos, mister se faz salientar que não é todo contrato do qual decorra relação de consumo que se configura como contrato de adesão.

De outro lado, não é todo contrato de adesão que se configura como contrato de consumo.

Nesse momento, portanto, convém lembrar que nos contratos dos quais decorra uma relação de consumo não é possível, em regra, a cláusula arbitral (seja contrato de adesão ou não), em razão da nulidade dessa cláusula imposta pelo art. 51, VII, do CDC (Lei 8.078/1990), admitindo-se, apenas, o compromisso arbitral.

Em resumo, podemos afirmar que:
a) nos contratos de adesão, seja em relação de consumo ou não, é permitido o *compromisso arbitral*, ou seja, a convenção mediante a qual as partes se comprometem a submeter seus conflitos à arbitragem depois que o conflito já existe;
b) nos contratos que configurem a denominada relação de consumo, em razão da vedação do art. 51, VII, do CDC (Lei 8.078/1990) – lembrando que admitimos exceções, quando não estiver presente a imposição pelo fornecedor ou a vulnerabilidade jurídica do consumidor –, não é possível, em regra, a cláusula arbitral. Assim, a cláusula arbitral é admitida livremente nos demais contratos de adesão que não configurem relação de consumo (compra e venda de matéria-prima entre indústrias, por exemplo), e, nesses contratos, a Lei de Arbitragem (Lei 9.307/1996) exige forma escrita, cláusula no bojo do contrato ou em documento anexo e destaque (negrito) e visto ou assinatura específica.

A Ministra Nancy Andrighi resume a questão:

"Direito do consumidor. Recurso especial. Ação de revisão contratual cumulada com reparação de danos materiais e compensação de danos morais. Prequestionamento. Ausência. Súmula 282/STF. Convenção de arbitragem. Cláusula compromissória. Relação de consumo. Contrato de adesão. 1. Ação ajuizada em 05/03/2012. Recurso especial concluso ao gabinete em 26/09/2016. Julgamento: CPC/73. 2. O propósito recursal é definir se é válida cláusula compromissória arbitral inserida em contrato de adesão, notadamente quando há relação de consumo, qual seja, a compra e venda de imóvel residencial. 3. A ausência de decisão acerca dos argumentos invocados pela recorrente em suas razões recursais impede o conhecimento do recurso especial. 4. Com a promulgação da Lei de Arbitragem, passaram a conviver, em harmonia, três regramentos de diferentes graus de especificidade: (i) a regra geral, que obriga a observância da arbitragem quando pactuada pelas partes, com derrogação da jurisdição estatal; (ii) a regra específica, contida no art. 4º, § 2º, da Lei nº 9.307/96 e aplicável a contratos de adesão genéricos, que restringe a eficácia da cláusula compromissória; e (iii) a regra ainda mais específica, contida no art. 51, VII, do CDC, incidente sobre contratos derivados de relação de consumo, sejam eles de adesão ou não, impondo a nulidade de cláusula que determine a utilização compulsória da arbitragem, ainda que satisfeitos os requisitos do art. 4º, § 2º, da Lei nº 9.307/96. 5. O art. 51, VII, do CDC limita-se a vedar a adoção prévia e compulsória da arbitragem, no momento da celebração do contrato, mas não impede que, posteriormente, diante de eventual litígio, havendo consenso entre as partes (em especial a aquiescência do consumidor), seja instaurado o procedimento arbitral. 6. Na hipótese sob julgamento, a atitude da recorrente (consumidora) de promover o ajuizamento da ação principal perante o juízo estatal evidencia, ainda que de forma implícita, a sua discordância em submeter-se ao procedimento arbitral, não podendo, pois, nos termos do art. 51, VII, do CDC, prevalecer a cláusula que impõe a sua utilização, visto ter-se dado de forma compulsória. 7. Recurso especial parcialmente conhecido e, nesta parte, provido" (REsp 1.628.819/MG, rel. Min. Nancy Andrighi, 3ª Turma, j. 27.02.2018, DJe 15.03.2018).

Quanto aos requisitos formais, algumas observações.

Em que pese a lei mencionar apenas a necessidade de negrito e visto ou assinatura na cláusula arbitral em contrato de adesão, toda cautela para evitar discussões posteriores não representará exagero.

Isso porque qualquer discussão sobre a nulidade da cláusula arbitral será levada ao Judiciário, justamente o que se pretende evitar.

Nessa medida, recomenda-se cautela, ou seja, que a cláusula esteja em destaque, com letra de tamanho maior que o restante do contrato, em negrito, sublinhada e em caixa de texto com espaço para assinatura específica da cláusula arbitral pelo aderente.

Podemos exemplificar com um modelo de cláusula arbitral em contrato de adesão:

> **Cláusula x – As partes estipulam que quaisquer conflitos que possam surgir do presente contrato serão dirimidos através da solução arbitral, nos termos da Lei 9.307/1996, em língua portuguesa, pela Câmara Arbitral..., na cidade de... e de acordo com as regras institucionais do órgão ora eleito, inclusive os critérios para escolha dos árbitros.**
>
> ---
>
> Assinatura do aderente

Por fim, a esse respeito, são irretocáveis as razões lançadas pela Ministra Nancy Andrighi e que, por essa razão, são a seguir transcritas:

> "Direito Processual Civil e Consumidor. Contrato de adesão. Convenção de arbitragem. Limites e exceções. Arbitragem em contratos de financiamento imobiliário. Cabimento. Limites. 1. Com a promulgação da Lei de Arbitragem, passaram a conviver, em harmonia, três regramentos de diferentes graus de especificidade: (i) a regra geral, que obriga a observância da arbitragem quando pactuada pelas partes, com derrogação da jurisdição estatal; (ii) a regra específica, contida no art. 4º, § 2º, da Lei nº 9.307/1996 é aplicável a contratos de adesão genéricos, que restringe a eficácia da cláusula compromissória; e (iii) a regra ainda mais específica, contida no art. 51, VII, do CDC, incidente sobre contratos derivados de relação de consumo, sejam eles de adesão ou não, impondo a nulidade de cláusula que determine a utilização compulsória da arbitragem, ainda que satisfeitos os requisitos do art. 4º, § 2º, da Lei nº 9.307/96. 2. O art. 51, VII, do CDC se limita a vedar a adoção prévia e compulsória da arbitragem, no momento da celebração do contrato, mas não impede que, posteriormente, diante de eventual litígio, havendo consenso entre as partes (em especial a aquiescência do consumidor), seja instaurado o procedimento arbitral. 3. As regras dos arts. 51, VIII, do CDC e 34 da Lei nº 9.514/1997 não são incompatíveis. Primeiro porque o art. 34 não se refere exclusivamente a financiamentos imobiliários sujeitos ao CDC e segundo porque, havendo relação de consumo, o dispositivo legal não fixa o momento em que deverá ser definida a efetiva utilização da arbitragem. 4. Recurso especial a que se nega provimento" (STJ, REsp 1.169.841/RJ, rel. Min. Nancy Andrighi, 3ª Turma, j. 06.11.2012, DJe 14.11.2012).

No seu voto, esclareceu a relatora:

> "A hipótese dos autos: No particular, a análise dos autos evidencia estarmos diante de uma relação de consumo, corporificada em contrato de adesão. Com efeito, não cabe dúvida de que a relação estabelecida entre as partes – compra e venda de imóvel para fins de moradia – é de consumo, como já decidiu reiteradas vezes esta Corte, do que são exemplo os seguintes precedentes: REsp 669.990/CE, 4ª Turma, rel. Min. Jorge Scartezzini, DJ de 11.09.2006; REsp 698.499/SP, 3ª Turma, rel. Min. Carlos Alberto Menezes Direito, DJ de 05.12.2005; e REsp 662.585/SE, 4ª Turma, rel. Min. Jorge Scartezzini, DJ de 25.04.2005. Igualmente induvidoso que o contrato firmado é de adesão. Tanto é assim que, conforme admitem as próprias

recorrentes, elas tiveram a preocupação de inserir na cláusula compromissória as exigências contidas no art. 4º, § 2º, da Lei nº 9.307/96, que dispõe sobre a validade da convenção de arbitragem em contratos de adesão. Ademais, as recorrentes em momento algum impugnam a alegação do recorrido, de que o instrumento celebrado entre as partes consiste em 'típico contrato de adesão, regulado pela Lei nº 8.078/90' (fl. 28, e-STJ)."

"Portanto, a existência de relação de consumo e de contrato de adesão é premissa que deve ser levada em consideração na análise da validade da cláusula arbitral em questão." (...)

"A convenção de arbitragem em contratos de adesão envolvendo relação de consumo. Exceções à regra geral: Constatado o fato de que a controvérsia em questão se submete aos ditames do CDC, não se pode ignorar os termos do seu art. 51, VII, que estabelece serem nulas de pleno direito as cláusulas contratuais que determinem a utilização compulsória da arbitragem." (...)

"Dessa forma, a questão se resume em verificar se há incompatibilidade entre o art. 51, VII, do CDC e os dispositivos da Lei de Arbitragem, notadamente o seu art. 4º, § 2º."

"Nesse sentido, ao mesmo tempo em que estabeleceu como regra geral a obrigatoriedade de se respeitar a convenção arbitral, a Lei nº 9.307/96 criou mecanismos para proteger o aderente que, ao firmar contrato de adesão, se vê impossibilitado de discutir as cláusulas contratuais, que lhe são impostas unilateralmente pelo proponente."

"Para tanto, o art. 4º, § 2º, da Lei nº 9.307/96 dispõe que a cláusula compromissória só terá eficácia nos contratos de adesão 'se o aderente tomar a iniciativa de instituir a arbitragem ou concordar, expressamente, com a sua instituição, desde que por escrito em documento anexo ou em negrito (...)'."

"Assim, da confrontação dos arts. 51, VII, do CDC e 4º, § 2º, da Lei nº 9.307/96, constata-se que a incompatibilidade entre os dispositivos legais é apenas aparente, não resistindo à aplicação do princípio da especialidade das normas, a partir do qual, sem grande esforço, se conclui que o art. 4º, § 2º, da Lei nº 9.307/96 versou apenas acerca de contratos de adesão genéricos, subsistindo, portanto, a aplicação do art. 51, VII, do CDC, às hipóteses em que o contrato, mesmo que de adesão, regule uma relação de consumo."

"Na realidade, com a promulgação da Lei de Arbitragem, passaram a conviver, em harmonia, três regramentos de diferentes graus de especificidade:"

"(i) a regra geral, que obriga a observância da arbitragem quando pactuada pelas partes;

"(ii) a regra específica, aplicável a contratos de adesão genéricos, que restringe a eficácia da cláusula compromissória; e,

"(iii) a regra ainda mais específica, incidente sobre contratos sujeitos ao CDC, sejam eles de adesão ou não, impondo a nulidade de cláusula que determine a utilização compulsória da arbitragem, ainda que satisfeitos os requisitos do art. 4º, § 2º, da Lei nº 9.307/96."

"Note-se, por oportuno, que essa circunstância não impede a utilização da arbitragem na resolução de conflitos de consumo."

"O CDC veda apenas a utilização compulsória da arbitragem, o que não obsta o consumidor de eleger o procedimento arbitral como via adequada para resolver eventuais conflitos surgidos frente ao fornecedor".

A discussão baseou-se na permissão de dirimir conflitos mediante arbitragem contida na Lei 9.514/1997, que dispõe acerca da alienação fiduciária de bem imóvel. O art. 34 da referida Lei prevê que "os contratos relativos ao financiamento imobiliário em geral poderão estipular que litígios ou controvérsias entre as partes sejam dirimidos mediante arbitragem".

Mesmo com a previsão da Lei especial, observou a Ministra Nancy Andrighi que não há conflito entre o Código de Defesa do Consumidor e a Lei da Alienação Fiduciária de Bem Imóvel, justificando sua maneira de pensar da seguinte forma:

"Em primeiro lugar, porque nada impede que, em financiamentos imobiliários não sujeitos ao CDC, se estipule, desde o início, a utilização da arbitragem."

"Em segundo lugar porque, havendo relação de consumo, prevalecerá a regra acima delineada, de que a efetiva instauração do procedimento arbitral se sujeite à posterior concordância das partes, por ocasião do surgimento do conflito de interesses, o que não é vedado pelo art. 34 da Lei nº 9.514/97, que, além de prever a arbitragem como mera faculdade ou alternativa, não fixa o momento em que deverá ser definida a sua efetiva utilização".

Em resumo, o que a Ministra defende com propriedade, merecendo nossos aplausos, é que, se a relação de consumo decorrer de contrato de adesão – posto que pode não decorrer –, nada obsta que o aderente concorde expressamente com a arbitragem, uma vez que o conflito já esteja instaurado, por meio do compromisso arbitral.

Entretanto, se essas regras não forem observadas, mister se faz verificar, nos termos dos arts. 8º e 20 da Lei de Arbitragem, que a competência para apreciar a arguição de nulidade, ainda que haja relação de consumo, é do árbitro.

Em outras palavras, ainda que haja nulidade da cláusula arbitral que não respeite os requisitos do art. 4º, § 2º, da Lei de Arbitragem e/ou o art. 51, VII, do Código de Defesa do Consumidor, a competência inicial para verificar a nulidade é do árbitro, e não do juiz.

O controle judicial virá somente depois, em razão de eventual nulidade da convenção de arbitragem, nos termos dos arts. 32, I e II, e 33, ambos da Lei de Arbitragem, que tratam da ação judicial anulatória de sentença arbitral.

7.3 Arbitragem e direito do trabalho

Para compreensão da possibilidade da aplicação da solução arbitral aos conflitos decorrentes de relações jurídicas trabalhistas, será necessário separar as questões referentes aos conflitos individuais e coletivos.

Seguindo essa premissa, nos *conflitos coletivos* nada obsta que haja solução pela via arbitral, mormente em razão do que dispõe o art. 114, § 1º, da CF, segundo o qual, "frustrada a negociação coletiva, as partes poderão eleger árbitros".

Assim, é possível a arbitragem nos conflitos trabalhistas decorrentes de greve (arts. 3º e 7º da Lei 7.783/1989)[44] e participação nos lucros (art. 4º da Lei 10.101/2000).[45]

Tratando-se de *conflito individual*, os juslaboralistas costumavam afastar a possibilidade da arbitragem, e o faziam em razão da decantada irrenunciabilidade e, portanto, indisponibilidade dos direitos assegurados pela Consolidação das Leis do Trabalho.

Nada obstante, a Lei 13.467/2017, que alterou a Consolidação das Leis do Trabalho, trouxe expressa possibilidade de as partes firmarem cláusula arbitral nos contratos de trabalho cuja remuneração do empregado seja superior ao dobro do limite máximo de benefícios do Regime da Previdência Social, incluindo o art. 507-A à CLT nos seguintes termos: "Art. 507-A. Nos contratos individuais de trabalho cuja remuneração seja superior a duas vezes o limite máximo estabelecido para os benefícios do Regime Geral de Previdência Social, poderá ser pactuada cláusula compromissória de arbitragem, desde que por iniciativa do empregado ou mediante a sua concordância expressa, nos termos previstos na Lei nº 9.307, de 23 de setembro de 1996".

Algumas consequências podem ser extraídas do texto legal quanto à forma da cláusula arbitral (ou compromissória) para o pacto de arbitragem nos contratos de trabalho.

A primeira é a necessidade de iniciativa do empregado, hipótese em que, mediante solicitação dele, as partes venham a firmar cláusula arbitral por documento apartado, consubstanciado em anexo ou aditivo ao contrato de trabalho.

A segunda decorre da conjunção alternativa contida no texto e permite uma outra forma para a cláusula arbitral (ou compromissória) que exige a concordância expressa do empregado nos termos da Lei de Arbitragem.

E essa concordância, exigida pelo art. 507-A da CLT, vem expressa no art. 4º da Lei de Arbitragem se se tratar de contrato de adesão, como na maioria das vezes se trata, de tal sorte que a cláusula inserida no contrato de trabalho deverá estar em negrito e conter visto ou assinatura específica para a cláusula arbitral.

---

[44] "Art. 3º Frustrada a negociação ou verificada a impossibilidade de recursos via arbitral, é facultada a cessação coletiva do trabalho". "Art. 7º Observadas as condições previstas nesta Lei, a participação em greve suspende o contrato de trabalho, devendo as relações obrigacionais, durante o período, ser regidas pelo acordo, convenção, laudo arbitral ou decisão da Justiça do Trabalho (...)".

[45] "Art. 4º Caso a negociação visando à participação nos lucros ou resultados da empresa resulte em impasse, as partes poderão utilizar-se dos seguintes mecanismos de solução do litígio: I – mediação; II – arbitragem de ofertas finais, utilizando-se, no que couber, os termos da Lei nº 9.307, de 23 de setembro de 1996. § 1º Considera-se arbitragem de ofertas finais aquela em que o árbitro deve restringir-se a optar pela proposta apresentada, em caráter definitivo, por uma das partes. § 2º O mediador ou o árbitro será escolhido de comum acordo entre as partes. § 3º Firmado o compromisso arbitral, não será admitida a desistência unilateral de qualquer das partes. § 4º O laudo arbitral terá força normativa, independentemente de homologação judicial".

A "concordância expressa" também pode decorrer do compromisso arbitral, que nada mais é que a convenção de arbitragem estabelecida depois da existência do conflito, diferentemente da cláusula arbitral (ou compromissória), que surge antes do conflito no bojo do próprio contrato ou em aditivo contratual, inferência que se extrai dos arts. 3º e 4º da Lei de Arbitragem.

Isso porque no compromisso, a toda evidência, há concordância expressa do empregado na exata medida em que o conflito entre as partes já existe, o contrato já foi extinto e o Poder Judiciário especializado já está à disposição, competindo ao empregado escolher ou não a via jurisdicional arbitral.

Abarcou-se a ideia da permissão da arbitragem para empregados de alto escalão.

"Alto empregado é o trabalhador que transita num território cinzento em que, habitualmente, sua subordinação, muito tênue, pela proximidade do poder, lhe permite assumir a silhueta do próprio dirigente, como costumam vê-lo os situados na base da pirâmide hierárquica das grandes empresas, e como detém poder de mando".[46]

Assim, os empregados de "alto escalão", agora definidos pela CLT, poderão, inclusive, firmar cláusula arbitral no contrato de trabalho, até porque a própria contratação desses profissionais é diferenciada, não se colocando eles, em regra, em situação de vulnerabilidade ao celebrar o contrato.

Quanto aos demais empregados não enquadrados no permissivo legal decorrente do art. 507-A da CLT, é preciso observar que o texto mencionou apenas a cláusula compromissória (ou arbitral), que é o pacto de arbitragem celebrado antes da existência de conflitos, silenciando acerca do compromisso arbitral, que é firmado depois do conflito, em regra com a extinção do contrato de trabalho.

Com efeito, a interpretação é pela possibilidade de o empregado – qualquer um, mesmo que não se enquadre nos limites impostos pelo art. 507-A – firmar compromisso arbitral.

A doutrina especializada costumava sustentar que a arbitragem poderia deixar o empregado à mercê do empregador em razão de possíveis fraudes decorrentes da imposição do contrato.[47]

Nada obstante, é preciso ponderar que, depois do fim da relação jurídica trabalhista, os direitos de qualquer trabalhador – não apenas aqueles qualificados pelo art. 507-A da CLT – são patrimoniais e disponíveis, de natureza indenizatória, sendo possível neste momento, pactuar a arbitragem. Portanto, os empregados qualificados pela remuneração prevista no art. 507-A da CLT poderão firmar cláusula arbitral, respeitados os requisitos formais e qualquer empregado, mesmo que não se enquadre na qualificação do art. 507-A da CLT quanto à remuneração, poderá celebrar compromisso arbitral.

Ressalvamos que nossa posição não se funda na irrenunciabilidade ou indisponibilidade dos direitos de qualquer trabalhador durante a relação jurídica trabalhista.

---

[46] TRT-19, Recurso Ordinário 746199700519003/AL.
[47] Wagner D. Giglio. Os conflitos trabalhistas, a arbitragem e a justiça do trabalho, *Revista LTr*, 47: 273.

Entendemos que, depois do final da relação jurídica trabalhista, os direitos, como, por exemplo, férias proporcionais e décimo terceiro salário proporcional, já foram adquiridos e, nessa medida, diante do conflito, podem ser objeto de transação.

Assim, a irrenunciabilidade dos direitos do trabalho significa, somente, que na assinatura do contrato de trabalho não pode o trabalhador renunciar, por exemplo, às férias proporcionais.

Aliás, essa é a ideia que decorre dos arts. 9º, 444 e 468 da CLT.[48]

De fato, não se pode negar que, no momento da contratação, o empregado – qualquer um – está em situação de vulnerabilidade; pelo menos é o que se presume de forma relativa.

Diante disso, com os mesmos argumentos que justificaram a impossibilidade da cláusula arbitral[49] nas relações de consumo, com muito mais razão não é de se admitir mesmo a cláusula arbitral nos contratos de trabalho.

Não porque os direitos sejam indisponíveis ou irrenunciáveis, como de fato são.

Ainda que sejam, é muito comum e até frequente que, no âmbito da solução judicial dos conflitos individuais trabalhistas, haja transação referente aos direitos patrimoniais já adquiridos mediante a renúncia, pelo empregado, de parte do seu direito, aceitando, assim, receber menos e, ainda, de forma parcelada.

E exatamente nesse ponto surge a confusão muito comum de conceitos, na medida em que se afirma que os direitos garantidos pela legislação trabalhista são irrenunciáveis e, por tal razão, inalienáveis, insuscetíveis, assim, de solução arbitral.

---

[48] "Art. 9º Serão nulos de pleno direito os atos praticados com o objetivo de desvirtuar, impedir ou fraudar a aplicação dos preceitos contidos na presente Consolidação".
"Art. 444. As relações contratuais de trabalho podem ser objeto de livre estipulação das partes interessadas em tudo quanto não contravenha às disposições de proteção ao trabalho, aos contratos coletivos que lhes sejam aplicáveis e às decisões das autoridades competentes. Parágrafo único. A livre estipulação a que se refere o caput deste artigo aplica-se às hipóteses previstas no art. 611-A desta Consolidação, com a mesma eficácia legal e preponderância sobre os instrumentos coletivos, no caso de empregado portador de diploma de nível superior e que perceba salário mensal igual ou superior a duas vezes o limite máximo dos benefícios do Regime Geral de Previdência Social" (Incluído pela Lei nº 13.467, de 2017).
"Art. 468. Nos contratos individuais de trabalho só é lícita a alteração das respectivas condições por mútuo consentimento, e ainda assim desde que não resultem, direta ou indiretamente, prejuízos ao empregado, sob pena de nulidade da cláusula infringente desta garantia.
§ 1º Não se considera alteração unilateral a determinação do empregador para que o respectivo empregado reverta ao cargo efetivo, anteriormente ocupado, deixando o exercício de função de confiança. (Redação dada pela Lei nº 13.467, de 2017)
§ 2º A alteração de que trata o § 1º deste artigo, com ou sem justo motivo, não assegura ao empregado o direito à manutenção do pagamento da gratificação correspondente, que não será incorporada, independentemente do tempo de exercício da respectiva função" (Incluído pela Lei nº 13.467, de 2017).

[49] Não se pode olvidar que a cláusula arbitral se manifesta no momento da contratação ou posteriormente, mas sempre antes do conflito, mediante a qual as partes pactuam que eventuais conflitos exsurgentes do contrato serão dirimidos pelo árbitro e não pelo juiz togado.

No nosso entendimento, a inferência que se extrai da primeira afirmação, segundo a qual os direitos trabalhistas são – como de fato são – irrenunciáveis, não pode conduzir à conclusão falsa da inaplicabilidade absoluta da jurisdição arbitral à solução dos conflitos trabalhistas individuais para os empregados não qualificados pelo art. 507-A da CLT.

Se a irrenunciabilidade dos direitos do trabalhador tivesse o significado que se busca empreender em algumas decisões que afastam a possibilidade da arbitragem à solução dos conflitos trabalhistas individuais, não se poderia admitir qualquer transação no âmbito das reclamações trabalhistas perante a jurisdição estatal, o que se afirma na exata medida em que o indigitado acordo afrontaria o direito do empregado.

Em outras palavras, admitida a falsa premissa, diante de alegação de horas extras, por exemplo, o juiz togado deveria dirigir a instrução do processo, apurar a existência ou não do direito e, diante da constatação de sua existência, condenar a reclamada sem qualquer possibilidade de transação e, repita-se, não é isso que se vê na prática forense.

Posta dessa maneira a questão, como a jurisdição arbitral é idêntica à jurisdição estatal quanto aos efeitos, a irrenunciabilidade dos direitos significa, apenas, que não é dado ao árbitro, sob pena de nulidade – assim como não é permitido ao juiz togado –, admitir, na sentença que prolatar, a renúncia de qualquer dos direitos do trabalhador reconhecidos pela legislação trabalhista.

O que justifica, no nosso entendimento, a impossibilidade da cláusula arbitral no contrato de trabalho, para empregados não qualificados pelo art. 507-A da CLT, portanto, não é a irrenunciabilidade ou indisponibilidade, mas, de outro lado, a vulnerabilidade do trabalhador no momento da contratação e durante o contrato de trabalho (arts. 444 e 468 da CLT).

Por outro lado, nada impede – e até pode se apresentar benéfica para o empregado – a instituição da arbitragem, nos termos da Lei 9.307/1996, por meio do compromisso arbitral.

Lembre-se de que o compromisso existe depois do conflito entre as partes que, em razão dele, resolvem que suas diferenças serão dirimidas pela arbitragem.

Nesse momento, os direitos do empregado já foram adquiridos.

Ninguém questiona, aqui, se ele tem ou não direito ao décimo terceiro salário proporcional ou às férias, por exemplo.

Demais disso, não foi abstraído o direito de acessar o Poder Judiciário, que se encontra constitucionalmente à disposição do trabalhador. Este, diante da opção de ingressar com reclamação pela via estatal, pode – e percebam que a alternativa foi cuidadosamente colocada – preferir se submeter à arbitragem desde que não haja qualquer pressão sobre sua manifestação volitiva, que deve ser livre e consciente.

Assim, mesmo diante da opção de ingressar com reclamação junto ao Poder Judiciário, o empregado pode, por evidente, preferir se submeter à arbitragem.

Nessa medida, importante estabelecer que o compromisso arbitral, que ainda será estudado, como dito de passagem neste tópico, é a espécie de convenção de arbitragem mediante a qual as partes pactuam a solução alternativa do conflito pelo árbitro depois de o conflito se instaurar entre elas.

Portanto, ao firmar o compromisso depois do conflito, com a extinção do contrato, a toda evidência o empregado concorda expressamente com a instituição da arbitragem.

Em outras palavras, firmado o compromisso depois do término do contrato de trabalho, a instituição da arbitragem pode ser de iniciativa do empregador.

Nessas condições, não haverá, em regra, vulnerabilidade e admitimos que qualquer empregado pode firmar compromisso com o fim do contrato de trabalho.

Em conclusão, com o Poder Judiciário especializado à disposição, caso o agora ex-empregado, mesmo não qualificado pelo art. 507-A da CLT, resolva firmar compromisso arbitral manifestando livremente a sua vontade – já que a cláusula arbitral no contrato de trabalho não será válida para aqueles não incluídos na regra do art. 507-A da CLT pela sua situação, em regra, de vulnerabilidade no momento da contratação –, é evidente que concordou expressamente em submeter esse conflito a um árbitro, o que não encontra vedação na redação do art. 1º da Lei de Arbitragem, que limita a possibilidade de pacto de arbitragem aos direitos patrimoniais disponíveis. Nada impede sua opção, que sequer encontra óbice no decantado princípio da irrenunciabilidade dos direitos trabalhistas, que, repita-se à exaustão, nesse momento – com o contrato de trabalho extinto – já foram adquiridos.

Seja como for, interessante salientar que já foi reconhecida, de certa forma, a validade da sentença arbitral nos conflitos individuais do trabalho pelo Superior Tribunal de Justiça, que determinou o levantamento dos saldos do Fundo de Garantia por Tempo de Serviço, com base em sentença arbitral proferida nos termos da Lei 9.307/1996: "Administrativo – FGTS – Movimentação da conta pelo empregado – Despedida sem justa causa homologada por sentença arbitral – Possibilidade – Precedentes (REsp 707.043/BA, REsp 676.352/BA, REsp 675.094/BA e REsp 706.899). 1. O art. 20, I, da Lei 8.036/1990 autoriza a movimentação da conta vinculada ao FGTS em caso de despedida sem justa causa, comprovada com o depósito dos valores de que trata o seu art. 18 (valores referentes ao mês da rescisão, ao mês anterior e à multa de 40% sobre o montante dos depósitos). 2. Atendidos os pressupostos do art. 20, I, da Lei 8.036/1990, é legítima a movimentação da conta do FGTS pelo empregado, ainda que a justa causa tenha sido homologada por sentença arbitral. Precedentes. 3. Recurso especial a que se dá provimento" (REsp 778.154/BA, 1ª T., rel. Min. Teori Albino Zavascki, j. 11.10.2005, *DJ* 24.10.2005, p. 221).[50]

---

[50] Outra decisão, versando sobre a mesma matéria, entretanto, embora reconheça a validade da sentença arbitral, ressalva que esta, ao favorecer o trabalhador, não pode ser utilizada contra ele: "Direito trabalhista – Administrativo – FGTS – Saque dos depósitos – Despedida imotivada – Sentença arbitral – Possibilidade – Precedentes. 1. Mandado de segurança impetrado contra ato do gerente da CEF que não autorizou o levantamento dos valores da conta vinculada do FGTS em razão da natureza arbitral da sentença que solucionou litígio trabalhista. Concessão da segurança em primeiro grau. Acórdão dando provimento à apelação da CEF por entender que a arbitragem não pode ser utilizada quando a matéria versa sobre

O TST já decidiu conforme pensamos, no voto da lavra do Ministro Pedro Paulo Manus: "Juízo arbitral – Coisa julgada – Lei 9.307/1996 – Constitucionalidade. O art. 5º, XXXV, da Constituição Federal dispõe sobre a garantia constitucional da universalidade da jurisdição, a qual, por definir que nenhuma lesão ou ameaça a direito pode ser excluída da apreciação do Poder Judiciário, não se incompatibiliza com o compromisso arbitral e os efeitos de coisa julgada de que trata a Lei 9.307/1996. *É que a arbitragem se caracteriza como forma alternativa de prevenção ou solução de conflitos à qual as partes aderem, por força de suas próprias vontades, e o inciso XXXV do art. 5º da Constituição Federal não impõe o direito à ação como um dever, no sentido de que todo e qualquer litígio deve ser submetido ao Poder Judiciário.* Dessa forma, as partes, ao adotarem a arbitragem, tão só por isso, não praticam ato de lesão ou ameaça a direito. Assim, reconhecido pela Corte Regional que a sentença arbitral foi proferida nos termos da lei e que não há vício na decisão proferida pelo juízo arbitral, não se há de falar em afronta ao mencionado dispositivo constitucional ou em inconstitucionalidade da Lei 9.307/1996. Despicienda a discussão em torno dos arts. 940 do Código Civil e 477 da CLT, ou de que o termo de arbitragem não é válido por falta de juntada de documentos, haja vista que reconhecido pelo Tribunal Regional que a sentença arbitral observou os termos da Lei 9.307/1996 – a qual não exige a observação daqueles dispositivos legais e não tratou da necessidade de apresentação de documentos (aplicação das Súmulas 126 e 422 do TST). Os arestos apresentados para confronto de teses são inservíveis, a teor da alínea *a* do art. 896 da CLT e da Súmula 296 desta Corte. Agravo de instrumento a que se nega provimento" (Agravo de Instrumento em Recurso de Revista (AIRR) 1475/2000-193-05-00, 7ª Turma, *DJ* 17.10.2008).[51]

---

dissídios individuais trabalhistas, haja vista que os direitos assegurados aos trabalhadores são indisponíveis. Irresignado, o particular interpôs recurso especial alegando violação do art. 31 da Lei 9.307/1996. 2. A indisponibilidade dos direitos trabalhistas deve ser interpretada no sentido de proteger o empregado na relação trabalhista e não de prejudicá-lo. Havendo rescisão contratual sem justa causa, é cabível o levantamento dos depósitos do FGTS, ainda que a sentença tenha natureza arbitral. Nulidade inexistente. Precedentes da Primeira e Segunda Turmas do STJ. 3. O art. 477, § 1º, da CLT, o qual exige a assistência do sindicato da categoria do empregado ou de órgão do Ministério do Trabalho na rescisão contratual de trabalho, é regra que visa a proteger o lado presumidamente mais fraco da relação jurídica laboral, qual seja, o trabalhador e sua classe. Não pode a mencionada norma ser invocada em prejuízo do obreiro. 4. Recurso especial provido" (REsp 777.906/BA, 1ª T., rel. Min. José Delgado, j. 18.10.2005, *DJ* 14.11.2005, p. 228).

[51] No voto: "Vistos, relatados e discutidos estes autos de Agravo de Instrumento em Recurso de Revista TST-AIRR-1475/2000-193-05-00.7, em que é agravante (...) e agravado (...). A reclamante, não se conformando com a decisão denegatória do recurso de revista (fl. 216), oriunda do Tribunal Regional do Trabalho da 5ª Região, interpõe agravo de instrumento (fls. 219/224), sustentando que, contrariamente ao afirmado pelo Tribunal *a quo*, foram satisfeitos os requisitos legais para o regular processamento daquele recurso (fls. 209/214). Acórdão regional às fls. 193/194, complementado às fls. 204/205. Apresentadas contraminuta e contrarrazões às fls. 230/270. Dispensado o parecer do Ministério Público do Trabalho, nos termos do art. 83, § 2º, II, do Regimento Interno do Tribunal Superior do Trabalho. É o relatório. Voto. Conhecimento: presentes os pressupostos legais de admissibilidade, conheço do agravo. Mérito: juízo arbitral. Coisa julgada. Lei 9.307/1996: constitucionalidade. A decisão

regional está sintetizada na seguinte ementa: inexistindo vício na decisão proferida pelo juízo arbitral, há de ser declarada válida e eficaz a sentença decorrente da heterocomposição, produzindo o efeito de coisa julgada entre as partes (fl. 193). A reclamante, em suas razões de recurso de revista, alegou que a decisão regional, ao concluir pela coisa julgada e extinguir o processo, fundamentada em acordo extrajudicial de arbitragem, violou os arts. 5º, XXXV, da Constituição Federal; 940 do Código Civil; e 477, § 2º, da CLT. Sustenta que a Lei 9.307/1996 é inconstitucional; que o termo de arbitragem não é válido, vez que não se juntou cópias da respectiva ata de formação, de votação e de publicações em jornais e editais e do comprovante de registro de cartório e do Ministério do Trabalho, ou de outro documento que empreste validade ao termo de arbitragem; que a lei não excluirá da apreciação do Poder Judiciário lesão ou ameaça a direito; e que o sindicato após ressalva no termo de quitação. A discussão está em torno da seguinte situação descrita pelo acórdão regional: Na ata de assembleia, assinada livremente pela recorrida e com assistência do seu sindicato, fl. 69/73, as partes escolheram, como árbitro, a pessoa indicada pelos trabalhadores, exatamente o Presidente da categoria profissional, tendo submetido à apreciação do Juízo arbitral a questão do fechamento da filial de Feira de Santana, local de trabalho da recorrida, e, por conseguinte, foi exigida solução ao devedor da rescisão do contrato de emprego. Firmado tal compromisso, o Juízo arbitral proferiu-se a sentença de fls. 74/76, através da qual a recorrida deu ampla e irrevogável quitação à presente arbitragem, bem como ao extinto contrato de trabalho, para nada mais reclamar contra a empresa, seja a que título for. Pois bem; o art. 31 da Lei 9.307/1996 prevê: 'A sentença arbitral produz, entre as partes e seus sucessores, os mesmos efeitos da sentença proferida pelos órgãos do Poder Judiciário e, sendo condenatória, constitui título executivo.' Tendo a sentença arbitral sido proferida nos termos da lei, há de ser declarada válida e eficaz, produzindo efeito de coisa julgada entre as partes... (fl. 194). Nos termos da alínea c do art. 896 da CLT, a violação de norma constitucional há de ser direta e literal, a fim de viabilizar o processamento do recurso de revista. Na hipótese, o art. 5º, XXXV, da Constituição Federal dispõe sobre a garantia constitucional da universalidade da jurisdição, a qual, por definir que nenhuma lesão ou ameaça a direito pode ser excluída da apreciação do Poder Judiciário, não se incompatibiliza com o compromisso arbitral e os efeitos de coisa julgada de que trata a Lei 9.307/1996. É que, nos termos do art. 9º da mencionada Lei, o compromisso arbitral é a convenção através da qual as partes submetem um litígio à arbitragem de uma ou mais pessoas. Portanto, a arbitragem caracteriza-se como forma alternativa de prevenção ou solução de conflitos à qual as partes aderem, por força de suas próprias vontades. As partes, por conseguinte, têm a faculdade de renunciar ao seu direito de recorrer à Justiça ou de exercer o seu direito de ação, visto que o inciso XXXV do art. 5º da Constituição Federal não impõe o direito à ação como um dever, no sentido de que todo e qualquer litígio deve ser submetido ao Poder Judiciário. Dessa forma, as partes, ao adotarem a arbitragem, tão só por isso, não praticam ato de lesão ou ameaça a direito. Assim, reconhecido pela Corte Regional que a sentença arbitral foi proferida nos termos da lei e que não há vício na decisão proferida pelo juízo arbitral, não se há de falar em afronta ao mencionado dispositivo constitucional ou em inconstitucionalidade da Lei 9.307/1996. Despicienda a discussão em torno dos arts. 940 do Código Civil e 477 da CLT, ou de que o termo de arbitragem não é válido por falta de juntada de documentos, haja vista que reconhecido pelo Tribunal Regional que a sentença arbitral observou os termos da Lei 9.307/1996 – a qual não exige a observação daqueles dispositivos legais e não tratou da necessidade de apresentação de documentos (aplicação das Súmulas 126 e 422 do TST). Os arestos transcritos às fls. 212/213 são inservíveis, ou em razão de procederem do mesmo Tribunal Regional do Trabalho prolator da decisão recorrida, ou porque inespecíficos, por não tratarem da lei de arbitragem, a teor da Súmula 296 do TST. Nego provimento ao agravo de instrumento. Isto posto, acordam os Ministros da Sétima Turma do Tribunal Superior do Trabalho, por unanimidade, negar provimento ao agravo de instrumento. Brasília, 15 de outubro de 2008. Pedro Paulo Manus, Ministro Relator".

Ainda assim, decisão do TST enfrentou o tema e acolheu a tese do empregado segundo a qual o compromisso somente foi assinando como condição para que o empregado recebesse benefício interno da empresa, denominado "Briding", que confere aos empregados demitidos sem justa causa uma gratificação especial calculada com base no número de anos trabalhados e no último salário.

O relator determinou o retorno dos autos à 28ª Vara do Trabalho de Salvador para que o mérito da ação trabalhista tivesse seu mérito julgado, afastando a arbitragem (TST – RR 795/2006-028-05-00.8).

Na sequência do mesmo processo, no âmbito de embargos, a Seção Especializada em Dissídios Individuais do TST admitiu a conclusão simplista e generalista, segundo a qual a arbitragem não seria compatível com o direito individual do trabalho, utilizando, para tanto, entre outros e principalmente, o argumento do caráter irrenunciável dos direitos do trabalhador, o que hoje merece revisão em razão da posterior redação do art. 507-A da CLT.

Poder-se-ia sustentar, diante dos fatos, vício no consentimento do empregado em razão do desequilíbrio entre as partes no caso concreto. Entretanto, dessa afirmação, eventualmente aplicável ao caso concreto, a aceitar a categorização da inaplicabilidade da arbitragem aos conflitos individuais, vai uma distância enorme.

Em consonância com o acatado, embora não fosse mesmo o caso de admitir a arbitragem na hipótese concreta, a fundamentação não condiz com a correta interpretação do direito ali agitado.

Em suma, bastaria justificar a nulidade do compromisso (relativa) em razão de manifestação volitiva viciada pela coação.

Decisão judicial merece respeito. Todavia, respeito não significa submissão a histórico equívoco jurídico representado por decisão prolatada na contramão da tendência mundial de prestigiar a arbitragem como meio de solução de conflitos e, bem assim, surgiu, posteriormente, o art. 507-A da CLT, que em parte permite expressamente a arbitragem nos conflitos individuais nos termos em que regulamentou.

Não podemos esquecer que a interpretação encontra fonte na doutrina e na jurisprudência.

Assim, para rematar, convém mencionar judicioso julgado da lavra do Desembargador Antonio Álvares da Silva (TRT-3ª Região, Processo 00259-2008-075-03-00-2/RO, 4ª Turma, Data de Publicação: 31.01.2009): Arbitragem e conflitos individuais de trabalho – Possibilidade – Conceito de indisponibilidade de direitos – Efeitos jurídicos.

Sustenta o culto relator:

> "A arbitragem é, por excelência, o meio de solução de conflitos humanos, precedendo no tempo ao próprio Poder Judiciário."
>
> "A solução de conflitos por um terceiro isento, escolhido pelas partes, sempre foi o caminho histórico de pacificação de litígios, porque, gozando da confiança dos que lhe pedem justiça, concilia a rigidez da norma com a flexibilização natural da equidade."
>
> "Somente na fase imperial de Roma é que se adotou a solução exclusivamente estatal de controvérsias. Antes, no período das *legis actiones* e no período *per*

formula, a atuação do pretor se limitava a dar a ação, compor o litígio e fixar o *thema decidendum*. A partir daqui, entregava o julgamento a um árbitro, que podia ser qualquer cidadão romano."

"Esta situação predominou durante a Idade Média, em que não havia tribunais exclusivamente patrocinados pelo Estado, pois, pertencendo o cidadão a reinos e condados, comandados por nobres e senhores feudais, a justiça era feita de comum acordo, por tribunais comunitários, de natureza mais compositiva do que decisória."

"Somente a partir do século XVIII, com a criação do Estado Constitucional, é que houve o monopólio pelo Estado da prestação jurisdicional. Esta nova postura, entretanto, nunca excluiu o julgamento fora do Estado, por terceiros escolhidos pelas partes, pois não é, nem nunca foi possível ao Estado decidir sozinho as controvérsias humanas, principalmente na sociedade moderna, em que se multiplicam os conflitos e acirram-se as divergências, não só dos cidadãos entre si, mas deles contra o Estado e do Estado contra seus jurisdicionados."

"O próprio Estado brasileiro, através da Lei 9.307/2006, deu um passo decisivo neste aspecto (...). Desta forma, conciliou-se o monopólio da jurisdição, naquilo que o Estado considera fundante e inalienável para constituir a ordem pública e o interesse social com direitos em que predominam os interesses individuais ou coletivos, centrados em pessoas ou grupos."

"Os conflitos trabalhistas não se excluem do âmbito genérico do art. 1º da Lei 9.307/2006 porque seus autores são pessoas capazes de contratar e detêm a titularidade de direitos patrimoniais disponíveis."

"A indisponibilidade de direitos trabalhistas é conceito válido e internacionalmente reconhecido porque se trata de núcleos mínimos de proteção jurídica, com que o trabalhador é dotado para compensar a desigualdade econômica gerada por sua posição histórica na sociedade capitalista. Destes conteúdos mínimos não têm as partes disponibilidade, porque afetaria a busca do equilíbrio ideal que o legislador sempre tentou estabelecer entre o empregado e o empregador."

"Porém, indisponibilidade não se confunde com transação, quando há dúvida sobre os efeitos patrimoniais de direitos trabalhistas em situações concretas. Indisponibilidade não se há de confundir com efeitos ou consequências patrimoniais. Neste caso, a negociação é plenamente possível e seu impedimento, pela lei ou pela doutrina, reduziria o empregado à incapacidade jurídica, o que é inadmissível, porque tutela e proteção não se confundem com privação da capacidade negocial como atributo jurídico elementar de todo cidadão."

"A arbitragem, tradicionalmente prevista no direito coletivo, pode e deve também estender-se ao direito individual, porque nele a patrimonialidade e a disponibilidade de seus efeitos é indiscutível e é o que mais se trata nas varas trabalhistas, importando na solução, por este meio, de 50% dos conflitos em âmbito nacional. Basta que se cerque de cuidados e se mantenha isenta de vícios a declaração do empregado pela opção da arbitragem, que poderá ser manifestada, por exemplo, com a assistência de seu sindicato, pelo Ministério Público do Trabalho ou por cláusula e condições constantes de negociação coletiva."

"Em vez da proibição, a proteção deve circunscrever-se à garantia da vontade independente e livre do empregado para resolver seus conflitos. Se opta soberanamente pela solução arbitral, através de árbitro livremente escolhido, não se há de impedir esta escolha, principalmente quando se sabe que a solução judicial pode demorar anos, quando o processo percorre todas as instâncias, submetendo o crédito do emprego a evidentes desgastes, pois são notórias as insuficiências corretivas dos mecanismos legais."

"A arbitragem em conflitos individuais já é prevista na Lei de Greve – Lei 7.783/1989, art. 7º; Lei de Participação nos Lucros – Lei 10.101/2000; na Convenção sobre o Reconhecimento e a Execução de Sentenças Arbitrais Estrangeiras, ratificada pelo Decreto 4.311/2002. Trata-se, portanto, de instituição já inserida no direito brasileiro, que não pode mais ser renegada pela doutrina ou pela jurisprudência, sob pena de atraso e desconhecimento dos caminhos por onde se distende hoje o moderno direito do trabalho."

"Já é tempo de confiar na independência e maturidade do trabalhador brasileiro, mesmo nos mais humildes, principalmente quando sua vontade tem o reforço da atividade sindical, da negociação coletiva, do Ministério Público, que inclusive pode ser árbitro nos dissídios de competência da Justiça do Trabalho – art. 83, XI, da LC 75/1993."

"A relutância em admitir a arbitragem em conflitos individuais de trabalho é uma prevenção injustificada que merece urgente revisão. Não se pode impedir que o empregado, através de manifestação de vontade isenta de vício ou coação, opte por meios mais céleres, rápidos e eficientes de solução do conflito do que a jurisdição do Estado."[52]

---

[52] Colhe-se, ainda, do julgado: "O Direito do Trabalho se caracteriza como ramo especial da Ciência do Direito, que existe para regular a relação individual, coletiva, pública e cogestional de trabalho. Tem, pois, à sua frente um amplo campo material que envolve o trabalho em todas as relações jurídicas pelas quais até hoje foi concebido na Ciência do Direito. Em todas estas relações, exerce uma função tutelar ou de proteção, pois é esta a razão de sua existência. Se o direito obrigacional comum, hospedado no direito privado, fosse suficiente e bastante para regular a relação de trabalho, não haveria razão para criar-se um direito especial. Com o gênero, sem a espécie, a ordem jurídica seria suficiente e se bastaria. Esta proteção consiste exatamente numa tutela específica, que protege a vontade do trabalhador, considerado parte mais fraca na relação de trabalho, fato que motivou, em todos os países civilizados, a criação de uma ordem jurídica especial para protegê-lo, promovendo desigualdades jurídicas a seu favor, para compensar a desigualdade real, a ele contrária. A linha jurídica desta proteção consiste na menor disponibilidade e restrição à transação, que caracteriza a autonomia privada, onde vige o princípio de que a permissão é a regra e a restrição é a exceção. A amplitude deste princípio é compreensível, pois é esta a finalidade do direito privado, que consiste 'na produção e repartição da riqueza em uma sociedade capitalista', função esta essencialmente política, que o ordenamento jurídico deixa a cargo dos particulares (Kelsen, Hans. *Teoria pura do direito*. 8. ed. Buenos Aires: Editorial Universitário, 1968, p. 185). Como a isenção de limites levaria ao extremo de se construir a riqueza, o bem-estar, a produção e a circulação de bens apenas pela vontade das pessoas envolvidas neste complexo ato criador, o legislador considerou a necessidade de impor limites a esta atividade, quando o interesse público devesse também ser levado em conta. E o que se fez, como em tudo no direito, foi a busca de uma harmonia para se estabelecer o equilíbrio social, conciliando a iniciativa privada com o interesse público.

Para rematar, o TRT-2ª Região já admitiu a execução da sentença arbitral homologatória de conciliação, embora com a ressalva de que a iniciativa foi do próprio empregado.

> Neste contexto é que entra a indisponibilidade de direitos. Quando a lei estabelece determinado ramo especial do direito, com o intuito de restringir a vontade dos participantes para compor o equilíbrio da relação, adota a técnica da indisponibilidade do direito, ou seja, os direitos criados não podem ser disponibilizados pelas partes. Se possível fosse, o ramo especial não existiria. Até semanticamente, a expressão 'direitos indisponíveis' ou 'disposição de direitos' é contraditória. Entre os 41 sentidos e matizes semânticos com que o verbo 'dispor' se apresenta na língua portuguesa, há estes que se situam próximos do tema ora discutido: 'ser possuidor de algo – dispor de viatura; dispor de tempo livre ou ser senhor absoluto de – o escravocrata dispunha da vida dos escravos' (Houaiss, versão eletrônica.). A expressão, à luz dos significados do verbo dispor, torna-se ininteligível. Tornar um direito indisponível significaria que a parte não pode dele dispor, ou seja, não é dele possuidora, não é dele 'senhor', ou seja, possuidor. Se assim entendêssemos, o efeito seria exatamente o contrário. O que se pretende é que a parte goze, possua, desfrute do direito, para a satisfação de seus interesses. É aqui, neste segundo sentido, que entram as tutelas jurídicas nos diferentes ramos da ciência do direito, protegendo os titulares de certas relações jurídicas: trabalhadores, menores, inquilinos, prisioneiros etc. com certos direitos dos quais nem eles, nem ninguém pode dispor, pois o legislador os tem como beneficiários destes direitos por razões de ordem pública e interesse social. Vê-se que o legislador tem como objetivo proteger o gozo do direito, ou seja, seu efeito. Não se dirige ao direito em si mesmo, porque nenhum direito é disponível pelas partes, ou seja, não pode ser por elas modificado, ampliado, restringido ou transformado, a não ser por expressa previsão legal. Se assim fosse, os cidadãos privados se transformariam em legisladores e criariam uma ordem jurídica paralela à que é instituída pelo Estado. O que eles fazem é, dentro da autonomia privada, compor um direito que satisfaça seus interesses, nos limites maiores da lei que o Estado criou. Aqui funciona a autonomia privada, os contratos e as obrigações.
>
> Feitas estas considerações, analisa-se o caso concreto da indisponibilidade de direitos trabalhistas. Esta expressão significa que as partes do contrato de trabalho, em nenhum de seus planos, podem excluir direito trabalhista. Até aqui, nada de novo, pois não podem revogar direitos ou cassar-lhes a vigência. Seria absurdo que, num contrato de trabalho, se previsse que as partes, por livre acordo, excluíssem as férias ou o 13º, por exemplo. Acontece que as férias e o 13º, somente quando satisfeitos os requisitos legais e provados os fatos pertinentes, é que se transformam em direitos subjetivos do trabalhador. Para que se goze o período de férias de 30 dias, é necessário que, no período anterior de 12 meses, o empregado não tenha faltado mais de 5 vezes. Suponha-se que surja uma controvérsia sob o efetivo trabalho no período aquisitivo de 12 meses. O empregador, numa empresa com menos de 10 empregados – art. 74, § 2º, da CLT –, alega que o empregado faltou mais de 5 vezes. O empregado nega. Como não há controle obrigatório da jornada nesta situação, a controvérsia se forma. A prova testemunhal é duvidosa. O juiz propõe um acordo e as partes o aceitam. Pergunta-se: feriu-se a indisponibilidade do direito de férias? A resposta óbvia é não. O que se fez foi transacionar o efeito duvidoso do direito que estava controverso nos autos. Basta este exemplo para ficar claro que a indisponibilidade não é do direito, mas sim dos efeitos, quando controversa sua incidência. Sob este aspecto, todo direito é disponível, desde que tenha um efeito patrimonial ou econômico e haja dúvida sobre sua incidência na situação concreta. Torna-se então transacionável. Só neste sentido é que se pode dar um sentido útil à expressão 'direitos indisponíveis' e sua contraposição linguística 'disponibilidade de direitos'. A exposição até agora feita permite concluir que: a) todo direito é indisponível pelas partes, pois não se admite que, por convenção, se possa excluir a vigência das leis; b) os efeitos das leis incidem na realidade concreta, pois toda lei é dotada de eficácia. Se a lei se destina a uma tutela específica de direito, esta proteção ou tutela não pode ser naturalmente excluída por vontade das partes; c) se os efeitos da lei se tornam duvidosos por falta das condições de sua incidência, há uma controvérsia jurídica que pode ser objeto de transação, sem que se fira a indisponibilidade".

De qualquer forma, concluiu que a execução, ainda que seja de mera transação, não encontra óbice na Constituição Federal, cujo art. 114 ampliou a competência da Justiça do Trabalho: "Conciliação firmada perante Câmara Arbitral. Natureza de título executivo. Execução na Justiça do Trabalho. A Emenda Constitucional nº 45/2004, ao alterar o art. 114 da CF, ampliou a competência material da Justiça obreira, possibilitando o ajuizamento de ação executiva de títulos extrajudiciais além daqueles expressamente previstos no art. 876 da CLT. Não há mais que se falar que o art. 876 celetista apresenta rol taxativo (*numerus clausus*). Quanto a este tema, prevalece a aplicação subsidiária do CPC, que dispõe que a sentença arbitral constitui título executivo... [art. 515, inciso VII]. Se o exequente não questiona a validade da avença realizada perante a Câmara Arbitral nem suscita qualquer vício de consentimento, tem direito legítimo de pretender a execução deste título executivo na Justiça do Trabalho, seara competente para processar e julgar matéria pertinente à relação de emprego (art. 877-A da CLT)" (TRT-2ª Região, RO 00116200931902003/SP, 4ª Turma, rel. Des. Federal do Trabalho Sérgio Winnik, j. 17.11.2009, v.u.).

7.4 Arbitragem e locação de imóveis urbanos

Cumpre agora esclarecer se, no âmbito dos conflitos decorrentes dos contratos de locação, existe a possibilidade de arbitragem.

Assim, questiona-se se é possível a arbitragem para resolver um despejo, uma pretensão renovatória ou revisional de contratos de locação.

No que concerne à obrigatoriedade de suas disposições, a Lei do Inquilinato (Lei 8.245/1991) determina: "Art. 45. São nulas de pleno direito as cláusulas do contrato de locação que visem a elidir os objetivos da presente Lei, notadamente as que proíbam a prorrogação prevista no art. 47, ou que afastem o direito à renovação, na hipótese do art. 51, ou que imponham obrigações pecuniárias para tanto".[53]

Assim, como, por evidente, a pura solução arbitral não visa elidir os objetivos cogentes da Lei do Inquilinato, a aplicação da Lei 9.307/1996 é absolutamente possível, seja por meio da cláusula ou do compromisso arbitral, com a aplicação da própria Lei 8.245/1991, no seu aspecto de direito material para solução dos conflitos.

O fato de a Lei do Inquilinato se revestir da natureza de ordem pública, como qualquer outra lei que tenha essa natureza, não significa que o direito tratado pela norma cogente automaticamente deixe de ser patrimonial e disponível, mas, apenas,

---

[53] Pelo que se vê dos seguintes julgados, a regra não é absoluta: 2ª Tribunal de Alçada Civil de São Paulo: Locação – Revisional – Contrato – Cláusula de renúncia – Admissibilidade. É lícita a cláusula de renúncia a ação revisional de alugueres. EI 354.359 – 5ª Câm. – rel. Juiz Alves Bevilacqua – j. 11.05.1994. Referência: Súmula 357 do STF. No mesmo sentido: JTA (LEX) 161/532. STJ – Civil. "Locação comercial. Pedido revisional. Cláusula renunciativa. Validade. 1 – Não viola o art. 19 e nem o art. 45, ambos da Lei 8.245/91 e, muito menos conflita com a Súmula 357 do STF, a disposição contratual, livremente pactuada pelas partes, na qual o locador renuncia ao direito de propor ação revisional de aluguel, considerando-se ratificada se, após renovação da avença, continua a integrar os seus termos sem nenhuma objeção da parte interessada. Precedente desta Corte. 2 – Recurso não conhecido" (REsp 243.283/RJ, rel. Min. Fernando Gonçalves, 6ª Turma, j. 16.03.2000, *DJ* 10.04.2000 p. 149).

que o árbitro ou o juiz devem solucionar o conflito que se lhes apresente pela exclusiva aplicação da lei, que não pode ser afastada pela vontade das partes.

Em consonância com o acatado, nada obsta e tudo recomenda que o árbitro atue nas ações locatícias, notadamente nos despejos, nas ações revisionais, consignatórias e nas renovatórias de contrato de locação, aplicando materialmente a Lei do Inquilinato.

É evidente, diante disso, que, depois da solução arbitral, a eventual execução do julgado, um despejo, por exemplo, será feita pelo Poder Judiciário, mas será, como veremos, com base na sentença arbitral que faz coisa julgada.

No caso de renovatória ou revisional de aluguéis, sequer haverá essa necessidade, de tal sorte que a sentença arbitral já declarará a renovação compulsória e o novo aluguel, respectivamente.

Nesse sentido os seguintes arestos:

> "Locação de imóvel. Ação de cobrança. Contrato que prevê convenção de arbitragem. Extinção do processo sem resolução do mérito mantida. (...). Com o advento da Lei 9.307/96, a previsão contratual de convenção de arbitragem enseja a extinção sem resolução do mérito do processo judicial. Competência do juízo arbitral para solução do litígio. Convenção de arbitragem livremente pactuada entre as partes, que deve ser respeitada. Ausência de violação do art. 5º, inciso XXXV, da CF. Recurso desprovido" (TJSP, rel. Gilberto Leme, Piracaia, 35ª Câmara de Direito Privado, j. 09.02.2015, Data de registro: 11.02.2015).

> "Ação renovatória. Contrato de locação escrito. R. sentença de extinção, com apelo só do autor. Existência de cláusula de arbitragem, de forma que correta a extinção da ação. Intelecção do art. 252 do Regimento Interno deste Tribunal. Apelação não provida" (Rel. Campos Petroni, Suzano, 27ª Câmara de Direito Privado, j. 16.12.2014, Data de registro: 17.12.2014).

Entretanto, poder-se-ia redarguir, questionando se nas locações há ou não relação de consumo.

A resposta é encontrada na jurisprudência:[54] "Locação – Inaplicabilidade do Código de Defesa do Consumidor – Fiador. 1. Esta Corte firmou compreensão no sentido de que o Código de Defesa do Consumidor não é aplicável aos contratos locativos. 2. Se há disposição contratual específica prevendo a responsabilidade dos fiadores, no caso de renovação de contrato de locação por prazo indeterminado, até a entrega das chaves, não será hipótese de interpretação, mas de simples aplicação da cláusula. 3. Recurso não conhecido" (REsp 329.067/MG, 6ª Turma, rel. Min. Paulo Gallotti, j. 18.12.2002, DJ 02.08.2004, p. 576).

---

[54] Embora, com frequência, seja utilizado o argumento da existência de lei especial, este não nos convence, tendo em vista que inúmeras outras relações jurídicas são reguladas por leis especiais e, não por isso, deixa de ser aplicado o CDC. Costuma-se argumentar, de forma um pouco mais convincente, que falta fornecimento de produto ou serviço, imprescindíveis nos termos do art. 3º da Lei 8.078/1990, para configurar relação de consumo, vez que aquele que loca não fornece produto e, tampouco, presta serviço, na medida em que a locação possui natureza jurídica de cessão temporária de uso de bem infungível, mediante pagamento de aluguéis.

Portanto, se não há relação de consumo, tampouco, como vimos, existe a vedação da cláusula arbitral.

Em resumo, a locação admite a cláusula e o compromisso arbitral indistintamente.

Nesse sentido, afirmou o Tribunal de Justiça de São Paulo, na Apelação 1066629-0/6 (26ª Câmara, rel. Des. Renato Sartorelli, j. 17.12.2007): "Bem por isso, não há que se cogitar de nulidade da cláusula compromissória instituída no pacto, que é cogente e obriga as partes por força do princípio da liberdade contratual que regula a relação locatícia".[55]

Apenas, se do contrato de locação decorrer um contrato de adesão, mister se faz que a cláusula arbitral esteja redigida em destaque (no mínimo negrito) ou em documento apartado e que contenha visto ou assinatura específica.

Ainda assim, o STJ já entendeu que, apesar de ser possível pactuar arbitragem nos contratos de locação, o despejo, por ter natureza executiva lato sensu, não comportaria arbitragem:

> "Recurso especial. Locação de imóvel comercial. Ação de despejo por falta de pagamento e abandono do imóvel. Existência de cláusula compromissória estabelecendo que a regência e a solução das demandas ocorrerão na instância arbitral. Despejo por falta de pagamento e abandono do imóvel. Natureza executória da pretensão. Competência do juízo togado para apreciar a demanda.
>
> 1. A cláusula arbitral, uma vez contratada pelas partes, goza de força vinculante e caráter obrigatório, definindo ao juízo arbitral eleito a competência para dirimir os litígios relativos aos direitos patrimoniais disponíveis, derrogando-se a jurisdição estatal.
>
> 2. No processo de execução, a convenção arbitral não exclui a apreciação do magistrado togado, haja vista que os árbitros não são investidos do poder de império estatal para a prática de atos executivos, não tendo poder coercitivo direto.
>
> 3. Especificamente em relação ao contrato de locação e sua execução, o STJ já decidiu que na 'execução lastreada em contrato com cláusula arbitral, haverá limitação material

---

[55] Já se decidiu em sentido contrário. O julgado está assim ementado: "Prestação de serviços – Ação anulatória de sentença arbitral e cláusulas compromissórias – Presença dos requisitos para a antecipação de tutela – Cláusulas elaboradas no interesse da imobiliária, e não nos interesses dos locatários e da locadora – Lei do Inquilinato, ademais, que se reveste de caráter de ordem pública, com regras que não se submetem à arbitragem – Recurso provido. Tendo as cláusulas compromissórias, firmadas pelas partes, sido elaboradas no interesse da imobiliária, e não da titular do domínio do imóvel a ser administrado, nem dos agravados, e levando-se em conta que a Lei do Inquilinato tem caráter de lei de ordem pública, cabe a tutela antecipada para o fim de serem anuladas essas cláusulas, já que se encontram presentes os requisitos para tanto" (TJSP, Agravo de Instrumento 1114160-0/3, 29ª Câmara, rel. Des. Luis de Carvalho). Tratava-se de convenção de arbitragem firmada em benefício de terceiro, ou seja, de imobiliária que administrava e intermediava a relação entre locador e locatário. Pensamos que houve confusão entre o caráter cogente dos dispositivos de natureza material da Lei 8.245/1991 (Lei do Inquilinato) com a indisponibilidade do direito. Vimos que os direitos que decorrem da locação não são, em hipótese alguma, indisponíveis, posto que evidentemente admitem transação. Melhor seria, no caso, justificativa diversa, em razão do excesso cometido, do conflito de interesses ou consequente vício do consentimento (erro ou dolo).

do seu objeto de apreciação pelo magistrado. O Juízo estatal não terá competência para resolver as controvérsias que digam respeito ao mérito dos embargos, às questões atinentes ao título ou às obrigações ali consignadas (existência, constituição ou extinção do crédito) e às matérias que foram eleitas para serem solucionadas pela instância arbitral (*kompetenz* e *kompetenz*), que deverão ser dirimidas pela via arbitral. A exceção de convenção de arbitragem levará a que o juízo estatal, ao apreciar os embargos do devedor, limite-se ao exame de questões formais do título ou atinentes aos atos executivos (*v.g.*, irregularidade da penhora, da avaliação, da alienação), ou ainda às relacionadas a direitos patrimoniais indisponíveis, devendo, no que sobejar, extinguir a ação sem resolução do mérito' (REsp 1465535/SP, Rel. Ministro Luis Felipe Salomão, Quarta Turma, julgado em 21/06/2016, DJe 22/08/2016).

4. A ação de despejo tem o objetivo de rescindir a locação, com a consequente devolução do imóvel ao locador ou proprietário, sendo enquadrada como ação executiva lato sensu, à semelhança das possessórias.

5. Em razão de sua peculiaridade procedimental e natureza executiva ínsita, com provimento em que se defere a restituição do imóvel, o desalojamento do ocupante e a imissão na posse do locador, não parece adequada a jurisdição arbitral para decidir a ação de despejo. Com efeito, a execução na ação de despejo possui característica peculiar e forma própria. Justamente por se tratar de ação executiva *lato sensu*, verifica-se ausente o intervalo que se entrepõe entre o acatamento e a execução, inerente às ações sincréticas, visto que cognição e execução ocorrem na mesma relação processual, sem descontinuidade.

6. Na hipótese, o credor optou por ajuizar ação de despejo, valendo-se de duas causas de pedir em sua pretensão – a falta de pagamento e o abandono do imóvel –, ambas não impugnadas pela recorrente, para a retomada do bem com imissão do credor na posse.

Portanto, há competência exclusiva do juízo togado para apreciar a demanda, haja vista a natureza executória da pretensão.

7. Recurso especial não provido" (REsp 1.481.644/SP, rel. Min. Luis Felipe Salomão, 4ª Turma, j. 1º.06.2021, *DJe* 19.08.2021).

Nada obstante, entendo que o simples fato de se qualificar a ação de despejo como executiva *lato sensu* é irrelevante para concluir pela impossibilidade da jurisdição privada nas ações de despejo.

Não é pelo fato de a ação, que continua sendo de conhecimento e demanda sentença, ter execução peculiar, que não se admitiria a jurisdição privada, até porque os atos executivos, assim como as antecipações de tutela e as cautelares, seriam levados a efeito, por carta arbitral, pelo Poder Judiciário.

7.5 *Arbitragem e Administração Pública – Direito Administrativo*

Sustentam os administrativistas que a arbitragem nos contratos celebrados pela Administração vincula-se à autorização legal e à existência de contrato regido pelo direito privado, como, por exemplo, a locação de imóveis urbanos, em que a Administração figure como locatária.

No caso de empresas públicas e sociedades de economia mista, a autorização legal se resolve na medida em que são equiparadas pelo Código Civil às pessoas jurídicas de direito privado quando exercem atividades típicas do direito privado e assumem a estrutura de direito privado, submetendo-se ao mesmo regime das empresas privadas e, conseguintemente, autorizadas a dispor sobre os seus direitos.[56]

Seja como for, acórdão paradigmático do Superior Tribunal de Justiça, da pena do Ministro Luiz Fux, esclarece o tema e, por sua clareza e didática, reproduzimos a ementa:[57]

> "Administrativo – Mandado de segurança – Permissão de área portuária – Celebração de cláusula compromissória – Juízo arbitral – Sociedade de economia mista – Possibilidade – Atentado."
>
> "1. Mandado de segurança impetrado contra ato do Ministro de Estado da Ciência e Tecnologia, ante a publicação da Portaria Ministerial 782, publicada no dia 07.12.2005, que anuiu com a rescisão contratual procedida pela empresa Nuclebrás Equipamentos Pesados S/A – NUCLEP, com a ora impetrante, empresa TMC – Terminal Multimodal de Coroa Grande – SPE – S/A."
>
> "2. Razões do pedido apoiadas nas cláusulas 21.1 e 21.2, do Contrato de Arrendamento para Administração, Exploração e Operação do Terminal Portuário e de Área Retroportuária (Complexo Portuário), lavrado em 16.12.1997 (fls. 31-42), de seguinte teor: 'Cláusula 21.1 – Para dirimir as controvérsias resultantes deste Contrato e que não tenham podido ser resolvidas por negociações amigáveis, fica eleito o foro da Comarca do Rio de Janeiro, RJ, em detrimento de outro qualquer, por mais privilegiado que seja.'"
>
> "Cláusula 21.2 – Antes de ingressar em juízo, as partes recorrerão ao processo de arbitragem previsto na Lei 9.307, de 23.09.2006."

---

[56] Código Civil: "Art. 40. As pessoas jurídicas são de direito público, interno ou externo, e de direito privado".
"Art. 41. São pessoas jurídicas de direito público interno: I – a União; II – os Estados, o Distrito Federal e os Territórios; III – os Municípios; IV – as autarquias, inclusive as associações públicas; V – as demais entidades de caráter público criadas por lei. Parágrafo único. Salvo disposição em contrário, as pessoas jurídicas de direito público, a que se tenha dado estrutura de direito privado, regem-se, no que couber, quanto ao seu funcionamento, pelas normas deste Código".

[57] Entre outras, como a que segue: "Processo civil – Juízo arbitral – Cláusula compromissória – Extinção do processo – Art. 267, VII, do CPC [atual art. 485, VII] – Sociedade de economia mista – Direitos disponíveis. 1. Cláusula compromissória é o ato por meio do qual as partes contratantes formalizam seu desejo de submeter à arbitragem eventuais divergências ou litígios passíveis de ocorrer ao longo da execução da avença. Efetuado o ajuste, que só pode ocorrer em hipóteses envolvendo direitos disponíveis, ficam os contratantes vinculados à solução extrajudicial da pendência. 2. A eleição da cláusula compromissória é causa de extinção do processo sem julgamento do mérito, nos termos do art. 267, VII, do CPC [atual art. 485, VII]. 3. São válidos e eficazes os contratos firmados pelas sociedades de economia mista exploradoras de atividade econômica de produção ou comercialização de bens ou de prestação de serviços (CF, art. 173, § 1º) que estipulem cláusula compromissória submetendo à arbitragem eventuais litígios decorrentes do ajuste. 4. Recurso especial provido" (STJ, REsp 606.345/RS, 2ª T., rel. Min. João Otávio de Noronha, j. 17.05.2007, *DJ* 08.06.2007, p. 240).

"3. Questão gravitante sobre ser possível o juízo arbitral em contrato administrativo, posto relacionar-se a direitos indisponíveis."

"4. O STF sustenta a legalidade do juízo arbitral em sede do Poder Público, consoante precedente daquela corte acerca do tema, in Da arbitrabilidade de litígios envolvendo sociedades de economia mista e da interpretação de cláusula compromissória, publicado na *Revista de Direito Bancário, do Mercado de Capitais e da Arbitragem*, ano 5, out.-dez. 2002, RT, coordenada por Arnoldo Wald, e de autoria do Ministro Eros Grau, esclarece às páginas 398/399, *in litteris*: 'Esse fenômeno, até certo ponto paradoxal, pode encontrar inúmeras explicações, e uma delas pode ser o erro, muito comum de relacionar a indisponibilidade de direitos a tudo quanto se puder associar, ainda que ligeiramente, à Administração'. Um pesquisador atento e diligente poderá facilmente verificar que não existe qualquer razão que inviabilize o uso dos tribunais arbitrais por agentes do Estado."

"Aliás, os anais do STF dão conta de precedente muito expressivo, conhecido como 'caso Lage', no qual a própria União submeteu-se a um juízo arbitral para resolver questão pendente com a Organização Lage, constituída de empresas privadas que se dedicassem à navegação, estaleiros e portos."

"A decisão nesse caso unanimemente proferida pelo Plenário do STF é de extrema importância, porque reconheceu especificamente 'a legalidade do juízo arbitral, que o nosso direito sempre admitiu e consagrou, até mesmo nas causas contra a Fazenda'. Esse acórdão encampou a tese defendida em parecer da lavra do eminente Castro Nunes e fez honra a acórdão anterior, relatado pela autorizada pena do Min. Amaral Santos."

"Não só o uso da arbitragem não é defeso aos agentes da administração, como, antes é recomendável, posto que privilegia o interesse público (...)."

"5. Contudo, naturalmente não seria todo e qualquer direito público sindicável na via arbitral, mas somente aqueles conhecidos como 'disponíveis', porquanto de natureza contratual ou privada."

"6. A escorreita exegese da dicção legal impõe a distinçao jusfilosófica entre o interesse público primário e o interesse da administração, cognominado 'interesse público secundário'. Lições de Carnelutti, Renato Alessi, Celso Antônio Bandeira de Mello e Min. Eros Roberto Grau."

"7. O Estado, quando atestada a sua responsabilidade, revela-se tendente ao adimplemento da correspectiva indenização, coloca-se na posição de atendimento ao 'interesse público'. Ao revés, quando visa a evadir-se de sua responsabilidade no afã de minimizar os seus prejuízos patrimoniais, persegue nítido interesse secundário, subjetivamente pertinente ao aparelho estatal em subtrair-se de despesas, engendrando locupletamento à custa do dano alheio."

"8. Deveras, é assente na doutrina e na jurisprudência que indisponível é o interesse público, e não o interesse da administração."

"9. Nesta esteira, saliente-se que dentre os diversos atos praticados pela Administração, para a realização do interesse público primário, destacam-se aqueles em que se dispõe de determinados direitos patrimoniais, pragmáticos, cuja disponibilidade, em nome do bem coletivo, justifica a convenção da cláusula de arbitragem em sede de contrato administrativo."

"10. Nestes termos, as sociedades de economia mista encontram-se em situação paritária em relação às empresas privadas nas suas atividades comerciais, consoante leitura do art. 173, § 1º, II, da CF, evidenciando-se a inocorrência de quaisquer restrições quanto à possibilidade de celebrarem convenções de arbitragem para solução de conflitos de interesses, uma vez legitimadas para tal as suas congêneres."

"11. Destarte, é assente na doutrina que, 'ao optar pela arbitragem, o contratante público não está transigindo com o interesse público, nem abrindo mão de instrumentos de defesa de interesses públicos. Está, sim, escolhendo uma forma mais expedita, ou um meio mais hábil, para a defesa do interesse público. Assim como o juiz, no procedimento judicial deve ser imparcial, também o árbitro deve decidir com imparcialidade. O interesse público não se confunde com o mero interesse da Administração ou da Fazenda Pública; o interesse público está na correta aplicação da lei e se confunde com a realização correta da Justiça' (artigo intitulado 'Da validade de convenção de arbitragem pactuada por sociedade de economia mista', de autoria dos professores Arnoldo Wald, Athos Gusmão Carneiro, Miguel Tostes de Alencar e Ruy Janoni Doutrado, publicado na *Revista de Direito Bancário, do Mercado de Capitais e da Arbitragem*, n. 18, ano 5, out.-dez. 2002, p. 418)."

"12. Em verdade, não há que se negar a aplicabilidade do juízo arbitral em litígios administrativos, em que presentes direitos patrimoniais do Estado, mas, ao contrário, até mesmo incentivá-la, porquanto mais célere, nos termos do art. 23 da Lei 8.987/1995, que dispõe acerca de concessões e permissões de serviços e obras públicas, que prevê em seu inciso XV, entre as cláusulas essenciais do contrato de concessão de serviço público, as relativas ao 'foro e ao modo amigável de solução de divergências contratuais.'"

"13. Precedentes do Supremo Tribunal Federal: SE 5.206 AgR/EP, de relatoria do Min. Sepúlveda Pertence, publicado no *DJ* de 30.04.2004, e AI 52.191, Pleno, rel. Min. Bilac Pinto, *RTJ* 68/382 – 'Caso Lage'. Cite-se ainda MS 199800200366-9, Conselho Especial, TJDF, j. 18.05.1999, rel. Des. Nancy Andrighi, *DJ* 18.08.1999."

"14. Assim, é impossível desconsiderar a vigência da Lei 9.307/1996 e do art. 267, VII, do CPC [atual art. 485, VII], que se aplicam inteiramente à matéria *sub judice*, afastando definitivamente a jurisdição estatal no caso dos autos, sob pena de violação ao princípio do juízo natural (art. 5º, LIII, da CF)."

"15. É cediço que o juízo arbitral não subtrai a garantia constitucional do juiz natural, ao contrário, implica realizá-la, porquanto somente cabível por mútua concessão entre as partes, inaplicável, por isso, de forma coercitiva, tendo em vista que ambas as partes assumem o 'risco' de serem derrotadas na arbitragem. Precedente: REsp 450881, de relatoria do Min. Castro Filho, publicado no *DJ* de 26.05.2003."

"16. Deveras, uma vez convencionado pelas partes cláusula arbitral, será um árbitro o juiz de fato e de direito da causa, e a decisão que então proferir não ficará sujeita a recurso ou à homologação judicial, segundo dispõe o art. 18 da Lei 9.307/1996, o que significa dizer que terá os mesmos poderes do juiz togado, não sofrendo restrições na sua competência."

"17. Outrossim, vige na jurisdição privada, tal como sucede naquela pública, o princípio do *Kompetenz-Kompetenz*, que estabelece ser o próprio juiz quem decide a respeito de sua competência."

"18. Consequentemente, o *fumus boni iuris* assenta-se não apenas na cláusula compromissória, como também em decisão judicial que não pode ser infirmada por Portaria ulterior, porquanto a isso corresponderia verdadeiro 'atentado' (...) em face da sentença proferida pelo Juízo da 42ª Vara Cível da Comarca do Rio de Janeiro. Agravo regimental desprovido" (AgRg no MS 11.308/DF, 1ª Seção, rel. Min. Luiz Fux, j. 28.06.2006, *DJ* 14.08.2006, p. 251).

Por outro lado, como conclui Mauro Roberto Gomes de Mattos, "as cláusulas que impliquem em remissão, transação ou renúncia de direitos de conteúdo público, como as relativas ao exercício do poder de polícia, do poder impositivo, das bases das tarifas, da disposição do domínio público, de controlar a prestação dos serviços concedidos não são admitidos no Juízo Arbitral, por serem enquadrados como direito indisponível e como tal insuscetível da solução extrajudicial".[58]

Posta dessa maneira a questão, podemos resumir:

a) *no âmbito dos contratos envolvendo empresas públicas e sociedades de economia mista*, nenhuma dúvida paira e os seus conflitos podem ser dirimidos pela via arbitral, desde que desempenhem atividade econômica, sobretudo porque, nessa condição, equiparam-se às empresas privadas. Nesse sentido, pouco importa saber a natureza das sociedades de economia mista e das empresas públicas, de direito privado ou público, para concluir pela possibilidade da arbitragem dos conflitos envolvendo essas pessoas jurídicas, mas, sim, saber se o conflito nasce da exploração de atividade econômica;[59]

---

[58] Mauro Roberto Gomes de Mattos. *Contrato administrativo e a lei de arbitragem*. Disponível em: <http://www.gomesdemattos.com.br/artigos/o_contrato_administrativo_e_a_lei_de_arbitragem.pdf>. Acesso em: 26 out. 2008.

[59] "(...) é dizer, as empresas públicas, as sociedades de economia mista e quaisquer outras entidades que explorem atividade econômica, sem monopólio, sujeitam-se à legislação trabalhista das empresas privadas, dado que o fazem em concorrência com estas. Se ocorre monopólio, não há concorrência (...). O art. 173, § 1º, da CF [redação anterior à EC 19/1998] está cuidando da hipótese em que o Estado esteja na condição de agente empresarial, isto é, esteja explorando, diretamente, atividade econômica em concorrência com a iniciativa privada (...)" (STF, Plenário, ADIn 1.552-4, rel. Min. Celso de Mello, j. 17.04.1997, *DJ* 07.04.1998). Posteriormente, a Emenda Constitucional 19/1998 adotou a tese, excluindo as referidas sociedades de economia mista e empresas públicas do âmbito das licitações nos moldes do inc. XXVII do art. 22, da CF, que estabeleceu, quanto a tais pessoas jurídicas, a submissão ao seu estatuto jurídico específico: "Art. 173. Ressalvados os casos previstos nesta Constituição, a exploração direta de atividade econômica pelo Estado só será permitida quando necessária aos imperativos da segurança nacional ou a relevante interesse coletivo, conforme definidos em lei. § 1º A lei estabelecerá o estatuto jurídico da empresa pública, da sociedade de economia mista e de suas subsidiárias que explorem atividade econômica de produção ou comercialização de bens ou de prestação de serviços, dispondo sobre: I – sua função social e formas de fiscalização pelo Estado e pela sociedade; II – a sujeição ao regime jurídico

b) *nesse diapasão, no âmbito dos contratos de concessão*, o inciso XV do art. 23 da Lei 8.987/1995 determina a utilização da via amigável de solução de conflitos, desde que, por óbvio, sejam respeitados os princípios da legalidade e do interesse público. O art. 23-A, expressamente, prevê a possibilidade da arbitragem nos seguintes termos: "Art. 23-A. O contrato de concessão poderá prever o emprego de mecanismos privados para resolução de disputas decorrentes ou relacionadas ao contrato, inclusive a arbitragem, a ser realizada no Brasil e em língua portuguesa, nos termos da Lei nº 9.307, de 23 de setembro de 1996" (incluído pela Lei 11.196, de 2005). Portanto, também no contrato administrativo de concessão, ainda que não seja firmado por empresas públicas ou sociedades de economia mista, a arbitragem se impõe. Nesse sentido, ensina o insigne Professor Arnoldo Wald: "Está previsto no inc. XV, do art. 23 que o contrato de concessão deve, obrigatoriamente, dispor sobre a forma de composição amigável das divergências contratuais, deixando liberdade de escolha para que a melhor atenda aos interesses em jogo no objeto da concessão. Em complemento a esta disposição, será útil a previsão legal de arbitragem, como instrumento de composição dos conflitos e divergências oriundos do contrato de concessão, entre poder concedente e concessionário, indicados pelas partes os árbitros e as regras a serem observadas. Muito embora não tenha sido expressamente enunciado, pode o contrato estabelecer, como instrumento para viabilizar a composição dos conflitos na aplicação do contrato de concessão, o juízo arbitral, competindo aos árbitros indicados pelas partes o julgamento extrajudicial da controvérsia. A arbitragem, desde que observadas as prescrições legais civis e processuais, obriga as partes evitando a complexidade e a morosidade do processo judicial. Ao Poder Judiciário compete homologar o laudo arbitral, podendo anulá-lo, se houver sido elaborado em infringência às disposições legais";[60]

c) *na parceria público-privada*, regida pela Lei 11.079/2004,[61] dúvidas não restam sobre a possibilidade de convenção de arbitragem, a teor do art. 11, III, da

---

próprio das empresas privadas, inclusive quanto aos direitos e obrigações civis, comerciais, trabalhistas e tributários; III – licitação e contratação de obras, serviços, compras e alienações, observados os princípios da administração pública; IV – a constituição e o funcionamento dos conselhos de administração e fiscal, com a participação de acionistas minoritários; V – os mandatos, a avaliação de desempenho e a responsabilidade dos administradores (...)".

[60] Arnoldo Wald. *O direito de parceria e a nova Lei de Concessões*, São Paulo: RT, 1996, p. 140. Nesse sentido, afirmou o Ministro do TCU Paulo Affonso Martins de Oliveira que "a interpretação teleológica do art. 23, inciso XV, da Lei 8.987/1995 deve concluir que o legislador utilizou a expressão 'modo amigável de solução de divergências' em oposição a 'solução jurisdicional de controvérsias'. (...) A utilização da arbitragem encontra, portanto, fundamento legal, sendo descabido falar-se em violação do princípio da legalidade, e constitui forma célere e econômica para a solução de litígios em contratos de concessão, podendo apenas trazer vantagens para a Administração Pública" (TCU 006.0986/93-2, rel. Min. Paulo Affonso Martins de Oliveira, *DOU* 22.05.1995, p. 7.277).

[61] "Art. 2º Parceria público-privada é o contrato administrativo de concessão, na modalidade patrocinada ou administrativa. § 1º Concessão patrocinada é a concessão de serviços

referida norma que disciplina o assunto: "O instrumento convocatório conterá minuta do contrato, indicará expressamente a submissão da licitação às normas desta Lei e observará, no que couber, os §§ 3º e 4º do art. 15, os arts. 18, 19 e 21 da Lei 8.987, de 13 de fevereiro de 1995, podendo ainda prever: (...) III – o emprego dos mecanismos privados de resolução de disputas, *inclusive a arbitragem, a ser realizada no Brasil e em língua portuguesa, nos termos da Lei 9.307, de 23 de setembro de 1996*, para dirimir conflitos decorrentes ou relacionados ao contrato" (grifo nosso);

d) *para as demais relações em que estejam presentes pessoas jurídicas de direito público*, a arbitragem poderá ser utilizada para a solução de conflitos que tenham característica privada, ou seja, "questões relacionadas ao restabelecimento do equilíbrio econômico-financeiro do contrato, ao inadimplemento de obrigações contratuais por quaisquer das partes e ao cálculo de indenizações." arts. 151 a 154 da Lei 14.133/2021.[62]

Em consonância com o acatado, a Lei 13.129/2015 incluiu na Lei 9.307/1996, expressamente, a arbitragem relacionada à Administração Pública (arts. 1º, §§ 1º e 2º, e 2º, § 3º): "Art. 1º (...) § 1º A administração pública direta e indireta poderá utilizar-se da arbitragem para dirimir conflitos relativos a direitos patrimoniais disponíveis. § 2º A autoridade ou o órgão competente da administração pública direta para a celebração de convenção de arbitragem é a mesma para a realização de acordos ou transações". "Art. 2º (...) § 3º A arbitragem que envolva a administração pública será sempre de direito e respeitará o princípio da publicidade".

---

públicos ou de obras públicas de que trata a Lei 8.987, de 13.02.1995, quando envolver, adicionalmente à tarifa cobrada dos usuários contraprestação pecuniária do parceiro público ao parceiro privado. § 2º Concessão administrativa é o contrato de prestação de serviços de que a Administração Pública seja a usuária direta ou indireta, ainda que envolva execução de obra ou fornecimento e instalação de bens. § 3º Não constitui parceria público-privada a concessão comum, assim entendida a concessão de serviços públicos ou de obras públicas de que trata a Lei 8.987, de 13.02.1995, quando não envolver contraprestação pecuniária do parceiro público ao parceiro privado. § 4º É vedada a celebração de contrato de parceria público-privada: I – cujo valor do contrato seja inferior a R$ 10.000.000,00 (dez milhões de reais); II – cujo período de prestação do serviço seja inferior a 5 (cinco) anos; ou III – que tenha como objeto único o fornecimento de mão de obra, o fornecimento e instalação de equipamentos ou a execução de obra pública".

[62] Art. 151. Nas contratações regidas por esta Lei, poderão ser utilizados meios alternativos de prevenção e resolução de controvérsias, notadamente a conciliação, a mediação, o comitê de resolução de disputas e a arbitragem.
Parágrafo único. Será aplicado o disposto no *caput* deste artigo às controvérsias relacionadas a direitos patrimoniais disponíveis, como as questões relacionadas ao restabelecimento do equilíbrio econômico-financeiro do contrato, ao inadimplemento de obrigações contratuais por quaisquer das partes e ao cálculo de indenizações.
Art. 152. A arbitragem será sempre de direito e observará o princípio da publicidade.
Art. 153. Os contratos poderão ser aditados para permitir a adoção dos meios alternativos de resolução de controvérsias.
Art. 154. O processo de escolha dos árbitros, dos colegiados arbitrais e dos comitês de resolução de disputas observará critérios isonômicos, técnicos e transparentes.

Portanto, autorizada a arbitragem no âmbito da Administração Pública, em razão do princípio da legalidade, a lei apenas a circunscreve à utilização da arbitragem "de direito", ou seja, a *contrario sensu*, não permite a arbitragem "de equidade" ou por aplicação dos princípios gerais de direito e, tampouco, a utilização de normas estrangeiras. De outro lado, em que pesem as demais hipóteses de arbitragem, em regra, serem sigilosas por expressa disposição das partes, o princípio da publicidade não permite que o sigilo seja imposto na arbitragem com a participação da Administração Pública.

Em outras palavras, o árbitro fundará a sentença na lei nacional e o procedimento não poderá ser sigiloso, como de resto é nas demais hipóteses de arbitragem por convenção das partes.

Seja como for, a previsão legal não deixa de ser superfetação legal, o que se afirma na exata medida em que a arbitragem, como se viu, sempre foi adotada pela Administração Pública e, assim, admitida mesmo quando não era expressamente prevista.

De fato, e para resumir, a Lei 8.987/1995, que regula os contratos de concessão, no seu art. 23, inciso XV, determina a utilização da via amigável de solução de conflitos, desde que, por óbvio, sejam respeitados os princípios da legalidade e do interesse público. O art. 23-A, por seu turno, expressamente prevê a possibilidade da arbitragem nos seguintes termos: "Art. 23-A. O contrato de concessão poderá prever o emprego de mecanismos privados para resolução de disputas decorrentes ou relacionadas ao contrato, inclusive a arbitragem, a ser realizada no Brasil e em língua portuguesa, nos termos da Lei nº 9.307, de 23 de setembro de 1996". Tratando-se de parceria público-privada, regida pela Lei 11.079/2004, a possibilidade da arbitragem como meio de solução de conflito decorre do art. 11, III.

Portanto, os dispositivos acrescentados somente aclararam a possibilidade já prevista na legislação especial, trazendo como novidade, apenas, a competência, estabelecendo que a mesma autoridade ou órgão competente para acordos ou transações é competente para celebrar a cláusula arbitral.

Nada obstante tratar-se de ato administrativo discricionário, há limitação legal quanto à forma da arbitragem, que deve ser "de direito", ou seja, não pode admitir a arbitragem "de equidade", o que, de resto, se evidencia em razão da natureza dos direitos envolvidos, devendo o árbitro julgar de acordo com a norma nacional aplicável.

Importante consignar que, na tramitação da Lei 13.129/2015, que incluiu os §§ 1º e 2º ao art. 1º e o § 3º ao art. 2º da Lei de Arbitragem, foi adotada a Emenda 2 da CCJ do Senado para suprimir a possibilidade de a Administração levar à arbitragem, exclusivamente, conflitos de natureza contratual para admitir qualquer conflito, desde que decorrente de direito patrimonial disponível, ou seja, aqueles conflitos que envolverem o simples interesse público secundário ou interesse da Administração.

Nesse sentido, inclusive, os seguintes arestos:

> "Superior Tribunal de Justiça. Processo Civil. Recurso especial. Licitação. Arbitragem. Vinculação ao edital. Cláusula de foro. Compromisso arbitral. Equilíbrio econômico financeiro do contrato. Possibilidade. (...) Tanto a doutrina como a jurisprudência já sinalizaram no sentido de que não existe óbice legal na es-

tipulação da arbitragem pelo poder público, notadamente pelas sociedades de economia mista, admitindo como válidas as cláusulas compromissórias previstas em editais convocatórios de licitação e contratos. 6. O fato de não haver previsão da arbitragem no edital de licitação ou no contrato celebrado entre as partes não invalida o compromisso arbitral firmado posteriormente. 7. A previsão do juízo arbitral, em vez do foro da sede da administração (jurisdição estatal), para a solução de determinada controvérsia, não vulnera o conteúdo ou as regras do certame. 8. A cláusula de eleição de foro não é incompatível com o juízo arbitral, pois o âmbito de abrangência pode ser distinto, havendo necessidade de atuação do Poder Judiciário, por exemplo, para a concessão de medidas de urgência; execução da sentença arbitral; instituição da arbitragem quando uma das partes não a aceita de forma amigável. 9. A controvérsia estabelecida entre as partes – manutenção do equilíbrio econômico financeiro do contrato – é de caráter eminentemente patrimonial e disponível, tanto assim que as partes poderiam tê-la solucionado diretamente, sem intervenção tanto da jurisdição estatal, como do juízo arbitral. 10. A submissão da controvérsia ao juízo arbitral foi um ato voluntário da concessionária. Nesse contexto, sua atitude posterior, visando à impugnação desse ato, beira as raias da má-fé, além de ser prejudicial ao próprio interesse público de ver resolvido o litígio de maneira mais célere. 11. Firmado o compromisso, é o Tribunal arbitral que deve solucionar a controvérsia. 12. Recurso especial não provido" (REsp 904.813/PR, 3ª Turma, rel. Min. Nancy Andrighi, j. 20.10.2011, *DJe* 28.02.2012).

A tendência foi confirmada pelo Decreto 10.025, de 20 de setembro de 2019, que dispõe sobre a arbitragem para dirimir litígios que envolvam a Administração Pública Federal, representada pela Advocacia-Geral da União, para solucionar litígios decorrentes de decisão administrativa definitiva, assim considerada aquela insuscetível de reforma por meio de recurso administrativo, que envolvam a União ou as entidades da administração pública federal e concessionários, subconcessionários, permissionários, arrendatários, autorizatários ou operadores portuários pelas Câmaras de Arbitragem credenciadas pela Advocacia-Geral da União. A arbitragem abrange, igualmente, os contratos de parceria tratados pelo decreto que poderão conter cláusula arbitral original ou por aditamento, não se descartando a hipótese de compromisso arbitral, sendo que as custas do procedimento sempre serão adiantadas pelo contratado sem prejuízo de restituição nos termos da sentença arbitral.

Nesse decreto, nada obstante, existe disposição que extrapola o limite do meio de introdução de norma – Decreto –, posto que inova ao fixar prazo máximo de 24 meses para a sentença arbitral, o que, a toda evidência, conflita com a regra insculpida no art. 23 da Lei 9.307/1996, que prevalece.

Quanto às desapropriações, a Lei 13.867, de 26 de agosto de 2019, alterou o Decreto-lei 3.365/1941 para incluir os arts. 10-A e 10-B, estabelecendo a possibilidade de o Poder Público notificar o proprietário do imóvel expropriado, oferecendo-lhe indenização com cópia do ato de declaração de utilidade pública e informação de que o prazo para aceitação é de 15 (quinze) dias corridos, posto que não se trata de prazo processual, cujo silêncio será considerado recusa.

Havendo aceitação da oferta, o termo de acordo (transação) será utilizado para registro (em que pese a lei utilizar impropriamente o termo "transcrição").

No que diz respeito aos Métodos Extrajudiciais de Solução de Controvérsias, o art. 10-B do Decreto-lei 3.365/1941 permite o uso da mediação, nos termos da Lei 13.140/2015, ou da arbitragem, nos termos da Lei 9.307/1991. Para tanto, o dispositivo prevê que, "feita a opção pela mediação ou pela via arbitral, o particular indicará um dos órgãos ou instituições especializados em mediação ou arbitragem previamente cadastrados pelo órgão responsável pela desapropriação".

Posta assim a questão, ao notificar o particular, o Poder Público expropriante poderá optar pela via extrajudicial, indicando que, no caso de discordância da oferta, o particular poderá, caso queira, aderir, assinado compromisso arbitral junto a órgão previamente cadastrado e informado na notificação no prazo que assinalar.

No meu entendimento, a opção pela mediação ou pela arbitragem é, inicialmente, do expropriante, e não um direito subjetivo do expropriado de tal sorte que, se na notificação não houver a indicação de centro de arbitragem, se presumirá que a opção, diante da recusa da oferta, não foi feita pelo expropriante que deverá seguir com a ação de desapropriação.

7.6 Arbitragem, contratos societários e estatutos associativos

Muitas controvérsias podem surgir dos contratos societários, como, por exemplo, exclusão de sócios, apuração de haveres, dissolução, distribuição de lucros e administração.

Em todos esses casos, resta saber se é possível que sócios ou associados prevejam que os conflitos serão dirimidos pela arbitragem.

De nossa parte entendemos que nada obsta e tudo recomenda a resposta afirmativa.[63]

Assim, tratando-se de direitos patrimoniais disponíveis, em qualquer hipótese um contrato social ou um estatuto podem prever que as controvérsias sejam dirimidas pela arbitragem, nos termos da Lei 9.307/1996.

---

[63] Nesse sentido: "Ação de nulidade de alteração de contrato social – Extinção do feito – Pretensão do recorrente de acionar a via estatal e paraestatal de arbitragem para compor o litígio – Cláusula compromissória que se reveste de natureza vinculante, obrigatória para os contratantes. Eleita a via paraestatal da arbitragem para a solução do conflito, as partes não mais poderão recorrer ao Poder Judiciário. Inteligência da Lei 9.307/1996. Decisão mantida. Recurso desprovido" (TJSP, Ap. Cív. 158.328.4/0, rel. Des. Reis Kuntz, j. 19.08.2004). No mesmo sentido: "Arbitragem – Previsão para sua realização em contrato social, nas hipóteses de apuração de haveres ali consignadas – Hipótese de falecimento de sócio da empresa, sem interesse dos herdeiros em substituir o *de cujus* na sociedade. Previsão estabelecida desde 1941, ainda à égide do Código Civil, reafirmada após o advento da Lei 9.307/1996 – Incidência desta, portanto. Demora da interessada em requerer a medida, por outro lado, decorrente do próprio retardamento do inventário. Importando menos, no interregno, em nome do espólio tenha sido paga remuneração a título de *pro labore*. Sentença de improcedência reformada, apelo provido para instituir o compromisso arbitral" (TJSP, Ap. Cív. 292.912-4/3-00, rel. Des. Luiz Ambra, j. 15.02.2007).

Aliás, a Lei 10.303/2001, que alterou a redação do art. 109 da Lei 6.404/1976, que trata das sociedades anônimas, incluindo o § 3º, expressamente prevê essa possibilidade.[64]

Como às limitadas poderá ser aplicada, subsidiariamente, a Lei das Sociedades Anônimas (art. 1.053 do CC),[65] nada obsta que o contrato social de uma sociedade limitada preveja a mesma possibilidade.

Aliás, sequer haveria necessidade de permissão expressa, motivo pelo qual admitimos, também, que as demais sociedades e até associações tenham cláusula arbitral no seu ato constitutivo, até porque os arts. 54, V, e 997 do CC, de maneira geral, admitem que as partes livremente disponham sobre as condições que regerão as sociedades e associações.[66]

Questão mais intrincada é a de saber se aqueles que ingressam na sociedade posteriormente ou adquirem ações serão obrigados à arbitragem previamente pactuada.

A resposta positiva se impõe, vez que os atos constitutivos vinculam a todos, posto que estamos diante de lei interna que regula os direitos e obrigações dos sócios em suas relações e nas relações com terceiros.

A deliberação no momento do nascimento dos atos constitutivos deve ser unânime e, ao depois, os que ingressarem ou adquirirem ações da companhia estarão aderindo ao que antes foi estipulado livremente pelas partes.[67]

Notadamente nas companhias de capital aberto, a titularidade de ações é facultativa. Caso o investidor opte pela aquisição ou por fazer parte da sociedade anônima, é de se presumir de forma absoluta que avaliou, entendeu e concordou com as disposições estatutárias que constam de registro público na respectiva junta comercial, além de ser digno de nota a inscrição do estatuto social na bolsa de valores ou no mercado de balcão.

---

[64] "Art. 109. Nem o estatuto social nem a assembleia-geral poderão privar o acionista dos direitos de: I – participar dos lucros sociais; II – participar do acervo da companhia, em caso de liquidação; III – fiscalizar, na forma prevista nesta Lei, a gestão dos negócios sociais; IV – preferência para a subscrição de ações, partes beneficiárias conversíveis em ações, debêntures conversíveis em ações e bônus de subscrição, observado o disposto nos artigos 171 e 172; V – retirar-se da sociedade nos casos previstos nesta Lei. § 1º As ações de cada classe conferirão iguais direitos aos seus titulares. § 2º Os meios, processos ou ações que a lei confere ao acionista para assegurar os seus direitos não podem ser elididos pelo estatuto ou pela assembleia-geral. § 3º O estatuto da sociedade pode estabelecer que as divergências entre os acionistas e a companhia, ou entre os acionistas controladores e os acionistas minoritários, poderão ser solucionadas mediante arbitragem, nos termos em que especificar".

[65] "Art. 1.053. A sociedade limitada rege-se, nas omissões deste Capítulo, pelas normas da sociedade simples. Parágrafo único. O contrato social poderá prever a regência supletiva da sociedade limitada pelas normas da sociedade anônima".

[66] "Art. 997. A sociedade constitui-se mediante contrato escrito, particular ou público, que, além de cláusulas estipuladas pelas partes, mencionará: (...)".
"Art. 54. Sob pena de nulidade, o estatuto das associações conterá: (...) V – o modo de constituição e de funcionamento dos órgãos deliberativos; (...)".

[67] É o que pensa Carlos Alberto Carmona. *Arbitragem e processo*, 2. ed., São Paulo: Atlas, 2004, p. 112.

Outrossim, a alteração estatutária posterior sem a unanimidade sempre foi motivo de acaloradas discussões para saber se é possível a alteração do estatuto para incluir cláusula arbitral mesmo sem a anuência de todos os acionistas, de resto quase impossível.

Para resolver essa questão e com a intenção de acabar com eventual discussão sobre a necessidade da unanimidade para alteração posterior dos estatutos, o Projeto de Lei do Senado (PLS) 406/2013, que resultou na Lei 13.129/2015, prevê a possibilidade de alteração estatutária com a retirada dos dissidentes mediante reembolso do valor referente às suas ações, o que não se aplica no caso de companhia de capital aberto, cuja ação pode ser negociada no mercado.

Eis o teor da alteração empreendida pelo art. 3º da Lei 13.129/2015, que incluiu o art. 136-A à Lei das Sociedades Anônimas: "Art. 3º A Lei nº 6.404, de 15 de dezembro de 1976, passa a vigorar acrescida do seguinte art. 136-A na Subseção 'Direito de Retirada' da Seção III de seu Capítulo XI: Art. 136-A. A aprovação da inserção de convenção de arbitragem no estatuto social, observado o *quorum* do art. 136, obriga a todos os acionistas, assegurado ao acionista dissidente o direito de retirar-se da companhia mediante o reembolso do valor de suas ações, nos termos do art. 45. § 1º A convenção somente terá eficácia após o decurso do prazo de 30 (trinta) dias, contado da publicação da ata da assembleia-geral que a aprovou. § 2º O direito de retirada previsto no *caput* não será aplicável: I – caso a inclusão da convenção de arbitragem no estatuto social represente condição para que os valores mobiliários de emissão da companhia sejam admitidos à negociação em segmento de listagem de bolsa de valores ou de mercado de balcão organizado que exija dispersão acionária mínima de 25% (vinte e cinco por cento) das ações de cada espécie ou classe; II – caso a inclusão da convenção de arbitragem seja efetuada no estatuto social de companhia aberta cujas ações sejam dotadas de liquidez e dispersão no mercado, nos termos das alíneas 'a' e 'b' do inciso II do art. 137 desta Lei".

Portanto:

a) admite-se expressamente a alteração estatutária para inclusão de cláusula arbitral;

b) para tanto, exige-se a "aprovação de acionistas que representem metade, no mínimo, das ações com direito a voto, se maior quórum não for exigido pelo estatuto da companhia", tendo em vista que o art. 136-A menciona o quórum do art. 136, *caput*;

c) nas sociedades anônimas com "controle majoritário" e capital fechado, há proteção aos acionistas minoritários dissidentes mediante direito de retirada com reembolso das ações pelos critérios do art. 45 da Lei das Sociedades Anônimas;[68]

---

[68] "Art. 45. O reembolso é a operação pela qual, nos casos previstos em lei, a companhia paga aos acionistas dissidentes de deliberação da assembleia-geral o valor de suas ações.

§ 1º O estatuto pode estabelecer normas para a determinação do valor de reembolso, que, entretanto, somente poderá ser inferior ao valor de patrimônio líquido constante do último

d) nas sociedades anônimas de capital aberto, os dissidentes deverão liquidar suas ações, caso não concordem com a alteração estatutária, mencionando o disposto no art. 137, II, alíneas "a" e "b", da Lei 6.404/1976, que condicionam a liquidação às hipóteses de liquidez e dispersão, permitindo a negociação direta pelo dissidente. Os conceitos são: a) liquidez, quando a espécie ou classe de ação, ou certificado que a represente, integre índice geral representativo de carteira de valores mobiliários admitido à negociação no mercado de valores mobiliários, no Brasil ou no exterior, definido pela Comissão de Valores Mobiliários; e b)

---

balanço aprovado pela assembleia-geral, observado o disposto no § 2º, se estipulado com base no valor econômico da companhia, a ser apurado em avaliação (§§ 3º e 4º). (Redação dada pela Lei nº 9.457, de 1997)

§ 2º Se a deliberação da assembleia-geral ocorrer mais de 60 (sessenta) dias depois da data do último balanço aprovado, será facultado ao acionista dissidente pedir, juntamente com o reembolso, levantamento de balanço especial em data que atenda àquele prazo. Nesse caso, a companhia pagará imediatamente 80% (oitenta por cento) do valor de reembolso calculado com base no último balanço e, levantado o balanço especial, pagará o saldo no prazo de 120 (cento e vinte) dias a contar da data da deliberação da assembleia-geral.

§ 3º Se o estatuto determinar a avaliação da ação para efeito de reembolso, o valor será o determinado por três peritos ou empresa especializada, mediante laudo que satisfaça os requisitos do § 1º do art. 8º e com a responsabilidade prevista no § 6º do mesmo artigo. (Redação dada pela Lei nº 9.457, de 1997)

§ 4º Os peritos ou empresa especializada serão indicados em lista sêxtupla ou tríplice, respectivamente, pelo Conselho de Administração ou, se não houver, pela diretoria, e escolhidos pela Assembleia-geral em deliberação tomada por maioria absoluta de votos, não se computando os votos em branco, cabendo a cada ação, independentemente de sua espécie ou classe, o direito a um voto. (Redação dada pela Lei nº 9.457, de 1997)

§ 5º O valor de reembolso poderá ser pago à conta de lucros ou reservas, exceto a legal, e nesse caso as ações reembolsadas ficarão em tesouraria. (Redação dada pela Lei nº 9.457, de 1997)

§ 6º Se, no prazo de cento e vinte dias, a contar da publicação da ata da assembleia, não forem substituídos os acionistas cujas ações tenham sido reembolsadas à conta do capital social, este considerar-se-á reduzido no montante correspondente, cumprindo aos órgãos da administração convocar a assembleia-geral, dentro de cinco dias, para tomar conhecimento daquela redução. (Redação dada pela Lei nº 9.457, de 1997)

§ 7º Se sobrevier a falência da sociedade, os acionistas dissidentes, credores pelo reembolso de suas ações, serão classificados como quirografários em quadro separado, e os rateios que lhes couberem serão imputados no pagamento dos créditos constituídos anteriormente à data da publicação da ata da assembleia. As quantias assim atribuídas aos créditos mais antigos não se deduzirão dos créditos dos ex-acionistas, que subsistirão integralmente para serem satisfeitos pelos bens da massa, depois de pagos os primeiros. (Incluído pela Lei nº 9.457, de 1997)

§ 8º Se, quando ocorrer a falência, já se houver efetuado, à conta do capital social, o reembolso dos ex-acionistas, estes não tiverem sido substituídos, e a massa não bastar para o pagamento dos créditos mais antigos, caberá ação revocatória para restituição do reembolso pago com redução do capital social, até a concorrência do que remanescer dessa parte do passivo. A restituição será havida, na mesma proporção, de todos os acionistas cujas ações tenham sido reembolsadas. (Incluído pela Lei nº 9.457, de 1997)".

dispersão, quando o acionista controlador, a sociedade controladora ou outras sociedades sob seu controle detiverem menos da metade da espécie ou classe de ação. Não havendo liquidez e dispersão, o dissidente exercerá o direito de reembolso;

e) para as companhias que pretendam participar do "mercado de balcão" exige-se, entre outros requisitos, adesão à Câmara de Arbitragem do Mercado para resolução de conflitos societários. "O mercado de capitais compreende tanto o mercado de bolsa, organizado por uma ou mais instituições e regulamentado por organismos governamentais (no Brasil, pela Comissão de Valores Mobiliários – CVM), quanto o mercado de balcão. Este último é denominado mercado de balcão organizado, quando existe fiscalização governamental e não organizado nos demais casos". Nessas hipóteses, havendo dispersão acionária mínima de 25%, não há direito de retirada com a alteração estatutária que inclua a cláusula arbitral como condição de participação no mercado exigido pela Bolsa de Valores e o dissidente, nessa hipótese, deverá negociar no mercado suas ações.

Ainda assim, quanto às sociedades limitadas, mister se faz verificar o teor do art. 1.030 do Código Civil, segundo o qual, "ressalvado o disposto no art. 1.004 e seu parágrafo único, pode o sócio ser *excluído judicialmente*, mediante iniciativa da maioria dos demais sócios, por falta grave no cumprimento de suas obrigações, ou, ainda, por incapacidade superveniente" (grifo nosso).

Posta assim a questão, resta saber se a exclusão do sócio só admite a solução pela via judicial. A interpretação literal do art. 1.030 do Código Civil indica tal inferência.

Todavia, interpretação sistemática e teleológica, com a verificação do art. 1º da Lei de Arbitragem (Lei 9.307/1996), nos leva à conclusão lógica da possibilidade da arbitragem, ainda que seja para excluir o sócio, se assim foi convencionado, posto que se trata de direito patrimonial disponível.

Infere-se que o termo "excluído judicialmente" do art. 1.030 do Código Civil significa que a solução será judicial se as partes não convencionaram a via alternativa de solução de conflitos.

Não significa que será excluído apenas judicialmente, até porque o art. 1.085 prevê, também, a exclusão pela Assembleia, desde que prevista essa forma de exclusão no contrato social.[69]

Nesse sentido, aduz Marcelo Dias Gonçalves Vilela: "Não obstante o novo Código Civil refira-se expressamente à prova judicial da justa causa, há que se entender que a

---

[69] "Art. 1.085. Ressalvado o disposto no art. 1.030, quando a maioria dos sócios, representativa de mais da metade do capital social, entender que um ou mais sócios estão pondo em risco a continuidade da empresa, em virtude de atos de inegável gravidade, poderá excluí-los da sociedade, mediante alteração do contrato social, desde que prevista neste a exclusão por justa causa. Parágrafo único. Ressalvado o caso em que haja apenas dois sócios na sociedade, a exclusão de um sócio somente poderá ser determinada em reunião ou assembleia especialmente convocada para esse fim, ciente o acusado em tempo hábil para permitir seu comparecimento e o exercício do direito de defesa".

letra da lei está a exigir a manifestação do poder jurisdicional. Assim, se a sociedade previu a cláusula compromissória em seu contrato social, deve-se compreender que será competente o juízo arbitral para reconhecimento prévio da justa causa para fins de exclusão de sócio, na forma do art. 1.030 do Código Civil; ou para conhecer da demanda do sócio que alegue ilegalidade do procedimento que culminou com sua exclusão do quadro social, na hipótese do art. 1.085 do Código Civil".[70]

7.7 Falência e recuperação judicial do demandante e arbitragem

7.7.1 Falência

Havendo decretação da falência do demandante, a arbitragem deve ter seu curso normal para verificação de eventual crédito, impulsionada pelo administrador judicial nos termos do parágrafo único do art. 76 da Lei 11.101/2005 (Lei de Falências), ou seja, em razão de quantias ilíquidas, que devam ser apuradas em razão da arbitragem

---

[70] Marcelo Dias Gonçalves Vilela. Sociedade por cotas de responsabilidade limitada composta por apenas dois sócios. Exclusão do sócio minoritário ditada pelo sócio majoritário sob o fundamento da justa causa. Previsão de arbitragem. Execução específica. Comentários à jurisprudência (TJSP, 3ª Câmara de Direito Privado, AgIn 122.809.4/7, rel. Des. Ênio Santarelli Zuliani), *Revista de Arbitragem e Mediação*, v. 2, n. 5, p. 182-183, abr.-jun. 2005.
Em razão dessas críticas à redação do dispositivo legal do CC, tramitou o Projeto de Lei 3.871/2008 (do Dep. Juvenil) que buscava alterar o art. 1.030 do CC, nos seguintes termos: "O Congresso Nacional decreta: Art. 1º Esta Lei altera o art. 1.030 da Lei 10.406, de 10.01.2002, que institui o Código Civil, para permitir que a exclusão de sócio possa também ser determinada pela convenção de arbitragem. Art. 2º O art. 1.030 da Lei 10.406, de 10.01.2002, passa a vigorar com a seguinte redação: 'Art. 1.030. Ressalvado o disposto no art. 1.004 e seu parágrafo único, pode o sócio ser excluído judicialmente ou por sentença arbitral emanada de contratos com previsão de cláusula compromissória arbitral, mediante iniciativa da maioria dos demais sócios, por falta grave no cumprimento de suas obrigações, ou, ainda, por incapacidade superveniente'. Art. 3º Esta Lei entra em vigor na data de sua publicação". Justificação: "Com a vigência no nosso sistema legislativo da Lei 9.307, de 23.09.1996, os litígios que versam sobre direitos disponíveis podem ser julgados e decididos extrajudicialmente pelo procedimento denominado juízo arbitral. Os dissídios de sociedade comercial, quando o foro eleito for o arbitral, não estarão sob a jurisdição da Justiça Comum ou Estatal. Ora, indubitavelmente, tais litígios estão inseridos no contexto do direito disponível, porque envolvem partes maiores e capazes, objetos lícitos, sem qualquer interferência do Estado. O art. 1.030 do Código Civil, talvez por equívoco, sujeitou a exclusão do sócio ao crivo apenas judicial. Todavia, nada impede que o contrato social que gerou a exclusão tenha sido elaborado com a previsão de eleição de cláusula compromissória arbitral. Inaugurado o litígio entre as partes, o juízo arbitral, respeitado o rito da Lei 9.307, poderá determinar por sentença a exclusão de sócio. Atualmente esse ato, amparado pelo direito pátrio, não teria eficácia se prevalecesse a atual redação do art. 1.030, pois este não contempla, em dissonância a outros dispositivos da lei citada, a previsão de possibilidade de exclusão de sócio pela via arbitral. Diante da importância do presente projeto nos cenários comercial e societário, espero contar com o necessário apoio dos nobres pares para a aprovação. Sala das Sessões, em agosto de 2008. Deputado Federal Juvenil". O projeto, no fechamento desta edição, encontrava-se arquivado nos termos do art. 105 do Regimento Interno da Câmara dos Deputados.

decorrente de convenção anterior à quebra, por demandas já propostas[71] (art. 6º, § 1º, da Lei 11.101/2005).[72]

Segundo Ricardo Negrão, "com essa consideração, resulta que as ações anteriormente distribuídas, envolvendo bens, interesses e negócios do falido, serão remetidas ao juízo falimentar para julgamento, salvo aquelas que demandarem quantia ilíquida contra o falido que terão prosseguimento no Juízo ao qual foram anteriormente distribuídas, por força da disposição geral aplicável aos processos de falência e de recuperação (art. 6º, § 1º)".[73-74]

> Posta assim a questão:
> a) as quantias ilíquidas que já se encontrem em discussão no juízo arbitral (o art. 6º, § 1º, da Lei 11.101/2005 menciona que "terá prosseguimento no juízo no qual estiver se processando a ação[75] que demandar quantia ilíquida"), nele permanecerão até a formação do título para habilitação no juízo universal da falência;
> b) as ações sobre quantias ilíquidas ainda não propostas ou que versarem sobre bens, interesses e negócios do falido (estas, mesmo já propostas), serão atraídas pelo juízo universal da falência, sendo impossível, portanto, a solução arbitral;
> c) as causas trabalhistas ou fiscais e aquelas não reguladas na Lei de Falências, em que o falido figurar como autor ou litisconsorte ativo (*v.g.*, reintegrações de posse), prosseguirão ou serão propostas normalmente, ainda que seja pela via arbitral;
> d) todas as ações, inclusive as excetuadas, que poderão seguir pela via arbitral, serão levadas a efeito pelo administrador judicial, que deverá ser intimado para representar a massa falida sob pena de nulidade do processo (art. 76 da Lei 11.101/2005).

---

[71] "Conflito negativo de competência – Ação de execução proposta por empresa que, posteriormente, teve sua falência decretada – Inocorrência de prevenção do juízo especializado – Massa falida é autora da ação – Exceção prevista no art. 76, da Lei 11.101/2005 – Conflito procedente para declarar competente o Juízo suscitado" (TJSP, Câmara Especial, CComp 1587820600/SP, rel. Des. Moreira de Carvalho, j. 21.07.2008).

[72] "Art. 6º A decretação da falência ou o deferimento do processamento da recuperação judicial suspende o curso da prescrição e de todas as ações e execuções em face do devedor, inclusive aquelas dos credores particulares do sócio solidário. § 1º Terá prosseguimento no juízo no qual estiver se processando a ação que demandar quantia ilíquida (...)".

"Art. 76. O juízo da falência é indivisível e competente para conhecer todas as ações sobre bens, interesses e negócios do falido, ressalvadas as causas trabalhistas, fiscais e aquelas não reguladas nesta Lei em que o falido figurar como autor ou litisconsorte ativo. Parágrafo único. Todas as ações, inclusive as excetuadas no *caput* deste artigo, terão prosseguimento com o administrador judicial, que deverá ser intimado para representar a massa falida, sob pena de nulidade do processo".

[73] Ricardo Negrão. *Manual de direito comercial e de empresa*, 3. ed., São Paulo: Saraiva, 2008, v. 3, p. 303.

[74] O direito de ação pode ser exercido pelo processo arbitral e, portanto, está abarcado pelo dispositivo legal mencionado.

[75] Nesse sentido: "Competência – Incompetência absoluta – Ação declaratória de nulidade de título com pedido de indenização por danos morais – Demanda proposta em face da massa

Nesse sentido: "Agravo de instrumento – Falência – Impugnação judicial objetivando habilitação de crédito fundamentado em sentença arbitral – Cláusula compromissória pactuada em contrato de construção de edifício firmado entre as partes. Inadimplemento contratual gerador de resolução do contrato e formulação de demanda perante a Câmara de Arbitragem – Posterior decretação da falência da demandada – Intervenção do administrador judicial da massa falida no procedimento arbitral, com alegação de incompetência do juízo arbitral, em face da falta de capacidade processual da falida e indisponibilidade dos bens da devedora, com base no art. 25, da Lei 9.307/1996, sustentando dever a demanda ser atraída para o juízo universal da falência. Prosseguimento da demanda arbitral com condenação da devedora na indenização fixada pela Câmara de Arbitragem. Aplicabilidade do art. 6º, § 1º, da Lei 11.101/2005, eis que, versando a demanda sobre quantia ilíquida, o processo não é suspenso em virtude da falência da devedora, inexistindo a *vis attractiva* do art. 76, *caput*, devendo o procedimento arbitral prosseguir com o administrador judicial que representará a massa falida, sob pena de nulidade. Inaplicabilidade do art. 117 à convenção de arbitragem. Inexistência de previsão legal de intervenção do Ministério Público nas demandas arbitrais em que a massa falida seja parte, especialmente sob a óptica do veto ao art. 4º, da Lei 11.101/2005, que não manteve norma similar ao art. 210 do Dec.-lei 7.661/1945. Legitimidade da inclusão do crédito reconhecido no Tribunal Arbitral no Quadro-Geral de Credores da falida, pelo valor determinado no juízo arbitral, limitada a atualização monetária e os juros até a data do decreto da quebra, a teor dos arts. 9º, inciso II, e 124, ambos da Lei 11.101/2005. Agravo parcialmente provido para ser deferida a impugnação e a habilitação do crédito da agravante, observados os limites acima estabelecidos" (TJSP, Câmara Especial de Falências e Recuperações Judiciais, Agravo de Instrumento 5310204300/SP, rel. Des. Pereira Calças, j. 25.06.2008).

7.7.2 Recuperação judicial

A recuperação judicial, nos termos do art. 47 da Lei 11.101/2005, "tem por objetivo viabilizar a superação da situação de crise econômico-financeira do devedor, a fim de permitir a manutenção da fonte produtora, do emprego dos trabalhadores e dos interesses dos credores, promovendo, assim, a preservação da empresa, sua função social e o estímulo à atividade econômica".

No art. 50, a Lei 11.101/2005 prevê, de forma exemplificativa, os meios para o desenvolvimento da recuperação, que devem ser aprovados pelos credores.

Nessa medida, é possível e bastante provável que haja divergência entre os credores quanto aos meios de levar a efeito a recuperação do devedor, propostas pelos seus administradores, aptos a permitir a satisfação dos créditos.

---

falida após decretação da falência – Pretensão à declaração incidental sobre bens da massa falida – Incidência do art. 76 da Lei 11.101/2005 – Competência absoluta do juízo falimentar – Nulidade dos atos praticados no processo originário – Determinação de remessa dos autos à 2ª Vara de Falências e Recuperações Judiciais da Capital – Agravo de instrumento provido para esse fim" (TJSP, Agravo 7.277.146-1, rel. Des. Ricardo Negrão, j. 15.09.2008).

Assim sendo, não será surpresa se, no curso de implementação do Plano de Recuperação, surgirem divergências entre os administradores do devedor e a comunidade de credores que poderá se sentir ameaçada na preservação de seus direitos.

A par de o art. 53 da Lei de Falências e Recuperações prever a necessidade de discriminação pormenorizada dos meios a serem utilizados, bem como seu resumo e demonstração da viabilidade econômica, obviamente não há descrição que seja tão detalhista que não gere, na sua implementação, questões laterais que devem ser dirimidas para implementação do plano.

Nesses casos, nos dois anos subsequentes, havendo descumprimento do plano alegado por credor, a recuperação pode ser convolada em falência (arts. 61, § 1º, e 73 da Lei 11.101/2005) quando a arbitragem surge como alternativa viável e célere às vicissitudes que as partes certamente encontrarão no Poder Judiciário para atender aos objetivos da lei e dirimir as controvérsias.

Posta assim a questão, juntamente com o plano, podem as partes requerer a inclusão de cláusula arbitral para dirimir os conflitos concernentes à dúvida quanto ao cumprimento dos meios aprovados para a recuperação.

E o meio de fazer isso é através do compromisso judicial (art. 9º, § 1º, da Lei de Arbitragem), tal qual trataremos no Capítulo 2, para o qual remetemos o leitor.

Outrossim, resta saber se aqueles que eventualmente tenham se colocado contra o plano de recuperação aprovado e, nessa medida, tenham sido vencidos, também se submetem ao compromisso judicial aprovado.

Isso porque o plano de recuperação pode ser aprovado ainda que tenha havido objeção, desde que aprovado por assembleia-geral de credores ou mesmo sem aprovação por todas as classes nos termos dos arts. 41, 45 e 58 da Lei de Recuperação de Empresas.[76]

Nesse ponto, é preciso lembrar que a arbitragem imposta é inconstitucional. Deve haver concordância. Ainda que os direitos sejam patrimoniais e disponíveis, aquele

---

[76] "Art. 41. A assembleia-geral será composta pelas seguintes classes de credores:
I – titulares de créditos derivados da legislação do trabalho ou decorrentes de acidentes de trabalho;
II – titulares de créditos com garantia real;
III – titulares de créditos quirografários, com privilégio especial, com privilégio geral ou subordinados;
IV – titulares de créditos enquadrados como microempresa ou empresa de pequeno porte. (Incluído pela Lei Complementar nº 147, de 2014)
§ 1º Os titulares de créditos derivados da legislação do trabalho votam com a classe prevista no inciso I do *caput* deste artigo com o total de seu crédito, independentemente do valor.
§ 2º Os titulares de créditos com garantia real votam com a classe prevista no inciso II do *caput* deste artigo até o limite do valor do bem gravado e com a classe prevista no inciso III do *caput* deste artigo pelo restante do valor de seu crédito.
Art. 45. Nas deliberações sobre o plano de recuperação judicial, todas as classes de credores referidas no art. 41 desta Lei deverão aprovar a proposta. (...)

que não concordou e sequer aderiu, não pode, sob pena de afronta ao princípio da inafastabilidade da tutela jurisdicional pelo Poder Judiciário, ser compelido a se submeter à arbitragem (Constituição Federal, art. 5º, XXXV), posto que, demais disso, apenas as disposições obrigatórias do art. 53 da Lei 11.101/2005 vinculam aqueles que tiverem objetado a sua aprovação (art. 49 da Lei 11.101/2005), o que não inclui a cláusula arbitral aprovada por maioria.

O mesmo raciocínio pode ser empregado no caso de homologação de recuperação extrajudicial, tal qual prevê o art. 163 da Lei 11.101/2005, que pode ser aprovada por mais da metade dos créditos de cada espécie abrangida pelo plano de recuperação.

Quanto às ações arbitrais em curso ou ainda não propostas quando do deferimento do processamento da recuperação judicial, é de se aplicar o art. 6º, *caput* e § 4º, da Lei 11.101/2005, que suspende, pelo prazo de 180 dias, todas as ações e execuções em face do devedor: "Art. 6º A decretação da falência ou o deferimento do processamento da recuperação judicial implica: I – suspensão do curso da prescrição das obrigações do devedor sujeitas ao regime desta Lei; II – suspensão das execuções ajuizadas contra o devedor, inclusive daquelas dos credores particulares do sócio solidário, relativas a créditos ou obrigações sujeitos à recuperação judicial ou à falência; III – proibição de qualquer forma de retenção, arresto, penhora, sequestro, busca e apreensão e constrição judicial ou extrajudicial sobre os bens do devedor, oriunda de demandas judiciais ou extrajudiciais cujos créditos ou obrigações sujeitem-se à recuperação judicial ou à falência. (...) § 4º Na recuperação judicial, as suspensões e a proibição de que tratam os incisos I, II e III do caput deste artigo perdurarão pelo prazo de 180 (cento e oitenta) dias, contado do deferimento do processamento da recuperação, prorrogável por igual período, uma única vez, em caráter excepcional, desde que o devedor não haja concorrido com a superação do lapso temporal".

Assim, o deferimento da recuperação deve ser informado ao árbitro, que suspenderá o curso da arbitragem, sem prejuízo do prazo remanescente para prolação da sentença arbitral.

Art. 58. Cumpridas as exigências desta Lei, o juiz concederá a recuperação judicial do devedor cujo plano não tenha sofrido objeção de credor nos termos do art. 55 desta Lei ou tenha sido aprovado pela assembleia-geral de credores na forma do art. 45 desta Lei.

§ 1º O juiz poderá conceder a recuperação judicial com base em plano que não obteve aprovação na forma do art. 45 desta Lei, desde que, na mesma assembleia, tenha obtido, de forma cumulativa:

I – o voto favorável de credores que representem mais da metade do valor de todos os créditos presentes à assembleia, independentemente de classes;

II – a aprovação de 2 (duas) das classes de credores nos termos do art. 45 desta Lei ou, caso haja somente 2 (duas) classes com credores votantes, a aprovação de pelo menos 1 (uma) delas;

III – na classe que o houver rejeitado, o voto favorável de mais de 1/3 (um terço) dos credores, computados na forma dos §§ 1º e 2º do art. 45 desta Lei.

§ 2º A recuperação judicial somente poderá ser concedida com base no § 1º deste artigo se o plano não implicar tratamento diferenciado entre os credores da classe que o houver rejeitado".

Portanto, demandando sobre quantia ilíquida, assim como na falência e nos termos do art. 6º, §§ 1º e 4º, da Lei 11.101/2005, após os 180 dias e eventual prorrogação, a ação prosseguirá no juízo arbitral até a formação do crédito.

No STJ encontramos o seguinte julgado sobre o tema: "Recurso Especial. Ação de nulidade de sentença arbitral. Recuperação judicial. Negativa de prestação jurisdicional. Questão prejudicada. Primazia da decisão de mérito. Competência do juízo arbitral para definir a existência e o valor do crédito. Kompetenz-kompetenz. Direito disponível. Concursalidade ou extraconcursalidade. Irrelevância. Litigância de má-fé não caracterizada. (...) 4. De acordo com a iterativa jurisprudência do STJ, as ações movidas em face de empresas em recuperação judicial que demandam quantias ilíquidas devem tramitar regularmente onde foram propostas, inclusive aquelas submetidas a juízo arbitral, até a apuração do montante devido. 5. A natureza do crédito (concursal ou extraconcursal) não é critério definidor da competência para julgamento de ações (etapa cognitiva) propostas em face de empresa em recuperação judicial, mas sim as regras ordinárias dispostas na legislação processual. 6. O que constitui competência exclusiva do juízo universal, segundo a jurisprudência deste Tribunal, é a prática ou o controle de atos de execução de créditos individuais promovidos contra empresas falidas ou em recuperação judicial. 7. Segundo a regra da *kompetenz-kompetenz*, incumbe aos próprios árbitros decidir a respeito de sua competência para avaliar a existência, validade ou eficácia do contrato que contém a cláusula compromissória. 8. O deferimento do pedido de recuperação judicial não tem o condão de transmudar a natureza de direito patrimonial disponível do crédito que a recorrida procura ver reconhecido e quantificado no procedimento arbitral. 9. Reconhecida a competência do tribunal arbitral para processamento e julgamento da demanda perante ele proposta – que se limita à apuração dos créditos inadimplidos no âmbito do contrato de prestação de serviços celebrado entre as partes –, não há falar em nulidade da sentença parcial por ele proferida, revelando-se escorreita a conclusão do acórdão recorrido. 10. De acordo com o entendimento desta Corte, a interposição de recursos cabíveis não implica litigância de má-fé nem ato atentatório à dignidade da justiça, ainda que com argumentos reiteradamente refutados pelo Tribunal de origem ou sem alegação de fundamento novo. Recurso especial não provido" (REsp 1.953.212/RJ, rel. Min. Nancy Andrighi, 3ª Turma, j. 26.10.2021, *DJe* 03.11.2021).

Por fim, cabe consignar que, se a ação arbitral favorecer o devedor em detrimento do credor em recuperação judicial, não estará obstada a propositura da ação anulatória do art. 33, que verificaremos no Capítulo 5, posto que o prazo, para tanto, em regra, de 90 (noventa) dias, é decadencial e não prescricional (a ação é desconstitutiva) e não se suspende ou se interrompe, não se aplicando a suspensão da prescrição preconizada pelo *caput* e pelo § 4º do art. 6º da Lei 11.101/2005.[77]

---

[77] "Art. 6º A decretação da falência ou o deferimento do processamento da recuperação judicial implica:
I – suspensão do curso da prescrição das obrigações do devedor sujeitas ao regime desta Lei;
II – suspensão das execuções ajuizadas contra o devedor, inclusive daquelas dos credores particulares do sócio solidário, relativas a créditos ou obrigações sujeitos à recuperação judicial ou à falência;

Outro fundamento possível para a ação anulatória a ser proposta pelo credor em face do devedor em recuperação é a aplicação do art. 207 do Código Civil, segundo o qual, "salvo disposição legal em contrário, não se aplicam à decadência as normas que impedem, suspendem ou interrompem a prescrição".

Em consonância com o acatado pelo Código Civil, aplicar-se-ia o art. 6º, § 4º, da Lei 11.101/2005 e o prazo decadencial restaria obstado nos termos do art. 207 do Código Civil, pelo prazo de 180 (cento e oitenta) dias e eventual prorrogação, admitindo a hipótese como caso especial de suspensão do prazo decadencial de 90 dias para propositura da ação previsto no art. 33, § 1º, da Lei de Arbitragem.

7.8 Condomínio edilício e arbitragem

O condomínio edilício pode ser definido como o conjunto de propriedades exclusivas em uma edificação considerada unitária, com áreas comuns que se vinculam às unidades autônomas (apartamentos, escritórios, lojas, casas, garagens etc.).[78]

Certo é que a vida em condomínio pode gerar uma série de conflitos, de tal sorte que resta saber se a arbitragem pode ser o meio de solução dessas pendengas.

Vejamos, nessa medida, as espécies de conflitos decorrentes do condomínio edilício e as hipóteses de cabimento da arbitragem:

a) *Conflitos entre o condomínio e os condôminos*

Os conflitos entre o condomínio e os condôminos podem ser exemplificados, principalmente, pela ausência de pagamento das cotas condominiais a que todo condômino está obrigado, discussões sobre a validade de deliberações e quórum para aprovação de matérias em assembleia e conflitos versando acerca da aplicação de sanções, como as multas pela transgressão à lei ou à própria convenção de condomínio.

Antes de se chegar a qualquer conclusão quanto ao cabimento da arbitragem para dirimir os conflitos entre o condomínio e os condôminos, é preciso partir da premissa segundo a qual, para regular a vida entre os condôminos e entre o condomínio e os condôminos, a lei determina a existência de uma norma denominada "convenção de condomínio".

Nesse sentido, importante verificar o teor dos arts. 1.333 e 1.334 do Código Civil: "Art. 1.333. A convenção que constitui o condomínio edilício deve ser subscrita

---

III – proibição de qualquer forma de retenção, arresto, penhora, sequestro, busca e apreensão e constrição judicial ou extrajudicial sobre os bens do devedor, oriunda de demandas judiciais ou extrajudiciais cujos créditos ou obrigações sujeitem-se à recuperação judicial ou à falência. (...)

§ 4º Na recuperação judicial, as suspensões e a proibição de que tratam os incisos I, II e III do caput deste artigo perdurarão pelo prazo de 180 (cento e oitenta) dias, contado do deferimento do processamento da recuperação, prorrogável por igual período, uma única vez, em caráter excepcional, desde que o devedor não haja concorrido com a superação do lapso temporal".

[78] Luiz Antonio Scavone Junior. *Direito imobiliário* – teoria e prática, 7. ed., Rio de Janeiro: Forense, 2014.

pelos titulares de, no mínimo, dois terços das frações ideais e torna-se, desde logo, *obrigatória para os titulares de direito sobre as unidades, ou para quantos sobre elas tenham posse ou detenção*. Parágrafo único. Para ser oponível contra terceiros, a convenção do condomínio deverá ser registrada no Cartório de Registro de Imóveis. Art. 1.334. Além das cláusulas referidas no art. 1.332 e *das que os interessados houverem por bem estipular*, a convenção determinará: (...)".

Em razão dos dispositivos legais mencionados, podemos afirmar que a convenção é obrigatória para todos os condôminos e, demais disso, pode estipular livremente as cláusulas que, na instituição do condomínio, os interessados quiserem incluir.

Não é demais lembrar, também, que a convenção de condomínio pode ser alterada pelo voto de dois terços dos condôminos, conforme previsão do art. 1.351 do Código Civil.

Posta assim a questão, nos parece evidente que a convenção pode conter cláusula arbitral e, se contiver, os conflitos entre os condôminos e o condomínio deverão ser dirimidos pela jurisdição arbitral.

Entretanto, poder-se-ia redarguir, afirmando que o condômino que adquire a unidade condominial depois da instituição do condomínio não pode vincular-se à arbitragem, posto que não a pactuou expressamente.

Não é o que pensamos em razão da natureza jurídica da convenção de condomínio.

Embora sua origem seja um pacto subscrito pelos titulares de, no mínimo, dois terços das frações ideais no momento da instituição do condomínio, não tem natureza contratual, mas, nos termos do que ensina Caio Mário da Silva Pereira, institucional normativa. Em resumo, é um pacto e, daí, o nome "convenção de condomínio", mas, depois de pactuada, assume natureza diversa.

Eis a lição de Caio Mário: "(...) alguns consideram a convenção uma relação contratual (Serpa Lopes e Campos Batalha). E na sua origem assemelha-se ela, na verdade, a um contrato, porque nasce do acordo de vontades. Mas a sua ligação ao contrato é apenas formal. Na essência, ela mais se aproxima da lei. Com efeito, repete-se com frequência e autoridade que o contrato faz lei entre as partes, pois que quanto a terceiros, é 'res inter alios'. Já o mesmo não se dá com a convenção que desborda dos que participaram de sua elaboração ou de sua votação. Estendendo-se para além dos que a assinaram e seus sucessores e sub-rogados, vai alcançar também pessoas estranhas. Não encontraria, por exemplo, explicação na teoria do contrato uma disposição regulamentar proibitiva do uso do elevador social para subida de certos volumes, pois que uma tal 'cláusula contratual' seria oponível ao signatário da convenção, ao seu sucessor 'inter vivos' ou 'causa mortis', ao seu locatário etc. Mas a um estranho ela não se aplicaria. E, no entanto, obriga. É porque algo mais existe do que uma relação contratual. Neste sentido decidiu o extinto Tribunal de Alçada de Minas Gerais, distinguindo-a de contrato (ADV, 1984, n. 16.188). Dada a sua própria natureza, as regras de comportamento de cada edifício têm sentido normativo. Obrigam aos que compõem aquele condomínio e aos que habitam o edifício ou dele se utilizam, ainda que eventualmente".[79]

---

[79] Caio Mário da Silva Pereira. *Condomínio e incorporações*, 10. ed., Rio de Janeiro: Forense, 1997, p. 125.

Nesse sentido: "Ação ordinária de nulidade. (...). 3 – Quando estipulado na convenção do condomínio, clausula arbitral, exclui-se a participação do Poder Judiciário, na solução de qualquer controvérsia, eis que as partes firmam, de comum acordo, a competência material para a solução de todas as questões que venham a se originar daquele 'negócio jurídico'. Apelo conhecido e improvido" (TJGO, Processo: 200700100410, Acórdão: 106919-4/188, rel. Gilberto Marques Filho, j. 31.07.2007, Publicação: 27.08.2007).

Se assim o é, mesmo aqueles que não firmaram a convenção por ocasião da instituição do condomínio, respeitado o quórum legal, ficam subordinados ao que ficou estabelecido na convenção condominial que nasceu com o condomínio, até em razão da ampla possibilidade de consultar o seu teor antes de adquirir a unidade, em função da necessária publicidade que lhe é dada pelo registro no Livro Auxiliar junto ao Cartório de Registro de Imóveis, nos termos do art. 173 da Lei 6.015/1973 (Lei de Registros Públicos).

Tampouco, pelas razões lançadas por Caio Mário, é necessário o negrito ou a assinatura ou visto específico do condômino, já que não se trata de contrato de adesão.

Nessa exata medida, em consonância com as edições anteriores deste livro, decidiu o Superior Tribunal de Justiça:

> "Civil e Processual Civil. Recurso Especial. Recurso manejado sob a égide do NCPC. Condomínio. Convenção condominial devidamente registrada. Natureza jurídica institucional normativa. Cláusula compromissória arbitral. Novo condômino. Subordinação à convenção. Incompetência do juízo estatal. Doutrina. Precedentes. Recurso especial não provido. 1. O recurso ora em análise foi interposto na vigência do NCPC, razão pela qual devem ser exigidos os requisitos de admissibilidade recursal na forma nele prevista, nos termos do Enunciado Administrativo nº 3, aprovado pelo Plenário do STJ na sessão de 9/3/2016: Aos recursos interpostos com fundamento no CPC/2015 (relativos a decisões publicadas a partir de 18 de março de 2016) serão exigidos os requisitos de admissibilidade recursal na forma do novo CPC. 2. A matéria discutida no âmbito da Convenção de condomínio é eminentemente institucional normativa, não tendo natureza jurídica contratual, motivo pelo qual vincula eventuais adquirentes. Diz respeito aos interesses dos condôminos e, como tal, não se trata de um contrato e não está submetida às regras do contrato de adesão. Daí a desnecessidade de assinatura ou visto específico do condômino. 3. Diante da força coercitiva da Convenção Condominial com cláusula arbitral, qualquer condômino que ingressar no agrupamento condominial está obrigado a obedecer às normas ali constantes. Por consequência, os eventuais conflitos condominiais devem ser resolvidos por arbitragem. 4. Havendo cláusula compromissória entabulada entre as partes elegendo o Juízo Arbitral para dirimir qualquer litígio envolvendo o condomínio, é inviável o prosseguimento do processo sob a jurisdição estatal. 5. Recurso especial não provido" (REsp 1.733.370/GO, rel. p/ Acórdão Min. Moura Ribeiro, 3a Turma, j. 26.06.2018, *DJe* 31.08.2018).

Igualmente, é possível que, inicialmente, um condomínio não tenha cláusula arbitral em sua convenção, mas que, depois, os condôminos queiram incluir a possibilidade de arbitragem mediante alteração da convenção condominial.

Nas edições anteriores deste livro, com fundamento na natureza jurídica da convenção (institucional normativa), afirmei que, se fosse respeitado o quórum de dois terços para a alteração destinada à inclusão da cláusula arbitral (Código Civil, art. 1.351), a arbitragem vincularia mesmo a minoria dissidente. Nada obstante, refletindo sobre a questão, me curvei ao princípio segundo o qual ninguém pode ser compelido a aceitar a arbitragem como meio de solução de conflitos (CF, art. 5º, XXXV).

Em consonância com o acatado, se a convenção condominial já prevê a arbitragem como meio de solução dos conflitos, vinculará a todos, mesmo aqueles que adquirirem posteriormente as unidades.

Todavia, ainda que se admita a alteração da convenção pelo voto de dois terços, se alteração disser respeito à inclusão de convenção de arbitragem, a unanimidade se impõe.

Não há como compelir aqueles que não concordaram com a inclusão da cláusula arbitral a se submeter à arbitragem.

Por fim, mesmo que não haja qualquer previsão na convenção, é evidente que o condomínio e o condômino poderão firmar compromisso arbitral, levando o conflito à decisão de um árbitro.

b) *Conflitos entre os condôminos*

Havendo previsão na convenção, os conflitos entre os condôminos decorrentes do convívio condominial deverão ser dirimidos no âmbito da arbitragem, quer decorrentes de direito de vizinhança, quer em razão de problemas construtivos, notadamente de vazamentos, muito comuns nas unidades em edifícios.

Para tanto, a cláusula arbitral inserta na convenção deve prever expressamente a hipótese, vinculando os condôminos e terceiros nos termos do art. 1.333 do Código Civil.

Não havendo cláusula arbitral na convenção ou, se houver, não for específica quanto a essa matéria, os condôminos poderão eleger a arbitragem em razão de conflitos decorrentes de direitos patrimoniais e disponíveis existentes entre elas, o que farão por meio do compromisso arbitral.

c) *Conflitos entre o condomínio e fornecedores e entre o condomínio e eventual administradora que, nos termos do art. 1.348, § 2º, do Código Civil, for contratada para auxiliar o síndico nas funções administrativas do condomínio*

Nesse caso, como as relações jurídicas obrigacionais decorrerão de contratos autônomos e, no caso da administradora, de contrato de prestação de serviços, não serão atingidos pela cláusula arbitral da convenção de condomínio, hipótese em que a arbitragem dependerá de novo pacto (cláusula arbitral ou compromisso arbitral).

E assim entendemos na medida em que, ainda que a convenção possa atingir terceiros em razão do seu registro, o fornecimento de bens e serviços ao condomínio e a administração do condomínio constituem relações jurídicas laterais, que não são atingidas pelos objetos legalmente tratados pela convenção condominial, que regula a relação entre o condomínio e os condôminos e entre as pessoas que habitam ou ingressam no condomínio.

Quadro sinótico

1. Conceito de arbitragem

Conceito: a arbitragem pode ser definida, assim, como o meio privado, jurisdicional e alternativo de solução de conflitos decorrentes de direitos patrimoniais e disponíveis por meio do árbitro, juiz de fato e de direito, normalmente um especialista na matéria controvertida e que apresentará uma sentença arbitral que constitui título executivo judicial.

Jurisdição: significa "dizer o direito", ou seja, é o poder conferido a alguém, imparcial, para aplicar a norma e solucionar o conflito por meio do processo, prolatando sentença capaz de produzir coisa julgada material e, nessa medida, pode ser imposta aos litigantes, o que indubitavelmente a arbitragem representa a teor dos arts. 18 e 31 da LA que estabelecem que o árbitro é "juiz de fato e de direito" e que prolata sentença equiparada àquelas prolatadas pelos órgãos do Poder Judiciário constituindo título executivo judicial (CPC, art. 515, VII).

Dualidade da jurisdição (CPC, arts. 3º e 42): jurisdição arbitral (privada) e jurisdição estatal.

2. Arbitragem, mediação e conciliação

Os meios para solução dos conflitos que surgem na sociedade são:

I – Heterocomposição:
   a) Jurisdição estatal;
   b) *Arbitragem:* imposição da solução do conflito pelos árbitros, cuja decisão de uma questão de direito patrimonial e disponível equivale a uma sentença transitada em julgado;

II – Autocomposição:
   a) *Conciliação* (autocomposição): há proposta de solução e não imposição pelo conciliador; e,
   b) *Mediação* (autocomposição): o mediador apenas auxilia as partes, não decide e tampouco propõe soluções.
   c) Transação (CC, arts. 840 a 850).

Os meios alternativos (ou extrajudiciais) de solução dos conflitos são: a arbitragem, a mediação e a conciliação.

Conciliação judicial: o CPC (art. 334) determina a fase de conciliação obrigatória no procedimento comum (art. 318 e seguintes do CPC). A audiência de responsabilidade dos Centros Judiciários de Solução Consensual de Demandas apenas não será realizada se o autor dispensar na inicial e se o réu fizer o mesmo em até 10 dias da audiência. A contestação será apresentada no prazo de 15 dias da última audiência de conciliação ou da dispensa pelo réu se o autor tiver dispensado na inicial.

São princípios da conciliação judicial (CPC, art. 166):
   a) *independência*, ou seja, o conciliador e o mediador devem estar distantes das partes;
   b) *imparcialidade*, o que impede qualquer vínculo entre as partes;
   c) *autonomia da vontade* das partes, de decidir pela transação e pelo procedimento;
   d) *confidencialidade*, ou seja, o necessário sigilo que o conciliador, o mediador e eventual equipe devem manter, de tal sorte que estão todos impedidos de depor ou divulgar o que tomaram conhecimento durante os trabalhos;
   e) *oralidade*; e,
   f) *decisão informada*, que exige consciência dos direitos e da realidade fática para legitimidade da conciliação útil.

2. Arbitragem, mediação e conciliação

São princípios da conciliação judicial (CPC, art. 166):
a) *independência*, ou seja, o conciliador e o mediador devem estar distantes das partes;
b) *imparcialidade*, o que impede qualquer vínculo entre as partes;
c) *autonomia da vontade* das partes, de decidir pela transação e pelo procedimento;
d) *confidencialidade*, ou seja, o necessário sigilo que o conciliador, o mediador e eventual equipe devem manter, de tal sorte que estão todos impedidos de depor ou divulgar o que tomaram conhecimento durante os trabalhos;
e) *oralidade*; e,
f) *decisão informada*, que exige consciência dos direitos e da realidade fática para legitimidade da conciliação útil.

Cadastro de conciliadores, mediadores e câmaras de conciliação (CPC, art. 167): em cadastro nacional e no tribunal no qual atuarem, com indicação da área de atuação mediante comprovação de curso de capacitação com currículo estabelecido pelo CNJ e Ministério da Justiça. O Tribunal poderá (faculdade) prover a lista de conciliadores e mediadores mediante concurso público ou, se preferir, mediante quadro próprio exclusivo ou em concorrência com os mediadores e conciliadores particulares. As partes podem, de comum acordo, optar pelo conciliador ou mediador eleito que não requer cadastro, curso ou concurso.

Mediação e conciliação no direito administrativo (CPC, art. 174): câmaras de mediação e conciliação criadas pela União, Estados, DF e Municípios, para dirimir conflitos envolvendo órgãos e entidades da administração pública; avaliar a admissibilidade dos pedidos de resolução de conflitos, por meio de conciliação, no âmbito da administração pública; promover, quando couber, a celebração de termo de ajustamento de conduta.

Pagamento dos conciliadores, mediadores particulares: não sendo voluntários (CPC, § 1º do art. 167) ou concursados do quadro próprio do tribunal (CPC, § 6º do art. 167), o pagamento se dá nos termos de tabela fixada pelo tribunal que respeite os parâmetros estabelecidos pelo CNJ (CPC, art. 169). As Câmaras privadas de mediação e conciliação cadastradas deverão atender a percentual mínimo de gratuidade determinado pelo tribunal em que atuarem.

Conciliador e mediador advogado (CPC, arts. 167, § 5º, e 172): estão impedidos de exercer a advocacia no juízo em que atuam e, durante 1 ano após a última audiência em que atuar, não poderão representar ou patrocinar as partes (a impossibilidade de representar se aplica a todos os profissionais e não somente aos advogados).

3. Normas de direito material aplicáveis à solução do conflito pela via arbitral (art. 2º, §§ 1º e 2º, e art. 11, IV, da LA)

A arbitragem pode ser:
a) ***de direito***, pela:
    a.1) aplicação da *lei nacional* (regra);
    a.2) aplicação da *norma escolhida na convenção de arbitragem* desde que haja convenção entre as partes;
    a.3) leis internacionais de comércio;
    a.4) leis estrangeiras, como, por exemplo, a legislação francesa;
    a.5) *lex mercatoria*, que é o conjunto formado pelas práticas comerciais, os usos e costumes do comércio, que independem de sistemas legais dos países;
    a.6) leis *corporativas*, ou seja, as leis e normas de procedimentos das em-presas, entidades ou órgãos de classe;

3. Normas de direito material aplicáveis à solução do conflito pela via arbitral (art. 2º, §§ 1º e 2º, e art. 11, IV, da LA)

b) *de equidade*, ou seja, pela aplicação da solução que parecer ao árbitro coerente e justa.
c) pela aplicação dos *princípios gerais de direito*; e
d) pelos **usos e costumes**.

Portanto, as partes podem escolher qualquer lei ou norma em sentido geral para solucionar seus conflitos, desde que essas normas ou leis, inclusive internacionais, a equidade ou os usos e costumes não afrontem normas de ordem pública e os bons costumes, como, entre nós, por exemplo, o princípio da igualdade (art. 5º da CF).

4. Limite geral imposto à possibilidade de solução arbitral

A arbitragem como meio alternativo de solução de conflitos exige que os direitos em questão sejam patrimoniais disponíveis (art. 1º da LA; art. 852 do CC): são aqueles sujeitos à transação e alienáveis.

Excluem-se, portanto, os direitos indisponíveis, como, por exemplo, filiação, estado das pessoas, casamento, poder familiar, questões de direito penal etc. (CC, art. 852).

Admite-se que os reflexos patrimoniais dessas questões sejam dirimidos pela arbitragem, como, por exemplo, a partilha do patrimônio na separação e os danos decorrentes de fato típico.

5. Espécies de arbitragem: institucional e avulsa (arts. 5º e 10, II, da LA)

Arbitragem institucional: também conhecida como arbitragem administrada, é aquela em que as partes optam, na cláusula arbitral ou no compromisso, por se submeter à arbitragem perante uma entidade especializada, que tratará dos aspectos formais, intimações, secretaria e, até, da escolha dos árbitros;

Arbitragem ad hoc: é a arbitragem avulsa, ou seja, as partes não se submetem a uma entidade especializada para administrar a arbitragem e tratam de todo o procedimento.

6. Arbitragem e sua constitucionalidade

Já se discutiu se a arbitragem é ou não constitucional em razão do princípio da inafastabilidade da tutela jurisdicional pelo Poder Judiciário (art. 5º, XXXV, da CF).

O STF entendeu que a arbitragem é constitucional, vez que:

A inafastabilidade da tutela significa que a lei não pode excluir do Poder Judiciário lesão ou ameaça a direito, ou seja, a jurisdição estatal é um direito e não um dever;

Ocorre que, ao contratar, as partes já dispõem do Poder Judiciário, que não foi afastado pela Lei de Arbitragem, a qual apenas coloca à disposição delas a possibilidade de levar seus conflitos à arbitragem se assim manifestarem livremente suas vontades (ninguém é obrigado a firmar cláusula compromissória ou compromisso arbitral);

Assim, em consonância com o princípio contratual da autonomia da vontade, se as partes, que já contam com o Poder Judiciário para dirimir seus conflitos, resolvem submetê-los através da cláusula arbitral ou do compromisso à solução pela arbitragem, geram uma obrigação que, como é cediço, foi feita para ser cumprida: pacta sunt servanda;

Demais disso, a arbitragem, que somente decorre da vontade das partes, encontra semelhanças com a transação, de tal sorte que as partes, de antemão, já estabelecem como seus conflitos patrimoniais e disponíveis serão resolvidos, o que não encontra óbice no sistema.

6. Arbitragem e sua constitucionalidade

Tudo isso significa que a arbitragem é constitucional, posto que:

a) não é a Lei de Arbitragem que afasta do poder Judiciário a apreciação de lesão ou ameaça a direito, mas são as partes que o fazem na convenção de arbitragem em razão de seus direitos patrimoniais e disponíveis;

b) a ação é um direito conferido às partes e não um dever. Ninguém é obrigado a procurar o Poder Judiciário em razão de direitos patrimoniais e disponíveis supostamente violados; e

c) a arbitragem é semelhante à transação, posto que as partes convencionam a forma de solucionar suas diferenças; assim, como é lícito às partes transacionar sobre direitos patrimoniais e disponíveis, também lhes é lícito vincularem-se à arbitragem, convencionando respeitar a decisão do árbitro, utilizando seu poder negocial em razão de direitos patrimoniais e disponíveis.

7. Outros limites impostos à possibilidade de solução arbitral dos conflitos

Direitos do consumidor (art. 51, VII, da Lei 8.078/1990)	Em regra, é nula a cláusula arbitral (ou compromissória), posto que, em razão da vulnerabilidade do consumidor, implicará em utilização compulsória da arbitragem. Admite-se a cláusula arbitral nas relações de consumo apenas se não estiver presente a imposição ou a vulnerabilidade do consumidor (notadamente a jurídica), cabendo o ônus dessa prova ao fornecedor. O consumidor pode, excepcionalmente, firmar cláusula arbitral se não for vulnerável juridicamente, posto que, nessa hipótese, não haverá "utilização compulsória da arbitragem", vedada pelo art. 51, VII, do CDC. Possível o compromisso arbitral, vez que este surge depois da existência do conflito e não significa a utilização compulsória da arbitragem (como é o caso da cláusula arbitral). Em outras palavras, diante do conflito, se quiser, o consumidor pode buscar seus direitos junto ao Poder Judiciário ou, se preferir, em razão do litígio já instaurado e delimitado, firmar o compromisso que demonstrará que concordou expressamente com a instituição da arbitragem.
Contratos de adesão (art. 4º, § 2º, da LA)	São aqueles cujas cláusulas são previamente redigidas por uma das partes e cuja interpretação, no caso de dúvida, é a mais favorável ao aderente (art. 423 do CC). A Lei 9.307/1996 determina que, nos contratos de adesão, a arbitragem somente é admitida se: a) *tratar-se de compromisso arbitral* (aquela convenção de arbitragem que surge depois de instaurado o conflito entre as partes e, portanto, é firmada em documento apartado, e, como o conflito já está instaurado, mesmo nas relações de consumo, tendo em vista que, por intermédio do compromisso, o consumidor concorda expressamente com a arbitragem, que, por essa razão, não lhe é imposta); b) tratar-se de *cláusula arbitral* (contemporânea ao contrato ou em ato posterior, mas anterior à existência de qualquer conflito entre as partes, mediante a qual se obrigam a submeter futuros conflitos à solução arbitral), se: b.1) não se tratar de contrato que represente relação de consumo – vez que neste, em regra (havendo exceções), a cláusula arbitral é nula em razão da imposição da arbitragem ao consumidor quando surgir o conflito (art. 51, VII, do CDC); b.2) respeitar a forma escrita, mesmo que por correspondência digital no bojo do contrato ou em documento apartado (aditivo contratual); b.3) a cláusula estiver em destaque, referindo-se à Lei 9.307/1996, da necessidade de estar "em negrito"; b.4) houver visto ou assinatura específica para a cláusula arbitral.

7. Outros limites impostos à possibilidade de solução arbitral dos conflitos

Direito do trabalho	*Conflitos individuais*: nos termos do art. 507-A da CLT, os empregados que recebem remuneração superior ao dobro do limite para os benefícios do Regime Geral da Previdência Social poderão pactuar cláusula arbitral no corpo do contrato (respeitando o art. 4º, § 2º, da Lei de Arbitragem) e, ainda, através de aditivo ou anexo. Para os demais empregados, em razão da irrenunciabilidade dos direitos trabalhistas, costuma-se afirmar que não cabe a arbitragem no contrato de trabalho (TST – RR 795/2006-028-05-00.8; arts. 9º, 444 e 468 da CLT). Todavia, embora os direitos em si sejam de fato irrenunciáveis, nada obsta, depois de adquiridos e diante do conflito, que as partes firmem compromisso arbitral, vez que os direitos são patrimoniais e suscetíveis de transação. Então, o que não se admite é a renúncia prévia, mas nada obsta (e acontece diariamente no foro) que as partes transijam sobre os valores decorrentes dos direitos que não foram previamente renunciados no contrato, tendo o TST admitido a hipótese no AIRR 1475/2000-193-05-00 (7ª Turma, Min. Pedro Paulo Manus, *DJ* 17.10.2008). *Compromisso arbitral*: admitimos que qualquer empregado possa firmar compromisso e, bem assim, o art. 507-A não se referiu a esse pacto de arbitragem. O referido dispositivo mencionou apenas a cláusula compromissória (ou arbitral), que é o pacto de arbitragem celebrado antes da existência de conflitos, silenciando acerca do compromisso arbitral, que é firmado depois do conflito, em regra com a extinção do contrato de trabalho. Com efeito, a interpretação é pela possibilidade de o empregado – qualquer um, mesmo que não se enquadre nos limites impostos pelo art. 507-A – firmar compromisso arbitral. Não há vedação e tampouco, em regra, vulnerabilidade de qualquer empregado ou renúncia aos direitos que já foram adquiridos e passam à qualidade de patrimoniais disponíveis. Assim, com o Poder Judiciário especializado à disposição, se o empregado resolver firmar compromisso arbitral, manifestando livremente a sua vontade, é evidente que concordou expressamente em submeter esse conflito a um árbitro. *Conflitos coletivos*: em razão do art. 114, § 1º, da CF, possível a arbitragem, frustrada a negociação coletiva. Assim, a própria lei prevê, como nas hipóteses de direito de greve (art. 7º da Lei 7.783/1989) e participação nos lucros (art. 4º da Lei 10.101/2001).
Administração Pública	A Lei 13.129/2015 incluiu na Lei 9.307/1996, expressamente, a arbitragem relacionada à Administração Pública (arts. 1º, §§ 1º e 2º, e 2º, § 3º). Para as *empresas públicas e as sociedades de economia mista*, possível a arbitragem na medida em que atuam como pessoas jurídicas dotadas de estrutura de direito privado e desde que se trate de exploração de atividade econômica em contrato que verse sobre direitos patrimoniais disponíveis (art. 173, § 1º, II, da CF e art. 41, parágrafo único, do CC). No âmbito dos *contratos de concessão*, os arts. 23, XV e 23-A, da Lei 8.987/1995, autorizam o emprego da arbitragem. Na *parceria público-privada*, o art. 11, III, da Lei 11.079/2004, igualmente, autoriza a arbitragem de forma expressa. Quanto às *desapropriações*, a Lei 13.867, de 26 de agosto de 2019, alterou o Decreto-lei 3.365/1941 para incluir os arts. 10-A e 10-B, permitindo ao expropriante efetuar oferta por notificação ao expropriado que, não aceita, desde que a notificação contemple a hipótese, permite ao proprietário aderir à arbitragem proposta, assinando compromisso com o Centro de Arbitragem previamente cadastrado pelo expropriante. Em todas as relações em que estejam presentes pessoas jurídicas de direito público, a arbitragem poderá ser utilizada para solução de conflitos que tenham característica privada ("questões relacionadas ao restabelecimento do equilíbrio econômico-financeiro do contrato, ao inadimplemento de obrigações contratuais por quaisquer das partes e ao cálculo de indenizações"

7. Outros limites impostos à possibilidade de solução arbitral dos conflitos

Administração Pública	– arts. 151 a 154 da Lei 14.133/2021) desde que haja previsão no edital (§ 1º do art. 1º da LA), pela mesma autoridade ou órgão competente da Administração Pública direta incumbida de acordos ou transações. Em todas as relações em que estejam presentes pessoas jurídicas de direito público, a arbitragem poderá ser utilizada para solução de conflitos que tenham característica privada ("questões relacionadas ao restabelecimento do equilíbrio econômico-financeiro do contrato, ao inadimplemento de obrigações contratuais por quaisquer das partes e ao cálculo de indenizações" – arts. 151 a 154 da Lei 14.133/2021) desde que haja previsão no edital (§ 1º do art. 1º da LA), pela mesma autoridade ou órgão competente da Administração Pública direta incumbida de acordos ou transações. O interesse público não se confunde com o mero interesse da Administração ou da Fazenda Pública; o interesse público está na correta aplicação da lei, o que a arbitragem prestigia pela célere solução de conflitos.
Locação de imóveis urbanos	Não se tratando de relação de consumo, vez que não há fornecimento de produto ou serviço, não há limitação à cláusula arbitral nos contratos de locação. Assim, despejo, renovatórias, revisionais e consignatórias poderão ser decididas no âmbito da arbitragem. O fato de o art. 45 da Lei 8.245/1991 determinar a natureza cogente (de ordem pública) de toda legislação inquilinária, isto não significa que o direito decorrente de um contrato de locação seja indisponível (o aluguel e o uso de imóveis são evidentemente disponíveis), mas, apenas que as partes não podem afastar e o árbitro deve aplicar a Lei do Inquilinato para dirimir os conflitos decorrentes de relação jurídica locatícia (relação *ex locato*).
Contratos e estatutos societários e associativos	A lei das sociedades anônimas permite (art. 109, § 3º, da Lei 6.404/1976) e o dissidente no caso de alteração estatutária deverá exercer o direito de retirada mediante reembolso nas companhias de capital fechado ou liquidação no mercado nas companhias de capital aberto que atendam a critérios de dispersão e liquidez das ações no mercado e, caso não atendam, mediante reembolso. Assim, tanto nesse caso como no caso das demais sociedades e até dos estatutos das associações, não encontramos óbice à existência de cláusula arbitral (arts. 54, V, 997 e 1.053 do CC). Os que se associarem, integrarem a sociedade ou adquirirem ações posteriormente, serão vinculados ao que, antes, foi decidido nos atos constitutivos por unanimidade. O art. 1.030, do CC, que fala em decisão judicial para exclusão de sócio, não pode ser entendido como exclusividade da solução estatal do conflito; deve, por outro lado, ser compreendido que será judicial a decisão se não for pactuada a arbitragem e se não houver previsão de exclusão por assembleia.
Falência e recuperação judicial do demandante e arbitragem	Falência: a) *Ações sobre quantias ilíquidas que já se encontrem em discussão no juízo arbitral* (o art. 6º, § 1º, da Lei 11.101/2005, menciona que "terá prosseguimento no juízo no qual estiver se processando a ação que demandar quantia ilíquida"): serão solucionadas pela via arbitral até a formação do título para habilitação no juízo universal da falência; b) Ações sobre quantias ilíquidas ainda não propostas ou que versarem sobre bens, interesses e negócios do falido (essas, mesmo já propostas): serão atraídas pelo juízo universal da falência, sendo impossível a solução arbitral (art. 76, da Lei 11.101/2005;

7. Outros limites impostos à possibilidade de solução arbitral dos conflitos

Falência e recuperação judicial do demandante e arbitragem	c) *Ações trabalhistas ou fiscais e aquelas não reguladas na Lei de Falências em que o falido figurar como autor ou litisconsorte ativo (v.g., reintegrações de posse)*: prosseguirão ou serão propostas normalmente, ainda que seja pela via arbitral (art. 76, da Lei 11.101/2005); d) Em qualquer caso, *o administrador judicial deverá ser intimado para representar a massa falida*, sob pena de nulidade do processo (art. 76, da Lei 11.101/2005). Recuperação Judicial: a) Havendo divergência entre os credores sobre o cumprimento do plano aprovado, o que pode levar á convolação da recuperação em falência, é possível a utilização da arbitragem desde que haja cláusula arbitral aprovada entre as condições da recuperação. b) A cláusula arbitral aprovada, contudo, não vinculará, para esse efeito, aqueles credores que objetaram a aprovação do plano de recuperação. As ações em curso, versando sobre quantias ilíquidas contra o devedor que teve deferido o processamento da recuperação, continuarão após o prazo de suspensão legal de 180 dias e eventual prorrogação do § 4º do art. 6º da Lei 11.101/2005. c) As ações ainda não propostas, que versem sobre quantias ilíquidas ficarão suspensas no prazo legal de 180 dias, quando poderão ser propostas normalmente pela arbitragem em respeito à convenção prévia de arbitragem (§ 4º do art. 6º da Lei 11.101/2005). d) Caso a sentença arbitral favoreça o devedor em recuperação, o credor poderá propor a ação anulatória do art. 33 da Lei de Arbitragem nada obstante a suspensão de todas as ações contra o falido pelo prazo de 180 dias em razão de menção, pela Lei 11.101/2005 (§ 4º do art. 6º), de suspensão do curso de "prescrição e de todas as ações e execuções em face do devedor" e o caso não é de prescrição mas de decadência.
Condomínio edilício e arbitragem	A vida nos condomínios é regulada pela convenção condominial que, embora surja de pacto entre os interessados na instituição do condomínio (ligação apenas formal com o contrato), passa a ter natureza jurídica institucional normativa (aproxima-se da lei). Sendo assim: a) *Conflitos entre o condomínio e os condôminos*: a arbitragem é possível desde que haja previsão na convenção de condomínio, obrigando a todos, mesmo aqueles que vierem a adquirir suas unidades depois da instituição do condomínio cuja convenção desde logo prevê a arbitragem, ou, então, depois da alteração da convenção. Quanto à alteração da convenção, embora esta exija o voto de 2/3 dos condôminos (Código Civil, arts. 1.333, 1.334 e 1.351), a alteração que imponha a inclusão de cláusula arbitral demandará a unanimidade tendo em vista o princípio segundo o qual ninguém pode ser compelido a se submeter à solução arbitral, alternativa por natureza (art. 5º, XXXV, da CF). Igualmente é possível a arbitragem mediante compromisso arbitral, quando surgir o conflito, ainda que não haja previsão na convenção. Nesta medida, são comuns os seguintes conflitos: inadimplência quanto ao pagamento da quota condominial, validade de deliberações e quórum para aprovação de matérias em assembleia e conflitos decorrentes de aplicação de sanções.

7. Outros limites impostos à possibilidade de solução arbitral dos conflitos	
Condomínio edilício e arbitragem	b) *Conflito entre os condôminos*: igualmente a arbitragem é possível desde que haja previsão na convenção ou que, posteriormente, os condôminos, diante do conflito, resolvam pactuar a solução arbitral mediante compromisso. Podemos exemplificar: conflitos decorrentes de vazamentos entre unidades e referentes a direitos de vizinhança de uma maneira geral. c) *Conflitos entre o condomínio e fornecedores de produtos e serviços, inclusive em face da administradora contratada para auxiliar o síndico nos termos do art. 1.348, § 2º do Código Civil*: neste caso, tratando-se de relação jurídica lateral aos objetivos colimados pela convenção, ainda que haja previsão de arbitragem na Convenção, qualquer contrato firmado entre o condomínio e fornecedores de produtos ou serviços ao condomínio dependerão de pacto arbitral especial entre eles (cláusula arbitral ou compromissos específicos para cada contrato e conflito decorrente).

Capítulo 2

CONVENÇÃO DE ARBITRAGEM

1. OBRIGATORIEDADE DA ARBITRAGEM

Antes de discorrer acerca da obrigatoriedade ou não da arbitragem, mister se faz esclarecer que ninguém é obrigado a se submeter a qualquer solução alternativa de conflitos.[1]

Isto porque a solução arbitral somente pode ser adotada em razão da vontade das partes. Em outras palavras, somente se houver um acordo de vontades. Assim ocorrendo, em razão do princípio da autonomia da vontade e, consequentemente, da obrigatoriedade das convenções, caso uma das partes resolva acessar a via judicial, o juiz será obrigado a extinguir o processo sem julgamento de mérito[2] em razão de preliminar e em função do que dispõem os arts. 485, VII, e 337, X, do CPC: "Art. 485. O juiz não resolverá o mérito quando: (...) VII – acolher a alegação de existência de convenção de arbitragem ou quando o juízo arbitral reconhecer sua competência;

---

[1] "Se não houver convenção, inviável a solução alternativa do conflito pela arbitragem e, neste sentido, o seguinte julgado do STJ: Processual civil. SEC – Sentença Estrangeira Contestada. Homologação – Descabimento – Eleição do juízo arbitral – Ausência de manifestação expressa da parte requerida – Ofensa a princípio de ordem pública – Indeferimento do pedido de homologação. 1. (...) sociedade constituída e existente de acordo com as leis da Inglaterra, com sede em Liverpool, Inglaterra, requer a homologação de sentença arbitral estrangeira, proferida por Liverpool Cotton Association-LCA, que condenou (...) a pagar à requerente a quantia de US 231.776,35 (duzentos e trinta e um mil, setecentos e setenta e seis dólares e trinta e cinco centavos), além de determinar o faturamento de parte da mercadoria ou o equivalente a 2.204.600 libras líquidas, em razão de descumprimento de contrato firmado entre as partes. 2. Na hipótese em exame, consoante o registrado nos autos, não restou caracterizada a manifestação ou a vontade da requerida no tocante à eleição do juízo arbitral, uma vez que não consta a sua assinatura nos contratos nos quais se estabeleceu a cláusula arbitral. 3. A inequívoca demonstração da manifestação de vontade de a parte aderir e constituir o Juízo arbitral ofende a ordem pública, porquanto afronta princípio inscupido em nosso ordenamento jurídico, que exige aceitação expressa das partes por submeterem a solução dos conflitos surgidos nos negócios jurídicos contratuais privados arbitragem. 4. No caso em exame, não houve manifestação expressa da requerida quanto à eleição do juízo arbitral, o que impede a utilização desta via jurisdicional na presente controvérsia. 5. Pedido de homologação a que se nega deferimento" (Corte Especial, SEC 967/EX, rel. Min. José Delgado, j. 15.02.2006, DJ 20.03.2006, p. 175).

[2] Segundo Joel Dias Figueira Jr. (*Arbitragem, jurisdição e execução*, São Paulo, RT, 1999, p. 183), "a cláusula compromissória reveste-se de *natureza vinculante*, porquanto obrigatória para os contratantes. Assim, eleita a via paraestatal da arbitragem para a solução do conflito, as partes não mais poderão recorrer ao Poder Judiciário, ressalvadas as hipóteses previstas em lei".

(...)". "Art. 337. Incumbe ao réu, antes de discutir o mérito, alegar: (...) X – convenção de arbitragem; (...) § 5º Excetuadas a convenção de arbitragem e a incompetência relativa, o juiz conhecerá de ofício das matérias enumeradas neste artigo".

Importante observar, contudo, que além de não ser matéria cognoscível de ofício pelo juiz e que, portanto, nessa medida, exige que o réu alegue a existência de convenção de arbitragem na contestação, se não o fizer, o direito de alegar está fatalmente precluso, posto que a lei considera a aceitação tácita da jurisdição estatal pelo que se calou.

Nesse sentido, o § 6º do art. 337 do CPC: "§ 6º A ausência de alegação da existência de convenção de arbitragem, na forma prevista neste Capítulo [na contestação], implica aceitação da jurisdição estatal e renúncia ao juízo arbitral".

Mesmo assim, em razão da convenção de arbitragem, que é um acordo de vontades, surgem duas obrigações, ou seja, a *obrigação de não fazer*, que implica em não ingressar com pedido junto ao Poder Judiciário e, consequentemente, *de fazer*, que consiste em levar os conflitos à solução arbitral.

> Em resumo, a arbitragem não é obrigatória, vez que ninguém pode ser compelido a se submeter à arbitragem.
>
> Nem sequer a lei poderia impor esta obrigação de forma compulsória, como vimos por ocasião da análise da constitucionalidade da Lei 9.307/1996.
>
> Todavia, se as "partes" convencionarem a arbitragem, em razão da manifestação volitiva livre e consciente, pelo princípio da autonomia da vontade, o que foi estabelecido entre elas se torna obrigatório: *pacta sunt servanda*.

A autonomia da vontade significa que as partes são livres para criar suas obrigações, desde que respeitadas as normas de ordem pública.

Assim, podem criar a obrigação de submeter seus conflitos à arbitragem e, se assim procederem, tornar-se-á evidente a vinculação ao que contrataram.

Adotando essa solução, decidiu o Tribunal de Justiça de São Paulo: "Sistema Financeiro Imobiliário – Ação revisional de contrato de venda e compra de imóvel com pedido liminar de manutenção de posse e suspensão da consolidação da propriedade em favor do credor fiduciário – Contrato firmado para aquisição de imóvel pelo Sistema Financeiro Imobiliário, regido pela Lei 9.514/1997 – Existência de cláusula arbitral ou compromissória – Correta a extinção do feito com fundamento no art. 267, VII, do CPC [atual art. 485, VII]. Recurso não provido, com observação. A cláusula compromissória ou arbitral é a espécie de convenção de arbitragem mediante a qual os contratantes se obrigam a submeter seus futuros e eventuais conflitos que possam surgir do contrato à solução arbitral, somente podendo ser adotada em razão da vontade das partes. Por tal razão, se e quando adotada, torna-se obrigatória e caso uma das partes resolva acionar o Judiciário, o juiz será obrigado a extinguir o processo sem resolução do mérito, conforme ditam os arts. 267, VII, e 301, IX, do Código de Processo Civil [atuais arts. 485, VII, e 337, X] (TJSP, 11ª Câmara de Direito Privado, Apelação 7218265-7, Rel. Des. Gilberto dos Santos, j. 17.04.2008)".[3]

---

[3] Na fundamentação, citando a primeira edição deste livro, esclareceu o insigne relator: "Ocorre que, como já foi bem observado pelo magistrado sentenciante, o contrato firmado

1.1 Cláusula arbitral e cláusula de eleição de foro

Ressalte-se que a cláusula de eleição de foro nos contratos não afasta e sequer colide com a cláusula arbitral.

Existem hipóteses, como veremos, que tornam necessária a provocação do Poder Judiciário, ainda que haja convenção arbitral, como, por exemplo, nas hipóteses de:

a) Execução da sentença arbitral;
b) Cláusula arbitral vazia; e,
c) Nulidade da cláusula arbitral ou da sentença arbitral.

Nesse sentido:

> "Ação de execução de cláusula compromissória – Contratante que se recusa a se submeter à arbitragem – Cláusula de eleição de foro que não retira a eficácia do compromisso arbitral – Arts. 6º e 7º, da Lei 9.307/1996 – Desprovimento da apelação. A inserção de cláusula de eleição de foro no ajuste, por si só, não tem o condão de desconstituir a convenção nele estabelecida em item específico relativo às perdas e danos, por meio do qual as partes, expressamente, comprometeram-se a submeter ao juízo arbitral os conflitos originados da execução do contrato, com renúncia a qualquer outro. Na verdade, a estipulação de cláusula compromissória, para solução dos conflitos relativos a direitos patrimoniais disponíveis, não suprime, de forma absoluta, a intervenção do Poder Judiciário, que poderá ser chamado a pronunciar-se na hipótese prevista no art. 6º, parágrafo único, e art. 7º da Lei 9.307/1996, exatamente a aqui tratada, não sendo de todo despropositada a eleição de um foro no contrato" (TJMG, Ap. 1.002.405.773.271-1/003(1), rel. Des. Batista de Abreu, j. 30.05.2007).

Igualmente, pela 19ª Câmara de Direito Privado do Tribunal de Justiça de São Paulo, no Agravo de Instrumento 0136427-53.2013.8.26.0000, relatado pelo Desembargador Mario de Oliveira, julgado no dia 26.08.2013, ficou consignado que, "ainda que se considere a cláusula de eleição de foro no aditivo contratual (...), a agravante se comprometeu a submeter as pendências, discórdias ou controvérsias originadas no pacto à Câmara de Mediação e Arbitragem de São Paulo (...), não havendo que se falar sequer em conflito entre as referidas cláusulas".

---

pelas partes contém a chamada 'cláusula compromissória' ou 'cláusula arbitral' (fls. 95/96 – cláusulas septuagésima a septuagésima nona) e que, segundo a definição do professor Luiz Antonio Scavone Junior, 'é a espécie de convenção de arbitragem mediante a qual os contratantes se obrigam a submeter seus futuros e eventuais conflitos que possam surgir do contrato à solução arbitral'. O renomado mestre esclarece, ainda, que ninguém é obrigado a submeter-se a essa forma alternativa de solução de conflitos e que, por isso mesmo, somente pode ser adotada em razão da vontade das partes. Mas, se e quando adotada, torna-se obrigatória e caso uma das partes resolva acionar o Judiciário, o juiz será obrigado a extinguir o processo sem resolução do mérito, conforme ditam os arts. 267, VII e 301, IX [atuais arts. 485, VII, e 337, X], do Código de Processo Civil (*Manual de Arbitragem*, São Paulo, RT, 2008, p. 69)". No mesmo sentido e em iguais termos a Ap. 7.306.898-7, da 17ª Câmara de Direito Privado do Tribunal de Justiça de São Paulo, j. 15.12.2008, tendo como relator o Des. Welington Maia da Rocha.

1.2 A obrigatoriedade da arbitragem e o contrato que configura título executivo

É possível que o contrato no qual as partes convencionaram a arbitragem através da cláusula compromissória, ao mesmo tempo em que destina parte dos eventuais conflitos à solução arbitral, espelha obrigação certa, líquida e exigível, configurando título executivo.

> Posta assim a questão, se o julgamento do conflito decorrente do contrato e destinado à arbitragem não interferir no valor a ser executado, não há óbice algum para que a execução tenha início nos termos dos arts. 784, II-VI e VIII,[4] e 786 do CPC.

Nesse sentido já se manifestou o Superior Tribunal de Justiça: "Processo civil – Possibilidade de execução de título que contém cláusula compromissória – Exceção de pré-executividade afastada – Condenação em honorários devida. Deve-se admitir que a cláusula compromissória possa conviver com a natureza executiva do título. Não se exige que todas as controvérsias oriundas de um contrato sejam submetidas à solução arbitral. Ademais, não é razoável exigir que o credor seja obrigado a iniciar uma arbitragem para obter juízo de certeza sobre uma confissão de dívida que, no seu entender, já consta do título executivo. Além disso, é certo que o árbitro não tem poder coercitivo direto, não podendo impor, contra a vontade do devedor, restrições a seu patrimônio, como a penhora, e nem excussão forçada de seus bens. São devidos honorários tanto na procedência quanto na improcedência da exceção de pré-executividade, desde que nesta última hipótese tenha se formado contraditório sobre a questão levantada. Recurso especial improvido" (3ª T., REsp 944.917/SP, rel. Min. Nancy Andrighi, j. 18.09.2008, *DJ* 03.10.2008).

Por outro lado, se a questão a ser decidida pela via arbitral, em razão da cláusula arbitral, interferir na liquidez[5] da obrigação contida no contrato, resta evidente que a execução não deverá prosperar.[6] Diz-se "líquida" a obrigação certa quanto à

---

[4] "Art. 784. São títulos executivos extrajudiciais: (...) II – a escritura pública ou outro documento público assinado pelo devedor; III – o documento particular assinado pelo devedor e por 2 (duas) testemunhas; IV – o instrumento de transação referendado pelo Ministério Público, pela Defensoria Pública, pela Advocacia Pública, pelos advogados dos transatores ou por conciliador ou mediador credenciado por tribunal; V – o contrato garantido por hipoteca, penhor, anticrese ou outro direito real de garantia e aquele garantido por caução; VI – o contrato de seguro de vida em caso de morte; (...) VIII – o crédito, documentalmente comprovado, decorrente de aluguel de imóvel, bem como de encargos acessórios, tais como taxas e despesas de condomínio; (...)".

[5] "Art. 786. A execução pode ser instaurada caso o devedor não satisfaça a obrigação certa, líquida e exigível consubstanciada em título executivo."

[6] "Não há, porém, incongruência alguma entre a existência de um título executivo e a possibilidade de arbitragem, mas a correlação entre os temas deve ser bem compreendida: se houver alguma dúvida sobre o título (ou sobre as obrigações ali consignadas), tal crise de certeza deve ser dirimida pela via arbitral; mas se houver inadimplemento, o credor socorrer-se-á desde logo da via judicial, propondo demanda de execução, sem que haja espaço para a arbitragem" (Carlos Alberto Carmona. Considerações sobre a cláusula

existência e determinada quanto ao objeto. Se a certeza da existência da obrigação depender do julgamento pela via arbitral, é obvio que a obrigação não conta com os requisitos do título executivo insculpidos no art. 786 do CPC e, nesses termos, a execução deverá aguardar a solução arbitral.

Um exemplo pode ser dado: suponhamos contrato de locação de imóvel urbano com cláusula arbitral. Caso o locatário não pague os alugueis e, ainda, cause danos ao imóvel, a execução dos alugueis vencidos pode ser feita imediatamente em razão da executividade empreendida ao crédito decorrente da locação (CPC, art. 784, VIII), prescindindo da arbitragem. Todavia, o pagamento da indenização referente ao estrago no imóvel depende da apuração de culpa e da extensão dos danos, de tal sorte que deverá ser levado à arbitragem.

---

compromissória e a cláusula de eleição de foro, in Carlos Alberto Carmona, Selma Ferreira Lemes e Pedro Batista Martins (coords.), *Arbitragem: estudos em homenagem ao Prof. Guido Fernando da Silva Soares,* in memoriam, São Paulo: Atlas, 2007, p. 33-46) (No mesmo sentido, vide Letícia Barbosa e Silva Abdalla. Execução de titulo extrajudicial. Existência de cláusula compromissória. Exceção de pré-executividade, *Revista de Arbitragem e Mediação*, n. 15, out.-dez. 2007, p. 217-224).

Determinando a suspensão da execução nesses casos: STJ. "Recurso Especial. Título executivo extrajudicial. Contrato de mútuo. Previsão de cláusula arbitral. Execução judicial do título. Impugnação de questões referentes à existência do próprio título. Suspensão da execução até decisão do juízo arbitral acerca da matéria impugnada. 1. A cláusula arbitral, uma vez contratada pelas partes, goza de força vinculante de caráter obrigatório, definindo o Juízo Arbitral como competente para dirimir conflitos relativos a direitos patrimoniais, disponíveis, derrogando-se, nessa medida, a jurisdição estatal. 2. Todavia, a existência de cláusula compromissória não obsta a execução de título extrajudicial no Juízo Estatal quando for certo, líquido e exigível, uma vez que os árbitros não possuem poder coercitivo direto, necessário à determinação de atos executivos. 3. Na ação de execução lastreada em contrato com cláusula arbitral, apresentada impugnação pelo executado, o Juízo Estatal estará materialmente limitado a apreciar a defesa, não sendo de sua competência a resolução de questões que digam respeito ao próprio título ou às obrigações nele consignadas. 4. Nos casos em que a impugnação disser respeito à existência, constituição ou extinção do crédito objeto do título executivo ou às obrigações nele consignadas, sendo incompetente o Juízo Estatal para sua apreciação, revela-se inviável o prosseguimento da execução, dada a imperativa necessidade de solução pelo Juízo Arbitral de questão de mérito que antecede à continuidade da ação instaurada. 5. O art. 313, V, a, do CPC orienta que, quando um acontecimento voluntário, ou não, acarretar a paralisação da marcha dos atos processuais e a paralisação temporária for suficiente à garantia de retorno regular do feito, por razões de ordem lógica, o processo deve ser suspenso, e não extinto. 6. Entre a ação de execução e outra ação que se oponha aos atos executivos ou possa comprometê-los, há evidente laço de conexão, a determinar, em nome da segurança jurídica e da economia processual, a reunião dos processos. A suspensão acontecerá nos casos em que não for possível a reunião dos processos, seja porque se encontram em graus de jurisdição distintos, seja porque o juízo não é competente para ambos os feitos, até mesmo por serem diversas as jurisdições. 7. No caso concreto, a execução do título extrajudicial com cláusula arbitral deve ser suspensa e nesse estado permanecerá até que ultimado o procedimento arbitral, que decidirá pela validade ou não do Termo de Cessão do Crédito exequendo, essencial à higidez do próprio título. 8. Recurso especial a que se nega provimento (REsp 1.949.566/SP, rel. Min. Luis Felipe Salomão, 4ª Turma, j. 14.09.2021, *DJe* 19.10.2021).

2. ESPÉCIES DE CONVENÇÃO DE ARBITRAGEM

Convenção de arbitragem é gênero do qual são espécies a cláusula arbitral (ou cláusula compromissória) e o compromisso arbitral.

Este é o teor do art. 3º da Lei 9.307/1996: "As partes interessadas podem submeter a solução de seus litígios ao juízo arbitral mediante convenção de arbitragem, assim entendida a cláusula compromissória e o compromisso arbitral".

Neste sentido, tanto uma como outra podem ser suficientes para que a arbitragem possa ser instituída.[7] Vejamos as diferenças.

2.1 Cláusula arbitral ou cláusula compromissória

Dispõe o art. 853, do Código Civil: "Admite-se nos contratos a cláusula compromissória, para resolver divergências mediante juízo arbitral, na forma estabelecida em lei especial".

Surge, assim, a cláusula arbitral, espécie de convenção de arbitragem mediante a qual os contratantes se obrigam a submeter seus futuros e eventuais conflitos que possam surgir do contrato à solução arbitral.

> Portanto, *o que caracteriza uma cláusula arbitral é o momento de seu surgimento: anterior à existência do conflito.*

Não importa, assim, se a cláusula arbitral ou compromissória é contemporânea ou posterior ao contrato.

Importa, sim, para sua caracterização, que surja antes da existência de conflitos e contenha a obrigação das partes de submeter suas eventuais diferenças à solução dos árbitros, nos termos da Lei de Arbitragem.

---

[7] "Sentença arbitral estrangeira – Homologação – Requisitos – Lei 9.307/1996 e Resolução 9/2005 do STJ – Contrato de compra e venda – Convenção de arbitragem – Existência – Cláusula compromissória – Análise de controvérsia decorrente do contrato – Juízo arbitral – Possibilidade – Mérito da decisão arbitral – Análise no STJ – Impossibilidade – Ausência de violação à ordem pública – Precedentes do STF e STJ. 1. As regras para a homologação da sentença arbitral estrangeira encontram-se elencadas na Lei 9.307/1996, mais especificamente no seu Capítulo VI e na Resolução 9/2005 do STJ. 2. As duas espécies de convenção de arbitragem, quais sejam, a cláusula compromissória e o compromisso arbitral, dão origem a processo arbitral, porquanto em ambos ajustes as partes convencionam submeter a um juízo arbitral eventuais divergências relativas ao cumprimento do contrato celebrado. 3. A diferença entre as duas formas de ajuste consiste no fato de que, enquanto o compromisso arbitral se destina a submeter ao juízo arbitral uma controvérsia concreta já surgida entre as partes, a cláusula compromissória objetiva submeter a processo arbitral apenas questões indeterminadas e futuras, que possam surgir no decorrer da execução do contrato. 4. Devidamente observado o procedimento previsto nas regras do Tribunal Arbitral eleito pelos contratantes, não há falar em qualquer vício que macule o provimento arbitral. 5. O mérito da sentença estrangeira não pode ser apreciado pelo Superior Tribunal de Justiça, pois o ato homologatório restringe-se à análise dos seus requisitos formais. Precedentes do STF e do STJ. 6. Pedido de homologação deferido" (STJ, Corte Especial, SEC 1.210/EX, rel. Min. Fernando Gonçalves, j. 20.06.2007, *DJ* 06.08.2007, p. 444).

O art. 4º da Lei de Arbitragem trata do assunto: "A cláusula compromissória é a convenção através da qual as partes em um contrato comprometem-se a submeter à arbitragem os litígios que possam vir a surgir, relativamente a tal contrato. § 1º A cláusula compromissória deve ser estipulada por escrito, podendo estar inserta no próprio contrato ou em documento apartado que a ele se refira".

Esta cláusula arbitral pode prever uma arbitragem institucional ou avulsa (*ad hoc*), abordadas no item 5 do Capítulo 1. Em ambos os casos pode prever as regras procedimentais ou, então, referir-se às regras de um órgão arbitral.

2.1.1 Cláusula arbitral cheia

A *cláusula arbitral cheia* é aquela que contém os requisitos mínimos para que possa ser instaurado o procedimento arbitral (as condições mínimas que o art. 10 da Lei de Arbitragem impõe para o compromisso arbitral), como, por exemplo, a forma de indicação dos árbitros, o local etc., tornando prescindível o compromisso arbitral.

Sendo assim, ao surgir o conflito, as partes não precisam firmar compromisso arbitral e qualquer delas pode dar início ao procedimento arbitral.

Nesse sentido, o julgado do Tribunal de Justiça de São Paulo:[8]

Arbitragem – Compromisso arbitral – Intervenção judicial – Desnecessidade – Cláusula compromissória estabelecida pelas partes do tipo 'cheia', na qual os contratantes elegem o órgão arbitral e se obrigam a aceitar as normas por ele impostas, preexistentes e de pleno conhecimento dos envolvidos. Inaplicabilidade do art. 7º da Lei 9.307/1996" (TJSP) (*RT* 824/211).[9]

---

[8] Na fundamentação do AI 460.034-4/5-00, julgado no dia 21.11.2006 e relatado pelo Des. José Roberto Bedran, asseverou o TJSP: "Tratou-se, sem dúvida, de cláusula compromissória cheia ou completa (art. 5º), a dispensar, portanto, na conformidade de reiterada jurisprudência, a necessidade de recurso ao Judiciário, na hipótese de resistência ou recusa do outro contratante a firmar o compromisso arbitral apropriado para o caso de cláusula vazia (arts. 6º e 7º e §§, da Lei 9.307/1996)".

[9] No mesmo sentido: "Lei de Arbitragem – Inconstitucionalidade afastada pelo Colendo Supremo Tribunal Federal – Consideração a respeito da questão – Não cabimento – Recurso não provido. Contrato – Compromisso arbitral – Cláusula 'cheia' – Nulidade – Inexistência – Contratantes que elegeram o órgão arbitral e se obrigaram a aceitar as normas por ele impostas – Aplicação do art. 5º da Lei 9.307/1996 – Intervenção judicial desnecessária – Art. 7º da mesma lei que trata de cláusula 'vazia' – Arbitragem já instituída – Tentativa de paralisação da solução da controvérsia – Inadmissível descumprimento de cláusulas contratuais – Reserva mental – Caracterização. Cláusula compromissória que fixa o objeto da arbitragem – Cientificação do alegado descumprimento de cláusulas – Ocorrência – Regulamento da Câmara de Comércio – Nulidade da cláusula 5.9 – Não verificação – Regulamento que assegura, em qualquer hipótese, o contraditório – Recurso não provido – Embargos de declaração – Sentença – Aplicação de multa – Acerto – Argumentos já usados – Repetição – Intuito manifestamente protelatório – Caracterização – Recurso não provido" (Ap. Cív. 296.036-4/4, rel. Des. Sousa Lima, j. 13.11.2003).

Existem duas formas de cláusula arbitral cheia:

a) Cláusula arbitral cheia mediante a qual as partes pactuam todas as condições para a instauração da arbitragem (do art. 10 da Lei 9.307/1996); e
b) Cláusula arbitral cheia que se refere às regras de uma entidade especializada que já contém as condições formais para instituição da arbitragem.

Neste último caso, tratar-se-á de arbitragem institucional e não há necessidade de as partes estabelecerem todo o procedimento, vez que se vinculam ao procedimento regulamentar da entidade que escolheram.

As cláusulas arbitrais desta natureza, que se referem às regras procedimentais de uma entidade arbitral especializada, são mais comuns nos contratos, evitando cláusulas extensas e de procedimentos não confiáveis juridicamente, que poderão sofrer anulação em razão de eventuais afrontas às normas de ordem pública.

Ainda assim, se recomenda que as partes anexem o respectivo regulamento da entidade especializada no contrato e coloquem seu visto nas folhas, atestando que tomaram conhecimento das regras.

Por evidente, mesmo que ao depois a entidade especializada modifique as regras, em razão de a arbitragem encontrar suporte na obrigação contratual, as regras aceitas pelas partes serão mantidas.

Trata-se de conclusão que segue o princípio segundo o qual se deve respeito ao ato jurídico perfeito (art. 5º, XXXVI, da CF), de tal sorte que modificações posteriores no procedimento da entidade escolhida – obviamente não aceitas pelas partes – não vinculam os contratantes.

Não são regras processuais propriamente ditas e, sendo assim, não estão sujeitas às regras de vigência das normas processuais que, no âmbito judiciário, entram em vigor imediatamente, atingindo os processos em curso.

2.1.2 Cláusula arbitral vazia – conceito e execução específica

A *cláusula arbitral vazia* (ou *em branco*) é aquela em que as partes simplesmente se obrigam a submeter seus conflitos à arbitragem, sem estabelecer, contudo, as regras mínimas para desenvolvimento da solução arbitral e, tampouco, indicar as regras de uma entidade especializada, tornando necessário, ao surgir o conflito, que as partes, antes de dar início à arbitragem, firmem, além da cláusula arbitral, um compromisso arbitral.

Por exemplo: as partes firmam cláusula arbitral e não estabelecem as regras para instauração da arbitragem, indicação dos árbitros, local etc.[10]

---

10 O TJSP, na Ap. 263 009 4/5-00, j. 14.12.2006, analisou a seguinte cláusula arbitral: "Fica expressamente convencionado que, caso surja qualquer controvérsia ou divergência quanto à interpretação dos termos e condições da presente apólice, assim como na evolução, ajuste

De fato, ao surgir o conflito, a par da existência da cláusula arbitral, será necessário que as partes firmem um compromisso arbitral para estabelecer os requisitos dos art. 10 da Lei de Arbitragem, indicando o árbitro ou os árbitros (ou os requisitos para sua nomeação), a matéria que será submetida a arbitragem e o lugar em que será proferida a sentença (aquilo que estiver faltando).

Portanto, desta assertiva surge naturalmente outra: se a cláusula arbitral é cheia – já que contém os elementos formais do compromisso, necessários para instauração da arbitragem – não há necessidade de as partes firmarem compromisso antes de dar início à arbitragem.

Em suma, tratando-se de cláusula arbitral vazia, na qual as partes não tomaram a cautela de incluir os requisitos do compromisso arbitral, antes de dar início à arbitragem deverão firmar o compromisso.

Neste caso, se houver discordância sobre o compromisso arbitral, que depende fundamentalmente dos requisitos formais do art. 10 da Lei de Arbitragem, especialmente o modo de nomear os árbitros (art. 19 da Lei de Arbitragem),[11] embora a arbitragem continue obrigatória, caberá execução específica da cláusula arbitral vazia nos termos dos arts. 6º e 7º da Lei de Arbitragem.

Nesse sentido:

> "Ação de cobrança. Contrato de parceria agrícola. Cláusula compromissória sujeitando qualquer demanda decorrente do contrato a arbitragem. Cláusula vazia. Submissão à vontade contratual. Extinção do feito, sem o exame de mérito. Cabimento. Art. 267, VII, do Código de Processo Civil [atual art. 485, VII] apelação provida" (TJSP, Apelação 0005221-51.2009.8.26.0356, Rel. Eros Piceli, 33ª Câmara de Direito Privado, j. 27.08.2012, Data de registro: 29.08.2012. Outros números: 52215120098260356).

---

e/ou liquidação de qualquer sinistro, estas deverão ser submetidas à decisão de um 'árbitro comum' que o segurado e a seguradora nomearão conjuntamente".
Sobre ela, o rel. Des. Ênio Zuliani, asseverou: Arbitragem – Cláusula compromissória estabelecida em contrato de seguro empresarial para resolução de conflitos decorrentes da interpretação dos termos e condições da apólice, bem como evolução, ajuste e liquidação de qualquer sinistro, o que inclui a discussão quanto à subsunção do fato concreto aos danos cobertos – Necessidade de instituição da arbitragem, valendo a sentença como compromisso arbitral, nos termos do art. 7º, § 7º, da Lei 9.307/1996 – Não provimento. (...) Assim, não resta dúvida de que as partes optaram pela arbitragem [cláusula vazia ou em branco] para a solução dos litígios decorrentes do contrato de seguro em questão.

[11] "Art. 19. Considera-se instituída a arbitragem quando aceita a nomeação pelo árbitro, se for único, ou por todos, se forem vários.
"Art. 21. A arbitragem obedecerá ao procedimento estabelecido pelas partes na convenção de arbitragem, que poderá reportar-se às regras de um órgão arbitral institucional ou entidade especializada, facultando-se, ainda, às partes delegar ao próprio árbitro, ou ao tribunal arbitral, regular o procedimento. § 1º Não havendo estipulação acerca do procedimento, caberá ao árbitro ou ao tribunal arbitral disciplina-lo. § 2º Serão, sempre, respeitados no procedimento arbitral os princípios do contraditório, da igualdade das partes, da imparcialidade do árbitro e de seu livre convencimento."

Eis o teor do dispositivo que regula a execução específica da cláusula arbitral: "Art. 6º Não havendo acordo prévio sobre a forma de instituir a arbitragem, a parte interessada manifestará à outra parte sua intenção de dar início à arbitragem, por via postal ou por outro meio qualquer de comunicação, mediante comprovação de recebimento, convocando-a para, em dia, hora e local certos, firmar o compromisso arbitral. Parágrafo único. Não comparecendo a parte convocada ou, comparecendo, recusar-se a firmar o compromisso arbitral, poderá a outra parte propor a demanda de que trata o art. 7º desta Lei, perante o órgão do Poder Judiciário a que, originariamente, tocaria o julgamento da causa. Art. 7º Existindo cláusula compromissória e havendo resistência quanto à instituição da arbitragem, poderá a parte interessada requerer a citação da outra parte para comparecer em juízo a fim de lavrar-se o compromisso, designando o juiz audiência especial para tal fim. § 1º O autor indicará, com precisão, o objeto da arbitragem, instruindo o pedido com o documento que contiver a cláusula compromissória. § 2º Comparecendo as partes à audiência, o juiz tentará, previamente, a conciliação acerca do litígio. Não obtendo sucesso, tentará o juiz conduzir as partes à celebração, de comum acordo, do compromisso arbitral. § 3º Não concordando as partes sobre os termos do compromisso, decidirá o juiz, após ouvir o réu, sobre seu conteúdo, na própria audiência ou no prazo de 10 (dez) dias,[12] respeitadas as disposições da cláusula compromissória e atendendo ao disposto nos arts. 10 e 21, § 2º, desta Lei. § 4º Se a cláusula compromissória nada dispuser sobre a nomeação de árbitros, caberá ao juiz, ouvidas as partes, estatuir a respeito, podendo nomear árbitro único para a solução do litígio. § 5º A ausência do autor, sem justo motivo, à audiência designada para a lavratura do compromisso arbitral, importará a extinção do processo sem julgamento de mérito. § 6º Não comparecendo o réu à audiência, caberá ao juiz, ouvido o autor, estatuir a respeito do conteúdo do compromisso, nomeando árbitro único. § 7º A sentença que julgar procedente o pedido valerá como compromisso arbitral".

O procedimento, embora semelhante àquele estipulado para os Juizados Especiais Cíveis, com este não se confunde.

Sendo assim, com exceção daquilo que está expressamente disciplinado na Lei de Arbitragem, seguir-se-á o procedimento comum do CPC quanto à instrução processual, colheita de provas e prazos, inclusive de apelação, que será de 15 (quinze) dias.

O art. 292, II, do Código de Processo Civil estabelece que, "na ação que tiver por objeto a existência, a validade, *o cumprimento*, a modificação, a resolução, a resilição ou a rescisão de ato jurídico", o valor da causa será correspondente ao contrato (ato) ou à "sua parte controvertida".

---

[12] Interessante que, pela redação dada ao § 3º, resta dúvida se "na própria audiência ou no prazo de 10 (dez) dias" se refere ao prazo para o juiz decidir ou ao prazo para apresentação da resposta. Carlos Alberto Carmona afirma textualmente que se trata de prazo para o juiz decidir (*Arbitragem e processo*. 2. ed. São Paulo: Atlas, 2004, pp. 147 e 148). De forma oposta, José Cretella Neto afirma que se trata de prazo para oferecimento da resposta (*Comentários à Lei de Arbitragem Brasileira*. Rio de Janeiro: Forense, 2004, p. 65). De nossa parte entendemos que seja lá com quem esteja a razão, do ponto de vista prático, a resposta deve ser levada pelo advogado na audiência, posto que se trata de faculdade do juiz deferir o prazo de dez dias, podendo ser exigida a resposta na própria audiência.

No nosso entendimento, o valor da causa será aquele atribuído pelo autor em razão de não haver no caso, exatamente, a intenção de levar a efeito o cumprimento do objeto do contrato, mas da obrigação de levar o conflito à arbitragem, até em razão da autonomia imposta à cláusula arbitral no art. 8.º da Lei de Arbitragem, aplicando-se o art. 291, e não o art. 292, II, do CPC. Entendimento mais legalista determinaria a atribuição do valor do contrato à causa (CPC, art. 292, II).

Seja como for, a necessidade deste procedimento em razão de uma cláusula arbitral vazia é, na verdade, consequência desastrosa, extirpando da arbitragem grande parte de sua vantagem.

Isto porque as partes, ao firmar a cláusula arbitral vazia e diante do impasse, terão que se submeter ao Poder Judiciário (exatamente o que se queria evitar!), para que o juiz, diante do conflito quanto às regras, substitua a vontade dos contendores e imponha, por sentença, as regras que regerão a arbitragem.

Ainda que nos termos do art. 1.012, § 1º, IV, do CPC,[13] a apelação não tenha efeito suspensivo e, com isso, a decisão do juiz quanto às regras para condução da arbitragem sejam passíveis de aplicação imediata após a sentença, a demora que pode representar a ausência de regras na cláusula arbitral nos permite afirmar que se trata de incúria, verdadeira falta de cuidado na redação do contrato, permitir a existência de cláusula arbitral deste jaez.

Some-se a isso a possibilidade de a execução judicial da sentença arbitral produzida com fundamento no compromisso provisório também ser considerada provisória – e este é o nosso entendimento – enquanto não for julgado o recurso de apelação.

É evidente que o provimento da apelação em face da sentença de execução específica da cláusula arbitral pode alterar completamente o compromisso, que, por sua vez, não pode produzir sentença arbitral definitiva.

Em resumo, a *cláusula arbitral vazia* demandará, quando do surgimento do conflito, que as partes firmem o compromisso arbitral, com as condições mínimas do compromisso, estabelecidas pelo art. 10 da Lei de Arbitragem, sob pena de execução específica da cláusula arbitral, com todos os inconvenientes daí decorrentes.

2.2 *Compromisso arbitral*

> O *compromisso arbitral* nada mais é que a convenção de arbitragem mediante o qual as partes pactuam que o conflito já existente entre elas será dirimido através da solução arbitral e pode ser:
> a) Judicial, na medida em que as partes decidem colocar termo no procedimento judicial em andamento e submeter o conflito à arbitragem; e
> b) Extrajudicial, firmado depois do conflito, mas antes da propositura de ação judicial.

---

[13] "Art. 1.012. A apelação terá efeito suspensivo. § 1º Além de outras hipóteses previstas em lei, começa a produzir efeitos imediatamente após a sua publicação a sentença que: (...) IV – julga procedente o pedido de instituição de arbitragem".

Portanto, o que o caracteriza é o momento de seu nascimento: posterior à existência do conflito, podendo se manifestar antes ou durante a demanda judicial e, se for antes, impede, em razão da vontade das partes, o acesso ao Poder Judiciário para dirimir o conflito.

Assim, não é difícil concluir que, ainda que não decorra de um conflito contratual, a arbitragem será viável.

Isto porque, tratando-se de direitos patrimoniais e disponíveis (sujeitos à transação, portanto), nada obsta que outros conflitos que surgem no seio da sociedade possam ser dirimidos através da arbitragem.

Nada impede que em razão de um prejuízo, decorrente de um ato ilícito – como um acidente automobilístico, por exemplo – as partes decidam que a arbitragem será o meio de solução da existência do dever de indenizar e sua quantificação.

Portanto, o compromisso arbitral permite que qualquer controvérsia decorrente de direitos patrimoniais disponíveis possa ser solucionada através da arbitragem e não somente as controvérsias contratuais.

3. REQUISITOS DO COMPROMISSO ARBITRAL

Como se sabe, a validade dos negócios jurídicos requer a forma prescrita ou não proibida por lei (arts. 104, III, e 166, IV, do CC).

Assim, mister se faz observar que o art. 9º da Lei de Arbitragem estipula: "O compromisso arbitral é a convenção através da qual as partes submetem um litígio à arbitragem de uma ou mais pessoas, podendo ser judicial ou extrajudicial. § 1º O compromisso arbitral judicial celebrar-se-á por termo nos autos, perante o juízo ou tribunal, onde tem curso a demanda. § 2º O compromisso arbitral extrajudicial será celebrado por escrito particular, assinado por duas testemunhas, ou por instrumento público".

Requer-se, portanto, forma escrita: a) por termo nos autos no compromisso arbitral judicial, elaborado no curso do processo, mediante o qual as partes se obrigam a encerrar o litígio judicial e resolver a demanda através da arbitragem; b.1) por documento particular, com duas testemunhas, no compromisso arbitral extrajudicial; e, b.2) por documento público, sem a necessidade de testemunhas, ainda no compromisso arbitral extrajudicial.

No art. 10 da Lei de Arbitragem, são encontrados outros requisitos específicos de validade do compromisso arbitral.

Portanto, se faltarem, como requisitos de validade que são, o resultado será um compromisso arbitral nulo nos termos do art. 104 do CC, segundo o qual a validade dos negócios jurídicos, além do agente capaz e objeto lícito, possível, determinado ou determinável, exige a presença inafastável da forma prescrita em lei.

Se o art. 10 da Lei de Arbitragem prescreve a forma e, demais disso, a menciona expressamente como obrigatória, outra não pode ser a conclusão senão a nulidade absoluta do compromisso arbitral que não a respeite.

Embora o art. 10 da Lei de Arbitragem, mencione apenas o compromisso arbitral, entendemos que os requisitos, por óbvio, se estendem à cláusula arbitral cheia.

Explicamos: não é necessário, sempre, firmar compromisso arbitral, depois de instaurado o conflito.

A cláusula arbitral pode ser cheia e, nesta medida, para que seja, deve conter os requisitos para instauração da arbitragem sem a necessidade do compromisso posterior.

Seguindo a doutrina pátria, admitimos a instituição da arbitragem independentemente do compromisso, apenas com a cláusula arbitral cheia, ou seja, com a cláusula arbitral que contenha os requisitos para instauração do juízo arbitral, que gera o mesmo efeito do compromisso e dele prescinde.

É preciso esclarecer, também, que não é nula a cláusula arbitral que não contenha os requisitos do art. 10.

Todavia, como já dissemos, nesta eventualidade a cláusula arbitral será *vazia*, o que demandará um compromisso arbitral depois do surgimento do conflito e, havendo discordância acerca das regras aplicáveis, será preciso uma ação para que a sentença judicial estabeleça as regras do art. 10, nos termos do art. 7º, ambos da Lei de Arbitragem.

Seja como for, o art. 10 da Lei de Arbitragem trata dos requisitos de validade do compromisso arbitral – que devem estar presentes na cláusula arbitral cheia – e está assim redigido:

- *"Art. 10. Constará, obrigatoriamente, do compromisso arbitral:*
  I – o nome, profissão, estado civil e domicílio das partes: II – o nome, profissão e domicílio do árbitro, ou dos árbitros, ou, se for o caso, a identificação da entidade à qual as partes delegaram a indicação de árbitros (...)".

Portanto, é imprescindível à *cláusula arbitral cheia* e ao *compromisso arbitral* que as partes e os árbitros sejam qualificados, bem como, se for o caso de arbitragem institucional, que seja declinada a entidade especializada, bem como as regras para escolha dos árbitros que poderá, se assim estiver especificado, se dar de acordo com as regras da entidade arbitral que administrará o procedimento para as partes.

- *"Art. 10 (...) III – a matéria que será objeto da arbitragem."*

As partes não estão obrigadas a submeter todos os conflitos à arbitragem.

Podem, assim, na cláusula ou no compromisso, estipular quais conflitos serão submetidos à arbitragem.

No exemplo que demos no conceito de arbitragem, mencionamos um contrato que envolvia o fornecimento de futura safra de laranjas a uma indústria exportadora de suco de laranja.

Neste caso, os contratantes poderão convencionar que apenas os conflitos técnicos, decorrentes da qualidade das laranjas que serão entregues, serão objeto de arbitragem.

- *"Art. 10 (...) IV – o lugar em que será proferida a sentença arbitral."*

Aqui a lei requer das partes que digam onde a arbitragem terá sua solução.

E a necessidade é patente vez que pretendeu que as partes determinem se a sentença arbitral será ou não estrangeira, para os efeitos que estudaremos, decorrentes de homologação de sentença arbitral estrangeira, procedimento que está determinado no art. 35 da Lei de Arbitragem.

Assim, se a sentença for proferida no Brasil por vontade das partes, ainda que a arbitragem tenha sido desenvolvida no exterior, será nacional e independerá de homologação pelo Superior Tribunal de Justiça.

Outros requisitos, que não são obrigatórios, são trazidos à colação pela Lei 9.307/1996.

Não são obrigatórios, posto que não invalidam o compromisso arbitral por ausência deles, mas, evidentemente, alguns deles são imprescindíveis para facilitar o procedimento e evitar que os árbitros tenham que preencher as lacunas, nos termos do art. 21, § 1º, da Lei de Arbitragem.[14]

Vamos a eles:

- *"Art. 11. Poderá, ainda, o compromisso arbitral conter: I – local, ou locais, onde se desenvolverá a arbitragem".*

As partes podem estabelecer o local ou locais onde se realizará a arbitragem, com o desenvolvimento de audiências, oitiva de testemunhas etc.

- *"Art. 11 (...) II – a autorização para que o árbitro ou os árbitros julguem por equidade, se assim for convencionado pelas partes".*

Aqui, a lei se preocupou com os limites impostos à possibilidade de o árbitro julgar de acordo com o que lhe parecer equitativo e justo.

É evidente que se não tiver essa possibilidade, deverá aplicar a legislação vigente para pautar sua sentença, de tal sorte que o julgamento de acordo com a equidade é apenas uma possibilidade que deve ser prevista pelas partes.

- *"Art. 11 (...) III – o prazo para apresentação da sentença arbitral".*

As partes podem, inclusive, prever o prazo que terá o árbitro para proferir a sentença arbitral, sob pena de nulidade (art. 32, VII), da sentença e extinção da convenção arbitral (art. 12, III) aspectos que ainda serão objeto de nossa análise.[15]

Não estipulado o prazo, este será de seis meses, a teor do que dispõe o art. 23 da Lei 9.307/1996.[16]

---

[14] "Não havendo estipulação acerca do procedimento, caberá ao árbitro ou ao tribunal arbitral disciplina-lo."

[15] "Art. 12. Extingue-se o compromisso arbitral: (...) III – tendo expirado o prazo a que se refere o art. 11, inciso III, desde que a parte interessada tenha notificado o árbitro, ou o presidente do tribunal arbitral, concedendo-lhe o prazo de dez dias para a prolação e apresentação da sentença arbitral."

"Art. 32. É nula a sentença arbitral se: (...) VII – proferida fora do prazo, respeitado o disposto no art. 12, inciso III, desta Lei."

[16] "Art. 23. A sentença arbitral será proferida no prazo estipulado pelas partes. Nada tendo sido convencionado, o prazo para a apresentação da sentença é de 6 (seis) meses, contado da instituição da arbitragem ou da substituição do árbitro. § 1º Os árbitros poderão proferir

- "Art. 11 (...) IV – a indicação da lei nacional ou das regras corporativas aplicáveis à arbitragem, quando assim convencionarem as partes."

Como vimos, as partes podem, desde que não afronte normas de ordem pública nacional, escolher as regras que servirão para embasar a solução arbitral do conflito.

Posta assim a questão, colocarão estas regras na convenção de arbitragem e, se não o fizerem, nos termos do art. 9º da Lei de Introdução às normas do Direito Brasileiro,[17] será aplicável a lei nacional, do local onde a obrigação deve ser cumprida.

- "Art. 11 (...) V – a declaração da responsabilidade pelo pagamento dos honorários e das despesas com a arbitragem; e VI – a fixação dos honorários do árbitro, ou dos árbitros. Parágrafo único. Fixando as partes os honorários do árbitro, ou dos árbitros, no compromisso arbitral, este constituirá título executivo extrajudicial; não havendo tal estipulação, o árbitro requererá ao órgão do Poder Judiciário que seria competente para julgar, originariamente, a causa que os fixe por sentença."

As partes poderão estabelecer quem e como serão remunerados os árbitros e a entidade especializada, se houver, que administrará a arbitragem, além dos honorários dos advogados que representarem as partes.

Na ausência de convenção, os honorários advocatícios e as despesas com a arbitragem serão carreadas ao vencido, seguindo-se, por analogia, os critérios do art. 85 do CPC.[18]

---

sentenças parciais. § 2º As partes e os árbitros, de comum acordo, poderão prorrogar o prazo para proferir a sentença final."

[17] "Art. 9º Para qualificar e reger as obrigações, aplicar-se-á a lei do país em que se constituírem. § 1º Destinando-se a obrigação a ser executada no Brasil e dependendo de forma essencial, será esta observada, admitidas as peculiaridades da lei estrangeira quanto aos requisitos extrínsecos do ato. § 2º A obrigação resultante do contrato reputa-se constituída no lugar em que residir o proponente."

[18] "Art. 85. A sentença condenará o vencido a pagar honorários ao advogado do vencedor. § 1º São devidos honorários advocatícios na reconvenção, no cumprimento de sentença, provisório ou definitivo, na execução, resistida ou não, e nos recursos interpostos, cumulativamente. § 2º Os honorários serão fixados entre o mínimo de dez e o máximo de vinte por cento sobre o valor da condenação, do proveito econômico obtido ou, não sendo possível mensurá-lo, sobre o valor atualizado da causa, atendidos: I – o grau de zelo do profissional; II – o lugar de prestação do serviço; III – a natureza e a importância da causa; IV – o trabalho realizado pelo advogado e o tempo exigido para o seu serviço. § 3º Nas causas em que a Fazenda Pública for parte, a fixação dos honorários observará os critérios estabelecidos nos incisos I a IV do § 2º e os seguintes percentuais: I – mínimo de dez e máximo de vinte por cento sobre o valor da condenação ou do proveito econômico obtido até 200 (duzentos) salários mínimos; II – mínimo de oito e máximo de dez por cento sobre o valor da condenação ou do proveito econômico obtido acima de 200 (duzentos) salários mínimos até 2.000 (dois mil) salários mínimos; III – mínimo de cinco e máximo de oito por cento sobre o valor da condenação ou do proveito econômico obtido acima de 2.000 (dois mil) salários mínimos até 20.000 (vinte mil) salários mínimos; IV – mínimo de três e máximo de cinco por cento sobre o valor da condenação ou do proveito econômico obtido acima de 20.000 (vinte mil) salários mínimos até 100.000 (cem mil) salários mínimos; V – mínimo de um e máximo de três por cento sobre o valor da condenação ou do proveito econômico obtido acima de

Se nada estiver estipulado, quanto aos honorários do árbitro, ao final, não restará alternativa a ele senão requerer judicialmente que seja arbitrado o valor devido pelo seu trabalho, que não se presume gratuito.

100.000 (cem mil) salários mínimos. § 4º Em qualquer das hipóteses do § 3º: I – os percentuais previstos nos incisos I a V devem ser aplicados desde logo, quando for líquida a sentença; II – não sendo líquida a sentença, a definição do percentual, nos termos previstos nos incisos I a V, somente ocorrerá quando liquidado o julgado; III – não havendo condenação principal ou não sendo possível mensurar o proveito econômico obtido, a condenação em honorários dar-se-á sobre o valor atualizado da causa; IV – será considerado o salário mínimo vigente quando prolatada sentença líquida ou o que estiver em vigor na data da decisão de liquidação. § 5º Quando, conforme o caso, a condenação contra a Fazenda Pública ou o benefício econômico obtido pelo vencedor ou o valor da causa for superior ao valor previsto no inciso I do § 3º, a fixação do percentual de honorários deve observar a faixa inicial e, naquilo que a exceder, a faixa subsequente, e assim sucessivamente. § 6º Os limites e critérios previstos nos §§ 2º e 3º aplicam-se independentemente de qual seja o conteúdo da decisão, inclusive aos casos de improcedência ou de sentença sem resolução de mérito. § 6º-A. Quando o valor da condenação ou do proveito econômico obtido ou o valor atualizado da causa for líquido ou liquidável, para fins de fixação dos honorários advocatícios, nos termos dos §§ 2º e 3º, é proibida a apreciação equitativa, salvo nas hipóteses expressamente previstas no § 8º deste artigo. § 7º Não serão devidos honorários no cumprimento de sentença contra a Fazenda Pública que enseje expedição de precatório, desde que não tenha sido impugnada. 8º Nas causas em que for inestimável ou irrisório o proveito econômico ou, ainda, quando o valor da causa for muito baixo, o juiz fixará o valor dos honorários por apreciação equitativa, observando o disposto nos incisos do § 2º. § 8º-A. Na hipótese do § 8º deste artigo, para fins de fixação equitativa de honorários sucumbenciais, o juiz deverá observar os valores recomendados pelo Conselho Seccional da Ordem dos Advogados do Brasil a título de honorários advocatícios ou o limite mínimo de 10% (dez por cento) estabelecido no § 2º deste artigo, aplicando-se o que for maior. § 9º Na ação de indenização por ato ilícito contra pessoa, o percentual de honorários incidirá sobre a soma das prestações vencidas acrescida de 12 (doze) prestações vincendas. § 10. Nos casos de perda do objeto, os honorários serão devidos por quem deu causa ao processo. § 11. O tribunal, ao julgar recurso, majorará os honorários fixados anteriormente levando em conta o trabalho adicional realizado em grau recursal, observando, conforme o caso, o disposto nos §§ 2º a 6º, sendo vedado ao tribunal, no cômputo geral da fixação de honorários devidos ao advogado do vencedor, ultrapassar os respectivos limites estabelecidos nos §§ 2º e 3º para a fase de conhecimento. § 12. Os honorários referidos no § 11 são cumuláveis com multas e outras sanções processuais, inclusive as previstas no art. 77. § 13. As verbas de sucumbência arbitradas em embargos à execução rejeitados ou julgados improcedentes e em fase de cumprimento de sentença serão acrescidas no valor do débito principal, para todos os efeitos legais. § 14. Os honorários constituem direito do advogado e têm natureza alimentar, com os mesmos privilégios dos créditos oriundos da legislação do trabalho, sendo vedada a compensação em caso de sucumbência parcial. § 15. O advogado pode requerer que o pagamento dos honorários que lhe caibam seja efetuado em favor da sociedade de advogados que integra na qualidade de sócio, aplicando-se à hipótese o disposto no § 14. § 16. Quando os honorários forem fixados em quantia certa, os juros moratórios incidirão a partir da data do trânsito em julgado da decisão. § 17. Os honorários serão devidos quando o advogado atuar em causa própria. § 18. Caso a decisão transitada em julgado seja omissa quanto ao direito aos honorários ou ao seu valor, é cabível ação autônoma para sua definição e cobrança. § 19. Os advogados públicos perceberão honorários de sucumbência, nos termos da lei. § 20. O disposto nos §§ 2º, 3º, 4º, 5º, 6º, 6º-A, 8º, 8º-A, 9º e 10 deste artigo aplica-se aos honorários fixados por arbitramento judicial".

4. AUTONOMIA DA CLÁUSULA ARBITRAL – COMPETÊNCIA-COMPETÊNCIA

Nos termos do art. 8º da Lei 9.307/1996, "a cláusula compromissória é autônoma em relação ao contrato em que estiver inserta, de tal sorte que a nulidade deste não implica, necessariamente, a nulidade da cláusula compromissória".

Sendo assim, de acordo com o parágrafo único do mesmo dispositivo legal, "caberá ao árbitro decidir de ofício, ou por provocação das partes, as questões acerca da existência, validade e eficácia da convenção de arbitragem e do contrato que contenha a cláusula compromissória".

A cláusula arbitral ou compromissória não é acessória do contrato. Portanto, como é autônoma, a nulidade do contrato não implica em nulidade da cláusula arbitral.

O significado do dispositivo indica que qualquer alegação de nulidade do contrato ou da cláusula arbitral, diante de sua existência e seguindo o espírito da lei, deve ser dirimida pela arbitragem e não pelo Poder Judiciário.

A lei pretendeu, neste sentido, "fechar uma brecha" que permitiria às partes, sempre que alegassem a nulidade da cláusula arbitral ou do contrato, ignorar o pacto de arbitragem e acessar o Poder Judiciário para dirimir o conflito.

> Em resumo, ainda que o conflito verse sobre a competência do árbitro ou sobre a nulidade do próprio contrato ou da convenção de arbitragem, a controvérsia deverá ser decidida inicialmente[19] pela arbitragem e não pelo Poder Judiciário, mesmo que as partes tenham resilido bilateralmente o contrato e a controvérsia verse sobre o distrato.

Foi o que decidiu o STJ, consolidando a jurisprudência sobre o tema, citando, inclusive, edições anteriores deste livro, no AgInt no AREsp 1.276.872/RJ: "Processual civil e administrativo. Agravo interno no agravo em recurso especial. Ausência de prequestionamento. Revisão contratual. Cláusula de arbitragem. Princípio do *kompetenz-kompetenz*. (...) 2. A jurisprudência do STJ se firmou no sentido de que, segundo o princípio do *kompetenz-kompetenz*, previsto no art. 8º da Lei n. 9.307/1996, cabe ao juízo arbitral, com precedência sobre qualquer outro órgão julgador, deliberar a respeito de sua competência para examinar as questões que envolvam a existência, validade e eficácia da convenção de arbitragem e do contrato que tenha cláusula compromissória. 3. Agravo interno a que se nega provimento" (rel. Min. Og Fernandes, 2ª Turma, j. 1º.12.2020, *DJe* 30.06.2021).

Este foi o espírito da lei (*mens legis*).

---

[19] Dissemos "inicialmente" vez que ao final, será possível demanda judicial se houver a nulidade não reconhecida pelo árbitro. Remetemos o leitor para o item 3.3, do Capítulo 4 (Procedimento Arbitral), ressaltando que se aplica o § 2º, do art. 20, da Lei de Arbitragem, segundo o qual: "§ 2º Não sendo acolhida a arguição, terá normal prosseguimento a arbitragem, sem prejuízo de vir a ser examinada a decisão pelo órgão do Poder Judiciário competente, quando da eventual propositura da demanda de que trata o art. 33 desta Lei".

Posta assim a questão, se a cláusula arbitral inserida no contrato for, por exemplo, contrato de adesão e, demais disso, representar relação de consumo, em que pese a nulidade da cláusula que não respeita o art. 4º, § 2º, da Lei de Arbitragem que exige, nos contratos de adesão, que a cláusula esteja em negrito e, além disso, que o aderente aponha assinatura ou visto específico na própria cláusula arbitral, a nulidade deverá inicialmente ser alegada, nos termos dos arts. 8º e 20 da Lei de Arbitragem, ao próprio árbitro, competente para decidir sobre a matéria.

A competência-competência, como elemento basilar da eficácia da arbitragem como meio de solução de controvérsias, não é exclusividade do nosso direito.

Com efeito, a Lei-Modelo da Comissão das Nações Unidas para o Direito Comercial Internacional (CNUDCI) de 1985, no art. 16º, n. 1, preceitua que: "O tribunal arbitral pode decidir sobre a sua própria competência, incluída qualquer objeção relativa à existência ou à validade da convenção de arbitragem. Para esse efeito, uma cláusula compromissória que faça parte de um contrato é considerada como um acordo autônomo das demais cláusulas do contrato. A decisão do tribunal arbitral que considere nulo o contrato não implica automaticamente a nulidade da cláusula compromissória".[20]

Da mesma maneira, o Regulamento de 1998 da Câmara do Comércio Internacional (CCI) de Paris, no art. 6º, n. 2, determina que "... se uma das partes formular uma ou mais exceções quanto à existência, validade ou escopo da convenção de arbitragem, a Corte poderá decidir, sem prejuízo da admissibilidade da exceção ou das exceções, que a arbitragem poderá prosseguir se estiver convencida, 'prima facie', da possível existência de uma convenção de arbitragem conforme o Regulamento. Neste caso, qualquer decisão quanto à jurisdição do Tribunal Arbitral deverá ser tomada pelo próprio tribunal...".

A Convenção para a Resolução de Diferendos relativos a Investimentos entre Estados e Nacionais de Outros Estados (CIRDI) de 1965, no seu art. 41º, n. 1, é taxativa: "Só o tribunal conhecerá da sua própria competência".

O art. 1466º do Novo Código de Processo Civil (NCPC) francês, de forma cabal, adota o princípio nos seguintes termos: "Se uma das partes contestar ao árbitro, na existência ou na extensão, o poder jurisdicional do árbitro, compete a este último decidir sobre a validade ou sobre os limites da sua investidura".[21]

Dispositivo semelhante é previsto no art. 1040º do *Zivilprozessordnung* alemão (ZPO) de 1998: "O tribunal arbitral pode decidir sobre a sua própria competência, incluindo sobre qualquer exceção relativa à existência ou à validade da convenção de arbitragem. Para esse efeito, uma cláusula compromissória integrada num contrato é considerada como uma convenção distinta das outras cláusulas do contrato".[22]

---

[20] Lino Diamvutu. *O Princípio da competência-competência na arbitragem voluntária*. Conferência proferida na Faculdade de Direito da Universidade Agostinho Neto – Angola, em 12 de outubro de 2009.

[21] Art. 1466º NCPC: "Si, devant l'arbitre, l'une des parties conteste dans son principe ou son étendue le pouvoir juridictionnel de l'arbitre, il appartient à celuici de statuer sur la validité ou les limites de son investiture".

[22] Lino Diamvutu. Ob. cit.

No direito inglês, o *Arbitration Act* de 1996 reconhece, igualmente, no art. 30º, n. 1, o princípio da competência-competência, ao preceituar que:[23]

> "Salvo convenção contrária das partes, o tribunal arbitral pode decidir sobre a sua própria competência, para apreciar os seguintes aspectos: (a) se existe uma convenção de arbitragem válida; (b) se o tribunal foi regularmente instituído, e (c) sobre se as controvérsias submetidas à arbitragem estão de acordo com a convenção de arbitragem".

No direito italiano o mesmo princípio é encontrado nos arts. 817º, n. 1, e 817º-bis do "Codice Di Procedura Civile" de 2006, respectivamente: "Se la validità, il contenuto o l'ampiezza della convenzione d'arbitrato o regolare costituzione degli arbitri sono contestate nel corso dell'arbitrato, gli arbitri decidono sulla propria competenza" e "Gli arbitri sono competenti a conoscere dell'eccezione di compensazione, nei limiti del valore della domanda, anche se il controcredito non è compreso nell'ambito della convenzione di arbitrato".

No direito português encontramos o art. 21º, n. 1, da Lei 31/1986, de 29 de agosto (Lei de Arbitragem Voluntária – LAV), que estabelece, com efeito, o princípio da competência-competência nos seguintes termos: "O tribunal arbitral pode pronunciar-se sobre a sua própria competência, mesmo que para esse fim seja necessário apreciar a existência, a validade ou a eficácia da convenção de arbitragem ou do contrato em que ela se insira, ou a aplicabilidade da referida convenção".

Portanto, no Brasil, o art. 8º e seu parágrafo único, além do art. 20 da Lei 9.307/1996, apenas adota aquilo que é regra nas legislações que preveem a arbitragem como meio de solução de conflitos.

Ainda assim, convém esclarecer que, no direito alemão, "Kompetenz-Kompetenz", na sua acepção original, significava que os árbitros eram os únicos que poderiam decidir sobre a sua competência, sendo vedado o controle da jurisdição estatal. Essa ideia é atualmente rechaçada mesmo na Alemanha, assim como nas demais legislações europeias,[24] o que também se aplica entre nós.

Isso porque, de fato, a competência absoluta para decidir sobre qualquer questão acerca da validade da cláusula arbitral ou do contrato é do próprio árbitro.

---

[23] Art. 30º Arbitration Act (Competence of tribunal to rule on its jurisdiction)
"1. Unless otherwise agreed by the parties, the arbitral tribunal may rule on its own substantive jurisdiction, that is, as to
(a) whether there is a valid arbitration agreement,
(b) whether the tribunal is properly constituted, and
(c) what matters have been submitted to arbitration in accordance with the arbitration agreement.
2. Any such ruling may be challenged by any available arbitral process of appeal or review or in accordance with the provisions of this Part".

[24] Emmanuel Gaillard; John Savage. *Fouchard Gaillard Goldman On International Commercial Arbitration*, London: Kluwer Law International, 1999, nº 651, p. 396.

Nada obstante, o controle jurisdicional, no sistema da competência-competência adotado pela Lei 9.307/1996, se fará posteriormente em eventual ataque à sentença nos termos dos arts. 32, I e II, e 33 da Lei de Arbitragem, segundo os quais: "Art. 32. É nula a sentença arbitral se: I – for nula a convenção de arbitragem; II – emanou de quem não podia ser árbitro; (...) Art. 33. A parte interessada poderá pleitear ao órgão do Poder Judiciário competente a declaração de nulidade da sentença arbitral, nos casos previstos nesta Lei. § 1º A demanda para a decretação de nulidade da sentença arbitral seguirá o procedimento comum, previsto no Código de Processo Civil, e deverá ser proposta no prazo de até 90 (noventa) dias após o recebimento da notificação da sentença arbitral ou de seu aditamento. § 1º A demanda para a declaração de nulidade da sentença arbitral, parcial ou final, seguirá as regras do procedimento comum, (...), e deverá ser proposta no prazo de até 90 (noventa) dias após o recebimento da notificação da respectiva sentença, parcial ou final, ou da decisão do pedido de esclarecimentos".

O princípio da competência-competência funciona, assim, permitindo que os próprios árbitros decidam inicialmente sobre a invalidade da convenção de arbitragem ou da própria convenção de arbitragem, seja ela a cláusula arbitral ou o compromisso arbitral.

Não há contradição na exata medida em que esta competência decorre da Lei 9.307/1996, arts. 8º e 20, e não da convenção arbitral.

Portanto, manifesta-se o efeito negativo do princípio da competência-competência em razão do exclusivismo conferido por lei, aos árbitros, até a sentença, para apreciar a sua própria competência.

Pensar o contrário, ou seja, que o Poder Judiciário pudesse decidir a questão da validade da cláusula arbitral ou do compromisso antes de o árbitro ou o tribunal arbitral pronunciar-se sobre tais questões praticamente fulminaria o instituto da Arbitragem.

Precisa, nesse sentido, a fundamentação do Desembargador Paulista Roberto Mac Cracken: "Arbitragem. Ações cautelar e principal que buscam, respectivamente, a suspensão do procedimento arbitral e sua nulidade. Impossibilidade de manifestação pelo Poder Judiciário. Arbitragem que é exceção ao princípio do livre acesso à justiça ou da inafastabilidade da jurisdição. Questões relativas à existência, validade e eficácia da convenção de arbitragem e do contrato que possui a cláusula compromissória devem ser apreciadas pelo árbitro. Regra do 'kompetenz-kompetenz'. Princípio da autonomia do Juízo Arbitral. Art. 8º, 'caput' e parágrafo único, da Lei 9.307/1996. Agravante que não teve tolhido qualquer direito acerca da nomeação do árbitro, na medida em que houve notificação da Câmara Arbitral garantindo-lhe tal faculdade. Participantes da arbitragem que possuem meios hábeis a demonstrar, de forma fundamentada, sua discordância perante o juízo arbitral, consoante arts. 14, 15, 19 e 20 da Lei da Arbitragem, inclusive, se o caso, ulteriormente, por eventual afronta ao art. 21, § 2º, nos termos do artigo 32 do mesmo Diploma Legal. Restando à parte a possibilidade de discutir perante árbitro ou câmara arbitral, de forma ampla, assuntos, teses e argumentos passíveis de irregularidades, mostra-se prematuro o ajuizamento de demanda perante o Poder Judiciário. Arguição de extinção do processo sem resolução do mérito em contraminuta. Art. 267, inciso VII [atual art. 485, VII].

Processos, cautelar e principal, extintos sem resolução do mérito" (TJSP, Agravo de Instrumento 0037936-45.2012.8.26.0000, Rel. Roberto Mac Cracken, São Paulo, 2ª Câmara Reservada de Direito Empresarial, j. 19.06.2012, Registro: 05.07.2012. Outros números: 00379364520128260000).

No seu voto, fundamentou:

> "Pelo que se verifica do dispositivo legal acima transcrito [artigo 8º, parágrafo único, da Lei 9.307/1996] a Lei de Arbitragem consagra o princípio do 'Kompetenz-Kompetenz', ou seja, o próprio julgador, no caso o árbitro ou a câmara arbitral, que é o juiz de fato e de direito na arbitragem (artigo 20 da Lei 9.307/96), tem competência para verificar se, no caso concreto, possui competência, ou seja, para a hipótese da arbitragem, o árbitro decide a respeito e sobre limites de sua competência. (...)".
>
> "Portanto, por expressa disposição de lei (artigo 8º, parágrafo único, da Lei nº 9.307/96), a competência do árbitro ou da câmara arbitral, nos exatos limites da existência, validade e eficácia da convenção de arbitragem e do contrato que contenha a cláusula compromissória, somente devem ser apreciadas pelo próprio árbitro ou pela própria câmara arbitral ('Kompetenz-kompetenz'), de modo que não compete ao Poder Judiciário a apreciação de tais questões. (...)".
>
> "Ressalte-se, ainda, por ser de rigor, que o artigo 20, 'caput', da Lei de Arbitragem também concretiza a regra de que as irregularidades ocorridas nas fases da arbitragem somente podem ser dirimidas pelo árbitro. (...)".
>
> "Além do mais, tal espécie de 'cláusula de barreira' nada mais busca que promover o princípio da segurança jurídica, pois seria inadmissivelmente conflitante a existência de duas instâncias, com competências legalmente definidas, para apreciar uma mesma questão. (...)".

No Superior Tribunal de Justiça encontramos a seguinte decisão: "Processo civil. Medida cautelar com o fito de conceder efeito suspensivo a Recurso Especial. Possibilidade, desde que demonstrados o *periculum in mora* e o *fumus boni iuris*. Recurso Especial. Fundamento suficiente inatacado. Súmula 283/STF. Operadora de plano de saúde em liquidação extrajudicial. Procedimento arbitral. Participação. Possibilidade. Sentença arbitral. Natureza. Título executivo judicial. Art. 475-N, CPC [atual art. 515, VII]. Cláusula compromissória. Questões relativas à sua existência, validade e eficácia. Competência. Árbitro. Liquidação extrajudicial. Ações e execuções. Suspensão. Art. 18, 'a', Lei 6.024/74. Limites" (Medida Cautelar 14.295-SP (2008/0122928-4), Rel. Min. Nancy Andrighi, j. 09.06.2008).

Fundamentou a Ministra relatora que as "questões atinentes à existência, validade e eficácia da cláusula compromissória deverão ser apreciadas pelo árbitro, a teor do que dispõem os arts. 8º, parágrafo único, e 20, da Lei nº 9.307/96."

"Da competência para apreciação da eficácia da cláusula compromissória: Como bem destacado pelo Tribunal local e, repise-se, não atacado pela requerente em seu recurso especial, questões atinentes à existência, validade e eficácia da cláusula compromissória deverão ser apreciadas pelo árbitro, a teor do que dispõem os arts. 8º, parágrafo único, e 20, da Lei nº 9.307/96."

"A *kompetenz-kompetenz* (competência-competência) é um dos princípios basilares da arbitragem, que confere ao árbitro o poder de decidir sobre a sua própria competência, sendo condenável qualquer tentativa, das partes ou do juiz estatal, no sentido de alterar essa realidade. Em outras palavras, no embate com as autoridades judiciais, deterá o árbitro preferência na análise da questão, sendo dele o benefício da dúvida."

"Dessa forma, a resolução de questões litigiosas fica a cargo do árbitro e, para isso, não exige a lei que o ato jurídico seja válido ou imune a nulidades ou causas supervenientes de ineficácia, como se defende na espécie. Ao contrário, a questão litigiosa pode ser justamente a ineficácia do ato jurídico. Nessas circunstâncias, a jurisdição arbitral não se desloca, pois legalmente é o árbitro quem detém competência para dirimir essas matérias assim como para decidir sobre sua própria competência."

"Essa prioridade não apenas se perfila com os princípios que circundam o instituto da arbitragem e com a sistemática introduzida pela Lei nº 9.307/96, que se censura atos de protelação ou afastamento do rito arbitral, como também assegura a proposta de tornar o procedimento, uma vez eleito pelas partes, uma alternativa segura e incontornável de resolução de conflitos, limitando a atuação do Poder Judiciário à execução da sentença arbitral."

Em igual sentido, esclarecendo a questão da possibilidade superveniente de controle jurisdicional sobre a alegada invalidade da convenção de arbitragem, por meio do enfrentamento da questão no âmbito da ação anulatória da sentença arbitral, o que permite afirmar que não há afastamento do mandamento insculpido no art. 5º, XXXV, da Constituição Federal (princípio da inafastabilidade da tutela jurisdicional), sustenta o Ministro Sidnei Benetti:

> "Superior Tribunal de Justiça. Direito Processual Civil. (...) Arbitragem. Pretensão de invalidação do compromisso arbitral. Inadmissibilidade de judicialização prematura do tema. (...) Nos termos do artigo 8º, parágrafo único, da Lei de Arbitragem, a alegação de nulidade da cláusula arbitral, bem como, do contrato que a contém, deve ser submetida, em primeiro lugar, à decisão arbitral, sendo inviável a pretensão da parte de ver declarada a nulidade da convenção de arbitragem antes de sua instituição, vindo ao Poder Judicial sustentar defeitos de cláusula livremente pactuada pela qual, se comprometeu a aceitar a via arbitral, de modo que inadmissível a prematura judicialização estatal da questão. Recursos especiais improvidos" (REsp 1.355.831/SP, Rel. Min. Sidnei Beneti, 3ª Turma, j. 19.03.2013, *DJe* 22.04.2013).

De fato, além do art. 8º e seu parágrafo único da Lei de Arbitragem que abraçaram o princípio da competência-competência no direito brasileiro, o art. 20 da mesma lei estabelece que as questões referentes a competência, invalidade ou ineficácia da convenção de arbitragem devem ser, inicialmente, deduzidas perante o árbitro ou perante o tribunal arbitral: "Art. 20. A parte que pretender arguir questões relativas à competência, suspeição ou impedimento do árbitro ou dos árbitros, bem como nulidade, invalidade ou ineficácia da convenção de arbitragem, deverá fazê-lo na primeira oportunidade que tiver de se manifestar, após a instituição da arbitragem".

Outra decisão no mesmo sentido, lembrando que o Poder Judiciário pode atuar nos limites impostos pela lei, ou seja, para apreciação de conflito decorrente da cláusula arbitral vazia nos termos dos arts. 6º e 7º da Lei de Arbitragem, assunto já abordado:

"Superior Tribunal de Justiça. Processo Civil. Convenção arbitral. (...). Análise da validade de cláusula compromissória 'cheia'. Competência exclusiva do juízo convencional na fase inicial do procedimento arbitral. Possibilidade de exame pelo Judiciário somente após a sentença arbitral. (...) A cláusula compromissória 'cheia', ou seja, aquela que contém, como elemento mínimo, a eleição do órgão convencional de solução de conflitos, tem o condão de afastar a competência estatal para apreciar a questão relativa à validade da cláusula arbitral na fase inicial do procedimento (parágrafo único do art. 8º, c/c o art. 20 da LArb). De fato, é certa a coexistência das competências dos juízos arbitral e togado relativamente às questões inerentes à existência, validade, extensão e eficácia da convenção de arbitragem. Em verdade – excluindo-se a hipótese de cláusula compromissória patológica ('em branco') –, o que se nota é uma alternância de competência entre os referidos órgãos, porquanto a ostentam em momentos procedimentais distintos, ou seja, a possibilidade de atuação do Poder Judiciário é possível tão somente após a prolação da sentença arbitral, nos termos dos arts. 32, I, e 33 da Lei de Arbitragem. No caso dos autos, desponta inconteste a eleição da Câmara de Arbitragem Empresarial Brasil (CAMARB) como tribunal arbitral para dirimir as questões oriundas do acordo celebrado, o que aponta forçosamente para a competência exclusiva desse órgão relativamente à análise da validade da cláusula arbitral, impondo-se ao Poder Judiciário a extinção do processo sem resolução de mérito, consoante implementado de forma escorreita pelo magistrado de piso. Precedentes da Terceira Turma do STJ. 5. Recurso especial provido" (REsp 1.278.852/MG, Rel. Min. Luis Felipe Salomão, 4ª Turma, j. 21.05.2013, *DJe* 19.06.2013).

Em suma, o Ministro Luis Felipe Salomão lembrou que há concorrência jurisdicional, mas a lei prevê momento e forma para que o Poder Judiciário analise a questão, ou seja, após a prolação da sentença.

No caso, se tratava de "cláusula compromissória completa, ou seja, aquela que contém, como elemento mínimo indispensável, a eleição do órgão convencional de solução de conflitos, o que, por si só, rende ensejo à incidência direta e automática do parágrafo único do art. 8º, combinado com o art. 20 da LArb: Art. 8º A cláusula compromissória é autônoma em relação ao contrato em que estiver inserta, de tal sorte que a nulidade deste não implica, necessariamente, a nulidade da cláusula compromissória. Parágrafo único. Caberá ao árbitro decidir de ofício, ou por provocação das partes, as questões acerca da existência, validade e eficácia da convenção de arbitragem e do contrato que contenha a cláusula compromissória. Art. 20. A parte que pretender arguir questões relativas à competência, suspeição ou impedimento do árbitro ou dos árbitros, bem como nulidade, invalidade ou ineficácia da convenção de arbitragem, deverá fazê-lo na primeira oportunidade que tiver de se manifestar, após a instituição da arbitragem."

"Em verdade, o que se nota é uma alternância de competência entre os referidos órgãos quanto à matéria, porquanto a ostentam em momentos procedimentais distintos."

"Excluindo-se a hipótese de cláusula compromissória patológica ('em branco'), a possibilidade de atuação de órgão do Poder Judiciário é vislumbrada pela Lei de Arbitragem, mas tão somente após a prolação da sentença arbitral, nos termos dos arts. 32, I e 33."

De fato, lembrou o Ministro que, no caso de cláusulas arbitrais vazias, a jurisdição estatal atua antes da própria arbitragem, mas nos limites dos arts. 6º e 7º da Lei de Arbitragem, para que a cláusula vazia seja consertada pela sentença judicial (REsp 1.082.498/MT).

Fora essa possibilidade, não se admite a intervenção judicial sob pena de mitigação do próprio instituto da arbitragem, aceito por decisões remansosas dos tribunais pátrios.

Pensam assim Carlos Alberto Carmona[25] e Humberto Theodoro Júnior.[26]

Em igual sentido o Ministro Sidnei Beneti sustentou em acórdão precedente (REsp 1.302.900/MG, Rel. Min. Sidnei Beneti, 3ª Turma, j. 09.10.2012, *DJe* 16.10.2012), inclusive citando a 4ª edição desta obra:

> "Mais do que uma simples coincidência, essa orientação reflete, de forma cristalina, a opção do legislador em estabelecer, a partir da Lei 9.307/96, um arcabouço normativo que permita à Arbitragem afirmar-se e desenvolver-se como modelo viável e eficaz de resolução de conflitos, tanto quanto possível autônomo em relação ao Poder Judiciário."
>
> "Não por outro motivo se alçou a sentença arbitral, independentemente de trânsito em julgado ou de homologação judicial, à condição título executivo judicial (artigo 475-N, IV, do Código de Processo Civil [atual art. 515, VII] c/c 18 da Lei 9.307/96). Não por outro motivo, também, o Poder Judiciário está impedido de revisar o mérito da sentença arbitral."
>
> "É bem verdade que a Lei pôs à disposição da parte a ação anulatória de sentença arbitral (artigo 33, § 1º da Lei 9.307/96), facultando-lhe, igualmente, arguir judicialmente referida nulidade em sede de embargos do devedor [atualmente impugnação], por ocasião da execução da referida sentença (artigo 33, § 3º, da Lei 9.307/96)."
>
> "Essa possibilidade, contudo, não subverte a orientação antes assinalada, segundo a qual os vícios verificados em momento anterior ao da prolação da sentença devem ser arguidos primeiramente perante o árbitro."

Repita-se que a razão do princípio competência-competência é manter a higidez da arbitragem como meio de solução de conflitos.

Em suma, sem a sua aplicação, de resto presente nas legislações estrangeiras que contam com previsão da arbitragem como meio de solução de conflitos, qualquer alegação de invalidade da convenção de arbitragem ou do contrato do qual ela decorre poderia permitir o acesso direto ao Poder Judiciário e essa, definitivamente, não foi a intenção da lei.

---

[25] Carlos Alberto Carmona. *Arbitragem e processo*, São Paulo: Atlas, 2009, p. 18.
[26] Humberto Theodoro Júnior. *Curso de direito processual civil*, Rio de Janeiro: Forense, 2005, v. 3, pp. 175-176 e 346.

Ainda assim, a Terceira Turma do Superior Tribunal de Justiça (STJ), abrandando, inclusive, o princípio da competência-competência, entendeu ser possível declarar a nulidade de cláusula de contrato de franquia nos casos em que é flagrante a afronta ao requisito formal do contrato de adesão (art. 4º da LA), até porque, neste caso, a cláusula é nula por faltar o requisito de validade do art. 104 do Código Civil (forma prescrita: negrito e visto ou assinatura específica do aderente na cláusula).

Asseverou a ministra Nancy Andrighi, cujas razões, em que pese serem percucientes, não me convenceram: "não há [no contrato de franquia] uma relação de consumo tutelada pelo Código de Defesa do Consumidor (CDC), mas de fomento econômico, com o intuito de estimular as atividades empresariais do franqueado", esclarecendo que "o contrato de franquia é, inegavelmente, um contrato de adesão", e, neste caso, "mesmo aqueles que não consubstanciam relações de consumo, como os contratos de franquia, devem observar o disposto no artigo 4º, parágrafo 2º, da Lei 9.307/96". Quanto ao princípio da competência-competência, admitiu que "toda regra comporta exceções para melhor se adequar a situações cujos contornos escapam às situações típicas abarcadas pelo núcleo duro da generalidade e que, pode-se dizer, estão em áreas cinzentas da aplicação do direito", ressalvando que embora se deva prestigiar princípio da kompetenz-kompetenz, "inclusive para o indispensável fortalecimento da arbitragem no País", há exceções no caso das cláusulas arbitrais vazias, em branco ou patológicas e nos casos de flagrante nulidade "cuja apreciação e declaração de nulidade podem ser feitas pelo Poder Judiciário mesmo antes do procedimento arbitral" (STJ, REsp 1.602.076/SP, 3ª Turma, j. 15.09.2016, *DJe* 30.09.2016).

Ainda assim, insisto na tese segundo a qual abrandar o princípio da competência-competência, mesmo sob o pretexto de celeridade ou de flagrante nulidade, significa mitigar a obrigatoriedade da arbitragem e do próprio instituto no sistema, incentivando a judicialização que, definitivamente, não foi a intenção da Lei de Arbitragem no parágrafo único do art. 8º, clara ao afirmar que "caberá ao árbitro decidir de ofício, ou por provocação das partes, as questões acerca da existência, validade e eficácia da convenção de arbitragem e do contrato que contenha a cláusula compromissória".

Nessa exata medida, o STJ, mesmo se tratando, em tese, de nulidade da convenção de arbitragem por impor a arbitragem ao consumidor, violando a proibição decorrente do art. 51, VII, da Lei 8.078/1990 (CDC), prestigiou o princípio, negando a possibilidade de pular a etapa de análise da nulidade pelo próprio árbitro, o que fez ementando da seguinte maneira:

> "Recurso Especial. Direito Civil e Processual Civil. Arbitragem. Cláusula compromissória. Competência do juízo arbitral. Princípio *kompetenz-kompetenz*. Precedentes. Dissídio notório. 1. Contrato celebrado entre as partes com cláusula compromissória expressa, estabelecendo a arbitragem como instrumento para solução das controvérsias resultantes de qualquer disputa ou reivindicação dele decorrente, e impossibilitando que as partes recorram ao Poder Judiciário para solucionar contenda relativa ao seu cumprimento. 2. O princípio *Kompetenz-Kompetenz*, positivado no art. 8º, parágrafo único, da Lei 9.307/1996, determina que a controvérsia acerca da existência, validade e eficácia da cláusula compromissória deve ser resolvida, com primazia, pelo juízo arbitral, não sendo possível antecipar essa discussão perante a jurisdição estatal. 3. Incumbe, assim, ao juízo arbitral a decisão acerca de todas

questões nascidas do contrato, inclusive a própria existência, validade e eficácia da cláusula compromissória. 4. A hipossuficiência reconhecida na origem não é causa suficiente para caracterização das hipóteses de exceção à cláusula *Kompetenz--Kompetenz*. 5. Dissídio notório do acórdão recorrido com a linha jurisprudencial do STJ acerca da questão. 6. Recurso Especial Provido" (REsp 1598220/RN, Rel. Ministro Paulo de Tarso Sanseverino, 3ª Turma, j. 25.06.2019, *DJe* 01.07.2019).

Invocando o art. 8º da Lei de Arbitragem, asseverou o relator na sua fundamentação, com a qual concordo, que "o recurso especial merece ser provido, em face da impossibilidade de afastamento pelo juízo estatal dos efeitos da cláusula compromissória de arbitragem em respeito ao princípio *Kompetenz-Kompetenz*. Relembro que o princípio *kompetenz-kompetenz* significa que a discussão acerca da existência, validade e eficácia da cláusula compromissória deve ser resolvida, com primazia, pelo juízo arbitral, não sendo possível antecipar essa discussão perante a jurisdição estatal (...). Naturalmente, o procedimento arbitral poderá ser objeto de controle posterior pela jurisdição estatal, consoante previsto pela Lei de Arbitragem como a ação anulatória de decisão arbitral (arts. 32 e 33). As questões anteriores, porém, especialmente a existência, a validade e a eficácia da própria cláusula de compromisso arbitral, devem ser solvidas pelo juízo arbitral (...). A hipossuficiência da recorrida, em face da recorrente, reconhecida na origem, somada ao contrato padrão a que ela aderiu, não são suficientes para afastar os efeitos de cláusula de arbitragem existente, válida e eficaz (...) Portanto, divergindo o acórdão recorrido da orientação jurisprudencial sedimentada nesta Corte Superior e não se enquadrando o caso dos autos às hipóteses de exceção ao princípio *Kompetenz-Kompetenz* mesmo na situação de hipossuficiência reconhecida na origem, merece provimento o recurso especial".

Quadro sinótico

1. Obrigatoriedade da arbitragem

A arbitragem não é obrigatória se tomarmos como base que ninguém pode ser obrigado a se submeter a esta forma de solução de conflitos que, por definição, é alternativa (lei nesse sentido seria inconstitucional). Todavia, manifestada a vontade pelas partes (que não são obrigadas a manifestá-la), em razão do princípio da autonomia da vontade, surge uma obrigação, de tal sorte que, a partir dela, a arbitragem é obrigatória (*pacta sunt servanda*). Caso uma das partes leve o conflito ao Poder Judiciário depois de pactuar a arbitragem, mediante obrigatória alegação na contestação sob pena de preclusão, posto que não se trata de matéria cognoscível de ofício pelo juiz (CPC, art. 337, X e §§ 5º e 6º), o processo deve ser extinto sem resolução do mérito (arts. 485, VII, e 337, X, do CPC), ainda que a questão envolva a validade da convenção de arbitragem ou do contrato que eventualmente a contenha.

Por outro lado, é possível a convivência de título executivo e cláusula arbitral no mesmo contrato, bastando, para tanto, que a matéria a ser submetida à arbitragem não interfira na executividade. Se isso ocorrer, a arbitragem pode se desenvolver concomitantemente com a execução judicial, mesmo porque os atos de execução forçada são sempre judiciais.

Igualmente, a *cláusula arbitral e o compromisso arbitral não são incompatíveis com a cláusula de eleição de foro*. Existem hipóteses de necessidade do Judiciário no âmbito da arbitragem, como a execução da sentença arbitral e a própria execução específica da cláusula arbitral (art. 7º da Lei de Arbitragem).

2. Espécies de convenção de arbitragem (arts. 4º e 9º da LA)

Cláusula arbitral (ou compromissória): escrita no próprio contrato, em documento anexo ou em aditivo contratual, se caracteriza pelo pacto de levar futuras e eventuais controvérsias decorrentes de direitos patrimoniais disponíveis à solução arbitral. Portanto, sua principal característica é nascer antes da controvérsia entre as partes.

Compromisso arbitral: é o pacto entre as partes que, diante de um conflito já existente, se obrigam a submetê-lo à arbitragem. Portanto, sua principal característica é nascer quando já existe um conflito a ser dirimido, permitindo, assim, que a arbitragem, inclusive, resolva conflitos não contratuais, desde que decorrentes de direitos patrimoniais disponíveis. O compromisso pode ser:

    a) *Judicial:* as partes encerram o procedimento judicial e submetem o conflito à arbitragem; e

    b) *Extrajudicial:* firmado depois do conflito, mas antes da propositura de ação judicial.

3. Espécies de cláusula arbitral (arts. 4º e 5º da LA)

Cheia: é aquela cláusula que prevê a forma de instituição da arbitragem, seja referindo-se às regras de uma entidade especializada (arbitragem institucional ou administrada), seja ela mesma prevendo a forma de instituição e desenvolvimento da arbitragem (arbitragem *ad hoc* ou avulsa), com as regras do compromisso (art. 10 da LA), dispensando a assinatura de posterior compromisso.

Vazia (patológica ou "em branco"): é aquela que, embora preveja a arbitragem, não prevê a forma de sua instituição, notadamente porque falta a indicação do árbitro ou das demais condições obrigatórias do art. 10 da LA. Em razão dela, se as partes não chegarem a um acordo quanto à instituição da arbitragem, firmando compromisso arbitral (que no caso é imprescindível), caberá execução específica da cláusula arbitral, pelo procedimento dos arts. 6º e 7º da LA, que seguirá a via judicial.

4. Condições formais do compromisso arbitral (arts. 10 e 11 da LA)

Condições formais obrigatórias da cláusula arbitral cheia e do compromisso arbitral (art. 10 da LA):

    a) O nome, profissão, estado civil e domicílio das partes;

    b) O nome, profissão e domicílio do árbitro, ou dos árbitros, ou, se for o caso, a identificação da entidade à qual as partes delegaram a indicação de árbitros;

    c) A matéria que será objeto da arbitragem; e

    d) O lugar em que será proferida a sentença arbitral, importante para definir se haverá ou não necessidade de homologação de sentença arbitral estrangeira (art. 35 da LA);

    e) Forma escrita (art. 9º da LA):

        e.1) Termo nos autos no *compromisso arbitral judicial;*

        e.2) Por documento particular, com duas testemunhas, *no compromisso arbitral extrajudicial;* e,

        e.3) Por documento público(dispensadas as testemunhas), ainda *no compromisso arbitral extrajudicial.*

Condições formais facultativas que, se não estiverem presentes, poderão ser supridas por decisão do árbitro (art. 21, § 1.º, da LA), com exceção, da lei aplicável (que será a nacional na ausência de estipulação), do prazo (que será de 6 meses na omissão das partes) e de remuneração do próprio árbitro, que dependerá de arbitramento judicial na ausência de acordo entre as partes (art. 11, parágrafo único da LA):

    a) Local, ou locais, onde se desenvolverá a arbitragem;

4. Condições formais do compromisso arbitral (arts. 10 e 11 da LA)

b) A autorização para que o árbitro ou os árbitros julguem por equidade, se assim for convencionado pelas partes;

c) O prazo para apresentação da sentença arbitral (ausente, será de seis meses, art. 23 da LA) sob pena de nulidade e extinção do compromisso (arts. 11, III, 12, III, 32, VII, e 33 da LA);

d) A indicação da lei nacional ou das regras corporativas aplicáveis à arbitragem, quando assim convencionarem as partes;

e) A declaração da responsabilidade pelo pagamento dos honorários e das despesas com a arbitragem; e

f) A fixação dos honorários do árbitro, ou dos árbitros.

5. Execução específica da cláusula arbitral (arts. 6.º e 7.º da LA)

Origem: cláusula arbitral vazia e desacordo entre as partes sobre a forma de instituição e desenvolvimento da arbitragem. As partes firmaram cláusula arbitral vazia que as obriga à solução arbitral do conflito. Todavia, não chegam a um acordo para firmar o compromisso arbitral com os requisitos mínimos do art. 10 da LA, razão pela qual dependerão de decisão judicial que estabeleça as condições do compromisso.

Procedimento judicial para decidir sobre as condições mínimas do art. 10 da LA: O interessado em instituir a arbitragem providencia notificação da outra parte para em dia, hora e local determinados firmar o compromisso; havendo recusa ou não comparecimento, o interessado elabora petição juntando cópia da notificação, do contrato com a cláusula arbitral (vazia) e indicação da matéria objeto da arbitragem; o juiz determina a citação para comparecimento da parte contrária à audiência de conciliação; na audiência tenta-se acordo quanto ao mérito e, se impossível, quanto ao compromisso arbitral objeto do pedido; não havendo acordo quanto ao mérito e sequer quanto à forma de instituir a arbitragem, o juiz recebe a defesa na própria audiência; eventualmente, se houver outras provas a produzir, será designada audiência de instrução, seguindo-se a sentença, cuja apelação não terá efeito suspensivo (art. 1.012, § 1º, IV, do CPC).

6. Autonomia da cláusula arbitral (competência-competência)

Nos termos do art. 8º da Lei de Arbitragem, qualquer alegação de nulidade da cláusula arbitral representará a necessidade de o árbitro se manifestar, ainda que a disputa verse sobre a existência, validade ou eficácia da cláusula arbitral ou do compromisso arbitral. Com isso, fecha-se eventual alegação de natureza acessória da cláusula arbitral e, com alegação de nulidade prévia da convenção arbitral ou do contrato, pretensão de o litígio ser decidido pelo Poder Judiciário.

Qualquer questão envolvendo a invalidade, ineficácia ou nulidade da convenção de arbitragem, pelo princípio da competência-competência insculpido nos arts. 8º e 20 da Lei de arbitragem, deve ser levada inicialmente para decisão arbitral. Somente se o árbitro não reconhecer a pretensa invalidade, o Poder Judiciário poderá fazer o controle por meio da ação anulatória prevista nos arts. 32, I e II (fundamentos), e 33, § 1º, da Lei de Arbitragem. A intervenção prévia do Poder Judiciário só é permitida nos limites dos arts. 6º e 7º da Lei de arbitragem no caso de cláusula arbitral vazia (ou "em branco") permitindo que a própria arbitragem tenha seu início.

Capítulo 3
ÁRBITROS

1. QUEM PODE SER ÁRBITRO

Os árbitros deverão ser pessoas capazes e que gozem da confiança das partes (art. 13, *caput*, da Lei 9.307/1996): "Pode ser árbitro qualquer pessoa capaz e que tenha a confiança das partes".

Não podemos esquecer que, nos termos do art. 18 da Lei de Arbitragem, o árbitro é juiz de fato e de direito, prolata sentença que não está sujeita a recurso ou a homologação pelo Poder Judiciário, constituindo título executivo judicial.

A capacidade é instituto de direito civil, de tal sorte que nele vamos buscar subsídios para identificar quem pode ser árbitro.

Com efeito, a capacidade é termo genérico.

De fato, toda pessoa é dotada de personalidade jurídica, ou seja, de capacidade de ser titular de direitos e obrigações (capacidade de direito ou capacidade de gozo dos direitos).

Este é o mandamento insculpido no art. 1º do CC: "Toda pessoa é capaz de direitos e deveres na ordem civil".

Todavia, não é da capacidade de gozo dos direitos (ou capacidade de direito) que o art. 13 da Lei de Arbitragem trata, mas, de outro lado, da capacidade de exercício pessoal dos direitos (ou capacidade de fato), que já contém a capacidade de gozo dos direitos.

Posta assim a questão, tratando-se de pessoa natural, o árbitro deve ser absolutamente capaz, ou seja, deve ter capacidade de exercício pessoal dos direitos, o que significa dizer que não pode estar incluído em nenhuma das causas de incapacidade relativa ou absoluta, determinadas, respectivamente, nos arts. 3º e 4º do CC, sendo que a cessação das incapacidades se dá pela cessação das causas que a determinam e, para os menores, está disciplinada pelo art. 5º do CC.[1]

---

[1] "Art. 3º São absolutamente incapazes de exercer pessoalmente os atos da vida civil: I – os menores de 16 (dezesseis) anos; II – os que, por enfermidade ou deficiência mental, não tiverem o necessário discernimento para a prática desses atos; III – os que, mesmo por causa transitória, não puderem exprimir sua vontade. Art. 4º São incapazes, relativamente a certos atos, ou à maneira de os exercer: I – os maiores de 16 (dezesseis) e menores de 18 (dezoito) anos; II – os ébrios habituais, os viciados em tóxicos, e os que, por deficiência mental, tenham o discernimento reduzido; III – os excepcionais, sem desenvolvimento mental completo; IV – os pródigos. Parágrafo único. A capacidade dos índios será regulada por legislação especial. Art.

Resta, agora, saber se a pessoa jurídica pode ser nomeada como árbitra.

A doutrina não admite e costuma sustentar que o árbitro deve, obrigatoriamente, ser pessoa natural.[2]

Não é o que pensamos e daremos, agora, os motivos da nossa ilação.

O art. 13 da Lei de Arbitragem, ao tratar do árbitro, apenas e tão somente exige que seja "pessoa capaz e que tenha a confiança das partes".

Ora, é cediço que as pessoas podem ser naturais ou jurídicas.

Logo, é evidente que pessoa jurídica também é pessoa, dotada, igualmente, de personalidade jurídica que, aliás, é distinta daquela atribuída aos seus membros.

Nos termos do art. 45, *caput*, do CC, começa a existência legal das pessoas jurídicas de direito privado com o registro dos seus atos constitutivos (estatutos ou contratos sociais) no registro que lhes é peculiar.

A partir de então, passam a ter personalidade jurídica e, portanto, a capacidade de serem titulares de direitos e obrigações.

Nessa medida a pessoa jurídica produzirá a sentença arbitral devidamente representada, posto que "obrigam a pessoa jurídica os atos dos administradores, exercidos nos limites de seus poderes definidos no ato constitutivo" (art. 47 do CC).

Assim, não encontramos qualquer óbice para que a pessoa jurídica seja árbitra desde que devidamente representada e de acordo com os seus atos constitutivos.

Pode ser da confiança das partes uma pessoa jurídica especializada em determinada matéria.

Portanto, será a pessoa jurídica, em razão de sua especialidade, a eleita pelas partes para produzir um laudo arbitral.

É o caso, por exemplo, de institutos especializados em engenharia, que podem muito bem, respeitada sua organização e representação, produzir a sentença arbitral.

Logo, a sentença será firmada pela pessoa jurídica devidamente representada pela pessoa natural designada nos seus atos constitutivos.

Não nos convence, portanto, a afirmação segundo a qual, em razão de a atividade jurisdicional ser personalíssima, o julgamento somente poderia ser feito por pessoa natural.

Não se pode olvidar que a qualidade de personalíssima da atividade arbitral, como se costuma sustentar para impedir o desempenho da função por pessoa jurídica, decorre do superlativo de "pessoal", que encontra sua origem no latim *personale*, ou

---

5º A menoridade cessa aos 18 (dezoito) anos completos, quando a pessoa fica habilitada à prática de todos os atos da vida civil. Parágrafo único. Cessará, para os menores, a incapacidade: I – pela concessão dos pais, ou de um deles na falta do outro, mediante instrumento público, independentemente de homologação judicial, ou por sentença do juiz, ouvido o tutor, se o menor tiver 16 (dezesseis) anos completos; II – pelo casamento; III – pelo exercício de emprego público efetivo; IV – pela colação de grau em curso de ensino superior; V – pelo estabelecimento civil ou comercial, ou pela existência de relação de emprego, desde que, em função deles, o menor com 16 (dezesseis) anos completos tenha economia própria."

2 Como faz Carlos Alberto Carmona ao sustentar como principal razão o fato de o árbitro exercer "verdadeira função jurisdicional, personalíssima, portanto: o julgamento é uma atividade que só pode ser exercida por pessoa física" (op. cit., p. 320).

seja, relativo ou pertencente à pessoa ou relativo a uma só pessoa e, até, o significado de individual ou particular, que são características que não se divorciam da existência ou da personalidade jurídica da pessoa jurídica.

Ora, se esta pode ser titular, inclusive, de direitos da personalidade (art. 52 do CC), inalienáveis, imprescritíveis e irrenunciáveis, pode, evidentemente, desempenhar atividades reputadas como personalíssimas.

Por fim, a confiança das partes deve estar presente.

Evidentemente que a confiança estará presente no momento em que as partes, na cláusula arbitral (ou compromissória) ou no compromisso arbitral, nomearem os árbitros.

Presume-se de forma absoluta que, se nomearam o árbitro expressando livremente suas vontades, nele confiam.

Assim, não há falar-se em nulidade do procedimento arbitral por simples inconformismo com a sentença arbitral proferida.

Isto porque, no procedimento arbitral o árbitro deve agir com independência e imparcialidade e, neste contexto, sua sentença certamente não agradará a um dos contendores, fato que não guarda relação com a ausência de confiança, vez que a confiança foi demonstrada quando as partes concordaram com o árbitro ou com o critério de sua escolha.

Não se exige, outrossim, que o árbitro seja advogado ou até mesmo formado em ciências jurídicas.

É muito frequente que o árbitro seja um especialista na matéria controvertida e isto até se recomenda.

É comum que o árbitro seja um engenheiro, médico, agrimensor etc.

Todavia, ainda que seja assim, na prática se recomenda que pelo menos um dos árbitros seja advogado ou formado em ciências jurídicas.

A razão da recomendação, de resto evidente, se dá em função de possíveis nulidades no desenvolvimento do procedimento arbitral, que demanda conhecimento dos aspectos formais da Lei 9.307/1996.

O juiz togado não pode ser árbitro por vedação expressa da Lei (Lei Complementar 35/1979 – Lei Orgânica da Magistratura Nacional – LOMAN, art. 26, II, a).[3]

Aliás, o comando da LOMAN foi repetido pela Constituição Federal de 1988 que, no art. 95, parágrafo único, I, é taxativa ao determinar que aos juízes é vedado "exercer, ainda que em disponibilidade, outro cargo ou função, salvo uma de magistério".[4]

---

[3] "Art. 26. O magistrado vitalício somente perderá o cargo (vetado): (...) II – em procedimento administrativo para a perda do cargo nas hipóteses seguintes: a) exercício, ainda que em disponibilidade, de qualquer outra função, salvo um cargo de magistério superior, público ou particular".

[4] Na Consulta 0009762-74.2017.2.00.0000, de relatoria do conselheiro Aloysio Corrêa da Veiga, o CNJ decidiu, inclusive, que é proibido aos magistrados participar de câmaras privadas de conciliação e mediação:
CNJ – Consulta 0009762-74.2017.2.00.0000. Requerente: Comissão Permanente de Acesso à Justiça e Cidadania. Requerido: CNJ. Ementa. Consulta. Participação de magistrado em atividade como sócio de câmara privada de conciliação e mediação, ainda que sem poderes de administração e direção. Vedação. 1. A LOMAN proíbe ao magistrado o exercício de cargo de direção ou técnico de sociedade comercial, exceto como acionista ou quotista.

Por fim, não há qualquer vedação para que o estrangeiro seja árbitro, sequer se exige que a sentença arbitral seja proferida no vernáculo.

2. PODERES, DEVERES DOS ÁRBITROS E SUA EQUIPARAÇÃO AOS FUNCIONÁRIOS PÚBLICOS NO EXERCÍCIO DA FUNÇÃO

2.1 Poderes conferidos aos árbitros

De acordo com o art. 18 da Lei 9.307/1996, "o árbitro é juiz de fato e de direito, e a sentença que proferir não fica sujeita a recurso ou a homologação pelo Poder Judiciário".

Aliás, estas são, como vimos, as grandes vantagens da arbitragem, vez que a sentença proferida é definitiva nos limites da lei, contando com a mesma força de uma sentença transitada em julgado que, como é cediço, demora anos quando a via escolhida for a judicial.

Não se descarta a possibilidade de as partes estabelecerem, dentro da liberdade de contratar, que haja revisão pelos árbitros ou por outros da decisão tomada, sem que isso represente recurso, mas apenas procedimento a ser seguido para a formação da sentença arbitral.

> Em suma, ao se afirmar que o árbitro é juiz de fato e de direito, significa apenas que o árbitro, no desempenho de sua função – e apenas enquanto está desempenhando a função de árbitro –, é equiparado ao magistrado e pode decidir de forma impositiva o caso que se lhe é submetido nos termos dos arts. 18 e 31 da Lei de Arbitragem. Não significa, como é óbvio, que o árbitro tenha as mesmas prerrogativas funcionais de um magistrado.

2.2 Deveres dos árbitros

> Nos termos do art. 13, § 6º, da Lei 9.307/1996, são deveres dos árbitros no desempenho de suas funções:
> a) *Imparcialidade*, ou seja, o árbitro não deve estar envolvido com os contendores, o que não se confunde com neutralidade, vez que neutro é aquele que não toma partido de qualquer dos litigantes numa discussão. É evidente que o árbitro tomará partido na sentença arbitral, mas, mesmo assim, tomará partido sem estar envolvido com as partes, vez que, se isso ocorrer, será ele impedido, como veremos.

---

2. Os Princípios de Bangalore de Conduta Judicial orientam que o magistrado "não deve servir como um funcionário, diretor, sócio ativo, administrador, consultor ou empregado de qualquer negócio, exceto em empreendimento intimamente mantido e controlado por membros da família do juiz". 3. Pretende-se, com a recomendação, evitar o mau uso do prestígio judicial e o possível conflito de interesses, caso o negócio venha a litígio. 4. A vedação à participação do magistrado como sócio inclui tanto as Câmaras de conciliação e mediação que atuam incidentalmente no processo, quanto aquelas exclusivamente privadas. 5. Consulta respondida negativamente, nos termos da fundamentação. J. 02.10.2018.

b) *Independência*. Os árbitros devem estar distantes das partes, ainda que gozem, como de fato gozam, de sua confiança e por elas tenham sido indicados.

c) *Competência*. Os árbitros devem conhecer a matéria que lhes é submetida, além de ostentarem experiência, de acordo com os critérios estabelecidos pelas partes para indicação do árbitro. Assim, por exemplo, devem dominar o idioma em que a arbitragem se desenvolverá nos termos da convenção de arbitragem. De outro lado, devem contar com as características exigidas pelas partes na convenção de arbitragem, como, por exemplo, ser engenheiro mecânico com dez anos de experiência.[5]

d) *Diligência*, o que significa que o árbitro deve agir com cuidado, zelo e aplicação na busca da solução arbitral do conflito.

e) *Discrição*. Tendo em vista este dever, imposto por lei, o árbitro deve manter sigilo daquilo que tem conhecimento em razão da arbitragem, de tal sorte que as partes podem incluir na cláusula ou no compromisso arbitral – sem descartar as regras da entidade especializada – a obrigação de não fazer, ou seja, de não divulgar aquilo que o árbitro tem conhecimento em razão do seu mister. Descumprida a obrigação, responderá por perdas e danos (arts. 189 e 389 do CC).[6] Tal assertiva empresta supedâneo, inclusive, ao sigilo que envolve a arbitragem, apontado, normalmente, como uma de suas vantagens em relação à solução judicial.[7]

Mas poder-se-ia redarguir, afirmando que, de qualquer modo, havendo necessidade de executar a sentença arbitral junto ao Poder Judiciário, onde a publicidade dos atos é a regra, o sigilo do procedimento arbitral estaria comprometido.

---

[5] Vide, nesse sentido, o Capítulo 4 (Procedimento arbitral), item 3, acerca da arguição da incompetência do árbitro nessas circunstâncias.

[6] Nesse sentido, nossa obra: Luiz Antonio Scavone Junior. *Do descumprimento das obrigações*, São Paulo, Juarez de Oliveira, 2007, p. 286.
"Art. 189. Violado o direito, nasce para o titular a pretensão, a qual se extingue, pela prescrição, nos prazos a que aludem os arts. 205 e 206."
"Art. 389. Não cumprida a obrigação, responde o devedor por perdas e danos, mais juros e atualização monetária segundo índices oficiais regularmente estabelecidos, e honorários de advogado."

[7] Como já afirmamos, o procedimento arbitral pode ser sigiloso, de acordo com a vontade das partes externada na convenção de arbitragem ou no termo de arbitragem no início do procedimento, contrapondo-se ao procedimento judicial que, em regra, é público. A assertiva encontra supedâneo, também, como reforço, no dever de discrição do árbitro, o que pode representar mais uma vantagem do procedimento arbitral, notadamente no âmbito empresarial, no qual escancarar as entranhas corporativas pode significar o fim do negócio.
Posta assim a questão, mesmo que haja necessidade de executar a sentença arbitral no Poder Judiciário e a ele levar outras questões, como medidas de urgência, condução coercitiva de testemunhas e execução específica da cláusula arbitral, a requerimento da parte interessada e comprovado o pacto de confidencialidade (art. 189, IV, do CPC), o processo judicial deve, obrigatoriamente, ser conduzido mediante sigilo, tendo em vista o evidente interesse público na manutenção dos princípios que envolvem a arbitragem na fase de conhecimento e a manutenção do próprio instituto, que decorre da lei.

Não é assim.

Isto porque a execução é uma fase do procedimento e, mesmo que se desenvolva no Poder Judiciário, o sigilo que cercou a fase de conhecimento no âmbito arbitral deve, evidentemente, mediante requerimento do interessado, ser mantido pelo juiz togado na fase de execução.

Seja como for, em relação a todos esses deveres, quando o árbitro aceita a incumbência, ao mesmo tempo, adere aos termos da cláusula arbitral cheia ou do compromisso arbitral.

Portanto, o descumprimento de qualquer dos deveres impostos ao árbitro, quer por lei, quer pela vontade das partes estampada na convenção de arbitragem, obriga-o a responder pelos danos que causar (arts. 189 e 389 do CC).

2.2.1 A equiparação dos árbitros aos funcionários públicos e suas consequências

Aos árbitros a lei de Arbitragem conferiu um grande poder: proferir sentença que será imposta na qualidade de título executivo judicial, o que fará na qualidade de juiz de fato e de direito.

Se foram equiparados aos juízes togados no desempenho da função, nada mais natural que também respondam na mesma medida que os magistrados.

> Em consonância com o acatado, nos termos do art. 17 da Lei de Arbitragem, "os árbitros, quando no exercício de suas funções ou em razão delas, ficam equiparados aos funcionários públicos, para os efeitos da legislação penal", ou seja, pelas infrações penais que praticar e em relação às infrações penais que contra ele forem praticadas.

Assim, os árbitros são equiparados aos funcionários públicos para os efeitos da legislação penal, especialmente quanto aos crimes contra a administração pública, no que for aplicável.[8]

---

[8] "Peculato
"Art. 312. Apropriar-se o funcionário público de dinheiro, valor ou qualquer outro bem móvel, público ou particular, de que tem a posse em razão do cargo, ou desviá-lo, em proveito próprio ou alheio: Pena – reclusão, de 2 (dois) a 12 (doze) anos, e multa. § 1º Aplica-se a mesma pena, se o funcionário público, embora não tendo a posse do dinheiro, valor ou bem, o subtrai, ou concorre para que seja subtraído, em proveito próprio ou alheio, valendo-se de facilidade que lhe proporciona a qualidade de funcionário.
"Peculato culposo
"§ 2º Se o funcionário concorre culposamente para o crime de outrem: Pena – detenção, de 3 (três) meses a 1 (um) ano. § 3º No caso do parágrafo anterior, a reparação do dano, se precede à sentença irrecorrível, extingue a punibilidade; se lhe é posterior, reduz de metade a pena imposta.
"Peculato mediante erro de outrem
Art. 313. Apropriar-se de dinheiro ou qualquer utilidade que, no exercício do cargo, recebeu por erro de outrem: Pena – reclusão, de 1 (um) a 4 (quatro) anos, e multa.
"Inserção de dados falsos em sistema de informações

"Art. 313-A. Inserir ou facilitar, o funcionário autorizado, a inserção de dados falsos, alterar ou excluir indevidamente dados corretos nos sistemas informatizados ou bancos de dados da Administração Pública com o fim de obter vantagem indevida para si ou para outrem ou para causar dano: Pena – reclusão, de 2 (dois) a 12 (doze) anos, e multa.
"Modificação ou alteração não autorizada de sistema de informações
"Art. 313-B. Modificar ou alterar, o funcionário, sistema de informações ou programa de informática sem autorização ou solicitação de autoridade competente: Pena – detenção, de 3 (três) meses a 2 (dois) anos, e multa. Parágrafo único. As penas são aumentadas de 1/3 (um terço) até a 1/2 (metade) se da modificação ou alteração resulta dano para a Administração Pública ou para o administrado.
"Extravio, sonegação ou inutilização de livro ou documento
"Art. 314. Extraviar livro oficial ou qualquer documento, de que tem a guarda em razão do cargo; sonegá-lo ou inutilizá-lo, total ou parcialmente: Pena – reclusão, de 1 (um) a 4 (quatro) anos, se o fato não constitui crime mais grave.
"Emprego irregular de verbas ou rendas públicas
"Art. 315. Dar às verbas ou rendas públicas aplicação diversa da estabelecida em lei: Pena – detenção, de 1 (um) a 3 (três) meses, ou multa.
"Concussão
"Art. 316. Exigir, para si ou para outrem, direta ou indiretamente, ainda que fora da função ou antes de assumi-la, mas em razão dela, vantagem indevida: Pena – reclusão, de 2 (dois) a 12 (doze) anos, e multa.
"Excesso de exação
"§ 1º Se o funcionário exige tributo ou contribuição social que sabe ou deveria saber indevido, ou, quando devido, emprega na cobrança meio vexatório ou gravoso, que a lei não autoriza: Pena – reclusão, de 3 (três) a 8 (oito) anos, e multa. § 2º Se o funcionário desvia, em proveito próprio ou de outrem, o que recebeu indevidamente para recolher aos cofres públicos: Pena – reclusão, de 2 (dois) a 12 (doze) anos, e multa.
"Corrupção passiva
"Art. 317. Solicitar ou receber, para si ou para outrem, direta ou indiretamente, ainda que fora da função ou antes de assumi-la, mas em razão dela, vantagem indevida, ou aceitar promessa de tal vantagem: Pena – reclusão, de 2 (dois) a 12 (doze) anos, e multa. § 1º A pena é aumentada de 1/3 (um terço), se, em consequência da vantagem ou promessa, o funcionário retarda ou deixa de praticar qualquer ato de ofício ou o pratica infringindo dever funcional. § 2º Se o funcionário pratica, deixa de praticar ou retarda ato de ofício, com infração de dever funcional, cedendo a pedido ou influência de outrem: Pena – detenção, de 3 (três) meses a 1 (um) ano, ou multa.
"Facilitação de contrabando ou descaminho
"Art. 318. Facilitar, com infração de dever funcional, a prática de contrabando ou descaminho (art. 334): Pena – reclusão, de 3 (três) a 8 (oito) anos, e multa.
"Prevaricação
"Art. 319. Retardar ou deixar de praticar, indevidamente, ato de ofício, ou praticá-lo contra disposição expressa de lei, para satisfazer interesse ou sentimento pessoal: Pena – detenção, de 3 (três) meses a 1 (um) ano, e multa.
"Art. 319-A. Deixar o Diretor de Penitenciária e/ou agente público, de cumprir seu dever de vedar ao preso o acesso a aparelho telefônico, de rádio ou similar, que permita a comunicação com outros presos ou com o ambiente externo: Pena – detenção, de 3 (três) meses a 1 (um) ano.
"Condescendência criminosa
"Art. 320. Deixar o funcionário, por indulgência, de responsabilizar subordinado que cometeu infração no exercício do cargo ou, quando lhe falte competência, não levar o fato ao

Posta desta maneira a questão, possível concluir que a lei quis imputar ao árbitro a mesma responsabilidade do juiz togado no desempenho da função, mormente porque o equiparou, no art. 18 da Lei de Arbitragem, ao juiz togado no desempenho de suas funções.

Nesse diapasão, atribui-se ao procedimento mais garantias, evitando desvios do árbitro, notadamente a concussão, a corrupção e a prevaricação.

---

conhecimento da autoridade competente: Pena – detenção, de 15 (quinze) dias a 1 (um) mês, ou multa.
"Advocacia administrativa
"Art. 321. Patrocinar, direta ou indiretamente, interesse privado perante a administração pública, valendo-se da qualidade de funcionário: Pena – detenção, de 1 (um) a 3 (três) meses, ou multa. Parágrafo único. Se o interesse é ilegítimo: Pena – detenção, de 3 (três) meses a 1 (um) ano, além da multa.
"Violência arbitrária
"Art. 322. Praticar violência, no exercício de função ou a pretexto de exercê-la: Pena – detenção, de 6 (seis) meses a 3 (três) anos, além da pena correspondente à violência.
"Abandono de função
"Art. 323. Abandonar cargo público, fora dos casos permitidos em lei: Pena – detenção, de 15 (quinze) dias a 1 (um) mês, ou multa. § 1º Se do fato resulta prejuízo público: Pena – detenção, de 3 (três) meses a 1 (um) ano, e multa. § 2º Se o fato ocorre em lugar compreendido na faixa de fronteira: Pena – detenção, de 1 (um) a 3 (três) anos, e multa.
"Exercício funcional ilegalmente antecipado ou prolongado
"Art. 324. Entrar no exercício de função pública antes de satisfeitas as exigências legais, ou continuar a exercê-la, sem autorização, depois de saber oficialmente que foi exonerado, removido, substituído ou suspenso: Pena – detenção, de 15 (quinze) dias a 1 (um) mês, ou multa.
"Violação de sigilo funcional
"Art. 325. Revelar fato de que tem ciência em razão do cargo e que deva permanecer em segredo, ou facilitar-lhe a revelação: Pena – detenção, de 6 (seis) meses a 2 (dois) anos, ou multa, se o fato não constitui crime mais grave. § 1º Nas mesmas penas deste artigo incorre quem: I – permite ou facilita, mediante atribuição, fornecimento e empréstimo de senha ou qualquer outra forma, o acesso de pessoas não autorizadas a sistemas de informações ou banco de dados da Administração Pública; II – se utiliza, indevidamente, do acesso restrito. § 2º Se da ação ou omissão resulta dano à Administração Pública ou a outrem: Pena – reclusão, de 2 (dois) a 6 (seis) anos, e multa.
"Violação do sigilo de proposta de concorrência
"Art. 326. Devassar o sigilo de proposta de concorrência pública, ou proporcionar a terceiro o ensejo de devassá-lo: Pena – detenção, de 3 (três) meses a 1 (um) ano, e multa.
"Funcionário público
"Art. 327. Considera-se funcionário público, para os efeitos penais, quem, embora transitoriamente ou sem remuneração, exerce cargo, emprego ou função pública. § 1º Equipara-se a funcionário público quem exerce cargo, emprego ou função em entidade paraestatal, e quem trabalha para empresa prestadora de serviço contratada ou conveniada para a execução de atividade típica da Administração Pública. § 2º A pena será aumentada da terça parte quando os autores dos crimes previstos neste Capítulo forem ocupantes de cargos em comissão ou de função de direção ou assessoramento de órgão da administração direta, sociedade de economia mista, empresa pública ou fundação instituída pelo poder público."

Como o art. 17 equiparou o árbitro aos funcionários públicos "para os efeitos da legislação penal", não se descarta, inclusive, que no desempenho da função, além de praticar crimes contra a administração, seja sujeito de crimes em face de funcionários públicos, como a corrupção ativa, tráfico de influência, desacato e desobediência (arts. 330 a 333 do CP).[9]

3. O SIGNIFICADO DA EXPRESSÃO LEGAL "TRIBUNAL ARBITRAL"

> A par da celeuma acerca do termo "tribunal arbitral" utilizado pela Lei 9.307/1996,[10] percebe-se claramente que se quis empregá-lo para significar o colegiado de árbitros na arbitragem desenvolvida por mais de um árbitro, diferenciando a arbitragem colegiada, formada pelo "tribunal arbitral", da arbitragem desenvolvida com árbitro único.

Nessa medida, tribunal, do latim *tribunale*, é a designação ampla que pode ser aplicada a qualquer órgão de deliberação coletiva de natureza administrativa, judiciária ou consultiva.

Carlos Alberto Carmona[11] sustenta: "pelo simples cotejo das acepções do termo 'tribunal', noto significações que não são exclusivas do Poder Judiciário; a própria Constituição Federal (arts. 71 e 75) assim se refere a órgão que não integra o Poder Judiciário. Do mesmo modo, a lei ordinária preconiza a existência de diversos órgãos não judiciais, com igual terminologia. Para os amantes do futebol, lembrei até mesmo a existência do Superior Tribunal de Justiça Desportiva e dos Tribunais de Justiça Desportiva, órgãos deliberativos de caráter não judiciário. Definitivamente, é possível denominar um órgão que não integre o Poder Judiciário de 'tribunal'. Não há vedação de ordem legislativa, devendo, pois, prevalecer o princípio da legalidade. (...) Isso tudo não obstante, recomendo – e note-se o verbo cuidadosamente empregado! – que os órgãos arbitrais institucionais evitem empregar o vocábulo 'tribunal' em suas denominações, de modo a preservarem-se de qualquer confusão com a organização judiciária estatal. Num momento em que a arbitragem começa a fincar âncoras no Brasil, todo cuidado é pouco para que o instituto seja protegido, poupando-o das manchetes policialescas e do noticiário criminal. (...) Alerto, em conclusão, para o fato de que a utilização da denominação 'tribunal', aliada a algum símbolo da República, dos Estados ou dos Municípios, bem como a instalação de órgão arbitral em prédio que tenha aparência similar às construções onde estão instalados os órgãos

---

[9] Carlos Alberto Carmona. Op. cit., p. 228.
[10] O termo "tribunal arbitral" é utilizado pela Lei de Arbitragem em diversos artigos, notadamente quando se refere à existência de diversos árbitros: art. 9º, § 1º; art. 12, III; art. 13, §§ 4º, 5º e 7º; art. 15; art. 19, parágrafo único; art. 20, § 1º; art. 21, *caput*, §§ 1º e 4º; art. 22, *caput* e § 2º; art. 24, § 1º; art. 25; art. 26, parágrafo único; art. 28; art. 29; art. 30, *caput* e parágrafo único; e art. 33, § 2º, II.
[11] Parecer disponível em <http://www.arbitragem.com.br/parecerCarmona.htm>. Acesso em: 14 out. 2007.

judiciários (lembre-se de que muitos Estados usam projetos construtivos semelhantes para a instalação dos fóruns do interior) constitui clara tentativa de mimetização com os órgãos do Poder Judiciário: tal prática ofende a fé pública, é condenável e não pode ser tolerada".

Nessa medida, a Ordem dos Advogados do Brasil, no Processo E-3.447/2007, em decisão unânime proferida no dia 19.04.2007 (498ª sessão), em razão do parecer e ementa do rel. Dr. Cláudio Felippe Zalaf (revisor: Dr. Luiz Antonio Gambelli), em sessão presidida pelo Dr. Carlos Roberto F. Mateucci, estabeleceu o que segue na ementa aprovada pelo Tribunal da OAB/SP:

> "Arbitragem – Implantação de Câmara Arbitral no mesmo local do exercício da advocacia. Vedação – Captação de clientela e concorrência desleal – Possibilidade desta ocorrência. Vedação do uso da expressão 'tribunal de arbitragem' – Impossibilidade de exercício da advocacia com outra atividade. A Lei 9.307, de 23 de setembro de 1996, admite a arbitragem para dirimir litígios de direitos patrimoniais disponíveis e faculta às partes escolherem livremente as regras de direito aplicáveis, desde que não violem os bons costumes e a ordem pública. De certo modo é uma forma alternativa de composição entre as partes, por meio da intervenção de terceiro indicado por elas e gozando da absoluta confiança de ambas. Tal lei se aplica somente aos chamados direitos patrimoniais disponíveis, isto é, às questões que se refiram a bens de valor econômico e monetário quantificados, e que possam ser comercializados livremente. São questões que se originam de um contrato que, para dirimir, se escolhe terceiros isentos de interesses escusos ou protetor de qualquer das partes. A instalação de uma Câmara de Arbitragem nas dependências de escritório de advocacia caminha no sentido oposto ao que dispõe a Lei 9.307/1996, pois possibilita a captação de clientela e concorrência desleal, não legalizando o ato pretendido. Agindo na forma da lei e dentro de seus limites, fica vedada a expressão 'Tribunal Arbitral', evitando confusão com o Poder Judiciário e, em qualquer situação, vedado o exercício da advocacia conjuntamente com outra atividade."

Isso não significa que o advogado não possa ser árbitro.

O que a decisão menciona é que não é possível que a arbitragem seja desenvolvida no mesmo local onde funcione um escritório de advocacia por representar captação ilegal de clientela, vedada pelo art. 34, IV, da Lei 8.906/1994, segundo o qual "constitui infração disciplinar (...) angariar ou captar causas, com ou sem a intervenção de terceiros".

4. CRITÉRIOS PARA ESCOLHA DOS ÁRBITROS E DO PRESIDENTE DO TRIBUNAL ARBITRAL

As partes podem se valer da arbitragem através de um árbitro ou de diversos árbitros, que proferirão a sentença arbitral de forma colegiada. Se a arbitragem for colegiada, forma-se o denominado "tribunal arbitral", sendo necessário designar um presidente.

Os árbitros e o presidente serão escolhidos pelas partes, o que deve constar, obrigatoriamente (art. 10, II, da Lei de Arbitragem), da cláusula arbitral cheia ou do compromisso arbitral.

Faz sentido uma vez que o árbitro, nos termos do art. 13, "caput", da Lei de Arbitragem, é pessoa da confiança das partes.

Este é o mandamento insculpido no § 3º do art. 13 da Lei 9.307/1996, que permite, inclusive, que essa escolha seja delegada à entidade arbitral especializada no caso de arbitragem institucional.[12]

Portanto, os árbitros são escolhidos:

a) em regra, pelas partes na cláusula arbitral cheia ou no compromisso arbitral;
b) ausente a escolha pelas partes ou se desta forma as partes pactuarem na convenção de arbitragem, serão escolhidos indiretamente pelos critérios da entidade especializada que administrará a arbitragem, caso as partes optem pela arbitragem institucional.

Sabe-se que as regras para escolha dos árbitros nas entidades especializadas não são uniformes.

Algumas determinam sorteio entre o quadro de árbitros e outras estabelecem critérios que permitem às partes proceder à escolha, como, por exemplo, cada parte escolhe um árbitro dentre os que constam do quadro do órgão e o terceiro árbitro é escolhido diretamente pelos árbitros eleitos pelas partes.

Com a Lei 13.129/2015, foi alterada a redação do § 4º do art. 13 da Lei de Arbitragem.

Nessa medida, houve substancial reforço no critério de escolha dos árbitros e do presidente do tribunal arbitral (arbitragem colegiada) pelas partes e estabelecimento de critério para resolução de impasses na arbitragem multiparte.

Eis a redação do dispositivo: "§ 4º As partes, de comum acordo, poderão afastar a aplicação de dispositivo do regulamento do órgão arbitral institucional ou entidade especializada que limite a escolha do árbitro único, coárbitro ou presidente do tribunal à respectiva lista de árbitros, autorizado o controle da escolha pelos órgãos competentes da instituição, sendo que, nos casos de impasse e arbitragem multiparte, deverá ser observado o que dispuser o regulamento aplicável".

> Aclarou-se, assim, a impossibilidade de qualquer imposição existente em regulamento de centro de arbitragem, submetendo, todavia, a escolha das partes aos órgãos competentes de acordo com o regulamento do centro de arbitragem por elas eleito que não poderá, todavia, impor condições desarrazoadas que impeçam a escolha das partes. Ora, o árbitro é da confiança das partes e não do centro de arbitragem, sendo evidente, evidentíssimo, aliás, que a elas compete a escolha na cláusula arbitral ou no compromisso arbitral, se assim desejarem.

---

[12] Art. 13, § 3º, da Lei 9.307/1996: "As partes poderão, de comum acordo, estabelecer o processo de escolha dos árbitros, ou adotar as regras de um órgão arbitral institucional ou entidade especializada".

A arbitragem multiparte é aquela que envolve mais de duas partes no litígio ou mais de um demandante ou demandado de cada lado do litígio com interesses comuns.

Nesses casos, competirá à convenção de arbitragem ou, supletivamente, ao regulamento do centro de arbitragem disciplinar o impasse entre as partes na escolha dos árbitros e do presidente na arbitragem colegiada.

Ausente a disciplina, não restará alternativa senão a execução específica da cláusula arbitral, nos termos do art. 7º da Lei de Arbitragem.

Essa alteração corrobora com a *mens legis* e com a filosofia da arbitragem de permitir a autonomia da vontade, tratando-se de direitos patrimoniais disponíveis, notadamente quanto à escolha do árbitro e do presidente do tribunal arbitral de confiança das partes.[13]

Se houver necessidade – e normalmente há – para os trabalhos de secretaria o presidente poderá designar um secretário que expedirá as intimações, lavrará os termos de audiência etc.

Esse secretário poderá ou não ser um dos árbitros, a critério do presidente ou de acordo com as regras da entidade especializada eleita, se a arbitragem for institucional.

Além disso, ao presidente incumbe:

a) Receber a notificação para prolação da sentença, caso escoe o prazo legal ou convencional para tanto, sob pena de extinção da arbitragem (art. 12, III, da Lei de Arbitragem);

b) Receber exceção de suspeição ou impedimento (art. 15 da Lei de Arbitragem);

c) Requerer ao juiz togado a condução coercitiva de testemunha renitente (art. 22, § 2º, da Lei de Arbitragem);

d) Proferir Voto de Minerva na hipótese de dissenso entre os árbitros, como, por exemplo, havendo três árbitros que condenam – todos – um dos contendores, mas divergem quanto ao valor da condenação. Neste caso prevalece o voto do presidente (art. 24, § 1º, da Lei de Arbitragem);

e) Certificar a recusa de um dos árbitros em assinar a sentença que, mesmo assim, será válida (art. 26, parágrafo único, da Lei de Arbitragem); e

f) Enviar cópia da sentença às partes (art. 29 da Lei de Arbitragem).

---

13 Eis a redação revogada do art. 13, § 4º, da Lei 9.307/1996: "Sendo nomeados vários árbitros, estes, por maioria, elegerão o presidente do tribunal arbitral. Não havendo consenso, será designado presidente o mais idoso".

Nas edições anteriores desta obra escrevi e foi integralmente adotado pela alteração do § 4º do art. 13 da Lei de Arbitragem: "O presidente dos trabalhos, havendo mais de um árbitro, será determinado pelas partes ou escolhido pelo consenso dos árbitros do painel (os eleitos). Caso a arbitragem seja institucional, na ausência de convenção prevalecerão as regras da entidade especializada escolhida pelas partes. Certo é que esta não é a conclusão direta da leitura do § 4º do art. 13 da Lei de Arbitragem que se refere apenas à escolha do presidente pelo consenso dos árbitros. Todavia, a interpretação não pode se divorciar do "caput" que impõe a confiança, de tal sorte que pensamos ser o critério de escolha pelo consenso apenas residual na ausência de escolha pelas partes".

5. IMPEDIMENTO DO ÁRBITRO E SUA ARGUIÇÃO – O DEVER DE REVELAÇÃO

Tendo em vista que a intenção da lei foi a de equiparar o árbitro ao juiz togado (arts. 18 e 31 da Lei de Arbitragem), bem como impor-lhe os mesmos deveres e responsabilidades (arts. 13, § 6º e 17 da Lei de Arbitragem), especialmente exigindo dele a imparcialidade (art. 13, § 6º da Lei de Arbitragem) erigida, inclusive, a princípio impositivo do procedimento (Lei de Arbitragem, art. 21, § 2º), naturalmente equipara o árbitro ao juiz togado em relação às hipóteses de impedimento e suspeição impostas aos magistrados (art. 14 da Lei de Arbitragem).

É preciso verificar, todavia, que o árbitro normalmente não assina a cláusula arbitral ou o compromisso, vez que a obrigação de levar o conflito à solução arbitral é prerrogativa das partes.

Assim, é evidente que no momento da instauração da arbitragem e como requisito desta instauração (nos termos do art. 19 da Lei 9.307/1996), o árbitro deve aceitar a nomeação e, a partir da sua aceitação, considera-se instituída a arbitragem.[14]

Neste momento, antes de aceitar o mister, o árbitro revelará às partes qualquer circunstância que o impeça de ser árbitro, o que se convencionou denominar "dever de revelação".

> E essas circunstâncias, como dito, são as mesmas que impedem o juiz de atuar no processo em razão do que dispõe o art. 14 da Lei de Arbitragem: "Estão impedidos de funcionar como árbitros as pessoas que tenham, com as partes ou com o litígio que lhes for submetido, algumas das relações que caracterizam os casos de impedimento ou suspeição de juízes, aplicando-se-lhes, no que couber, os mesmos deveres e responsabilidades, conforme previsto no Código de Processo Civil. § 1º As pessoas indicadas para funcionar como árbitro têm o dever de revelar, antes da aceitação da função, qualquer fato que denote dúvida justificada quanto à sua imparcialidade e independência".

Nos termos do § 1º do art. 14 da Lei de Arbitragem, surge, em razão do denominado "dever de revelação", a obrigação, em termos potestativos na lei, de o árbitro revelar qualquer fato que represente "dúvida justificada" no que diz respeito à sua imparcialidade e independência.

Antes de esclarecer o termo legal "dúvida justificada" que qualifica o dever de revelação, mister se faz observar, como premissa, que a Lei de Arbitragem demonstra cristalina preocupação com a imparcialidade e com a independência do árbitro, o que fez no art. 13, *caput*, qualificando o árbitro como alguém da "confiança" das partes; no § 6º do mesmo art. 13, impondo ao árbitro os deveres, entre outros, de "imparcialidade" e "independência"; no art. 14, que proíbe que o árbitro atue quando esteja submetido a quaisquer das circunstâncias que "denotem impedimento ou

---

[14] "Art. 19. Considera-se instituída a arbitragem quando aceita a nomeação pelo árbitro, se for único, ou por todos, se forem vários (...)".

suspeição de juízes"; no § 2º do art. 21, que trata dos princípios impositivos do procedimento arbitral e, entre eles, do princípio "da imparcialidade do árbitro"; e, por fim, estabelecendo como causa de nulidade da sentença arbitral, entre aquelas insculpidas no art. 32, aquela do inciso II, ou seja, a sentença que "emanou de quem não podia ser árbitro".

Portanto, a dúvida justificada deve ser interpretada à luz de visão sistemática da Lei de arbitragem que demonstrou profunda preocupação – fundada – com a imparcialidade e com a independência do árbitro por exercer ele jurisdição privada, fora dos auspícios e dos controles a que se submetem os juízes togados.

Posta assim a questão, de antemão entendo que qualquer circunstância que não seja revelada pelo árbitro quanto a relações passadas ou presentes, sejam elas de amizade, comerciais, financeiras, de parceria, profissionais ou até de convivência, ensejam a nulidade da sentença arbitral nos termos do art. 32, II, da Lei de Arbitragem.

Extrai-se da jurisprudência francesa que o conteúdo do dever de revelação implica o dever de o árbitro "revelar todas as circunstâncias que possam interferir no julgamento e provocar no espírito das partes dúvida fundada sobre a sua imparcialidade e independência na medida em que estas são a essência da função arbitral" (Corte de Apelação de Paris, 1ª Câmara, 10.03.2011, Société Nykcool AB e Société Dole France e outros. *Revue de l' Arbitrage*, 2011, p. 568).

A par de matizes de opinião doutrinária sobre o tema, o fato é que, em razão da confiança exigida pelo art. 13 para atuação do árbitro, não compete a ele, árbitro, decidir o que deve e o que não deve revelar.

Tudo deve ser revelado, e competirá às partes, em razão da revelação, decidir se mantém ou não a "confiança", *standard* exigido por lei para a atuação do árbitro e que deve perdurar durante todo o procedimento arbitral, de tal sorte que, se surgir qualquer fato depois de iniciado o procedimento, deve igualmente ser revelado pelo árbitro.

Falhando nessa obrigação, ferirá de morte a sentença arbitral que deverá ser anulada nos termos do art. 32, II, da Lei de Arbitragem.

De outro lado, se o árbitro revelar todas as circunstâncias, e as partes deixarem de deduzir o seu impedimento ou a sua suspeição, não poderão fazê-lo em razão de sentença desfavorável, pois a aceitaram, depositando "confiança" na sua atuação a despeito do que foi antes revelado.

O Regulamento de Arbitragem da Corte Internacional de Arbitragem da Câmara de Comércio Internacional – CCI, estabelece, para o cumprimento do dever de revelação "qualquer fato ou circunstância susceptível, *do ponto de vista das partes*, de colocar em dúvida a sua independência, assim como qualquer circunstância que possa dar lugar a dúvidas razoáveis quanto a sua imparcialidade" (art. 11.2 Regulamento ICC/2012).

E aqui vem o ponto fundamental. O ponto de vista que deve ser levado em consideração, é "o ponto de vista das partes", o que reforça a necessidade de o árbitro revelar tudo, cada relação, de qualquer natureza, por mais tênue que seja, para o julgamento das partes que devem decidir, diante do revelado, se mantém ou não a confiança no árbitro.

Em outras palavras, entendo que não cabe ao árbitro julgar o que deve ou o que não deve revelar.

Revele-se tudo.

Interessante, a título de exemplo, o que decidiu a 2ª Câmara Reservada de Direito Empresarial do Tribunal de Justiça de São Paulo, sob a pena do Desembargador Araldo Telles, ao deferir tutela recursal em recurso de agravo de instrumento (AI. 2168475-50.2021.8.26.0000), que versava, entre outras questões, sobre o dever de revelação: "Mas a alegação de ofensa ao dever objetivo de revelação, pilar da confiança exigida para a efetividade da jurisdição arbitral (artigo 13 da Lei de Arbitragem), reúne elementos de plausibilidade. (...) Apesar de o exercício da advocacia não ser vedado a estes profissionais, o vínculo, ainda que neste âmbito, com patronos de uma das partes do procedimento arbitral, em algum período recente de tempo, via de regra, deve integrar a certidão elaborada pelos julgadores contratados. Na espécie, há indícios de que tenha havido compartilhamento de endereço físico na cidade do Rio de Janeiro, linhas telefônicas, profissional(is) recepcionista(s) e, portanto, custos, entre os escritórios (...), integrados, respectivamente, pelos sócios (...), este contratado e atuante na defesa dos interesses da (...), vencedora do procedimento arbitral. Não bastasse, há indicativo de que patrocinaram, conjuntamente, demandas judiciais em tramitação quando do início do procedimento arbitral, tendo, em uma delas, por outros sócios, celebrado Acordo de Rateio de Despesas. A propósito, em razão de raciocínio análogo, confiram-se as hipóteses de suspeição previstas no artigo 145 do Código de Processo Civil, às quais os juízes e também os árbitros devem observância. No caso destes, a confiança na avaliação equidistante das pretensões dos litigantes depende, intrinsecamente, das informações que, de antemão, oferecem àqueles que, de seu turno, possam interferir livremente em sua contratação, indicação ou rejeição. De efeito, Luiz Olavo Baptista anota que se obrigam também os árbitros a informar sobre todas as circunstâncias que possam afetar a sua imparcialidade ou independência, bem como possam representar obstáculos ao curso normal da arbitragem (por exemplo, excesso de compromissos) (*Arbitragem Comercial e Internacional*. São Paulo: Lex Magister, 2.011, p. 179). E Natália Mizrahi Lamas acrescenta haver legislações que referem apenas imparcialidade, outras que se limitam ao da independência como princípios que devem reger a atuação dos árbitros em geral, apontando que este último deve ser encarado de forma mais objetiva, no sentido de não haver relações ou conexões entre o árbitro ou a parte e seus advogados, ou, ainda, entre o árbitro e o objeto da disputa, aditando, em seguida, que: "É necessário revelar, antes da aceitação da função, qualquer fato que denote dúvida justificada quanto à sua imparcialidade e independência (LArb, art. 14, § 1º). Além de o árbitro ter esse dever no início da arbitragem, deve continuar a exercê-lo ao longo de todo o processo arbitral, trazendo ao conhecimento das partes os fatos que possam denotar dúvida justificada" (*Curso de Arbitragem*. Daniel Levy e Guilherme Setogutti J. Pereira (coord.). São Paulo: RT, 2.018, p. 46/47). Trazendo um elenco de circunstâncias fáticas que possam traduzir motivos para a arguição de violação ao princípio da independência, Olavo Augusto Vianna Alves Ferreira, Matheus Lins Rocha e Débora Cristina Fernandes Ananias Alves Ferreira relembram as enumeradas por Arnold Wald e Carlos Elias, sendo certo que ambos apontam a proximidade do árbitro com a parte ou com escritório de advocacia que a represente (*Lei de Arbitragem Comentada Artigo por Artigo*. Salvador: JusPodivm, 2.019, p. 240/242)".

Caso o árbitro entenda que a revelação pode afetar a sua intimidade, negue a atuação como lhe permitem os arts. 16 e 19 da Lei de Arbitragem, despedindo-se da função sem necessidade de qualquer justificativa.

O que não lhe compete, insisto, é julgar o que deve ou não revelar, o que é importante ou não revelar, pois essa aferição compete às partes.

Selma Maria Ferreira Lemes pensa diversamente e conclui que "o dever de revelação previsto no art. 14, § 1º, da Lei 9.307, não se presta para agasalhar alegações inconsistentes, infundadas e até ilegais, bem como se transformar numa armadilha para a arbitragem, bem como numa muleta para a parte vencida".[15]

Conclui a citada autora, mencionando julgado suíço, que a ausência de confiança não seria suficiente para determinar a anulação da sentença arbitral, senão a suspeita de afronta à dependência do árbitro.

Todavia, não há na lei palavras inúteis, de tal sorte que, se a lei exigiu a confiança das partes, se as partes não tiveram como aferir se um fato não revelado abalaria ou não a sua confiança, não lhes oportunizando deduzir a suspeição ou o impedimento do árbitro, volto ao ponto fundamental para o deslinde da questão: não compete ao árbitro decidir o que revelará ou ao juiz togado, em sede de ação anulatória, valorar se o que deixou de ser revelado abalaria ou não a confiança das partes, pois tal conceito é subjetivo, exclusivo das partes e pressuposto da atuação do árbitro.

Quanto aos motivos, insculpidos no Código de Processo Civil, de impedimento e suspeição, que também se aplicam aos árbitros, são os seguintes:[16]

---

[15] Selma Maria Ferreira Lemes. O dever de revelação do árbitro e a ação de anulação da sentença arbitral. Disponível em: http://genjuridico.com.br/2017/10/23/o-dever-de-revelacao-do-arbitro-e-acao-de-anulacao-da-sentenca-arbitral/#:~:text=O%20dever%20de%20revela%C3%A7%C3%A3o%20e%20transpar%C3%AAncia%20regem%20a%20indica%C3%A7%C3%A3o%20do,indica%C3%A7%C3%A3o%20do%20%C3%A1rbitro%20em%20quest%C3%A3o. Acesso em: 25.01.2023.

[16] "Art. 144. Há impedimento do juiz, sendo-lhe vedado exercer suas funções no processo:
I – em que interveio como mandatário da parte, oficiou como perito, funcionou como membro do Ministério Público ou prestou depoimento como testemunha;
II – de que conheceu em outro grau de jurisdição, tendo proferido decisão;
III – quando nele estiver postulando, como defensor público, advogado ou membro do Ministério Público, seu cônjuge ou companheiro, ou qualquer parente, consanguíneo ou afim, em linha reta ou colateral, até o terceiro grau, inclusive;
IV – quando for parte no processo ele próprio, seu cônjuge ou companheiro, ou parente, consanguíneo ou afim, em linha reta ou colateral, até o terceiro grau, inclusive;
V – quando for sócio ou membro de direção ou de administração de pessoa jurídica parte no processo;
VI – quando for herdeiro presuntivo, donatário ou empregador de qualquer das partes;
VII – em que figure como parte instituição de ensino com a qual tenha relação de emprego ou decorrente de contrato de prestação de serviços;
VIII – em que figure como parte cliente do escritório de advocacia de seu cônjuge, companheiro ou parente, consanguíneo ou afim, em linha reta ou colateral, até o terceiro grau, inclusive, mesmo que patrocinado por advogado de outro escritório;

Impedimento:
a) Quando o árbitro é parte. Ora, incabível que alguém seja juiz em causa própria, o que inclui, conforme pensamos de acordo com a *mens legis*, a impossibilidade de o árbitro ser, igualmente, sócio ou acionista de uma das partes, ainda que a pessoa jurídica disponha de personalidade jurídica distinta daquela atribuída aos seus membros;
b) Se postular, como advogado da parte, o seu cônjuge ou qualquer parente seu, consanguíneo ou afim, em linha reta; ou na linha colateral até o terceiro grau. Assim, não é possível, a princípio, que funcione como árbitro alguém que tenha com advogado de uma das partes parentesco em linha reta (pai, filho, avô etc.) ou colateral (irmão). Neste caso, se a outra parte, de má-fé, consegue, no curso do procedimento, que advogado com tais características ingresse no processo a fim de gerar o impedimento do árbitro, tal atitude será inócua, vez que o advogado não poderá postular. Portanto, só existe impedimento quando o advogado está na peculiar posição no início do procedimento;[17]
c) Quando o árbitro for cônjuge, parente, consanguíneo ou afim, de alguma das partes, em linha reta ou, na colateral, até o terceiro grau;
d) Na eventualidade de o árbitro integrar a administração de pessoa jurídica, parte na causa;
e) Quando figurar como parte instituição de ensino que lecionar como empregado ou prestador de serviços;

IX – quando promover ação contra a parte ou seu advogado.
§ 1º Na hipótese do inciso III, o impedimento só se verifica quando o defensor público, o advogado ou o membro do Ministério Público já integrava o processo antes do início da atividade judicante do juiz.
§ 2º É vedada a criação de fato superveniente a fim de caracterizar impedimento do juiz.
§ 3º O impedimento previsto no inciso III também se verifica no caso de mandato conferido a membro de escritório de advocacia que tenha em seus quadros advogado que individualmente ostente a condição nele prevista, mesmo que não intervenha diretamente no processo.
Art. 145. Há suspeição do juiz:
I – amigo íntimo ou inimigo de qualquer das partes ou de seus advogados;
II – que receber presentes de pessoas que tiverem interesse na causa antes ou depois de iniciado o processo, que aconselhar alguma das partes acerca do objeto da causa ou que subministrar meios para atender às despesas do litígio;
III – quando qualquer das partes for sua credora ou devedora, de seu cônjuge ou companheiro ou de parentes destes, em linha reta até o terceiro grau, inclusive;
IV – interessado no julgamento do processo em favor de qualquer das partes.
§ 1º Poderá o juiz declarar-se suspeito por motivo de foro íntimo, sem necessidade de declarar suas razões.
§ 2º Será ilegítima a alegação de suspeição quando:
I – houver sido provocada por quem a alega;
II – a parte que a alega houver praticado ato que signifique manifesta aceitação do arguido".

17 A regra não é desconhecida no sistema e consta no art. 256 do Código de Processo Penal: "Art. 256. A suspeição não poderá ser declarada nem reconhecida, quando a parte injuriar o juiz ou de propósito der motivo para criá-la".

f) Na hipótese de figurar como parte algum cliente de escritório de advocacia seu (por extensão ao inciso VIII do art. 144 do CPC), do seu cônjuge, companheiro ou parente consanguíneo ou afim, de alguma das partes, em linha reta ou, na colateral, até o terceiro grau, ainda que o cliente seja patrocinado por advogado de escritório distinto; e
g) Quando promover contra a parte ou seu advogado qualquer espécie de ação, judicial ou arbitral.

Suspeição de que o árbitro é parcial:
a) Quando for amigo íntimo ou inimigo capital de qualquer das partes;
b) Quando alguma das partes for credora ou devedora do árbitro, de seu cônjuge ou de parentes deles, em linha reta ou na colateral até o terceiro grau. Não pode qualquer das partes ser devedora ou credora do árbitro ou de seus parentes em linha reta (pai, avô, filho, neto etc.) ou colateral até o terceiro grau (irmão, tio ou sobrinho);
c) Se o árbitro for herdeiro presuntivo, donatário ou empregador de alguma das partes;
d) Na hipótese de receber oferta ou presente antes ou depois de iniciado o processo; aconselhar alguma das partes acerca do objeto da causa ou se providenciar o necessário, subministrando meios para atender às despesas do litígio;
e) Se o árbitro se apresentar de alguma forma interessado no julgamento da causa em favor de uma das partes;
f) Ainda que não decline a causa, se o árbitro se declarar suspeito por motivo íntimo.

Muito se discute se, na arbitragem, essas causas são absolutas ou se, de outro lado, é possível afastá-las pela vontade das partes.

Entendemos que é possível afastá-las pela vontade das partes de acordo com o que for estipulado na convenção de arbitragem, até porque o árbitro, tal qual exige o *caput* do art. 13 da Lei de Arbitragem, deve gozar da confiança das partes.

Assim, não encontramos qualquer óbice para que o árbitro possa ser, por exemplo, irmão de uma das partes se a outra, conhecendo a circunstância, aceita o árbitro de acordo com sua vontade autônoma manifestada na convenção de arbitragem, respeitada a boa-fé objetiva que deve emanar de qualquer contrato (art. 422 do CC).[18]

Portanto, se a circunstância estiver clara no contrato e a outra parte aceitar, não há óbice para o desempenho da função pela pessoa escolhida, posto não se tratar de juiz natural, prevalecendo a confiança no árbitro insculpida no art. 13, *caput*, da Lei 9.307/1996.

5.1 Arguição de recusa do árbitro

O árbitro deve revelar o motivo de sua recusa quando for instado a aceitar a nomeação.

---

[18] "Art. 422. Os contratantes são obrigados a guardar, assim na conclusão do contrato, como em sua execução, os princípios de probidade e boa-fé."

É o denominado "dever de revelação", sobre o qual já discorri, em razão da imparcialidade que a atividade jurisdicional privada lhe impõe, a teor dos arts. 13, § 6º e 21, § 2º, da Lei de Arbitragem.

Se não o fizer, as partes poderão arguir a recusa.

Todavia, para estabilizar e gerar segurança ao procedimento, a arguição de impedimento ou suspeição, em regra, somente será admitida por causa posterior à sua nomeação e cumprimento do dever de revelação.

Isto porque, quando as partes nomeiam o árbitro, presume-se que o conheçam.

É óbvio que, se a nomeação é indireta, de acordo com as regras de um órgão arbitral, a recusa pode ser levada a efeito quando a parte interessada tomar conhecimento de quem será árbitro.

Igualmente pode ser arguida depois se o motivo para recusa, ou seja, a suspeição ou o impedimento do árbitro, for conhecido em momento posterior à sua nomeação.

Por exemplo: a parte fica sabendo, depois de instaurado o procedimento, que o árbitro é impedido ou suspeito por ser irmão unilateral de uma das partes ou do seu advogado, que não ostenta o mesmo nome de família, o que não foi revelado quando da aceitação do mister.

Nesse caso, poderá arguir sua recusa, justificando as circunstâncias do conhecimento posterior.

> É nesse sentido o mandamento insculpido no § 2º do art. 14 da Lei 9.307/1996: "O árbitro somente poderá ser recusado por motivo ocorrido após sua nomeação. Poderá, entretanto, ser recusado por motivo anterior à sua nomeação, quando: *a)* não for nomeado, diretamente, pela parte; ou *b)* o motivo para a recusa do árbitro for conhecido posteriormente à sua nomeação".

A recusa seguirá o procedimento do art. 20 da Lei de Arbitragem e, ainda que não seja acolhida pelo árbitro, a quem compete analisar a questão, poderá ser submetida ao Poder Judiciário que, se for o caso, decretará a nulidade da sentença arbitral (arts. 15, 20, 32, II e 33, § 2º da Lei de Arbitragem).[19]

---

[19] "Art. 15. A parte interessada em arguir a recusa do árbitro apresentará, nos termos do art. 20, a respectiva exceção, diretamente ao árbitro ou ao presidente do tribunal arbitral, deduzindo suas razões e apresentando as provas pertinentes. Parágrafo único. Acolhida a exceção, será afastado o árbitro suspeito ou impedido, que será substituído, na forma do art. 16 desta Lei. Parágrafo único. Acolhida a exceção, será afastado o árbitro suspeito ou impedido, que será substituído, na forma do art. 16 desta Lei.

"Art. 20. A parte que pretender arguir questões relativas à competência, suspeição ou impedimento do árbitro ou dos árbitros, bem como nulidade, invalidade ou ineficácia da convenção de arbitragem, deverá fazê-lo na primeira oportunidade que tiver de se manifestar, após a instituição da arbitragem. § 1º Acolhida a arguição de suspeição ou impedimento, será o árbitro substituído nos termos do art. 16 desta Lei, reconhecida a incompetência do árbitro ou do tribunal arbitral, bem como a nulidade, invalidade ou ineficácia da convenção de arbitragem, serão as partes remetidas ao órgão do Poder Judiciário competente para

Se o árbitro acatar a recusa por suspeição ou impedimento – e a ele cabe, inicialmente, analisar a questão – ou se escusar antes de aceitar o mister, haverá, em regra, a sua substituição, nos termos que veremos a seguir.

O procedimento de arguição de suspeição ou impedimento será analisado no próximo capítulo.

6. IMPOSSIBILIDADE DE ATUAÇÃO DO ÁRBITRO E SUA SUBSTITUIÇÃO

O parágrafo único do art. 15 da Lei de Arbitragem determina que, "acolhida a exceção, será afastado o árbitro suspeito ou impedido, que será substituído, na forma do art. 16 desta Lei".

Posta assim a questão, tanto o árbitro pode se escusar quanto, nos termos do procedimento de arguição de suspeição ou impedimento, ser acolhida a exceção, como veremos.

Demais disso, o árbitro poderá falecer ou se tornar impossibilitado para o exercício da função, como, por exemplo, ser acometido de doença que o impossibilite de levar a cabo a arbitragem, bem como tornar-se incapaz.

> Portanto, diversas são as causas que podem indicar a substituição do árbitro:
> a) Recusa pelo próprio árbitro;
> b) Impedimento ou suspeição;
> c) Falecimento; e
> d) Impossibilidade para o exercício da função, como, por exemplo, ser interditado por incapacidade absoluta ou relativa (arts. 3º e 4º do CC).
> Se isto ocorrer, haverá a substituição do árbitro, se as partes não convencionarem de forma diversa.

Como sabemos, o exercício da função pelo árbitro depende da confiança das partes.

Assim, a lei permite que se estipule a forma de sua substituição ou que, de outro lado, as partes declarem na convenção que não aceitam substituto e, se assim acordaram, extingue-se o compromisso arbitral nos termos do art. 12 da Lei de Arbitragem: "Extingue-se o compromisso arbitral: I – escusando-se qualquer dos árbitros, antes de aceitar a nomeação, desde que as partes tenham declarado, expressamente, não aceitar substituto; II – falecendo ou ficando impossibilitado de dar seu voto algum dos árbitros, desde que as partes declarem, expressamente, não aceitar substituto".

---

julgar a causa. § 2º Não sendo acolhida a arguição, terá normal prosseguimento a arbitragem, sem prejuízo de vir a ser examinada a decisão pelo órgão do Poder Judiciário competente, quando da eventual propositura da demanda de que trata o art. 33 desta Lei."
"Art. 32. É nula a sentença arbitral se: (...) II – emanou de quem não podia ser árbitro.
"Art. 33. A parte interessada poderá pleitear ao órgão do Poder Judiciário competente a declaração da nulidade da sentença arbitral, nos casos previstos nesta Lei. (...) § 2º A sentença que julgar procedente o pedido decretará a nulidade da sentença arbitral, nos casos do art. 32, e determinará, se for o caso, que o árbitro ou o tribunal profira nova sentença arbitral."

Logo, é possível afirmar que, diante de qualquer das causas que impedem o escolhido de ser árbitro, as partes podem convencionar:

a) A impossibilidade expressa na convenção de arbitragem sobre a substituição do árbitro, extinguindo o compromisso arbitral, fazendo com que tenham que submeter seus litígios ao Poder Judiciário;
b) A substituição do árbitro, nos termos do art. 16 da Lei de Arbitragem, seguindo: b.1) a vontade das partes e a forma pactuada na convenção de arbitragem; b.2) acordo entre as partes; b.3) inexistindo forma de substituição dos árbitros ou acordo e não havendo expressa disposição das partes quanto à impossibilidade de substituição do árbitro, seguir-se-á o procedimento judicial do art. 7º da Lei de Arbitragem[20] para que o juiz escolha o novo árbitro.

Eis o artigo da Lei 9.307/1996 que empresta supedâneo à nossa afirmação: "Art. 16. Se o árbitro escusar-se antes da aceitação da nomeação, ou, após a aceitação, vier a falecer, tornar-se impossibilitado para o exercício da função, ou for recusado, assumirá seu lugar o substituto indicado no compromisso, se houver. § 1º Não havendo substituto indicado para o árbitro, aplicar-se-ão as regras do órgão arbitral institucional ou entidade especializada, se as partes as tiverem invocado na convenção de arbitragem. § 2º Nada dispondo a convenção de arbitragem e não chegando as partes a um acordo sobre a nomeação do árbitro a ser substituído, procederá a parte interessada da forma prevista no art. 7º desta Lei, a menos que as partes tenham declarado, expressamente, na convenção de arbitragem, não aceitar substituto".

7. NÚMERO DE ÁRBITROS E SUPLENTES

A arbitragem pode se desenvolver com um ou mais árbitros.

É evidente que se for mais de um, as partes devem tomar a cautela de nomear árbitros em número ímpar, o que, aliás, determina a Lei de Arbitragem: "Art. 13 (...) § 1º As partes nomearão um ou mais árbitros, sempre em número ímpar, podendo nomear, também, os respectivos suplentes".

---

[20] "Art. 7º Existindo cláusula compromissória e havendo resistência quanto à instituição da arbitragem, poderá a parte interessada requerer a citação da outra parte para comparecer em juízo a fim de lavrar-se o compromisso, designando o juiz audiência especial para tal fim. § 1º O autor indicará, com precisão, o objeto da arbitragem, instruindo o pedido com o documento que contiver a cláusula compromissória. § 2º Comparecendo as partes à audiência, o juiz tentará, previamente, a conciliação acerca do litígio. Não obtendo sucesso, tentará o juiz conduzir as partes à celebração, de comum acordo, do compromisso arbitral. § 3º Não concordando as partes sobre os termos do compromisso, decidirá o juiz, após ouvir o réu, sobre seu conteúdo, na própria audiência ou no prazo de 10 (dez) dias, respeitadas as disposições da cláusula compromissória e atendendo ao disposto nos arts. 10 e 21, § 2º, desta Lei. § 4º Se a cláusula compromissória nada dispuser sobre a nomeação de árbitros, caberá ao juiz, ouvidas as partes, estatuir a respeito, podendo nomear árbitro único para a solução do litígio. § 5º A ausência do autor, sem justo motivo, à audiência designada para a lavratura do compromisso arbitral, importará a extinção do processo sem julgamento de mérito. § 6º Não comparecendo o réu à audiência, caberá ao juiz, ouvido o autor, estatuir a respeito do conteúdo do compromisso, nomeando árbitro único. § 7º A sentença que julgar procedente o pedido valerá como compromisso arbitral."

De qualquer forma, não significa que, se as partes nomearem árbitros em número par, a arbitragem restará inválida.

A própria Lei 9.307/1996 estabelece o critério para sanar esta patologia na convenção de arbitragem nos seguintes termos: "Art. 13 (...) § 2º Quando as partes nomearem árbitros em número par, estes estão autorizados, desde logo, a nomear mais um árbitro. Não havendo acordo, requererão as partes ao órgão do Poder Judiciário a que tocaria, originariamente, o julgamento da causa a nomeação do árbitro, aplicável, no que couber, o procedimento previsto no art. 7º desta Lei".

> Portanto, a teor do art. 13, § 2º, da Lei 9.307/1996, se as partes nomearem árbitros em número par, os árbitros nomeados escolherão mais um. Presume a lei que a escolha em número par autoriza que os árbitros nomeiem outro, à sua escolha.

Evidentemente que a escolha pelos árbitros não pode recair sobre pessoa impedida ou suspeita e, se isso ocorrer, caberá o procedimento do art. 20 da Lei 9.307/1996 assim que o prejudicado tomar conhecimento da nomeação.

Seja como for, se os árbitros escolhidos pelas partes em número par não chegarem a um consenso que, na ausência de disposição na lei deve ser entendido e compreendido com a escolha da maioria, as partes deverão se valer do Poder Judiciário.

Claro que se forem dois árbitros, deverá haver unanimidade.

Da mesma forma, se forem quatro, deverá haver o consenso de pelo menos três.

Não havendo acordo, não restará opção senão a via judicial do art. 7º da Lei 9.307/1996, para escolha de novo árbitro pelo juiz.

Como vimos, a nomeação de suplentes é salutar para evitar o procedimento judicial para escolha do árbitro.

Isto porque pode ocorrer que algum árbitro seja recusado ou se escuse do mister, o que pode gerar, inclusive, a existência de número par de árbitros.

Os suplentes poderão ser nomeados pelas partes para substituir os árbitros de maneira geral ou individual, para cada um dos árbitros indicados no caso de impedimento, suspeição, falecimento ou impossibilidade.

Assim, não necessariamente a indicação de suplentes na convenção de arbitragem servirá para suprir a patologia de se indicar número par de árbitros e, tampouco, salvo convenção em sentido contrário, o suplente será, automaticamente, o árbitro que evitará o número par de julgadores.

Tudo depende dos termos da convenção de arbitragem.

Quadro sinótico

1. Quem pode ser árbitro
Pode ser árbitro qualquer pessoa capaz que goze da *confiança* das partes (art. 13, *caput*, da LA).
A capacidade deve ser compreendida, para as *pessoas naturais*, como *capacidade de exercício* dos direitos (capacidade de fato – arts 1º a 5º do CC).

1. Quem pode ser árbitro

A doutrina costuma sustentar que o árbitro deve, obrigatoriamente, ser pessoa natural. Não concordamos e, nessa medida, em algumas hipóteses em que o árbitro pode ser, com vantagens, uma pessoa jurídica, como, por exemplo, uma sociedade destinada a perícias, admitimos a possibilidade de o árbitro ser pessoa jurídica, vez que pessoa jurídica também é dotada de capacidade de fato e personalidade jurídica (arts. 45 e 47 do CC).

A *confiança* estará presente no momento em que as partes, na cláusula arbitral (ou compromissória) ou no compromisso arbitral, nomearem os árbitros, *presumindo-se, em razão da nomeação, que nele confiam*.

O juiz não pode ser árbitro (Lei Complementar 35/1979 – Lei Orgânica da Magistratura Nacional – LOMAN, art. 26, II, e CF, art. 95, parágrafo único, I).

Embora não seja obrigatório, é conveniente que haja entre os árbitros alguém versado em ciências jurídicas, evitando eventuais nulidades formais do procedimento arbitral.

Não há qualquer vedação para que o *estrangeiro* seja árbitro, sequer se exige que a sentença arbitral seja proferida no vernáculo.

2. Poderes, deveres e equiparação aos funcionários públicos

2.1 Poderes (arts. 18 e 31 da LA)	No desempenho da função, o árbitro é juiz de fato e de direito (art. 18 da LA, o que não significa que tenha as mesmas prerrogativas dos magistrados). Profere sentença com a mesma força de uma sentença judicial transitada em julgado, vez que não está, em regra, submetida a recurso, salvo disposição nesse sentido na convenção de arbitragem.
2.2 Deveres (art. 13, § 6º, da LA)	*Imparcialidade*: o árbitro toma partido, decidindo na sentença, sem se envolver com as partes. *Independência*: o árbitro deve se manter distante das partes. *Competência*: para decidir, o árbitro deve conhecer e ser experimentado na matéria que lhe é submetida. *Diligência*: a solução do conflito deve ser pautada por cuidado, zelo e aplicação. *Discrição*: o árbitro deve ser discreto e não divulgar os conflitos que lhe são submetidos, inclusive em razão do sigilo, que pode ser reforçado pela convenção de arbitragem. O descumprimento de qualquer dos deveres impostos ao árbitro, por lei ou pela convenção de arbitragem a que o árbitro adere ao aceitar o mister, obriga-o a responder pelos danos que causar.
2.3 Equiparação (art. 17 da LA)	Para efeito da legislação penal os árbitros são equiparados, no desempenho da função, aos funcionários públicos. Assim, aos árbitros são aplicáveis os crimes contra a administração pública (por exemplo, concussão, corrupção passiva e prevaricação: arts. 312 e ss. do CP). Por extensão, os árbitros podem ser sujeitos de crimes contra a administração pública, como a corrupção ativa, tráfico de influência, desacato e desobediência (arts. 330 a 333 do CP).

3. O significado da expressão legal "tribunal arbitral"

Tribunal arbitral é o termo utilizado pela Lei de Arbitragem para diferenciar o órgão colegiado da arbitragem desenvolvida por árbitro único.

Não representa, portanto, o local, mas o número de árbitros.

3. O significado da expressão legal "tribunal arbitral"

A LA utiliza o termo "tribunal arbitral" nos seguintes dispositivos: art. 12, III; art. 13, §§ 4°, 5° e 7°; art. 15, *caput*; art. 19, § 1°; art. 20, § 1°; art. 21, *caput*, §§ 1° e 4°; art. 22, *caput* e § 2°; art. 24, § 1°; art. 26, parágrafo único; art. 28; art. 29; art. 30, *caput* e parágrafo único; e art. 33, § 2°.

Deve-se evitar a utilização do termo "tribunal arbitral" quando tratar-se de elemento de confusão com órgão do Poder Judiciário.

O advogado não deve desempenhar a função de árbitro no escritório onde desempenha a advocacia e, tampouco, denominá-lo "tribunal arbitral" (art. 34, IV, da Lei 8.906/1994).

4. Critérios para escolha dos árbitros e do presidente do tribunal arbitral (art. 13, §§ 3° e 4°, da LA)

Os árbitros e o presidente do tribunal arbitral (colegiado de árbitros, na arbitragem desenvolvida por mais de um) são escolhidos, em regra, pelas partes na cláusula arbitral cheia ou no compromisso arbitral.

Ausente o critério de escolha pelas partes, poderão ser escolhidos pelos critérios da entidade especializada caso as partes optem pela arbitragem institucional e deleguem a escolha ao órgão arbitral que administrará a arbitragem.

Os árbitros e o presidente do tribunal arbitral são da confiança das partes e não do centro de arbitragem: não é possível ao regulamento de centro de arbitragem afastar o critério da livre escolha dos árbitros e do presidente do tribunal pelas partes na cláusula arbitral ou no compromisso arbitral, impondo, por exemplo, seu quadro de árbitros. Poderá efetuar o controle da escolha, mas terá que fazê-lo respeitando o princípio da razoabilidade.

Arbitragem multiparte: é aquela que envolve mais de duas partes no litígio ou mais de um demandante ou demandado de cada lado do litígio com interesses comuns. Nesses casos, competirá à convenção de arbitragem ou, supletivamente, ao regulamento do centro de arbitragem disciplinar o impasse entre as partes na escolha dos árbitros. Ausente a disciplina pelas partes ou pelo regulamento do centro escolhido, não restará alternativa senão a execução específica da cláusula arbitral, nos termos do art. 7° da Lei de Arbitragem.

Incumbe ao presidente do tribunal arbitral:

a) Receber a notificação para prolação da sentença se escoar o prazo legal ou convencional para tanto sob pena de extinção da arbitragem (art. 12, III, da LA);

b) Receber exceção de suspeição ou impedimento (art. 15 da LA);

c) Requerer ao juiz togado a condução coercitiva de testemunha renitente (art. 22, § 2°, da LA);

d) Proferir Voto de Minerva na hipótese de dissenso entre os árbitros, como, por exemplo, havendo três árbitros, condenam – todos – um dos contendores, mas divergem quanto ao valor da condenação. Neste caso prevalece o voto do presidente (art. 24, § 1°, da LA);

e) Certificar a recusa de um dos árbitros em assinar a sentença que, mesmo assim, será válida (art. 26, parágrafo único, da LA); e

f) Enviar cópia da sentença às partes (art. 29 da LA).

5. Impedimento, suspeição do árbitro e sua arguição (art. 14 da LA; arts. 144 e 145 do CPC)

Como o árbitro não participa, em regra, da convenção de arbitragem e deve aceitar no momento da instituição do procedimento (art. 19 da LA), neste mesmo momento deve revelar alguma causa de impedimento ou suspeição (art. 14 da LA).

5. Impedimento, suspeição do árbitro e sua arguição
(art. 14 da LA; arts. 144 e 145 do CPC)

A Lei de Arbitragem demonstra, sistematicamente, preocupação quanto à imparcialidade e independência do árbitro, o que fez nos seguintes dispositivos:

Art. 13, caput qualificando o árbitro como alguém da "confiança" das partes;

§ 6º do mesmo art. 13, impondo ao árbitro os deveres, entre outros, de "imparcialidade" e "independência";

Art. 14, que proíbe que o árbitro atue quando esteja submetido a quaisquer das circunstâncias que "denotem impedimento ou suspeição de juízes";

§ 2º do art. 21, que trata dos princípios impositivos do procedimento arbitral e, entre eles, o princípio "da imparcialidade do árbitro"; e, por fim,

Estabelece como causa de nulidade da sentença arbitral, entre aquelas insculpidas no art. 32, aquela do inciso II, ou seja, a sentença que "emanou de quem não podia ser árbitro".

O dever de revelação (14, § 1º) é decorrência dos deveres de imparcialidade e independência, e a falha do árbitro em revelar qualquer circunstância que possa influenciar na sua independência ou na sua imparcialidade determinará a nulidade da sentença arbitral.

O Regulamento de Arbitragem da Corte Internacional de Arbitragem da Câmara de Comércio Internacional – CCI, estabelece, para o cumprimento do dever de revelação "qualquer fato ou circunstância susceptível, do ponto de vista das partes, de colocar em dúvida a sua independência, assim como qualquer circunstância que possa dar lugar a dúvidas razoáveis quanto a sua imparcialidade" (art. 11.2, Regulamento ICC/2012).

As causas de impedimento ou suspeição são as mesmas, no que couber, determinadas pelos arts. 144 e 145 do CPC:

Impedimento:

a) Quando o árbitro é parte;

b) Se postular, como advogado da parte, o seu cônjuge ou qualquer parente seu, consanguíneo ou afim, em linha reta; ou na linha colateral até o segundo grau;

c) Quando o árbitro for cônjuge, parente, consanguíneo ou afim, de alguma das partes, em linha reta ou, na colateral, até o terceiro grau;

d) Na eventualidade de o árbitro integrar a administração de pessoa jurídica, parte na causa;

e) Quando figurar como parte instituição de ensino que lecionar como empregado ou prestador de serviços;

f) Na hipótese de figurar como parte algum cliente de escritório de advocacia seu (por extensão ao inciso VIII do art. 144 do CPC), do seu cônjuge, companheiro ou parente consanguíneo ou afim, de alguma das partes, em linha reta ou, na colateral, até o terceiro grau, ainda que o cliente seja patrocinado por advogado de escritório distinto; e

g) Quando promover contra a parte ou seu advogado qualquer espécie de ação, judicial ou arbitral.

Suspeição do árbitro:

a) Quando for amigo íntimo ou inimigo capital de qualquer das partes;

b) Quando alguma das partes for credora ou devedora do árbitro, de seu cônjuge ou de parentes deles, em linha reta ou na colateral até o terceiro grau;

c) Se o árbitro for herdeiro presuntivo, donatário ou empregador de alguma das partes;

5. Impedimento, suspeição do árbitro e sua arguição (art. 14 da LA; arts. 144 e 145 do CPC)

d) Na hipótese de receber oferta ou presente antes ou depois de iniciado o processo; aconselhar alguma das partes acerca do objeto da causa ou se providenciar o necessário, subministrando meios para atender às despesas do litígio;

e) Se o árbitro se apresentar de alguma forma interessado no julgamento da causa em favor de uma das partes;

f) Ainda que não decline a causa, se o árbitro se declarar suspeito por motivo íntimo.

É possível afastar estas causas no momento da instituição da arbitragem desde que as conhecendo plenamente em razão do atendimento do "dever de revelação" as partes as aceitem.

5.1 Arguição (arts. 15, 20, 32, II, e 33, § 2º, da LA)	*Tempo da ocorrência da causa (art. 14, § 2º, da LA):* *a)* por motivo posterior à nomeação, vez que, ao nomear, presume-se (de forma relativa) que as partes afastaram as causas de impedimento ou suspeição. *b)* por motivo anterior, apenas se foi *nomeado indiretamente* (no caso de arbitragem institucional) ou se a causa for conhecida depois. *Procedimento:* o árbitro deve revelar o motivo de sua recusa quando for instado a aceitar a nomeação. Se não o fizer, as partes poderão arguir a recusa, respeitada a boa-fé. Se o árbitro não acatar a recusa, a sentença arbitral poderá ser nula em arguição posterior ao procedimento arbitral, junto ao Poder Judiciário.

6. Impossibilidade de atuação do árbitro e sua substituição (arts. 12, 15, parágrafo único, e 16 da LA)

Causas que podem indicar a substituição do árbitro:

a) Recusa do árbitro à nomeação;

b) Impedimento ou suspeição;

c) Falecimento; e,

d) Impossibilidade para o exercício da função, como, por exemplo, ser interditado por incapacidade absoluta ou relativa (arts. 3º e 4º do CC).

Diante de qualquer das causas que impedem o escolhido de ser árbitro, as partes podem convencionar:

a) *A impossibilidade de substituição do árbitro* (expressa, vez que se trata de exceção), extinguindo o compromisso arbitral, fazendo com que tenham que submeter seus litígios ao Poder Judiciário (art. 12, I e II, da LA);

b) *A substituição do árbitro (regra, se nada for convencionado sobre a impossibilidade de substituição)*, nos termos do art. 16 da LA, seguindo:

b.1) *a vontade das partes* e a forma pactuada na convenção de arbitragem (inclusive, se for o caso, seguindo as regras do órgão institucional);

b.2) acordo entre as partes;

b.3) inexistindo forma de substituição dos árbitros ou acordo e não havendo expressa disposição das partes quanto à impossibilidade de substituição do árbitro, seguir-se-á o procedimento judicial do art. 7º da LA para que o juiz escolha o novo árbitro.

7. Número de árbitros e suplentes (arts. 13, §§ 1º e 2º, da LA)

Apenas *um árbitro*.

Mais de um árbitro: devem ser nomeados árbitros em *número ímpar*.

Nomeados ou restando árbitros em número par:

   a) Os árbitros nomeados escolherão mais um, consensualmente, valendo a escolha da maioria, que não pode recair sobre pessoa impedida ou suspeita (presunção de autorização das partes para escolha de outro membro pelos árbitros).

   b) Não havendo maioria, as partes deverão se valer do procedimento judicial do art. 7º para escolha do novo árbitro.

Suplentes: podem ser nomeados pelas partes, evitando que a recusa, falecimento, impedimento, suspeição ou impossibilidade gere o número par de árbitros ou a extinção nos termos do art. 12, I e II, da LA.

Capítulo 4

PROCEDIMENTO ARBITRAL

1. NORMAS DE PROCEDIMENTO

Segundo Rodrigo Cunha Lima Freire, processo "é a via pela qual o Estado realiza a jurisdição, em face do exercício de ação".[1]

Podemos complementar: não só o Estado, mas também o árbitro ou o tribunal arbitral exerce a função jurisdicional, ou seja, de aplicação do direito material, em razão da existência da arbitragem como meio alternativo de solução de conflitos.

Nessa medida, assevera Paulo Hamilton Siqueira Junior: "Processo é o conjunto de atos dirigidos para cumprir uma finalidade: aplicação da norma (...), solução de um conflito. A doutrina denomina procedimento a sequência dos atos coordenados. O procedimento é a forma como o processo se exterioriza e se materializa no mundo jurídico".[2]

Tendo em vista esses conceitos, releva notar que uma das vantagens da arbitragem é a liberdade conferida às partes para determinar as regras procedimentais, aspecto que foi adotado pelo CPC de 2015 ao permitir, com certas restrições, os chamados "atos processuais convencionais" (ou "negócio jurídico processual" – CPC, arts. 190 e 191[3]), o que nada mais é que a "judicialização do procedimento arbitral". Em outras palavras, o conceito de liberdade procedimental da arbitragem foi aproveitado no Código de Processo Civil de 2015 para os direitos patrimoniais disponíveis em litígio no procedimento judicial.

---

[1] Rodrigo Cunha Lima Freire. *Condições da ação*, 2. ed., São Paulo, RT, 2001, p. 34.
[2] Paulo Hamilton Siqueira Junior. *Direito processual constitucional*, São Paulo, Saraiva, 2006, p. 25-26.
[3] "Art. 190. Versando o processo sobre direitos que admitam autocomposição, é lícito às partes plenamente capazes estipular mudanças no procedimento para ajustá-lo às especificidades da causa e convencionar sobre os seus ônus, poderes, faculdades e deveres processuais, antes ou durante o processo. Parágrafo único. De ofício ou a requerimento, o juiz controlará a validade das convenções previstas neste artigo, recusando-lhes aplicação somente nos casos de nulidade ou de inserção abusiva em contrato de adesão ou em que alguma parte se encontre em manifesta situação de vulnerabilidade."
"Art. 191. De comum acordo, o juiz e as partes podem fixar calendário para a prática dos atos processuais, quando for o caso. § 1º O calendário vincula as partes e o juiz, e os prazos nele previstos somente serão modificados em casos excepcionais, devidamente justificados. § 2º Dispensa-se a intimação das partes para a prática de ato processual ou a realização de audiência cujas datas tiverem sido designadas no calendário."

> Optando pela jurisdição arbitral, caberá às partes, na convenção de arbitragem (cláusula arbitral cheia ou compromisso arbitral), determinar quais regras procedimentais serão aplicadas à arbitragem, respeitando, contudo, os limites impostos pelos princípios impositivos do art. 21, § 2º, da Lei 9.307/1996.

Trataremos desses princípios no item 1.2.

Antes disso, eis o art. 21 da Lei de Arbitragem: "A arbitragem obedecerá ao procedimento estabelecido pelas partes na convenção de arbitragem, que poderá reportar-se às regras de um órgão arbitral institucional ou entidade especializada, facultando-se, ainda, às partes delegar ao próprio árbitro, ou ao tribunal arbitral, regular o procedimento. § 1º Não havendo estipulação acerca do procedimento, caberá ao árbitro ou ao tribunal arbitral discipliná-lo".

A teor do mencionado art. 21, da lei de Arbitragem, não significa que, diante da ausência de estipulação do procedimento, a arbitragem restará inviabilizada.

Neste caso, caberá aos árbitros, ao seu talante – respeitando os princípios impositivos –, disciplinar o procedimento.

Presume-se que, se não disciplinaram o procedimento, as partes delegaram tal mister aos árbitros.

Não se pode deslembrar, igualmente, que a arbitragem pode ser institucional e, nesse caso, as partes podem aderir às regras procedimentais do órgão arbitral escolhido, que pode dispor de regras procedimentais próprias.

1.1 Ata de missão

O § 1º do art. 19 da Lei de Arbitragem esclarece que, "instituída a arbitragem e entendendo o árbitro ou o tribunal arbitral que há necessidade de explicitar questão disposta na convenção de arbitragem, será elaborado, juntamente com as partes, adendo firmado por todos, que passará a fazer parte integrante da convenção de arbitragem".

Entendemos que essa é uma faculdade do árbitro vez que a leitura do art. 19 da Lei 9.307/1996, não pode se divorciar do § 1º, do art. 21 e, tampouco, inviabilizar a arbitragem por ausência posterior de acordo, em razão da omissão das partes a quem, antes, a lei conferia a mais ampla liberdade de disciplinar o procedimento.

Isto significa que, entendendo necessário esclarecer, por exemplo, a extensão dos poderes conferidos aos árbitros, o local onde se desenvolverá a arbitragem, entre outros pontos do procedimento, o árbitro poderá chamar as partes para assinatura de aditivo à convenção de arbitragem conhecido como *terms of reference* (ou *ata de missão*).

A recusa de assinatura da "ata de missão", estipulada no § 1º do art. 19 da Lei de Arbitragem, não significa, como pode parecer, que a arbitragem não poderá se desenvolver.

A interpretação sistemática com o art. 21, § 1º, significa que as partes delegaram esta função, como dissemos, aos árbitros ou à entidade especializada que, se quiserem – faculdade – utilizarão a "ata de missão".

Nesse sentido, ficou consignado no julgamento da Ap. Cív. 296.036-4/4, pela 7ª Câm. de Direito Privado do TJSP (rel. Des. Sousa Lima), ao apreciar a regra do Centro de Arbitragem da Câmara de Comércio Brasil Canadá, que "da mesma forma, não se vislumbra nulidade da cláusula 5.9 do Regulamento da Câmara,[4] na parte em que dispõe que a ausência de assinatura de qualquer das partes (no termo de arbitragem) não impedirá o regular processamento da arbitragem (fls. 750). Essa assinatura, assim como a não indicação voluntária de árbitros, que, no caso, não ocorreu, são circunstâncias inócuas, na medida em que o citado regulamento assegura, em qualquer hipótese, o contraditório".[5]

Posta assim a questão, a ausência ou a recusa das partes implica na inviabilidade da "ata de missão" e a necessidade do preenchimento das lacunas procedimentais pelos árbitros.

Essa, aliás, é a solução alvitrada pelo art. 18, n. 3, das regras da Câmara de Comércio Internacional.[6]

1.2 Princípios impositivos

A possibilidade de as partes disciplinarem o procedimento arbitral ou, em caráter supletivo, o tribunal ou os árbitros, não significa que possam fazê-lo de forma absolutamente livre.

Alguns princípios devem ser observados sob pena de nulidade do procedimento arbitral (art. 32, VIII, da Lei de Arbitragem).[7]

> São princípios que decorrem da Constituição Federal como garantia mínima aos litigantes em qualquer espécie de processo, seja ele judicial ou não.

---

[4] "5.9 As partes firmarão o Termo de Arbitragem juntamente com os árbitros indicados e seus suplentes e por duas testemunhas. O Termo de Arbitragem permanecerá arquivado no Centro. A ausência de assinatura de qualquer das partes não impedirá o regular processamento da arbitragem."

[5] J. 13.11.2003.

[6] Se uma das partes se recusar a participar na elaboração da Ata de Missão ou a assiná-la, o documento deverá ser submetido à Corte para aprovação. Uma vez que a Ata de Missão tenha sido assinada, nos termos do art. 18(2), ou aprovada pela Corte, a arbitragem poderá prosseguir. Disponível em: <www.iccwbo.org/uploadedfiles/Court/Arbitration/other/rules_arb_brazilian.pdf>. Acesso em 09.09.2007.

Não de forma diferente, impondo as regras institucionais na ausência de assinatura, o item 5.9 das regras da Câmara de Comércio Brasil-Canadá. Disponível em <www.ccbc.org.br>. Acesso em 04.11.2008: "5.9 As partes firmarão o Termo de Arbitragem juntamente com os árbitros indicados e seus suplentes e por duas testemunhas. O Termo de Arbitragem permanecerá arquivado no Centro. A ausência de assinatura de qualquer das partes não impedirá o regular processamento da arbitragem".

[7] "Art. 32. É nula a sentença arbitral se: (...) VIII – forem desrespeitados os princípios de que trata o art. 21, § 2º, desta Lei. Art. 33. A parte interessada poderá pleitear ao órgão do Poder Judiciário competente a declaração de nulidade da sentença arbitral, nos casos previstos nesta Lei. (...) § 2.º A sentença que julgar procedente o pedido declarará a nulidade da sentença arbitral, nos casos do art. 32, e determinará, se for o caso, que o árbitro ou tribunal profira nova sentença arbitral (...)."

É o que dispõe o art. 5º, LV, da CF, que garante que "aos litigantes, em processo judicial ou administrativo, e aos acusados em geral são assegurados o contraditório e ampla defesa, com os meios e recursos a ela inerentes".

Nessa medida, o art. 21, § 2º, da Lei de Arbitragem,[8] que impõe, na arbitragem:

a) O contraditório

Nessa medida, através da informação dos atos praticados pela parte contrária, sempre deverá ser possível uma reação, lembrando que o que se requer é a oportunidade para que a outra parte se manifeste, não havendo afronta ao contraditório se, a par dessa possibilidade, o contendor permanece inerte.[9]

Portanto, deve haver o máximo de cautela na comunicação dos atos processuais, ainda que seja da forma estipulada pelas partes ou pela entidade arbitral, permitindo que os litigantes possam influir nas decisões que serão tomadas.

b) A igualdade das partes

A igualdade entre os litigantes na arbitragem – onde se presume o equilíbrio em razão da não obrigatoriedade do procedimento, que decorre da vontade das partes – significa que se uma oportunidade for dada a um dos contendores de produzir provas, aduzir suas razões e indicar árbitro ou advogado, a mesma oportunidade deve ser concedida ao outro.

---

[8] Lei 9.307/1996, art. 21, § 2º: "Serão, sempre, respeitados no procedimento arbitral os princípios do contraditório, da igualdade das partes, da imparcialidade do árbitro e de seu livre convencimento".

[9] Nesse sentido: Sentença arbitral estrangeira – Condenação de empresa brasileira ao cumprimento de cláusula contratual – Requisitos formais para o deferimento do pedido de homologação observados – Reconhecimento da arbitragem como meio legal de solução de conflitos de direitos disponíveis – Lei 9.307/9196 – Ausência, *in casu*, de afronta a princípios de ordem pública. I – Não viola a ordem pública brasileira a utilização de arbitragem como meio de solução de conflitos, tanto que em plena vigência a Lei 9.307/1996 (Lei de Arbitragem), não se podendo afirmar, de outro turno, ter a ora requerida eleito esta via alternativa compulsoriamente, como sugere, até mesmo porque sequer levantou indício probatório de tal ocorrência. II – *Ex vi* do parágrafo único do art. 39 da Lei de Arbitragem brasileira, 'não será considerada ofensa à ordem pública nacional a efetivação da citação da parte residente ou domiciliada no Brasil, nos moldes da convenção de arbitragem ou da lei processual do país onde se realizou a arbitragem, admitindo-se, inclusive, a citação postal com prova inequívoca de recebimento, desde que assegure à parte brasileira tempo hábil para o exercício do direito de defesa'. III – Ademais, é farto o conjunto probatório, a demonstrar que a requerida recebeu, pela via postal, não somente a citação, como também intimações objetivando o seu comparecimento às audiências que foram realizadas, afinal, à sua revelia. IV – Observados os requisitos legais, inclusive os elencados na Res. 9 do STJ, de 04.05.2005, relativos à regularidade formal do procedimento em epígrafe impossibilitado o indeferimento do pedido de homologação da decisão arbitral estrangeira. V – Pedido de homologação deferido, portanto (Corte Especial, SEC 874/EX, rel. Min. Francisco Falcão, j. 19.04.2006, *DJ* 15.05.2006, p. 142).

Portanto, a igualdade no processo arbitral significa "igualdade de oportunidades" e não a "igualdade de meios" ou "de armas" do processo civil.[10]

Em consonância com o acatado, a igualdade do processo arbitral é bem diversa da igualdade do processo judicial pela presunção de igualdade das partes em razão da manifestação volitiva que empresta gênese ao procedimento e decorre da convenção de arbitragem livre de vícios do consentimento.

Da mesma forma que o contraditório, concedida a mesma oportunidade, em razão do equilíbrio inicial, restará respeitada a igualdade entre as partes.

Isso significa, na prática, por exemplo, que se uma das partes indica advogado, a outra deve ter a mesma oportunidade.

Todavia, se a oportunidade foi concedida e a parte deixa de aproveitá-la, não poderá, ao depois, alegar a desigualdade e consequente nulidade do procedimento arbitral.

Assim, a igualdade exigida pela arbitragem em razão do equilíbrio inicial, é diferente daquela exigida no processo judicial, no qual, algumas vezes, há necessidade de se conceder às partes as mesmas armas, como é o caso da exigência do § 1º do art. 9º da Lei 9.099/1995, no âmbito dos Juizados Especiais.[11]

c) *Imparcialidade do árbitro*

Verifica-se que a preocupação com a imparcialidade do árbitro é uma constante.

Deveras, o assunto foi tratado não só aqui, no âmbito do procedimento arbitral, mas, igualmente, nos dispositivos reservados às qualidades do árbitro, exigindo que não fosse impedido ou suspeito (art. 14, § 1º, da Lei de Arbitragem).

Portanto, mais uma vez se reforça a necessidade de o árbitro ser distante das partes, ou seja, não ser delas credor ou devedor, não ser ligado de qualquer forma às partes e não possuir interesse no litígio.

d) *Livre convencimento do árbitro*

O árbitro deve julgar de acordo com o seu livre convencimento sobre as provas e as circunstâncias do procedimento arbitral, o que não significa que as partes não possam estipular regras próprias acerca do ônus de produzir as provas que serão apreciadas.

---

[10] "Os poderes assistenciais do juiz defluem, em prestígio à noção de justiça material (em contraposição à mera ideia de justiça formal), de um princípio por alguns admitidos – que não vem expresso na Constituição –, conhecido como princípio da paridade das armas. Segundo desdobramento deste último princípio é indispensável, para a própria garantia da igualdade das partes no processo, que em situações de desigualdade, o juiz atue conduzindo o processo e assistindo o mais frágil na relação jurídica deduzida em juízo" (Marcus Orione Gonçalves Correia. *Teoria geral do processo*, São Paulo, Saraiva, 1999, p. 24).

[11] "Art. 9º. Nas causas de valor até vinte salários mínimos, as partes comparecerão pessoalmente, podendo ser assistidas por advogado; nas de valor superior, a assistência é obrigatória. § 1º Sendo facultativa a assistência, se uma das partes comparecer assistida por advogado, ou se o réu for pessoa jurídica ou firma individual, terá outra parte, se quiser, assistência judiciária prestada por órgão instituído junto ao Juizado Especial, na forma da lei local."

Assim, nada obsta que, na convenção de arbitragem, as partes estipulem a inversão do natural ônus da prova, cabendo ao árbitro valorar as provas que forem produzidas de acordo com o que decidiram ao optar pela arbitragem.

A prova que será valorada pelo árbitro, pode não ser aquela produzida pela parte que alega o fato a ser provado, como seria natural, vez que as partes podem estabelecer a inversão do ônus da prova, cabendo, inclusive, distribuição diversa determinada pelo árbitro, aplicando a teoria dinâmica do ônus da prova de acordo com a regra insculpida no § 1º do art. 373 do Código de Processo Civil.[12]

De outro lado, até em razão do livre convencimento e da ausência de regras rígidas, o árbitro, para formar o seu convencimento, pode determinar a produção das provas que entender pertinentes para a formação de sua convicção, ainda que não sejam os tradicionais meios probantes do Código de Processo Civil.

1.3 Primeiras providências e tentativa de conciliação

Como vimos, as partes possuem ampla liberdade para disciplinar o procedimento arbitral.

Aliás, esta é uma das vantagens da arbitragem, evitando o formalismo exacerbado, petições empoladas e excesso de recursos.

De qualquer forma, algumas regras são necessárias e, nessa medida, a Lei 9.307/1996 (Lei de Arbitragem) exige que, no início do procedimento, as partes sejam instadas à conciliação que imaginamos deva ser levada a efeito em audiência, ainda que seja realizada de forma eletrônica.

Não que a conciliação não deva ser tentada em outras oportunidades, mas, aqui, no início do procedimento, é obrigatória, a teor do que dispõe o § 4º do art. 21 da Lei de Arbitragem: "(...) § 4º Competirá ao árbitro ou ao tribunal arbitral, no início do procedimento, tentar a conciliação das partes, aplicando-se, no que couber, o art. 28 desta Lei".

Resta saber qual a consequência de o árbitro não tentar a conciliação das partes.

Para uma posição precatada acerca do tema, basta verificar o que se decidia, por analogia, no procedimento judicial no âmbito do CPC/1973, quando a audiência de conciliação era obrigatória.[13]

---

[12] "Art. 373. O ônus da prova incumbe: I - ao autor, quanto ao fato constitutivo de seu direito; II - ao réu, quanto à existência de fato impeditivo, modificativo ou extintivo do direito do autor. § 1º Nos casos previstos em lei ou diante de peculiaridades da causa relacionadas à impossibilidade ou à excessiva dificuldade de cumprir o encargo nos termos do *caput* ou à maior facilidade de obtenção da prova do fato contrário, poderá o juiz atribuir o ônus da prova de modo diverso, desde que o faça por decisão fundamentada, caso em que deverá dar à parte a oportunidade de se desincumbir do ônus que lhe foi atribuído."

[13] Passou a não ser em razão da alteração havida no art. 331 do CPC/1973 e, como dito, agora, com o CPC de 2015, volta (art. 334), salvo exceções, a obrigatoriedade. Seja como for, no procedimento arbitral a tentativa de conciliação é obrigatória e, em razão dessa obrigatoriedade, entendemos que pode ser aplicado o mesmo entendimento que antes vigorava em razão da redação dada pela Lei 8.952, de 13.12.1994: "Art. 331. Se não se verificar qualquer das hipóteses previstas nas seções precedentes e a causa versar sobre direitos

A ideia da obrigatoriedade da audiência voltou com força no processo judicial em razão da redação do art. 334 do Código de Processo Civil de 2015, de tal sorte que será realizada, salvo se ambas as partes se manifestarem contrariamente, se o processo comportar improcedência liminar ou tratar-se de direito indisponível.

Nessa medida, com obrigatoriedade, enquanto assim determinava o CPC/1973, a sua ausência implicava nulidade: "Saneamento do feito sem designação de audiência de conciliação – Inadmissibilidade – Aplicação do art. 331, *caput*, do CPC [atual art. 334]. A omissão de designação de audiência de conciliação, com saneamento intempestivo do feito, é inadmissível, pois referida audiência é de realização obrigatória, *ex vi* do art. 331, *caput*, do CPC [atual art. 334] (2º TACSP, 10ª Câm., Processo 585.619/1-00, j. 04.08.1999).

Aliás, em razão da obrigatoriedade da audiência de conciliação, noticiava Theotonio Negrão que "a omissão de designação da audiência de conciliação prevista no art. 331 do CPC [atual art. 334] implica nulidade absoluta do processo".[14]

> Portanto, em interpretação sistemática, pensamos que a ausência da tentativa de conciliação pelo árbitro implicará nulidade do procedimento arbitral, desde que a parte que pretenda alegar o vício tenha se insurgido na primeira oportunidade que tiver para falar, nos termos do art. 20 da Lei de Arbitragem.

Nada obstante, costuma-se sustentar que a ausência de tentativa de conciliação pelo árbitro é mera irregularidade e, nessa exata medida, não possui o condão de infirmar o procedimento arbitral.[15]

Todavia, ainda assim, com o respeito que a posição merece, pensamos que, se a lei exigiu a tentativa de conciliação e não sugeriu, este é motivo mais do que suficiente para pensar o contrário.

---

disponíveis, o juiz designará audiência de conciliação, a realizar-se no prazo máximo de 30 (trinta) dias, à qual deverão comparecer as partes ou seus procuradores habilitados a transigir. § 1º Obtida a conciliação, será reduzida a termo e homologada por sentença. § 2º Se, por qualquer motivo, não for obtida a conciliação, o juiz fixará os pontos controvertidos, decidirá as questões processuais pendentes e determinará as provas a serem produzidas, designando audiência de instrução e julgamento, se necessário" [Última redação antes da revogação pelo CPC/2015]: "Art. 331. Se não ocorrer qualquer das hipóteses previstas nas seções precedentes, e versar a causa sobre direitos que admitam transação, o juiz designará audiência preliminar, a realizar-se no prazo de 30 (trinta) dias, para a qual serão as partes intimadas a comparecer, podendo fazer-se representar por procurador ou preposto, com poderes para transigir. § 1º Obtida a conciliação, será reduzida a termo e homologada por sentença. § 2º Se, por qualquer motivo, não for obtida a conciliação, o juiz fixará os pontos controvertidos, decidirá as questões processuais pendentes e determinará as provas a serem produzidas, designando audiência de instrução e julgamento, se necessário. § 3º Se o direito em litígio não admitir transação, ou se as circunstâncias da causa evidenciarem ser improvável sua obtenção, *o juiz poderá, desde logo, sanear o processo e ordenar a produção da prova*, nos termos do § 2º" (Redação dada pela Lei 10.444, de 07.05.2002).

[14] *Lex-JTA* 162/298; apud Theotonio Negrão. *Código de Processo Civil*, 30. ed., São Paulo, Saraiva, 2004, p. 385, nota 3c ao art. 331 do CPC.
[15] Carlos Alberto Carmona. Op. cit., p. 257.

Deveras, trata-se de procedimento arbitral que pressupõe o acordo para o término do litígio através da arbitragem e, nos termos da *mens legis*, evitar o conflito, inferindo-se a inafastável tentativa de conciliação.

> Obtida a conciliação, respeitados os limites da convenção de arbitragem no que tange à matéria (o árbitro não pode homologar matéria que não seja de sua competência pela convenção de arbitragem), a transação será homologada pelo árbitro a pedido das partes.

Em razão da sentença arbitral, a obrigação contida na transação homologada constituirá título executivo judicial, nos termos do art. 515, VII, do CPC.[16]

Nessa medida, o art. 28 da Lei de Arbitragem[17] exige que a sentença de homologação contenha os requisitos do art. 26, ou seja: "São requisitos obrigatórios da sentença arbitral: I – o relatório, que conterá os nomes das partes e um resumo do litígio; II – os fundamentos da decisão, onde serão analisadas as questões de fato e de direito, mencionando-se, expressamente, se os árbitros julgaram por equidade; III – o dispositivo, em que os árbitros resolverão as questões que lhes forem submetidas e estabelecerão o prazo para o cumprimento da decisão, se for o caso; e IV – a data e o lugar em que foi proferida".

1.4 Participação de advogado e representantes das partes

Determina a Constituição Federal, no art. 133, que "o advogado é indispensável à administração da justiça, sendo inviolável por seus atos e manifestações no exercício da profissão, nos limites da lei".

Resta saber se é obrigatória a presença de advogado no procedimento arbitral.

Tendo em vista a informalidade e a ausência de atos judiciais, a resposta negativa se impõe, tendo em vista que a lei é clara e faculta – não obriga – às partes, a representação por advogado.

> Assim, o art. 21, § 3º, da Lei de Arbitragem preceitua: "(...) § 3º As partes *poderão* postular por intermédio de advogado, respeitada, sempre, a faculdade de designar quem as represente ou assista no procedimento arbitral".

Já vimos que um dos princípios impositivos que recaem sobre a arbitragem é, exatamente, a igualdade entre os litigantes, o que garante, às partes, iguais oportunidades.

---

[16] "Art. 515. São títulos executivos judiciais, cujo cumprimento dar-se-á de acordo com os artigos previstos neste Título: (...) VII – a sentença arbitral; (...)."

[17] "Art. 28. Se, no decurso da arbitragem, as partes chegarem a acordo quanto ao litígio, o árbitro ou o tribunal arbitral poderá, a pedido das partes, declarar tal fato mediante sentença arbitral, que conterá os requisitos do art. 26 desta Lei."

Assim, se um dos contendores se faz representar por advogado, o árbitro deve abrir prazo para que o outro, se quiser, igualmente nomeie causídico.

Todavia, não aproveitada a oportunidade, nenhum óbice haverá para o regular desenvolvimento dos trabalhos com a prolação da sentença arbitral, ainda que uma das partes não seja assistida por advogado, desde que, por óbvio, se lhe tiver sido dada a possibilidade de nomear um.

Igualmente, as partes podem se fazer representar por procuradores ou prepostos, além do advogado que postulará pelo contendor.

A ausência do advogado na audiência não prejudica a realização do ato, tendo em vista que a sua presença é facultativa na arbitragem. Se a ausência for do preposto, a mesma solução se afigura, posto que apenas se exige a oportunidade com a intimação da parte para que possa, querendo, comparecer ou se fazer representar. Por outro lado, a ausência sem justificativa da parte *intimada para o depoimento pessoal* gera comportamento que será levado em consideração na sentença e, nessa medida, trataremos da falta no item 5.

2. INSTITUIÇÃO DA ARBITRAGEM E A INTERRUPÇÃO DA PRESCRIÇÃO

A instituição da arbitragem se dá no momento em que o árbitro ou todos os árbitros aceitam a incumbência.

É nesse sentido o art. 19 da Lei de Arbitragem: "Considera-se instituída a arbitragem quando aceita a nomeação pelo árbitro, se for único, ou por todos, se forem vários".

A instituição da arbitragem estabelece o termo inicial para contagem do prazo de emissão da sentença arbitral que, na ausência de convenção das partes, é de seis meses (art. 23 da Lei de Arbitragem). Verificaremos os aspectos referentes a esse prazo no próximo capítulo (sentença arbitral).

Igualmente, a instituição da arbitragem torna litigiosa a coisa e induz litispendência.

É fundamental, também, para esclarecer a questão da prescrição.

Nos termos do art. 189 do CC, "violado o direito, nasce para o titular a pretensão, a qual se extingue, pela prescrição, nos prazos a que aludem os arts. 205 e 206".[18]

---

[18] "Art. 205. A prescrição ocorre em dez anos, quando a lei não lhe haja fixado prazo menor. Art. 206. Prescreve: § 1º Em um ano: I – a pretensão dos hospedeiros ou fornecedores de víveres destinados a consumo no próprio estabelecimento, para o pagamento da hospedagem ou dos alimentos; II – a pretensão do segurado contra o segurador, ou a deste contra aquele, contado o prazo: *a)* para o segurado, no caso de seguro de responsabilidade civil, da data em que é citado para responder à ação de indenização proposta pelo terceiro prejudicado, ou da data que a este indeniza, com a anuência do segurador; *b)* quanto aos demais seguros, da ciência do fato gerador da pretensão; III – a pretensão dos tabeliães, auxiliares da justiça, serventuários judiciais, árbitros e peritos, pela percepção de emolumentos, custas e honorários; IV – a pretensão contra os peritos, pela avaliação dos bens que entraram para a formação do capital de sociedade anônima, contado da publicação da ata da assembleia que aprovar o laudo; V – a pretensão dos credores não pagos contra os sócios ou acionistas e os liquidantes, contado o prazo da publicação da ata de encerramento da liquidação da sociedade. § 2º Em dois anos, a pretensão para haver prestações alimentares, a partir da data em que se vencerem. § 3º Em três anos: I – a pretensão relativa a aluguéis de prédios

A Lei 13.129/2015 incluiu o § 2º ao art. 19 da Lei de Arbitragem, estabelecendo critério claro, antes inexistente, para interrupção da prescrição: "§ 2º A instituição da arbitragem interrompe a prescrição, retroagindo à data do requerimento de instauração da arbitragem, ainda que extinta a arbitragem por ausência de jurisdição".

Para acabar com a celeuma antes da Lei 13.129/2015 existente,[19] tendo em vista que a arbitragem só se considera instituída depois da aceitação do árbitro ou do último dos árbitros, quando a prescrição restava interrompida, ao menos em interpretação literal do art. 19 que não vinha acompanhado do § 2º, a redação cristalina do novel

---

urbanos ou rústicos; II – a pretensão para receber prestações vencidas de rendas temporárias ou vitalícias; III – a pretensão para haver juros, dividendos ou quaisquer prestações acessórias, pagáveis, em períodos não maiores de um ano, com capitalização ou sem ela; IV – a pretensão de ressarcimento de enriquecimento sem causa; V – a pretensão de reparação civil; VI – a pretensão de restituição dos lucros ou dividendos recebidos de má-fé, correndo o prazo da data em que foi deliberada a distribuição; VII – a pretensão contra as pessoas em seguida indicadas por violação da lei ou do estatuto, contado o prazo: *a)* para os fundadores, da publicação dos atos constitutivos da sociedade anônima; *b)* para os administradores, ou fiscais, da apresentação, aos sócios, do balanço referente ao exercício em que a violação tenha sido praticada, ou da reunião ou assembleia-geral que dela deva tomar conhecimento; *c)* para os liquidantes, da primeira assembleia semestral posterior à violação; VIII – a pretensão para haver o pagamento de título de crédito, a contar do vencimento, ressalvadas as disposições de lei especial; IX – a pretensão do beneficiário contra o segurador, e a do terceiro prejudicado, no caso de seguro de responsabilidade civil obrigatório. § 4º Em quatro anos, a pretensão relativa à tutela, a contar da data da aprovação das contas. § 5º Em cinco anos: I – a pretensão de cobrança de dívidas líquidas constantes de instrumento público ou particular; II – a pretensão dos profissionais liberais em geral, procuradores judiciais, curadores e professores pelos seus honorários, contado o prazo da conclusão dos serviços, da cessação dos respectivos contratos ou mandato; III – a pretensão do vencedor para haver do vencido o que despendeu em juízo".

[19] Escrevi nas edições anteriores deste livro, em razão da omissão legislativa anterior à Lei 13.129/2015, "embora a Lei de Arbitragem tenha sido omissa em relação à questão da prescrição, não há como deixar de utilizar a analogia para esclarecer a questão de suma importância. Isto porque, nos termos do art. 189 do CC, 'violado o direito, nasce para o titular a pretensão, a qual se extingue, pela prescrição, nos prazos a que aludem os arts. 205 e 206'. Portanto, a prescrição é a perda da pretensão atribuída a um direito. Assim, a pretensão pode ser exercida junto ao Poder Judiciário, e, ao ser exercida no prazo que a lei determina, interrompe a prescrição, que somente começa a correr novamente depois do último ato praticado no processo. Eis o que dispõe o Código de Processo Civil a esse respeito, nos termos do art. 202 do CC: 'Art. 240. A citação válida, ainda quando ordenada por juízo incompetente, induz litispendência, torna litigiosa a coisa e constitui em mora o devedor, ressalvado o disposto nos arts. 397 e 398 da Lei nº 10.406, de 10 de janeiro de 2002 (Código Civil)'. Isto se dá em razão do art. 312 do CPC, na data da distribuição ou, onde não houver protocolo, o que é raro, na data do despacho que determinar a citação. Posta assim a questão, em razão da lacuna existente na Lei 9.307/1996, a aplicação da analogia se impõe (art. 4º da Lei de Introdução às normas do Direito Brasileiro). Isto porque a pretensão será exercida através da arbitragem e não do Poder Judiciário, no qual se aplicam as regras que mencionamos".
A inclusão do § 2º ao art. 19 atendeu, exatamente, a essa observação.

dispositivo prevê que a aceitação do árbitro interrompe a prescrição retroativamente à data do requerimento de instauração da arbitragem.

A alteração merece aplauso, posto que prestigia a segurança jurídica e atende a *mens legis* da prescrição na medida em que aquele que provocou o início da arbitragem não pode ser penalizado pela eventual demora ou procedimento do centro de arbitragem até a definitiva aceitação do árbitro ou de todos os árbitros, tratando-se de tribunal arbitral.

Portanto, a prescrição é a perda da pretensão atribuída a um direito e penaliza o desidioso que, no caso de jurisdição arbitral, é aquele que não providenciou a solicitação de instituição da arbitragem antes do termo final do prazo prescricional para exercício da sua pretensão, quando aplicável.

Assim, a interrupção da prescrição na arbitragem se dará com a aceitação do árbitro, que terá efeito retroativo à data da provocação da parte para que aceite o mister, aplicando-se, por analogia, a teoria da expedição, de resto tradicional entre nós nos contratos.

Portanto, protocolizada ou expedida a convocação do árbitro para que aceite o mister, na forma da convenção de arbitragem, é desta data que se considerará interrompida a prescrição.

Todavia, a interrupção, a partir da data em que a parte exerce sua pretensão, está condicionada à aceitação pelo árbitro, nos termos do art. 19 da Lei de Arbitragem, aplicando-se solução parecida com aquela que emana do Código de Processo Civil nos arts. 240 e 312.[20]

Se não houver aceitação do árbitro original, mas de seu substituto eventualmente estipulado, igualmente, na data da primeira expedição ou protocolo da convocação, quando o contratante demonstrou inequivocamente a intenção de levar a efeito sua pretensão pela via arbitral, se considerará interrompida a prescrição.

Mas poder-se-ia redarguir que as partes podem estipular os prazos para o exercício da pretensão que nasce do contrato.

Entendemos que tal disposição contratual, se existente, esbarrará em norma de ordem pública.

Não é possível, em razão da característica cogente das normas que regulam a prescrição,[21] que as partes afastem ou modifiquem os prazos legais no contrato, o que

---

[20] "Prescrição – Interrupção – Ocorrência – Citação realizada – Retroação dos efeitos à data da distribuição – Extinção do processo afastada – Recurso provido (*JTJ* 119/218); Execução por título extrajudicial – Duplicatas – Prescrição trienal – Inocorrência, eis que na data da propositura da ação não havia transcorrido o aludido prazo – Precedentes jurisprudenciais sobre a contagem do prazo. Interrupção da prescrição na data em que a petição inicial é distribuída ou simplesmente apresentada ao protocolo, não se atribuindo ao autor culpa pelo atraso do despacho ou da citação – Sentença anulada – Prescrição afastada – Exceção de pré--executividade julgada improcedente – Recurso provido" (TJSP, Ap. Cív. 1.258.986-7/Presidente Epitácio, 18ª Câm. de Direito Privado, rel. Des. Jurandir de Sousa Oliveira, j. 28.09.2006, v.u.).

[21] Nesse sentido, escreveu Roberto Senise Lisboa: "Os prazos prescricionais não podem ser objeto de cláusula negocial de qualquer espécie, razão pela qual se considera que a sua fixação legal é norma jurídica de ordem pública e, como possui natureza cogente, não pode ser afastada nem mesmo se houver disposição expressa e conjunta das partes em

se afirma a teor do que dispõem os arts. 191 e 192 do CC, que impedem a renúncia prévia dos prazos prescricionais e a sua alteração pela vontade das partes: "Art. 191. A renúncia da prescrição pode ser expressa ou tácita, e só valerá, sendo feita, sem prejuízo de terceiro, depois que a prescrição se consumar; tácita é a renúncia quando se presume de fatos do interessado, incompatíveis com a prescrição. Art. 192. Os prazos de prescrição não podem ser alterados por acordo das partes".

Nessa esteira, é evidente que se a arbitragem decorre de compromisso em razão de conflito patrimonial disponível, de natureza não contratual – resultante de ato ilícito, por exemplo –, a interrupção da prescrição que no caso é de três anos, ocorrerá com o protocolo ou com a expedição da convocação ao árbitro para que aceite o mister, na forma do compromisso arbitral, condicionados à aceitação pelo árbitro.

Por fim, caso o interessado pretenda interromper a prescrição antes de instituir a arbitragem, nada obsta que utilize o art. 202, I e II, do Código Civil.

Conseguintemente, o interessado interromperá a prescrição na forma literal determinada pelo Código Civil, ou seja, pelo protesto interruptivo da prescrição: "Art. 202. A interrupção da prescrição, que somente poderá ocorrer uma vez, dar-se-á: I – por despacho do juiz, mesmo incompetente, que ordenar a citação, se o interessado a promover no prazo e na forma da lei processual; II – por protesto, nas condições do inciso antecedente; III – por protesto cambial; IV – pela apresentação do título de crédito em juízo de inventário ou em concurso de credores; V – por qualquer ato judicial que constitua em mora o devedor; VI – por qualquer ato inequívoco, ainda que extrajudicial, que importe reconhecimento do direito pelo devedor. Parágrafo único. A prescrição interrompida recomeça a correr da data do ato que a interrompeu, ou do último ato do processo para a interromper".

Portanto, providenciará protesto interruptivo de prescrição (CPC, art. 726, § 2º[22]) junto ao Poder Judiciário com fundamento na faculdade deferida pelo art. 202 do Código Civil com o único intuito de interromper a prescrição.

Proposto o protesto interruptivo de prescrição e citado o requerido, nos termos dos arts. 240 e 312 do Código de Processo Civil, a prescrição restará interrompida desde a data da propositura da ação e o interessado poderá provocar a arbitragem considerando o novo prazo.[23]

---

sentido contrário" (In Luiz Antonio Scavone Junior, Jorge Shiguemitsu Fujita, Glauber Moreno Talavera e Carlos Eduardo Nicoletti Camillo (coords.), *Código Civil comentado*, São Paulo, RT, 2006, comentários ao art. 192).

[22] "Art. 726. Quem tiver interesse em manifestar formalmente sua vontade a outrem sobre assunto juridicamente relevante poderá notificar pessoas participantes da mesma relação jurídica para dar-lhes ciência de seu propósito. (...)
§ 2º Aplica-se o disposto nesta Seção, no que couber, ao protesto judicial".

[23] "Art. 240. A citação válida, ainda quando ordenada por juízo incompetente, induz litispendência, torna litigiosa a coisa e constitui em mora o devedor, ressalvado o disposto nos arts. 397 e 398 da Lei nº 10.406, de 10 de janeiro de 2002 (Código Civil)".
"Art. 312. Considera-se proposta a ação quando a petição inicial for protocolada, todavia, a propositura da ação só produz quanto ao réu os efeitos mencionados no art. 240 depois que for validamente citado".

Ainda que a interrupção da prescrição, nesse caso, se dê no âmbito do Poder Judiciário, não encontrará óbice no pacto de arbitragem na medida em que não se discutirá o mérito, mas, apenas, a interrupção da prescrição, aplicando-se, por analogia, os mesmos argumentos que admitem a propositura de tutelas de urgência antes da instauração da arbitragem sob pena de perecimento da pretensão (Lei 9.307/1996, art. 22-A) e, conseguintemente, do direito, fazendo letra morta o constitucional direito de ação.

3. ARGUIÇÃO DE INCOMPETÊNCIA, SUSPEIÇÃO E IMPEDIMENTO DO ÁRBITRO E ARGUIÇÃO DE NULIDADE DA CLÁUSULA ARBITRAL

Nos termos do art. 20 da Lei de Arbitragem, há um momento para arguição da incompetência ou suspeição do árbitro, bem como da nulidade da convenção de arbitragem.

De fato, já vimos, no capítulo anterior, que o árbitro poderá ser suspeito ou impedido.

Vimos, também, que *as causas de suspeição e impedimento são relativas*, de tal sorte que as partes, de comum acordo, poderão afastá-las.

É o que ocorre se houver, por exemplo, árbitro irmão ou ligado à administração de uma das partes.

Se a circunstância for claramente apresentada no contrato, respeitando a boa-fé, nada obsta que o árbitro possa funcionar no procedimento arbitral com a causa de suspeição ou impedimento, desde que aceito com estas características pela parte que eventualmente seria prejudicada.

De qualquer forma, nos termos do art. 14, §§ 1° e 2°, da Lei de Arbitragem, o árbitro deve recusar o mister se houver causa de suspeição ou impedimento não aceita expressamente pelas partes e, se não o fizer, os contendores poderão arguir a recusa se o árbitro foi escolhido de forma indireta (por intermédio do órgão arbitral escolhido) ou se o motivo que gerou a suspeição ou o impedimento do árbitro somente foi conhecido depois.

Isto porque se presume, de forma relativa, que, ao escolher diretamente o árbitro, as partes aceitam o indicado e nele confiam.

De outro lado, mister se faz observar, também, que a cláusula arbitral pode conter nulidade (absoluta ou relativa).

Por exemplo: a cláusula arbitral ou o compromisso arbitral podem ter sido firmados por pessoa absolutamente ou relativamente incapaz e, ainda, por pessoa que não tenha poderes de representação da pessoa jurídica.[24]

Por outro lado, o compromisso pode carecer dos requisitos de validade do art. 10 da Lei de Arbitragem.

---

[24] Neste caso, nos termos do art. 1.080 do CC, responde o sócio que assinou extrapolando os limites: "As deliberações infringentes do contrato ou da lei tornam ilimitada a responsabilidade dos que expressamente as aprovaram".

Ainda se vislumbra a possibilidade de uma das partes pretender levar à arbitragem matéria que, pelo contrato, não foi reservada à solução arbitral e, portanto, matéria fora dos limites da cláusula arbitral.

Igualmente o árbitro pode não dispor das qualidades e qualificações que as partes convencionaram.

Por exemplo: as partes podem convencionar que o árbitro deve ser engenheiro especialista na matéria a ser tratada, com dez anos de experiência.

Caso o árbitro determinado pelo órgão arbitral não tenha essas características, será incompetente para julgar a matéria que lhe é apresentada.

O árbitro será igualmente incompetente, agora de forma absoluta, se a matéria que as partes pretendem submeter à solução arbitral versa sobre direitos indisponíveis, como, por exemplo, referente ao estado da pessoa natural.

Assim, temos três causas diversas de invalidade da arbitragem:

a) *Impedimento ou suspeição do árbitro*, sendo necessária a manifestação pelo inconformado na primeira oportunidade que tiver para se manifestar nos autos (art. 20 da Lei de Arbitragem);
b) *Nulidade da convenção* de arbitragem, relativa ou absoluta, e, nesta hipótese, caso se trate de matéria de ordem pública, não haverá necessidade de arguição na primeira oportunidade;[25] ou
c) Impossibilidade de atuação por:
   c.1) *Incompetência absoluta do árbitro em razão de a matéria que lhe é submetida versar sobre direitos indisponíveis, de impossível submissão à arbitragem nos termos do art. 1º da Lei de Arbitragem*, o que não exige a alegação na primeira oportunidade, aventada pelo art. 20 da Lei de Arbitragem, por gerar nulidade absoluta da sentença;
   c.2) *Incompetência relativa do árbitro em razão de a matéria que lhe é submetida extrapolar os limites daquilo que as partes convencionaram para a solução arbitral, desde que não verse sobre direitos indisponíveis*, o que exige a manifestação nos autos, pelo inconformado, na primeira oportunidade que tiver, sob pena de presumir-se a aceitação do nomeado (art. 20 da Lei de Arbitragem);
   c.3) *Incompetência relativa do árbitro nomeado por terceiros em razão de não dispor das qualidades que as partes convencionaram*, sendo também necessária, neste caso, a manifestação nos autos, pelo inconformado, na primeira oportunidade que tiver, sob pena de presumir-se a aceitação do nomeado (art. 20 da Lei de Arbitragem).

---

[25] Recomenda-se, nesse sentido, a verificação do capítulo que versa sobre a sentença arbitral no tópico sobre as nulidades e a leitura atenta do item 3.1, abaixo.

Podemos esquematizar:

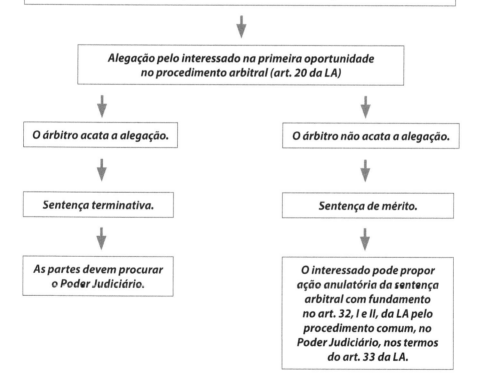

Isto posto, mister se faz a verificação das consequências e do momento da alegação.

3.1 Momento da alegação

Estabeleceu a Lei de Arbitragem que a exceção de impedimento ou suspeição ou arguição de nulidade deve ser feita na primeira oportunidade que as partes tiverem para se manifestar nos autos: "Art. 20. A parte que pretender arguir questões relativas à competência, suspeição ou impedimento do árbitro ou dos árbitros, bem como nulidade, invalidade ou ineficácia da convenção de arbitragem, deverá fazê-lo na primeira oportunidade que tiver de se manifestar, após a instituição da arbitragem".

Assim, resta saber se, ultrapassada a "primeira oportunidade", ocorre a preclusão ou se ainda há possibilidade de alegar as matérias enumeradas pelo art. 20 da Lei 9.307/1996 durante o processo arbitral ou em ação anulatória da sentença nos termos do art. 33 da Lei de Arbitragem.[26]

Entende-se que, em algumas hipóteses que não encerram matérias cogentes, se as partes não se queixarem no momento determinado pela lei, perdem o direito de, posteriormente, requerer a nulidade da sentença arbitral.

São elas:

a) Suspeição e impedimento;
b) No caso de a escolha do árbitro ser deferida a terceiros e ocorrer incompetência relativa em razão do desrespeito às características determinadas na convenção de arbitragem, como, por exemplo, ser o árbitro um engenheiro com mais de dez anos de experiência; e
c) Incompetência relativa do árbitro em razão da matéria que, a despeito de ultrapassar os limites da convenção de arbitragem, não se qualifica como direito indisponível, de tal sorte que se trata de verdadeira aceitação tácita da arbitragem pela parte que não se insurge na primeira oportunidade.

Quanto à nulidade da convenção, nos parece que a interpretação deve ser feita de forma sistemática com o Código Civil, que trata das nulidades dos negócios jurídicos.

Posta assim a questão, a nulidade absoluta (arts. 104 e 166 do CC) não convalesce jamais, de tal sorte que não pode ser esta espécie que demanda a manifestação na primeira oportunidade sob pena de preclusão.

Nesse sentido, o teor do art. 169 do CC: "O negócio jurídico nulo não é suscetível de confirmação, nem convalesce pelo decurso do tempo".

Igualmente a lição de Silvio Rodrigues, para quem "a ratificação é a renúncia ao direito de promover a anulação do ato. Ela advém da vontade do prejudicado e, portanto, só se admite nos casos de anulabilidade. Como os atos absolutamente nulos representam ameaça à ordem social, torna-se impossível purgar o defeito, ainda que as partes desejem, pois *jus publicum privatorum pactis derogare non potest*, ou seja, as normas de ordem pública não podem ser ilididas por ajuste entre os particulares".[27]

---

[26] "Art. 33. A parte interessada poderá pleitear ao órgão do Poder Judiciário competente a declaração da nulidade da sentença arbitral, nos casos previstos nesta Lei."
[27] Silvio Rodrigues. *Direito civil* – Parte geral, 32. ed., São Paulo, Saraiva, 2002, v. 1, p. 288.

Quanto à nulidade relativa, a conclusão não é a mesma e o negócio jurídico anulável pode ser ratificado, inclusive tacitamente.

Assim, por exemplo, cessada a incapacidade relativa, se a parte permanece inerte depois da instalação da arbitragem, ratifica tacitamente o negócio jurídico viciado (a cláusula ou o compromisso).

Portanto, interpretação sistemática, no que se refere às causas de nulidade relativa, exige a compreensão da necessidade de alegação na primeira oportunidade no caso de ato praticado por relativamente incapaz que, no momento da instalação da arbitragem, já se mostra capaz, ratificando tacitamente a convenção de arbitragem.

Igualmente, nos demais casos de nulidade relativa, *conhecidas as causas de anulabilidade, cessada a pressão sobre a vontade*, a parte deixa de se manifestar (arts. 172, 174 e 175 do CC).

Em suma, a alegação na primeira oportunidade é exigida apenas se a parte que pretende alegar o defeito (anulabilidade) do negócio jurídico (convenção de arbitragem):

a) Já conhecia o defeito, sendo relevante considerar que se admite, em alguns casos, o desconhecimento da mácula, o que impede, por razões óbvias, que a alegação seja feita na primeira oportunidade, como nos casos de erro (arts. 138 a 144 do CC), dolo (arts. 145 a 150 do CC) e lesão (art. 157 do CC);

b) Não estava mais sob a pressão que maculava a sua vontade, especialmente e exemplificativamente, nos casos de coação (arts. 151 a 155 do CC) e estado de perigo (art. 156 do CC).

Nesses casos, aplica-se integralmente a lição de Roberto Senise Lisboa, para quem "configura-se a confirmação tácita quando o interessado, apesar de ciente da existência do vício em seu prejuízo, opta por praticar os atos de execução do negócio jurídico".[28]

Assim, ciente dos defeitos e livre da pressão decorrente de eventual coação, se o prejudicado permite a instauração da arbitragem e nada alega na primeira oportunidade, ratifica a convenção de arbitragem.

Por outro lado, se estiver sob pressão ou se não tiver a ciência do defeito, não se submete à necessidade de alegar, por evidente, na primeira oportunidade, submetendo-se exclusivamente aos prazos para alegação de nulidade relativa dos negócios jurídicos dos arts. 178 e 179 do CC.[29]

Não obstante, a ratificação pode ter sido expressa e anterior à instalação do procedimento arbitral, o que impede a alegação no curso da arbitragem.

---

[28] Roberto Senise Lisboa. *Manual de direito civil*, 3. ed., São Paulo, RT, 2004, v. 1, p. 525.

[29] "Art. 178. É de quatro anos o prazo de decadência para pleitear-se a anulação do negócio jurídico, contado: I – no caso de coação, do dia em que ela cessar; II – no de erro, dolo, fraude contra credores, estado de perigo ou lesão, do dia em que se realizou o negócio jurídico; III – no de atos de incapazes, do dia em que cessar a incapacidade. Art. 179. Quando a lei dispuser que determinado ato é anulável, sem estabelecer prazo para pleitear-se a anulação, será este de dois anos, a contar da data da conclusão do ato."

Nesse sentido, os seguintes dispositivos do Código Civil: "Art. 172. O negócio anulável pode ser confirmado pelas partes, salvo direito de terceiro. Art. 173. O ato de confirmação deve conter a substância do negócio celebrado e a vontade expressa de mantê-lo. Art. 174. É escusada a confirmação expressa, quando o negócio já foi cumprido em parte pelo devedor, ciente do vício que o inquinava. Art. 175. A confirmação expressa, ou a execução voluntária de negócio anulável, nos termos dos arts. 172 a 174, importa a extinção de todas as ações, ou exceções, de que contra ele dispusesse o devedor. Art. 176. Quando a anulabilidade do ato resultar da falta de autorização de terceiro, será validado se este a der posteriormente".

3.2 Impedimento ou suspeição do árbitro

Aqui é preciso verificar que, a teor da Lei de Arbitragem, é o próprio árbitro quem julga a sua suspeição ou impedimento: "Art. 15. A parte interessada em arguir a recusa do árbitro apresentará, nos termos do art. 20, a respectiva exceção, diretamente ao árbitro ou ao presidente do tribunal arbitral, deduzindo suas razões e apresentando as provas pertinentes. Parágrafo único. Acolhida a exceção, será afastado o árbitro suspeito ou impedido, que será substituído, na forma do art. 16 desta Lei".

Caso o árbitro não acate a sua exceção de suspeição ou impedimento, vez que é ele mesmo quem julga, a matéria poderá ser rediscutida em ação de nulidade da sentença que for proferida pelo árbitro impedido ou suspeito.

Em outras palavras, a recusa seguirá o procedimento do art. 20 da Lei de Arbitragem e, ainda que não seja acolhida pelo árbitro, a quem compete analisar a questão, desde que arguida na primeira oportunidade que a parte teve para se manifestar (*conditio sine qua non*), poderá ser submetida ao Poder Judiciário que, se for o caso, decretará a nulidade da sentença arbitral (arts. 15, 20, 32, II e 33, § 2º, da Lei de Arbitragem).[30]

---

[30] "Art. 15. A parte interessada em arguir a recusa do árbitro apresentará, nos termos do art. 20, a respectiva exceção, diretamente ao árbitro ou ao presidente do tribunal arbitral, deduzindo suas razões e apresentando as provas pertinentes. Parágrafo único. Acolhida a exceção, será afastado o árbitro suspeito ou impedido, que será substituído, na forma do art. 16 desta Lei."
"Art. 20. A parte que pretender arguir questões relativas à competência, suspeição ou impedimento do árbitro ou dos árbitros, bem como nulidade, invalidade ou ineficácia da convenção de arbitragem, deverá fazê-lo na primeira oportunidade que tiver de se manifestar, após a instituição da arbitragem. § 1º Acolhida a arguição de suspeição ou impedimento, será o árbitro substituído nos termos do art. 16 desta Lei, reconhecida a incompetência do árbitro ou do tribunal arbitral, bem como a nulidade, invalidade ou ineficácia da convenção de arbitragem, serão as partes remetidas ao órgão do Poder Judiciário competente para julgar a causa. § 2º Não sendo acolhida a arguição, terá normal prosseguimento a arbitragem, sem prejuízo de vir a ser examinada a decisão pelo órgão do Poder Judiciário competente, quando da eventual propositura da demanda de que trata o art. 33 desta Lei."
"Art. 32. É nula a sentença arbitral se: (...) II – emanou de quem não podia ser árbitro; (...) Art. 33. A parte interessada poderá pleitear ao órgão do Poder Judiciário competente a declaração de nulidade da sentença arbitral, nos casos previstos nesta Lei. (...) § 2º A sentença que julgar procedente o pedido declarará a nulidade da sentença arbitral, nos

De outro lado, possível afirmar que se não for arguida a exceção assim que a parte toma conhecimento do motivo posterior à nomeação e aceitação do árbitro, a matéria se torna preclusa, o que impede, inclusive, sua alegação posterior, em ação de anulação da sentença proferida (art. 33 da Lei de Arbitragem), não se aplicando, neste caso, o § 2º do art. 20.[31]

Outrossim, para evitar que o próprio árbitro se manifeste sobre a exceção de suspeição ou impedimento, alguns órgãos arbitrais dispõem de previsão regimental de julgamento da matéria por outros árbitros do seu painel.

Vejam, nesse sentido, o item 6.4 do regulamento do Centro de Arbitragem da Câmara de Comércio Brasil-Canadá: "6.4 Na hipótese de o árbitro que se tornar impedido ou suspeito deixar de apresentar renúncia, qualquer das partes poderá levantar incidente de remoção o qual será julgado irrecorrivelmente em 10 (dez) dias por um Comitê formado por três membros do Corpo de Árbitros designados pelo presidente do Centro".

Seja como for, nos termos da primeira parte do § 1º do art. 20 da Lei de Arbitragem: "Acolhida a arguição de suspeição ou impedimento, será o árbitro substituído nos termos do art. 16".[32]

Por fim, é preciso lembrar que se as partes convencionaram a impossibilidade de substituição do árbitro, aceita a exceção de impedimento ou suspeição – assim como se o árbitro recusar – extingue-se a convenção de arbitragem (art. 12, I e II, da Lei de Arbitragem).[33]

Para evitar a extinção, as partes devem se preocupar com a previsão de suplentes para os árbitros eleitos na exata medida em que estes podem recusar o mister, podem ser recusados por suspeição ou impedimento ou podem falecer no curso do procedimento.

---

casos do art. 32, e determinará, se for o caso, que o árbitro ou o tribunal profira nova sentença arbitral (...)."

[31] "(...) § 2º Não sendo acolhida a arguição, terá normal prosseguimento a arbitragem, sem prejuízo de vir a ser examinada a decisão pelo órgão do Poder Judiciário competente, quando da eventual propositura da demanda de que trata o art. 33 desta Lei."

[32] "Art. 16. Se o árbitro escusar-se antes da aceitação da nomeação, ou, após a aceitação, vier a falecer, tornar-se impossibilitado para o exercício da função, ou for recusado, assumirá seu lugar o substituto indicado no compromisso, se houver. § 1º Não havendo substituto indicado para o árbitro, aplicar-se-ão as regras do órgão arbitral institucional ou entidade especializada, se as partes as tiverem invocado na convenção de arbitragem. § 2º Nada dispondo a convenção de arbitragem e não chegando as partes a um acordo sobre a nomeação do árbitro a ser substituído, procederá a parte interessada da forma prevista no art. 7º desta Lei, a menos que as partes tenham declarado, expressamente, na convenção de arbitragem, não aceitar substituto."

[33] "Art. 12. Extingue-se o compromisso arbitral: I – escusando-se qualquer dos árbitros, antes de aceitar a nomeação, desde que as partes tenham declarado, expressamente, não aceitar substituto; II – falecendo ou ficando impossibilitado de dar seu voto algum dos árbitros, desde que as partes declarem, expressamente, não aceitar substituto; e (...)."

3.3 Nulidade da convenção de arbitragem e incompetência do árbitro ou do tribunal arbitral

O árbitro pode ser absolutamente incompetente para decidir a matéria que lhe é posta, vez que extrapola os limites impostos pelo art. 1º da Lei de Arbitragem, ou seja, versa sobre direitos indisponíveis.

Por outro lado, o árbitro pode ser absolutamente incapaz (arts. 104 e 166, I, do CC), o que transformará eventual sentença em ato jurídico nulo.

A arguição pode, ainda, se referir à nulidade da convenção de arbitragem.

É o que ocorre, por exemplo, na hipótese de o compromisso ter sido assinado por menor absolutamente incapaz (art. 166, I, do CC), o que gerará nulidade absoluta do negócio jurídico em razão do adágio *quod nullum est, nullum producit effectum*.

A nulidade do compromisso pode, ainda, ser relativa, decorrente, por exemplo, dos vícios do consentimento ou em razão de a convenção ter sido firmada por pessoa relativamente incapaz (art. 171 do CC).

Em todos esses casos, observadas as hipóteses de nulidade relativa que admitem ratificação expressa ou tácita,[34] *as partes poderão arguir a matéria em sede de ação de nulidade* da sentença arbitral, nos termos do art. 33 da Lei de Arbitragem, ainda que não tenham se manifestado na primeira oportunidade no âmbito do procedimento arbitral, apenas ressalvando a hipótese de *ratificação expressa ou tácita do ato anulável*, tal qual tratamos no item 3.1.

Por outro lado, o árbitro pode ser relativamente incompetente por não dispor das qualidades que as partes estipularam na convenção de arbitragem.

Neste caso, sendo escolhido por terceiros, como no caso de árbitros em número par com a escolha de outro pelos árbitros inicialmente escolhidos ou, ainda, no caso de a escolha ser delegada ao órgão arbitral na arbitragem institucional,[35] poderá ser arguida a sua incompetência, o que exige manifestação na primeira oportunidade que as partes tiverem sob pena de preclusão.

A incompetência relativa do árbitro também pode ser observada na hipótese de lhe ser submetido litígio que excede os limites da convenção quanto à matéria que pode ser tratada, sem que esta matéria verse sobre direitos indisponíveis.

Em suma, a incompetência do árbitro pode ser relativa.

Nesses casos, portanto, a arguição de incompetência deve ser feita na primeira oportunidade, sob pena de preclusão, assim como funciona para o impedimento e a suspeição.

---

[34] Código Civil: "Art. 172. O negócio anulável pode ser confirmado pelas partes, salvo direito de terceiro". Por exemplo: se, depois de firmar o contrato para cumprimento em tratos sucessivos (prestações), o relativamente incapaz passa a cumprir o que avençou pagando as parcelas, inclusive após atingir a capacidade plena, haverá confirmação do negócio praticado, o que impede a alegação de nulidade da convenção de arbitragem que decorra da avença.

[35] Lei de Arbitragem: "Art. 13. Pode ser árbitro qualquer pessoa capaz e que tenha a confiança das partes. § 1º As partes nomearão um ou mais árbitros, sempre em número ímpar, podendo nomear, também, os respectivos suplentes. § 2º Quando as partes nomearem árbitros em número par, estes estão autorizados, desde logo, a nomear mais um árbitro (...). § 3º As partes poderão, de comum acordo, estabelecer o processo de escolha dos árbitros, ou adotar as regras de um órgão arbitral institucional ou entidade especializada".

Caso não seja feita, prorroga-se a competência do árbitro e nenhuma das partes pode, ao depois, arguir a matéria da ausência de qualificações especiais em ação anulatória do art. 33 da Lei de Arbitragem.

Trata-se da aplicação pura e simples do princípio da boa-fé.

Consigne-se que, pela mesma boa-fé, não é admitida a arguição de incompetência do árbitro escolhido pelas partes, a menos que provem que não conheciam a ausência das qualidades.

Seja como for, em todos esses casos (nulidade da convenção de arbitragem, absoluta ou relativa e incompetência do árbitro, absoluta ou relativa), o § 2º do art. 20 da Lei de Arbitragem, estabelece: "Não sendo acolhida a arguição, terá normal prosseguimento a arbitragem, sem prejuízo de vir a ser examinada a decisão pelo órgão do Poder Judiciário competente, quando da eventual propositura da demanda de que trata o art. 33 desta Lei".

Arguida a exceção perante o árbitro ou tribunal arbitral, com o reconhecimento da nulidade, a consequência está prevista na segunda parte do § 1º do art. 20 da Lei de Arbitragem: "(...) reconhecida a incompetência do árbitro ou do tribunal arbitral, bem como a nulidade, invalidade ou ineficácia da convenção de arbitragem, serão as partes remetidas ao órgão do Poder Judiciário competente para julgar a causa".

O termo "remetidas" não significa que o árbitro remeta os autos para o Poder Judiciário.

Significa que o árbitro extingue o procedimento por reconhecer sua incompetência para julgar a matéria ou por reconhecer nulidades na convenção de arbitragem. Isto funciona como *sentença arbitral* sem resolução de mérito.

Com efeito, o juiz togado, ao se deparar com a matéria, ainda que entenda que não era o caso de extinção, não pode modificar a conclusão da decisão arbitral.

Em outras palavras: deve acatar a decisão que extinguiu o procedimento arbitral sem julgamento de mérito, sem que possa modificar essa decisão.

4. RELAÇÃO DE COORDENAÇÃO ENTRE A ARBITRAGEM E O PODER JUDICIÁRIO – CARTAS ARBITRAIS

Nos termos do art. 22-C da Lei de Arbitragem, incorporado pela Lei 13.129/2015: "Art. 22-C. O árbitro ou o tribunal arbitral poderá expedir carta arbitral para que o órgão jurisdicional nacional pratique ou determine o cumprimento, na área de sua competência territorial, de ato solicitado pelo árbitro. Parágrafo único. No cumprimento da carta arbitral será observado o segredo de justiça, desde que comprovada a confidencialidade estipulada na arbitragem".

Como sustenta Carlos Alberto Carmona, durante o procedimento arbitral existe a denominada "relação de coordenação (e não de subordinação) entre árbitro e juiz, para efeito de tornar o último eficazes as determinações do primeiro".[36]

---
[36] Carlos Alberto Carmona. Op. cit. p. 264.

O árbitro, a quem se defere jurisdição, conta com amplos poderes decisórios, mas não conta com o poder de executar as decisões que toma.

Portanto, sempre que qualquer medida coercitiva no curso da arbitragem for necessária, expedirá a carta arbitral para execução pelos órgãos do Poder Judiciário, da mesma maneira que estes cumprem cartas precatórias, mediante requerimento do interessado.

Muitas vezes, embora não seja o caso de medida coercitiva, a arbitragem precisa da estrutura do Poder Judiciário simplesmente para a eficácia de decisão arbitral, como, por exemplo, para oitiva de testemunha fora da comarca que não pode ser ouvida de outra forma.

Podemos exemplificar com os seguintes casos, que reclamam a atuação do Poder Judiciário no curso do procedimento arbitral e demonstram a denominada "relação de coordenação" entre o árbitro e o juiz togado: a) condução coercitiva de testemunhas; b) efetivação de tutelas provisórias, de urgência (cautelares ou antecipadas) deferidas pelo árbitro; c) busca e apreensão de documentos ou imposição de multa para exibição; oitiva de testemunhas; intimações etc.

O árbitro expede carta arbitral respeitando os requisitos do art. 260 do CPC, instruída com a convenção de arbitragem e com as provas da nomeação do árbitro e de sua aceitação da função, para que a decisão seja efetivada pelo juiz togado competente, que determinará o seu cumprimento nos termos dos arts 260 a 268 do CPC.[37]

---

[37] "Art. 260. São requisitos das cartas de ordem, precatória e rogatória:
I – a indicação dos juízes de origem e de cumprimento do ato;
II – o inteiro teor da petição, do despacho judicial e do instrumento do mandato conferido ao advogado;
III – a menção do ato processual que lhe constitui o objeto;
IV – o encerramento com a assinatura do juiz.
§ 1º O juiz mandará trasladar para a carta quaisquer outras peças, bem como instruí-la com mapa, desenho ou gráfico, sempre que esses documentos devam ser examinados, na diligência, pelas partes, pelos peritos ou pelas testemunhas.
§ 2º Quando o objeto da carta for exame pericial sobre documento, este será remetido em original, ficando nos autos reprodução fotográfica.
§ 3º *A carta arbitral atenderá, no que couber, aos requisitos a que se refere o caput e será instruída com a convenção de arbitragem e com as provas da nomeação do árbitro e de sua aceitação da função.*
Art. 261. Em todas as cartas o juiz fixará o prazo para cumprimento, atendendo à facilidade das comunicações e à natureza da diligência.
§ 1º As partes deverão ser intimadas pelo juiz do ato de expedição da carta.
§ 2º Expedida a carta, as partes acompanharão o cumprimento da diligência perante o juízo destinatário, ao qual compete a prática dos atos de comunicação.
§ 3º A parte a quem interessar o cumprimento da diligência cooperará para que o prazo a que se refere o *caput* seja cumprido.
Art. 262. A carta tem caráter itinerante, podendo, antes ou depois de lhe ser ordenado o cumprimento, ser encaminhada a juízo diverso do que dela consta, a fim de se praticar o ato.

A atividade do juiz togado se limitará à análise dos aspectos formais, determinando o cumprimento da decisão do árbitro espelhada na carta.

A carta arbitral será dirigida ao juiz que seria competente para julgar a ação, caso não houvesse a convenção de arbitragem ou, havendo regra específica, de acordo com as normas de organização judiciária do Estado, e competirá à parte interessada o seu protocolo, comprovando a distribuição nos autos do processo arbitral.

O juiz, por sua vez, deve observar o segredo de justiça que normalmente envolve o procedimento arbitral, desde que pactuado por ocasião da assinatura do termo de arbitragem, competindo às partes alertar o juízo acerca dessa circunstância,[38] comprovando-a por ocasião da distribuição da carta arbitral.

5. PRODUÇÃO DE PROVAS

Nos termos da Lei de Arbitragem: "Art. 22. Poderá o árbitro ou o tribunal arbitral tomar o depoimento das partes, ouvir testemunhas e determinar a realização de perícias ou outras provas que julgar necessárias, mediante requerimento das partes ou de ofício".

Parágrafo único. O encaminhamento da carta a outro juízo será imediatamente comunicado ao órgão expedidor, que intimará as partes.
Art. 263. As cartas deverão, preferencialmente, ser expedidas por meio eletrônico, caso em que a assinatura do juiz deverá ser eletrônica, na forma da lei.
Art. 264. A carta de ordem e a carta precatória por meio eletrônico, por telefone ou por telegrama conterão, em resumo substancial, os requisitos mencionados no art. 250, especialmente no que se refere à aferição da autenticidade.
Art. 265. O secretário do tribunal, o escrivão ou o chefe de secretaria do juízo deprecante transmitirá, por telefone, a carta de ordem ou a carta precatória ao juízo em que houver de se cumprir o ato, por intermédio do escrivão do primeiro ofício da primeira vara, se houver na comarca mais de um ofício ou de uma vara, observando-se, quanto aos requisitos, o disposto no art. 264.
§ 1º O escrivão ou o chefe de secretaria, no mesmo dia ou no dia útil imediato, telefonará ou enviará mensagem eletrônica ao secretário do tribunal, ao escrivão ou ao chefe de secretaria do juízo deprecante, lendo-lhe os termos da carta e solicitando-lhe que os confirme.
§ 2º Sendo confirmada, o escrivão ou o chefe de secretaria submeterá a carta a despacho.
Art. 266. Serão praticados de ofício os atos requisitados por meio eletrônico e de telegrama, devendo a parte depositar, contudo, na secretaria do tribunal ou no cartório do juízo deprecante, a importância correspondente às despesas que serão feitas no juízo em que houver de praticar-se o ato.
Art. 267. O juiz recusará cumprimento a carta precatória ou arbitral, devolvendo-a com decisão motivada quando:
I – a carta não estiver revestida dos requisitos legais;
II – faltar ao juiz competência em razão da matéria ou da hierarquia;
III – o juiz tiver dúvida acerca de sua autenticidade.
Parágrafo único. No caso de incompetência em razão da matéria ou da hierarquia, o juiz deprecado, conforme o ato a ser praticado, poderá remeter a carta ao juiz ou ao tribunal competente.
Art. 268. Cumprida a carta, será devolvida ao juízo de origem no prazo de 10 (dez) dias, independentemente de traslado, pagas as custas pela parte".
[38] "Art. 189. Os atos processuais são públicos, todavia tramitam em segredo de justiça os processos: (...) IV – que versem sobre arbitragem, inclusive sobre cumprimento de carta arbitral, desde que a confidencialidade estipulada na arbitragem seja comprovada perante o juízo."

> A teor do dispositivo legal, verifica-se a incidência dos poderes instrutórios exacerbados do árbitro que, a par das provas requeridas pelas partes, poderá, perfeitamente, determinar a realização das provas que entender pertinentes.

Na arbitragem houve o rompimento do adágio *iudex secundum allegata et probata partium iudicare debet* e do princípio dispositivo do processo, rompimento que já se busca – ainda que com menos vigor – no processo judicial, a teor do que ensina Humberto Theodoro Junior, segundo o qual o magistrado, "*no processo moderno, deixou de ser simples árbitro diante do duelo judiciário travado entre os litigantes e assumiu poderes de iniciativa para pesquisar a verdade real e bem instruir a causa*".[39]

Assim, o árbitro pode, no desempenho da sua função, porque juiz de fato e de direito (art. 18 da Lei de Arbitragem),[40] ante a liberdade procedimental do processo arbitral, requisitar documentos e informações de órgãos públicos.

Pode, também, determinar a repetição de prova para o seu convencimento.

Aliás, se o árbitro for substituído (art. 16 da Lei da Arbitragem),[41] o substituto também poderá determinar a repetição das provas a teor do permissivo do § 5º do art. 22 da Lei de Arbitragem: "(...) § 5º Se, durante o procedimento arbitral, um árbitro vier a ser substituído fica a critério do substituto repetir as provas já produzidas".

Por outro lado, qualquer prova é admitida (prova atípica), ainda que não seja uma prova tradicional no nosso direito (típica), seguindo a regra que emana, inclusive, do art. 369 do Código de Processo Civil. Assim, além da perícia, é possível, por exemplo, o *discovery* da *common law*, ou seja, o exame de documentos de negócio jurídico referido pela parte contrária e, ainda, o depoimento técnico, mediante o qual é ouvido profissional especializado apenas para que possa trazer elementos de sua especialidade para os autos, sem que seja perito nomeado, como, aliás, hoje prevê o art. 464, § 3º do CPC.[42]

---

[39] Humberto Theodoro Jr., *Curso de direito processual civil*, 39. ed., Rio de Janeiro, Forense, 2003, v. 1, p. 483.
[40] "Art. 18. O árbitro é juiz de fato e de direito, e a sentença que proferir não fica sujeita a recurso ou a homologação pelo Poder Judiciário."
[41] "Art. 16. Se o árbitro escusar-se antes da aceitação da nomeação, ou, após a aceitação, vier a falecer, tornar-se impossibilitado para o exercício da função, ou for recusado, assumirá seu lugar o substituto indicado no compromisso, se houver. § 1º Não havendo substituto indicado para o árbitro, aplicar-se-ão as regras do órgão arbitral institucional ou entidade especializada, se as partes as tiverem invocado na convenção de arbitragem. § 2º Nada dispondo a convenção de arbitragem e não chegando as partes a um acordo sobre a nomeação do árbitro a ser substituído, procederá a parte interessada da forma prevista no art. 7º desta Lei, a menos que as partes tenham declarado, expressamente, na convenção de arbitragem, não aceitar substituto."
[42] Carlos Alberto Carmona. Op. cit., p. 261.
Art. 464, § 3º A prova técnica simplificada consistirá apenas na inquirição de especialista, pelo juiz, sobre ponto controvertido da causa que demande especial conhecimento científico ou técnico".

Ao árbitro é possível, assim como ao juiz, admitir pacto das partes sobre o ônus probatório (CPC, art. 373, § 3º) ou aplicar a teoria dinâmica da distribuição do ônus da prova (CPC, art. 373, § 1º), determinando a produção da prova à parte que pode produzi-la mais facilmente, dando a oportunidade de a parte se desincumbir do ônus que a impõe.

Ressalte-se que, inicialmente, aquele que solicitou a prova, deve adiantar as despesas.

De qualquer forma, às partes ou ao órgão arbitral caberá regular o adiantamento de despesas e, na ausência, o próprio árbitro pode solicitar o numerário nos termos do § 7º do art. 13 da Lei de Arbitragem.[43]

5.1 Depoimentos das testemunhas, interrogatório das partes e confissão

Dispõem os §§ 1º e 2º do art. 22 da Lei de Arbitragem: "(...) § 1º O depoimento das partes e das testemunhas será tomado em local, dia e hora previamente comunicados, por escrito, e reduzido a termo, assinado pelo depoente, ou a seu rogo, e pelos árbitros. § 2º Em caso de desatendimento, sem justa causa, da convocação para prestar depoimento pessoal, o árbitro ou o tribunal arbitral levará em consideração o comportamento da parte faltosa, ao proferir sua sentença; se a ausência for de testemunha, nas mesmas circunstâncias, poderá o árbitro ou o presidente do tribunal arbitral requerer à autoridade judiciária que conduza a testemunha renitente, comprovando a existência da convenção de arbitragem".

Convém ressaltar que as comunicações do vertente dispositivo legal, a par da ausência de descrição da forma, devem ser inequívocas, devendo o árbitro diligenciar neste sentido.

Em outras palavras, ainda que a forma seja livre, podendo, ainda, ser levada a efeito por meio eletrônico, é imprescindível que haja prova da comunicação e do recebimento, mesmo que não seja em mãos, mas sempre respeitando a convenção de arbitragem.

O interrogatório das partes pode ser determinado com a expedição de correspondência epistolar ou eletrônica – na forma da convenção de arbitragem – para o endereço declinado pelas partes em qualquer etapa do procedimento arbitral.

Em razão da *mens legis*, entendemos que, ainda que a comunicação deva ser inequívoca, tem aplicação integral no procedimento arbitral, por analogia, o teor do parágrafo único do art. 274 do CPC, com presunção absoluta de validade da comunicação – ainda que eletrônica –, enviada para o endereço declinado pelas partes no processo arbitral.[44]

---

[43] "§ 7º Poderá o árbitro ou o tribunal arbitral determinar às partes o adiantamento de verbas para despesas e diligências que julgar necessárias".

[44] "Art. 274. Não dispondo a lei de outro modo, as intimações serão feitas às partes, aos seus representantes legais, aos advogados e aos demais sujeitos do processo pelo correio ou, se presentes em cartório, diretamente pelo escrivão ou chefe de secretaria. Parágrafo único. Presumem-se válidas as intimações dirigidas ao endereço constante dos autos, ainda que não recebidas pessoalmente pelo interessado, se a modificação temporária ou definitiva não tiver sido devidamente comunicada ao juízo, fluindo os prazos a partir da juntada aos autos do comprovante de entrega da correspondência no primitivo endereço".

5.1.1 Interrogatório, depoimento das partes e confissão

O interrogatório das partes pode ser determinado *ex officio*, em qualquer momento processual, a fim de obter esclarecimento acerca dos fatos.

Depoimento pessoal é requerido pela parte contrária para dela obter a confissão.

A par da confusão de conceitos a que não está imune a Lei de Arbitragem no art. 22,[45] dispositivo que diferenciação alguma faz, posto que menciona apenas o depoimento pessoal, não se descarta o interrogatório, tendo em vista os poderes instrutórios conferidos ao árbitro.

Quanto à confissão, certo é que não conta, na arbitragem, com o mesmo efeito que tem no Código de Processo Civil.[46]

Aliás, nem sequer no Código de Processo Civil, hodiernamente, a confissão é absoluta, vez que deve ser analisada em conjunto com outras provas.

Em outras palavras, a confissão, nos termos do art. 389 do CPC ("Há confissão, judicial ou extrajudicial, quando a parte admite a verdade de fato, contrário ao seu interesse e favorável ao adversário"), é simples meio de prova, como os demais, e tenciona descortinar um fato, posto que, alegado por uma das partes, é admitido pela outra, ainda que contrarie seus interesses.

Trata-se, como se tem insistido aqui e alhures, de meio probante, como os demais, e atinge apenas o fato admitido (provado, portanto) o que não significa inexorável procedência do pedido.

---

[45] "Art. 22. Poderá o árbitro ou o tribunal arbitral tomar o depoimento das partes, ouvir testemunhas e determinar a realização de perícias ou outras provas que julgar necessárias, mediante requerimento das partes ou de ofício. § 1º O depoimento das partes e das testemunhas será tomado em local, dia e hora previamente comunicados, por escrito, e reduzido a termo, assinado pelo depoente, ou a seu rogo, e pelos árbitros. § 2º Em caso de desatendimento, sem justa causa, da convocação para prestar depoimento pessoal, o árbitro ou o tribunal arbitral levará em consideração o comportamento da parte faltosa, ao proferir sua sentença; (...)".

[46] "Art. 385. Cabe à parte requerer o depoimento pessoal da outra parte, a fim de que esta seja interrogada na audiência de instrução e julgamento, sem prejuízo do poder do juiz de ordená-lo de ofício. § 1º Se a parte, pessoalmente intimada para prestar depoimento pessoal e advertida da pena de confesso, não comparecer ou, comparecendo, se recusar a depor, o juiz aplicar-lhe-á a pena. § 2º É vedado a quem ainda não depôs assistir ao interrogatório da outra parte. § 3º O depoimento pessoal da parte que residir em comarca, seção ou subseção judiciária diversa daquela onde tramita o processo poderá ser colhido por meio de videoconferência ou outro recurso tecnológico de transmissão de sons e imagens em tempo real, o que poderá ocorrer, inclusive, durante a realização da audiência de instrução e julgamento".
O art. 139, VIII, do CPC, ao estabelecer o interrogatório (por iniciativa do juiz), todavia, não estabelece a pena de confissão nesse caso. O depoimento pessoal requerido pela parte, com a pena de confissão, está previsto, portanto, nos arts. 389 e 390 do Código de Processo Civil. "Art. 389. Há confissão, judicial ou extrajudicial, quando a parte admite a verdade de fato contrário ao seu interesse e favorável ao do adversário. Art. 390. A confissão judicial pode ser espontânea ou provocada. § 1º A confissão espontânea pode ser feita pela própria parte ou por representante com poder especial. § 2º A confissão provocada constará do termo de depoimento pessoal".

Na Lei de Arbitragem essa noção é ainda mais clara na exata medida em que determina que "o árbitro ou o tribunal arbitral levará em consideração o comportamento da parte faltosa, ao proferir sua sentença", no caso de desatendimento da convocação para prestar depoimento pessoal sem justificativa plausível (art. 22, § 2º, da Lei de Arbitragem).

Bem diferente da noção tradicional do processo judicial, vez que lá, se a parte intimada não comparece ou comparece e se recusa a depor, o juiz aplica a pena de confissão, ou seja, a presunção de veracidade dos fatos alegados pela outra parte, que requereu seu comparecimento.

Na arbitragem, o árbitro levará em conta o comportamento da parte na sentença, mas não está obrigado, sequer, a admitir o fato como verdadeiro, não havendo falar-se em confissão ficta ou presumida, ou seja, a presunção (relativa) de veracidade dos fatos pela ausência da parte intimada ao depoimento.

De outro lado, de acordo com as regras formais de experiência, o árbitro sopesará o fato no contexto probatório para, com base no conjunto, proferir a sentença arbitral.

Registre-se que a ausência passível de ser levada em consideração pelo árbitro ao proferir a sentença é apenas aquela injustificada. Isso porque o art. 22, § 2º, da Lei de Arbitragem é claro ao permitir a justificação da ausência que, igualmente, será avaliada pelo árbitro na sentença, não sendo absolutamente necessária a reprodução da audiência.

5.1.2 Depoimento das testemunhas

Tendo em vista os poderes instrutórios conferidos ao árbitro e diante do requerimento das partes e da verificação da necessidade por ele próprio, para formar seu convencimento, poderá determinar a intimação das testemunhas.

Deve, contudo, tomar a cautela de não extrapolar os limites da obrigatoriedade desse comparecimento nos termos do Código de Processo Civil.

Assim, se a testemunha residir em outra comarca, distante do local onde são colhidos os depoimentos, o árbitro poderá, em razão dos poderes instrutórios que lhe são concedidos, se deslocar até o local, caso não haja requerimento ou determinação dele para que a testemunha seja ouvida por carta arbitral.

Diante da liberdade conferida ao procedimento arbitral, não está descartada a possibilidade de oitiva das testemunhas, inclusive daquela que não se encontra na comarca, através dos *meios eletrônicos* disponíveis, acordados pelas partes ou disciplinados pelo órgão arbitral que administra a arbitragem.

O Código de Processo Civil prevê, como vimos no item 4, a carta arbitral que pode ser utilizada para oitiva de testemunhas, sem descartar a possibilidade do depoimento colhido pelos meios eletrônicos.

O árbitro deve, também, diligenciar para que a intimação chegue à testemunha com pelo menos *vinte e quatro horas* de antecedência, tendo em vista que é o prazo mínimo do art. 218, § 2º, do CPC,[47] para obrigar o comparecimento. De outro lado,

---

[47] "Art. 218. Os atos processuais serão realizados nos prazos prescritos em lei. (...) § 2º Quando a lei ou o juiz não determinar prazo, as intimações somente obrigarão a comparecimento após decorridas 48 (quarenta e oito) horas".

se a testemunha que reside na comarca ou em comarca contígua não comparece, mesmo tendo sido intimada, pode ser conduzida coercitivamente.

Nesse caso, como o árbitro não é dotado de poderes de coerção, instruirá requerimento ao juiz que seria competente para julgar a causa mediante carta arbitral, nos termos dos arts. 237, 260 e 267 do Código de Processo Civil[48] e instruída com cópia da convenção de arbitragem bem como com cópia dos principais documentos constantes dos autos do procedimento arbitral e requererá justificando o não comparecimento da testemunha que seja determinado o seu comparecimento compulsório (art. 22, § 2º, da Lei de Arbitragem).[49]

Não cabe ao juiz avaliar se a testemunha deve ou não ser ouvida, mas, apenas, avaliar os aspectos formais da arbitragem, cumprindo o requerimento, assim como cumpriria uma carta precatória, aplicando o art. 455, § 5º, do CPC.[50]

---

[48] "Art. 237. Será expedida carta: (...) IV – arbitral, para que órgão do Poder Judiciário pratique ou determine o cumprimento, na área de sua competência territorial, de ato objeto de pedido de cooperação judiciária formulado por juízo arbitral, inclusive os que importem efetivação de tutela provisória."

"Art. 260. São requisitos das cartas de ordem, precatória e rogatória: I – a indicação dos juízes de origem e de cumprimento do ato; II – o inteiro teor da petição, do despacho judicial e do instrumento do mandato conferido ao advogado; III – a menção do ato processual que lhe constitui o objeto; IV – o encerramento com a assinatura do juiz. § 3º A carta arbitral atenderá, no que couber, aos requisitos a que se refere o *caput* e será instruída com a convenção de arbitragem e com as provas da nomeação do árbitro e de sua aceitação da função."

"Art. 267. O juiz recusará cumprimento a carta precatória ou arbitral, devolvendo-a com decisão motivada quando: I – a carta não estiver revestida dos requisitos legais; II – faltar ao juiz competência em razão da matéria ou da hierarquia; III – o juiz tiver dúvida acerca de sua autenticidade."

[49] "Art. 22. Poderá o árbitro ou o tribunal arbitral tomar o depoimento das partes, ouvir testemunhas e determinar a realização de perícias ou outras provas que julgar necessárias, mediante requerimento das partes ou de ofício. § 1º O depoimento das partes e das testemunhas será tomado em local, dia e hora previamente comunicados, por escrito, e reduzido a termo, assinado pelo depoente, ou a seu rogo, e pelos árbitros. § 2º (...); se a ausência for de testemunha, nas mesmas circunstâncias, poderá o árbitro ou o presidente do tribunal arbitral requerer à autoridade judiciária que conduza a testemunha renitente, comprovando a existência da convenção de arbitragem."

[50] "Art. 455. Cabe ao advogado da parte informar ou intimar a testemunha por ele arrolada do dia, da hora e do local da audiência designada, dispensando-se a intimação do juízo. § 1º A intimação deverá ser realizada por carta com aviso de recebimento, cumprindo ao advogado juntar aos autos, com antecedência de pelo menos 3 (três) dias da data da audiência, cópia da correspondência de intimação e do comprovante de recebimento. § 2º A parte pode comprometer-se a levar a testemunha à audiência, independentemente da intimação de que trata o § 1º, presumindo-se, caso a testemunha não compareça, que a parte desistiu de sua inquirição. § 3º A inércia na realização da intimação a que se refere o § 1º importa desistência da inquirição da testemunha. § 4º A intimação será feita pela via judicial quando: I – for frustrada a intimação prevista no § 1º deste artigo; II – sua necessidade for devidamente demonstrada pela parte ao juiz; III – figurar no rol de testemunhas servidor público ou militar, hipótese em que o juiz o requisitará ao chefe da repartição ou ao comando do corpo em que servir; IV – a testemunha houver sido arrolada pelo Ministério Público ou pela Defensoria Pública; V – a testemunha for uma daquelas previstas no art.

Não há, sequer, falar-se em capacidade postulatória do árbitro ou ação própria e, assim, não haverá necessidade de advogado para a solicitação, que é mero cumprimento da lei no caso de recusa de comparecimento da testemunha e encontra necessidade em razão da ausência de coerção das decisões dos árbitros, que necessitam do juiz togado para o mister.

6. TUTELAS PROVISÓRIAS DE URGÊNCIA E DE EVIDÊNCIA

Nesse ponto, é importante entender quais são as tutelas provisórias e como estão elas classificadas no Código de Processo Civil.

Nos termos da norma processual civil, são chamadas de *tutelas provisórias* (CPC, arts. 294 a 311):

a) *as tutelas de urgência*, que podem ser cautelares antecedentes ou incidentais; antecipatórias de tutela antecedentes (estas com possibilidade de estabilização com extinção do processo) ou incidentais – CPC, arts. 300 a 302;

b) *as tutelas de evidência* (CPC, art. 311), nos casos de recursos repetitivos, súmulas vinculantes, abuso de defesa ou prova documental e pedido reipersecutório decorrente de depósito.

O art. 300 do CPC estabelece os requisitos da tutela de urgência incidental ou antecedente, cautelar ou antecipada, concedida liminarmente ou após justificação prévia:

a) a probabilidade do direito;
b) o "periculum in mora"; e
c) a reversibilidade do provimento (CPC, art. 300, § 3º).

Essas tutelas podem ser concedidas com ou sem caução (faculdade do juiz – CPC, art. 300, § 1º), dispensada no caso de hipossuficiência.

Para efetivação da tutela provisória, o Juiz determina as medidas necessárias (adequadas) para efetivação (CPC, arts. 297 e 301), observadas as normas do cumprimento provisório de sentenças, no que couber.

Caso tenha natureza cautelar, a efetivação se faz mediante arresto, sequestro, arrolamento de bens, registro de protesto contra a alienação de bens e qualquer outra medida assecuratória.

Se envolver quantia certa, exige-se caução nos atos de levantamento de dinheiro ou com consequências patrimoniais definitivas (CPC, art. 520, IV).

---

454. § 5º A testemunha que, intimada na forma do § 1º ou do § 4º, deixar de comparecer sem motivo justificado será conduzida e responderá pelas despesas do adiamento".
Esse dispositivo, portanto, estabelece que a testemunha deverá ser intimada por carta com aviso de recebimento pela parte interessada na sua oitiva, sob sua responsabilidade, só havendo intimação judicial se a providência da intimação tiver sido adotada e frustrada com a comprovação nos autos com cópia do aviso de recebimento frustrado ou do mandado negativo se judicial for. Nessa hipótese, haverá condução coercitiva pela renitência da testemunha.

Nos casos de obrigação de fazer ou de não fazer, de ofício ou a requerimento, poderá ser determinada a incidência de multa diária (CPC, art. 537), busca e apreensão, remoção de pessoas e coisas, desfazimento de obras e o impedimento de atividade nociva, podendo, caso necessário, ser requisitado o auxílio de força policial (CPC, art. 536).

Resta saber se o árbitro pode deferir essas medidas de urgência, de natureza cautelar ou antecipada ou de evidência.

Se puder, como serão efetivadas, é outra questão a ser respondida.

Outrossim, caso ainda não tenha sido instituída a arbitragem, qual a solução para a medida indispensável e, nessa medida, de urgência para a parte?

Vejamos essas respostas.

6.1 Tutelas provisórias de urgência de natureza cautelar ou antecipada incidentais

A Lei de Arbitragem permite, expressamente, que o árbitro defira as tutelas de urgência incidentais que entender pertinentes.

Dispõe a Lei 9.307/1996, no seu art. 22-B, parágrafo único: "Estando já instituída a arbitragem, a medida cautelar ou de urgência será requerida diretamente aos árbitros".

> Portanto, caso seja necessária alguma tutela provisória de urgência durante o procedimento arbitral (incidentais, portanto), a parte interessada requer o necessário ao árbitro que, por sua vez, defere ou não o pedido.

É tradicional a divisão doutrinária entre *antecipação da tutela*, ou seja, antecipação total ou parcial do pedido e, de outro lado, a tutela *cautelar*, que representa providência para garantir o resultado útil e eficaz do processo (instrumento do instrumento), sem que constitua adiantamento do que foi requerido.

Lembre-se de que as tutelas cautelares visam assegurar o resultado útil e eficaz do processo principal.

Assim, por exemplo, uma das partes pode vislumbrar que um bem litigioso está se perdendo ou se encontra na iminência de ser alienado pela parte contrária, sendo absolutamente justificável a concessão de tutela provisória de urgência de natureza cautelar mediante sequestro.

Ainda como exemplo, pode haver justificado receio de o demandado dilapidar o seu patrimônio, sendo necessário o arresto de bens suficientes para garantir o cumprimento de eventual decisão favorável a uma das partes no processo arbitral.

Seja como for, existe fungibilidade entre as tutelas cautelares e antecipatórias nos termos do art. 305 do CPC: "A petição inicial da ação que visa à prestação de tutela cautelar em caráter antecedente indicará a lide e seu fundamento, a exposição sumária do direito que se objetiva assegurar e o perigo de dano ou o risco ao resultado útil do processo. Parágrafo único. Caso entenda que o pedido a que se refere o *caput* tem natureza antecipada, o juiz observará o disposto no art. 303".

Em suma, o árbitro poderá deferir tutela cautelar ou de antecipação de tutela, indistintamente de urgência.

Deferido o pedido, o árbitro expede carta arbitral, conforme já vimos, com prova da nomeação do árbitro e de sua aceitação da função, para que a decisão seja efetivada pelo Poder Judiciário, que determinará o seu cumprimento nos termos dos arts. 260 a 268 do CPC.

A solicitação de cumprimento da tutela de urgência deferida pelo árbitro será dirigida ao juiz que seria competente para julgar a ação, caso não houvesse a convenção de arbitragem ou, havendo, nos termos da lei de organização judiciária do Estado que prevalece.

O juiz, por sua vez, deve se limitar à análise dos aspectos formais e determinar o cumprimento da decisão do árbitro.

Não é cabível a invasão de competências.

Cabe ao árbitro, nos limites da convenção de arbitragem, decidir acerca da concessão ou não da medida de urgência e cabe ao juiz verificar apenas os aspectos formais – não o mérito –, determinando, assim, o cumprimento do que foi decidido pelo árbitro.

Caso o juiz negue, sem justificativa, o cumprimento da decisão do árbitro, caberá agravo de instrumento, posto que se tratará de decisão judicial que nega efetivar decisão arbitral decorrente de tutela de urgência, a atrair a aplicação do art. 1.015, I, do CPC.[51]

6.2 Tutelas provisórias de urgência de natureza cautelar ou antecipada antecedentes

Se a necessidade de tutela de urgência, de natureza cautelar ou antecipada, não se apresenta de forma incidental – no curso do procedimento arbitral já instalado –, mas antes da instalação da arbitragem (tutelas de urgência antecedentes), nada obsta que a parte solicite ao juiz togado, judicialmente, esclarecendo a necessidade (*periculum in mora*) e, principalmente, a existência de convenção de arbitragem, declinando que, no prazo de trinta dias do art. 22-A da Lei de Arbitragem, tomará as medidas necessárias para instalação da arbitragem como, por exemplo, a comunicação ao árbitro ou à entidade arbitral e notificação da parte contrária.

Eis o teor da Lei 9.307/1966, incluído pela Lei 13.129/2015, que autoriza a nossa conclusão:

> "Art. 22-A. Antes de instituída a arbitragem, as partes poderão recorrer ao Poder Judiciário para a concessão de medida cautelar ou de urgência."

---

[51] "Art. 1.015. Cabe agravo de instrumento contra as decisões interlocutórias que versarem sobre:
I – tutelas provisórias; (...)".

"Parágrafo único. Cessa a eficácia da medida cautelar ou de urgência se a parte interessada não requerer a instituição da arbitragem no prazo de 30 (trinta) dias, contado da data da efetivação da respectiva decisão."

"Art. 22-B. Instituída a arbitragem, caberá aos árbitros manter, modificar ou revogar a medida cautelar ou de urgência concedida pelo Poder Judiciário."

> Portanto, como a lei se refere às tutelas de urgência (que podem ser cautelares ou antecipadas), a concessão de uma ou outra pelo juiz togado antes da instauração da arbitragem, não havendo árbitro para concedê-las, poderá ser deferida pelo juiz togado e depois revisadas (modificadas), mantidas ou revogadas pelo árbitro, cabendo àquele que as solicitou, no trintídio, requerer a instauração da arbitragem sob pena de perda de eficácia da tutela deferida.

E assim o é em razão das características do procedimento de instalação da arbitragem, de resto mais moroso que a simples propositura de ação judicial. Pelo menos no momento da instauração do processo, o procedimento judicial é mais célere, de tal sorte que, antes da instituição da arbitragem, não podem os contendores, que firmaram convenção de arbitragem, ficar à mercê de tutela jurisdicional urgente.

Nesse ponto, verifica-se que o CPC permite a chamada estabilização da tutela provisória de urgência antecipada (não a cautelar) se não houver agravo da decisão do seu deferimento nos termos dos arts. 304 e 1.015, I, do CPC.[52]

Em outras palavras, se a parte em face de quem for concedida a tutela provisória de urgência de natureza antecipada antecedente não agravar da decisão de concessão, a tutela se estabiliza, o processo é extinto e a tutela concedida somente pode ser revista por ação autônoma proposta no prazo de dois anos contados da ciência da decisão de extinção do processo.

---

[52] "Art. 304. A tutela antecipada, concedida nos termos do art. 303, torna-se estável se da decisão que a conceder não for interposto o respectivo recurso.

§ 1º No caso previsto no *caput*, o processo será extinto.

§ 2º Qualquer das partes poderá demandar a outra com o intuito de rever, reformar ou invalidar a tutela antecipada estabilizada nos termos do *caput*.

§ 3º A tutela antecipada conservará seus efeitos enquanto não revista, reformada ou invalidada por decisão de mérito proferida na ação de que trata o § 2º.

§ 4º Qualquer das partes poderá requerer o desarquivamento dos autos em que foi concedida a medida, para instruir a petição inicial da ação a que se refere o § 2º, prevento o juízo em que a tutela antecipada foi concedida.

§ 5º O direito de rever, reformar ou invalidar a tutela antecipada, previsto no § 2º deste artigo, extingue-se após 2 (dois) anos, contados da ciência da decisão que extinguiu o processo, nos termos do § 1º.

§ 6º A decisão que concede a tutela não fará coisa julgada, mas a estabilidade dos respectivos efeitos só será afastada por decisão que a revir, reformar ou invalidar, proferida em ação ajuizada por uma das partes, nos termos do § 2º deste artigo. (...)

Art. 1.015. Cabe agravo de instrumento contra as decisões interlocutórias que versarem sobre: I – tutelas provisórias; (...)".

Ocorre que, embora o juiz togado possa deferir a tutela antecipada antecedente, na arbitragem não cabe a sua estabilização.

O procedimento previsto no art. 304 do CPC é incompatível com aquele que deve ser respeitado por força do princípio da especialidade e decorre do art. 22-B da Lei de Arbitragem e, principalmente, em razão de a eventual estabilização afrontar a competência do árbitro para julgar o mérito nos termos da convenção de arbitragem.

Assim, não cabe agravo de instrumento da decisão que concede a tutela provisória de urgência de natureza antecipada antecedente tendo em vista que, a toda evidência, cabe aos árbitros, nos termos do art. 22-B da Lei de Arbitragem, "manter, modificar ou revogar a medida cautelar ou de urgência concedida pelo Poder Judiciário".

Logo, ao inconformado com a concessão não restará alternativa senão requerer a instauração da arbitragem e a revogação ou a modificação da tutela antecipada ao árbitro, sendo incabível o agravo nessa hipótese.

Todavia, o recurso deve ser admitido no caso de indeferimento pelo juiz togado singular (CPC, art. 1.015, I) e, da mesma forma, se o tribunal judicial conceder a tutela pretendida em razão do recurso de agravo, da ciência da concessão começa a correr o prazo de trinta dias para o pedido de instituição de arbitragem quando o árbitro poderá revogar, manter ou modificar a decisão concessiva da tutela de urgência.

6.3 Tutelas de evidência

Resta saber se o árbitro pode deferir pedido de tutela de evidência nas hipóteses previstas no Código de Processo Civil.

Eis o teor do art. 311 do CPC: "Art. 311. A tutela da evidência será concedida, independentemente da demonstração de perigo de dano ou de risco ao resultado útil do processo, quando: I – ficar caracterizado o abuso do direito de defesa ou o manifesto propósito protelatório da parte; II as alegações de fato puderem ser comprovadas apenas documentalmente e houver tese firmada em julgamento de casos repetitivos ou em súmula vinculante; III – se tratar de pedido reipersecutório fundado em prova documental adequada do contrato de depósito, caso em que será decretada a ordem de entrega do objeto custodiado, sob cominação de multa; IV – a petição inicial for instruída com prova documental suficiente dos fatos constitutivos do direito do autor, a que o réu não oponha prova capaz de gerar dúvida razoável. Parágrafo único. Nas hipóteses dos incisos II e III, o juiz poderá decidir liminarmente".

A resposta positiva se impõe.

Apenas não cabe o pedido antes da instauração da arbitragem, feito a juiz togado por uma razão fundamental: a possibilidade não foi prevista pelo art. 22-A, segundo o qual, "antes de instituída a arbitragem, as partes poderão recorrer ao Poder Judiciário para a concessão de medidas cautelares ou de urgência".

Não sendo de urgência, mas de evidência, ausente o *periculum in mora*, não pode ser requerida de forma antecedente (antes da instituição da arbitragem).

Nada obstante não caber o requerimento antecedente à instauração da arbitragem, cabe requerer a tutela de evidência depois da instituição da arbitragem ao árbitro ou ao tribunal arbitral que a deferirá e expedirá carta arbitral para a efetivação da decisão pelo Poder Judiciário, nos termos dos arts. 260 a 268 do CPC.

Importante observar que o art. 22-A da Lei de Arbitragem, incluído pela Lei 13.129/2015, não se referiu às tutelas de evidência, posto que o PLS 406/2013, do qual emanou a norma que alterou a Lei de Arbitragem, tramitou antes da aprovação da Lei 13.105, de 16 de março de 2015, e não abarcou expressamente a estrutura das tutelas provisórias concebidas no atual CPC.

Ainda que a Lei de Arbitragem não tenha se referido expressamente às tutelas de evidência, estão elas abrangidas pela jurisdição conferida ao árbitro nos termos dos arts. 18 e 31 da Lei de Arbitragem.

6.4 Jurisprudência

Por fim, cumpre ressaltar que a jurisprudência já reconhecia a competência do árbitro para decidir sobre as tutelas de urgência e, nesse sentido:

> "Medida cautelar. Juízo arbitral. Inexistência de óbice a que a parte interessada utilize as vias judiciais quando a necessidade da providência cautelar surgir antes da instauração do procedimento arbitral. 'Contrato de Venda de Reduções de Emissão Certificadas' que garante às partes o direito de se socorrerem das vias judiciais, 'para conseguir a adoção de medidas provisórias que protejam os direitos estabelecidos anteriormente à instauração da arbitragem'. Medida cautelar. Juízo arbitral. Competência da jurisdição brasileira que é concorrente em casos de existência de cláusula de eleição de foro de jurisdição estrangeira. Art. 88, II, do CPC [atual art. 21, II]. Extinção sem resolução de mérito do processo cautelar, com amparo no art. 267, VII, do CPC [atual art. 485, VII], que não se legitima. Sentença anulada. Determinado o prosseguimento da ação cautelar até instalação do juízo arbitral. Apelo provido. Medida cautelar. Liminar. Pleiteada liminar para que as instituições financeiras mencionadas na inicial, ainda que notificadas pela requerida, abstenham-se de efetuar qualquer desembolso de valor em seu favor, concernente aos contratos de fiança bancária, até o julgamento da ação cautelar. Cabimento. Possibilidade de se reconhecer, em princípio, a presença do 'fumus boni iuris'. Atestado o 'periculum in mora'. Liminar deferida" (TJSP, Apelação 0130332-32.2012.8.26.0100, Rel. José Marcos Marrone, São Paulo, 23ª Câmara de Direito Privado, j. 17.10.2012, Registro: 19.10.2012. Outros números: 1303323220128260100).

Fundamentou o relator, inclusive mencionando a 4ª edição deste livro: "se, durante o procedimento arbitral, houver necessidade de providência de natureza cautelar, cabe à parte interessada requerê-la ao árbitro, que, deferindo-a, irá solicitar ao juiz togado o seu cumprimento."

"Todavia, se a necessidade da providência cautelar surgir antes da instauração do procedimento arbitral, nenhum óbice existe a que a parte interessada utilize as vias judiciais, a fim de obter provimento que assegure o resultado prático do processo principal."

Não de forma diferente, o seguinte aresto:

"Superior Tribunal de Justiça. Direito Processual Civil. Arbitragem. Medida cautelar. Competência. Juízo arbitral não constituído. 1. O Tribunal Arbitral é competente para processar e julgar pedido cautelar formulado pelas partes, limitando-se, porém, ao deferimento da tutela, estando impedido de dar cumprimento às medidas de natureza coercitiva, as quais, havendo resistência da parte em acolher a determinação do(s) árbitro(s), deverão ser executadas pelo Poder Judiciário, a quem se reserva o poder de *imperium*. 2. Na pendência da constituição do Tribunal Arbitral, admite-se que a parte se socorra do Poder Judiciário, por intermédio de medida de natureza cautelar, para assegurar o resultado útil da arbitragem. 3. Superadas as circunstâncias temporárias que justificavam a intervenção contingencial do Poder Judiciário e considerando que a celebração do compromisso arbitral implica, como regra, a derrogação da jurisdição estatal, os autos devem ser prontamente encaminhados ao juízo arbitral, para que este assuma o processamento da ação e, se for o caso, reaprecie a tutela conferida, mantendo, alterando ou revogando a respectiva decisão. 4. Em situações nas quais o juízo arbitral esteja momentaneamente impedido de se manifestar, desatende-se provisoriamente as regras de competência, submetendo-se o pedido de tutela cautelar ao juízo estatal; mas essa competência é precária e não se prorroga, subsistindo apenas para a análise do pedido liminar. 5. Recurso especial provido" (REsp 1.297.974/RJ, Rel. Min. Nancy Andrighi, 3ª Turma, j. 12.06.2012, *DJe* 19.06.2012).

Do fundamento, colhe-se o seguinte:

"Igualmente assente na doutrina e na jurisprudência é a possibilidade de, na pendência de nomeação do(s) árbitro(s), a parte se socorrer do Poder Judiciário, por medida de natureza cautelar, para assegurar o resultado útil do procedimento arbitral."

"Com efeito, inviabilizado o acesso da parte ao juízo competente, admite-se sejam provisoriamente desprezadas as regras de competência, submetendo-se o pedido de tutela emergencial ao outro juízo."

"Carreira Alvim bem observa que nada impede o acesso à justiça estatal 'quando ainda não instituída a arbitragem, dado o caráter urgente da medida, e porque para a instituição do juízo arbitral são necessários vários passos, caminhos, assinaturas de documentos, não podendo a parte interessada esperar' (*Direito arbitral*, 2ª ed., Rio de Janeiro: Forense, 2004, p. 335)."

"O próprio STJ possui julgados nesse sentido. Confira-se, por todos, a SEC 1/EX, Corte Especial, Rel. Min. Maria Thereza de Assis Moura, *DJe* de 01.02.2012."

"Contudo, a questão posta a desate nestes autos vai além, exigindo que se defina se o juízo estatal é competente para prosseguir no processamento da medida cautelar depois que o Tribunal Arbitral é formalmente instituído."

"Nessa situação, superadas as circunstâncias temporárias que justificavam a intervenção contingencial do Poder Judiciário e considerando que a celebração do compromisso arbitral implica, como regra, a derrogação da jurisdição estatal, é razoável que os autos sejam prontamente encaminhados ao juízo arbitral, para que este assuma o processamento da ação e, se for o caso, reaprecie a tutela conferida, mantendo, alterando ou revogando a respectiva decisão."

"Há quem sustente que o Poder Judiciário deve encaminhar apenas cópia do processo para apreciação do juízo arbitral que, entendendo pelo não cabimento da tutela concedida, deverá requerer ao Juiz a extinção da medida cautelar."

"Sou adepta, porém, da desburocratização do processo, sendo certo que o procedimento acima sugerido implicaria necessariamente na realização de uma série de atos que, na prática, terão o mesmo efeito da remessa direta dos próprios autos da ação cautelar para o juízo arbitral."

"Sendo assim, me parece suficiente que o Juiz, ao encaminhar os autos ao árbitro, consigne a ressalva de que sua decisão foi concedida em caráter precário, estando sujeita a ratificação pelo juízo arbitral, sob pena de perder eficácia. Com isso, e sem que haja qualquer usurpação de competência ou conflito de jurisdição, evita-se a prática de atos inúteis e o prolongamento desnecessário do processo."

7. PEDIDO CONTRAPOSTO

É possível, no procedimento arbitral, o chamado *pedido contraposto*.

Isto porque aquele que não foi o primeiro a provocar a instituição da arbitragem, supondo uma cláusula arbitral cheia, não está impedido de formular pedido, além de ofertar sua defesa.

E o fará nos limites da convenção de arbitragem e na mesma peça de defesa, vez que não se trata de reconvenção.

Por exemplo: o fornecedor de determinada mercadoria litiga buscando a condenação do comprador no pagamento do preço e, por sua vez, o comprador pleiteia perdas e danos em razão da qualidade do produto vendido.

O pedido contraposto igualmente é possível em razão de compromisso arbitral, como, por exemplo, na ação de indenização decorrente de abalroamento de veículos, embarcações etc.

Firmado o compromisso, as partes poderão formular pedido de indenização independentemente de quem tenha sido a primeira a requerer a instituição da arbitragem.[53]

8. REVELIA

Embora a Lei de Arbitragem se refira à *revelia*, o termo está mal empregado.

Isso porque, no Código de Processo Civil, a revelia significa, nos termos do art. 344, que, "se o réu não contestar a ação, será considerado revel e presumir-se-ão verdadeiras as alegações de fato formuladas pelo autor".

A presunção a que se refere o art. 344 do Código de Processo Civil é relativa, o que se afirma na exata medida em que se admite prova em sentido contrário, de maneira que caberá ao réu provar que os fatos alegados pelo autor não se sustentam.

---

[53] Carlos Alberto Carmona. Op. cit., p. 272.

Em outras palavras, a revelia impõe ao réu o ônus de desfazer a presunção de veracidade do que fora alegado pelo autor, invertendo a regra insculpida no art. 373, I, do Código de Processo Civil segundo o qual compete ao autor provar fato constitutivo do seu direito.[54] A inversão do ônus da prova com a presunção de veracidade dos fatos alegados na inicial resta clara nos arts. 349 e 355 do Código de Processo Civil, o

---

[54] Prestação de serviços. Revelia. Presunção relativa. Indenização por dano material indevida. Ausente prova do dano. Indenização por dano moral indevida. Mero aborrecimento. Sentença mantida. Recurso improvido (TJSP, Apelação 1001937-65.2014.8.26.0704, 36ª Câmara de Direito Privado, rel. Min. Walter Cesar Exner, Comarca de São Paulo, j. 25.05.2016).
No processo judicial, a revelia, com a ausência de contestação ou contestação intempestiva (CPC, art. 344), permite que o réu intervenha, obstando o julgamento antecipado. Isso porque assim estão redigidos os arts. 349 e 355 do Código de Processo Civil: "Art. 349. Ao réu revel será lícita a produção de provas, contrapostas às alegações do autor, desde que se faça representar nos autos a tempo de praticar os atos processuais indispensáveis a essa produção. (...) Art. 355. O juiz julgará antecipadamente o pedido, proferindo sentença com resolução de mérito, quando: (...) II – o réu for revel, ocorrer o efeito previsto no art. 344 e não houver requerimento de prova, na forma do art. 349".
Some-se a isto que as provas apresentadas pelo réu revel antes do encerramento da instrução, em razão da presunção relativa gerada pelo art. 344 poderão se contrapor às alegações de fato apresentadas pelo autor (artigo 345, inciso IV, do CPC de 2015). Neste sentido:
Ação declaratória de inexistência de relação jurídica c.c. indenização por danos morais julgada parcialmente procedente. Recursos de lado a lado. Preliminar constante do recurso do réu. Cerceamento de defesa. Ocorrência. Apresentação de contestação intempestiva. Presunção de veracidade dos fatos alegados na inicial, em face da revelia, que é relativa. Pedido de produção de prova pericial grafotécnica, pelo réu, no momento de especificação de provas. Controvérsia sobre a autenticidade das assinaturas apostas nos contratos. Assinaturas dos contratos idênticas à aposta na carteira de trabalho da autora, porém diversas da lançada na procuração. Autora que insiste na ausência de relacionamento com o réu. Preliminar acolhida para o fim de ser anulada a r. sentença, determinada a produção de prova pericial. Recurso do réu provido, com determinação. Prejudicado o conhecimento das demais questões tratadas nos recursos (TJSP, Apelação 1116935-15.2014.8.26.0100, 12ª Câmara de Direito Privado, rel. Min. Castro Figliolia, Comarca de São Paulo, j. 24.05.2016).
Julgamento antecipado. Ação declaratória de inexistência de obrigação cambial. Contestação intempestiva. Revelia. Presunção relativa que não obsta o réu de produzir prova. Ademais, prova requerida antes da instrução. Súmula 231 do STJ. Cerceamento de defesa configurado. Sentença anulada. Recurso provido (TJSP, Apelação 0038895-07.2011.8.26.0564, 38ª Câmara de Direito Privado, rel. Min. Fernando Sastre Redondo, Comarca de São Bernardo do Campo, j. 03.04.2013).
Com a imposição do efeito material da revelia, inverte-se o ônus probatório, cabendo ao réu revel provar que os fatos não se deram da forma descrita na petição inicial. (...) O posicionamento adotado coaduna-se com o entendimento que este Tribunal vem defendendo acerca da extensão dos efeitos da revelia. (...) O efeito material da revelia conduz à presunção apenas relativa de veracidade dos fatos afirmados pelo autor. Portanto, para desconstituí-la é admissível a produção de prova em contrário que pode ser promovida pelo réu que, embora revel, intervenha no processo antes de encerrada a fase instrutória. (...) Conclui-se, com isso, que a decretação de revelia e imposição de presunção relativa de veracidade dos fatos narrados na petição inicial não impede que o réu revel exerça seu direito de produção de prova, desde que intervenha oportunamente no processo (Trechos do acórdão do STJ, 3ª Turma, RE n. 677.720-RJ, rel. Min. Nancy Andrighi, j. 10.11.2005, *DJ* 12.12.2005).

primeiro admitindo expressamente a produção de provas pelo revel, para contrapor-se à presunção de veracidade, e o segundo admitindo o julgamento antecipado apenas se ocorrer os efeitos da revelia (ausência de resposta tempestiva do réu) e não houver requerimento de produção de provas por parte dele, comparecendo a tempo no processo.

Na arbitragem, a Lei 9.307/1996 se ocupou apenas de garantir a higidez da sentença arbitral em razão da revelia para que não haja alegação de afronta ao princípio do contraditório exigido pelo seu art. 21, § 2º.

Certo é que aquele que firmou compromisso dificilmente deixará de praticar os atos necessários. Todavia, na eventualidade de o demandado que convencionou a arbitragem se negar a participar do procedimento arbitral que, assim, é instalado à sua revelia, não haverá óbice à regular marcha processual, em que pese a ausência da prática de atos processuais.

Nesse sentido, o art. 22, § 3º, da Lei de Arbitragem: "A revelia da parte não impedirá que seja proferida a sentença arbitral".

Em resumo, na arbitragem, a revelia, tanto em razão da completa ausência das partes como em função da ausência delas em qualquer ato processual, nos leva a afirmar que instituída a arbitragem, será válida a sentença proferida mesmo sem a participação do demandado.

9. COMUNICAÇÃO DOS ATOS

Diferentemente do que ocorre no processo civil, como visto, a arbitragem permite que as partes disciplinem o procedimento.

Se assim o é, a forma da comunicação dos atos processuais no âmbito da arbitragem seguirá aquilo que foi convencionado pelas partes.

Deveras, durante a arbitragem haverá a necessidade de comunicações diversas, como, por exemplo, sobre:

a) Decisões acerca de requerimentos diversos, como arguição de impedimento e suspeição;
b) Designação de audiências para produção de provas;
c) Juntada de documentos por uma parte, oportunizando à outra a manifestação sobre o seu teor em razão do princípio da igualdade entre as partes e do contraditório (art. 21, § 2º, da Lei de Arbitragem);
d) A sentença arbitral, nos termos do art. 29 da Lei de Arbitragem.[55]

A presunção de veracidade dos fatos alegados em razão da revelia não é absoluta. O julgador pode, na busca da verdade real, determinar a produção das provas que julgar necessárias à elucidação da causa (Trecho do acórdão do STJ, 3ª Turma, AgRg no AI n. 1.088.359/GO, rel. Min. Sidnei Beneti, j. 28.04.2009, *DJe* 11.05.2009).

[55] "Art. 29. Proferida a sentença arbitral, dá-se por finda a arbitragem, devendo o árbitro, ou o presidente do tribunal arbitral, enviar cópia da decisão às partes, por via postal ou por outro meio qualquer de comunicação, mediante comprovação de recebimento, ou, ainda, entregando-a diretamente às partes, mediante recibo."

Em resumo, a forma do envio respeitará: a) o que for determinado pelas partes; b) o procedimento do órgão arbitral; ou, na ausência de ambas, c) qualquer outra forma inequívoca, com a comprovação do recebimento.

Não se descarta – e até se recomenda – a utilização de meios eletrônicos eleitos pelas partes ou disciplinados pelo árbitro ou pelo tribunal arbitral para comunicação dos atos "processuais".[56]

Se o órgão arbitral (na arbitragem institucional) ou as partes não tiverem previamente disciplinado a forma de comunicação, será possível ao árbitro ou ao tribunal arbitral preencher as lacunas procedimentais, tendo em vista o § 1º, do art. 21, segundo o qual "não havendo estipulação acerca do procedimento, caberá ao árbitro ou ao tribunal arbitral discipliná-lo".

Neste momento é preciso lembrar que se presume o recebimento da comunicação enviada para o endereço comunicado pelas partes (ainda que eletrônico) em qualquer fase do procedimento, por analogia ao disposto no art. 274, parágrafo único, do CPC.[57]

10. DESPESAS COM A ARBITRAGEM

Como a arbitragem demandará expedição de correspondências, realização de diligências e extração de cópias, entre outros gastos, certamente haverá a necessidade de adiantamento de valores para fazer frente às despesas, assim como há custas nas ações judiciais.

Neste caso, mais uma vez, serão aplicadas as regras escolhidas pelas partes ou, inexistentes, as normas para tanto da entidade especializada e, na ausência de regras estabelecidas pelas partes ou pela entidade que administra o procedimento arbitral, o árbitro poderá determinar o adiantamento das despesas.[58]

Seja como for, o que normalmente se observa é que aquele que provoca a arbitragem adianta as despesas que, ao depois, serão carreadas ao vencido, nos termos do art. 27 da Lei 9.307/1996, caso não haja convenção diversa a respeito na cláusula ou compromisso arbitral: "A sentença arbitral decidirá sobre a responsabilidade das partes acerca das custas

---

[56] O que, aliás, é admitido até no processo judicial, a teor do que dispõe o art. 195 do CPC: "Art. 195. O registro de ato processual eletrônico deverá ser feito em padrões abertos, que atenderão aos requisitos de autenticidade, integridade, temporalidade, não repúdio, conservação e, nos casos que tramitem em segredo de justiça, confidencialidade, observada a infraestrutura de chaves públicas unificada nacionalmente, nos termos da lei".
[57] "Art. 274. Não dispondo a lei de outro modo, as intimações serão feitas às partes, aos seus representantes legais, aos advogados e aos demais sujeitos do processo pelo correio ou, se presentes em cartório, diretamente pelo escrivão ou chefe de secretaria. Parágrafo único. Presumem-se válidas as intimações dirigidas ao endereço constante dos autos, ainda que não recebidas pessoalmente pelo interessado, se a modificação temporária ou definitiva não tiver sido devidamente comunicada ao juízo, fluindo os prazos a partir da juntada aos autos do comprovante de entrega da correspondência no primitivo endereço".
[58] Art. 13, § 7º, da Lei 9.307/1996: "Poderá o árbitro ou o tribunal arbitral determinar às partes o adiantamento de verbas para despesas e diligências que julgar necessárias".

e despesas com a arbitragem, bem como sobre verba decorrente de litigância de má-fé, se for o caso, respeitadas as disposições da convenção de arbitragem, se houver".

De qualquer forma, essa decisão será pautada pelo que tiver sido estabelecido pelas partes na convenção de arbitragem ou, subsidiariamente, nos termos do que determinar o regulamento do centro de arbitragem escolhido na arbitragem administrada (ou institucional).

Caso nada tenha sido convencionado e o regulamento do centro de arbitragem eventualmente escolhido seja omisso, o árbitro lançará mão do princípio da causalidade e imporá os ônus àquele que tiver dado causa à propositura da ação, aplicando, por analogia, o art. 82 e seguintes do Código de Processo Civil, notadamente o art. 85, que traz critérios para distribuição dos honorários de eventual advogado da parte.

11. INTERVENÇÃO DE TERCEIROS

Quanto à intervenção de terceiros, a doutrina, de maneira geral, costuma sustentar que somente é possível com a concordância das partes e do árbitro.

Essa é a posição de Humberto Theodoro Jr., para quem "Todas as figuras interventivas previstas no Código de Processo Civil, em tese, poderiam ser questionadas e, uma vez suscitadas, admitiriam apreciação pelo árbitro se houvesse aquiescência de todos os interessados: partes, terceiro e árbitro. (...) *Data venia*, se em princípio não se tolera a intervenção de terceiro, genericamente, no processo arbitral, nem voluntária nem provocada, sem o consentimento dos sujeitos da convenção de arbitragem, não me parece razoável impor ao árbitro e às partes contratantes uma causa nova, com parte e objeto estranha ao negócio arbitral".[59]

Adota-se, em regra, assim, a posição de Hanotiau, segundo o qual "quando uma corte judicial ou tribunal arbitral deve determinar quem é parte em uma convenção arbitral, deverá primeiro determinar – com maior ou menor grau de formalismo – quem consentiu com a convenção".[60]

Pedro A. Batista Martins discorda em parte, deduzindo a desnecessidade de concordância dos árbitros e adotamos essa tese. Eis a lição: "Discordo, nesse particular, da doutrina que afirma a necessidade de autorização dos árbitros para que a integração do terceiro seja efetivada. Parece-me uma inversão de valores. Afinal, a jurisdição arbitral é exercida no interesse e por força da vontade das partes. Olvidar esse pressuposto e assegurar aos árbitros tal poder de intervenção seria a negação da própria prestação efetiva da tutela jurisdicional. Colocar-se-iam as partes e a arbitragem diante de verdadeira ditadura dos árbitros".[61]

---

[59] Humberto Theodoro Júnior. Arbitragem e terceiros: Litisconsórcio fora do pacto arbitral: Outras intervenções de terceiros. In: Pedro A. Batista Martins; José Maria Rossani Garcez (Org.). *Reflexões sobre arbitragem*: in memoriam do Desembargador Cláudio Vianna de Lima, São Paulo: LTr, 2002, pp. 254 e 257.

[60] Bernard Hanotiau. *Complex arbitrations*: Multiparty, multicontract, multi-issue and class actions, The Hague: KluwerLaw, 2005, p. 47.

[61] Pedro A. Baptista Martins. Arbitragem. Capacidade, consenso e intervenção de terceiros: Uma sobrevista. In: Rafaella Ferraz; Joaquim de Paiva Muniz (Org.). *Arbitragem doméstica e internacional*: Estudos em homenagem ao Prof. Theóphilo de Azeredo Santos, Rio de Janeiro: Forense, 2008, pp. 291 a 307.

Vamos além. Atualmente, a intervenção de terceiros pode ser provocada (denunciação da lide, chamamento ao processo e desconsideração da personalidade jurídica) ou voluntária (assistência).

De qualquer modo, o que ocorre é o interesse na inclusão, no processo arbitral, de um terceiro ou, então, o terceiro demonstra interesse no processo arbitral e postula seu ingresso.

A maior expressão da intervenção de terceiros no processo arbitral decorre da denunciação da lide, mediante a qual uma das partes pretende ver julgada sua pretensão regressiva no âmbito arbitral.

Nesse caso, desde que o denunciado concorde em se submeter à jurisdição arbitral e assine compromisso, nada obsta que a sentença arbitral resolva a demanda regressiva entre o denunciante e o denunciado.

Quanto ao chamamento ao processo (CPC, arts. 130 a 132), cabível nas hipóteses de o fiador buscar incluir o afiançado, bem como na eventualidade de o devedor solidário pretender a inclusão de outro devedor solidário quando é demandado sozinho, em regra essas pessoas chamadas terão, também, firmado a convenção de arbitragem e participarão do processo com as consequências do direito material e poderão exercer os seus direitos nos mesmos autos do processo arbitral.

A assistência pode ser simples, mediante a qual o pretenso assistente, apenas por manter relação com uma das partes que pode ser atingida pela sentença arbitral de forma lateral, busca participar do processo colaborando com a defesa alheia e, nesse caso, apenas, admitimos que haja concordância das partes na sua participação, o que, todavia, será pouco provável.

Havendo o pleito de ingresso de alguém diretamente vinculado à convenção de arbitragem, mas que não foi incluído, como no caso do obrigado solidário, tratar-se-á de assistência litisconsorcial e seu ingresso é direto e imediato, não havendo qualquer necessidade de concordância das partes.

Por fim, a desconsideração da personalidade jurídica, prevista como incidente no CPC, pode ser deferida pelo árbitro, mas será condicionada, em hipótese pouco provável, da aceitação do sócio ou da pessoa jurídica à submissão à arbitragem, tudo em razão do princípio segundo o qual ninguém pode ser compelido a se submeter à arbitragem.

Nada obsta, todavia, que a questão que envolve a desconsideração volte a ser discutida e resolvida na eventual fase judicial de cumprimento de sentença arbitral, desde que presentes os pressupostos do art. 50 do Código Civil ou do art. 28 do Código de Defesa do Consumidor, frustrada a execução.[62]

---

[62] Código Civil: "Art. 50. Em caso de abuso da personalidade jurídica, caracterizado pelo desvio de finalidade ou pela confusão patrimonial, pode o juiz, a requerimento da parte, ou do Ministério Público quando lhe couber intervir no processo, desconsiderá-la para que os efeitos de certas e determinadas relações de obrigações sejam estendidos aos bens particulares de administradores ou de sócios da pessoa jurídica beneficiados direta ou indiretamente pelo abuso. § 1º Para os fins do disposto neste artigo, desvio de finalidade é a utilização da pessoa jurídica com o propósito de lesar credores e para a prática de atos ilícitos de qualquer natureza. § 2º Entende-se por confusão patrimonial a ausência de separação de fato entre os patrimônios, caracterizada por: I – cumprimento repetitivo pela sociedade de obrigações do sócio ou do administrador ou vice-versa; II – transferência de ativos ou de passivos sem efetivas contraprestações, exceto os

Quadro sinótico

1. Normas de procedimento (art. 21 da LA)

Cabe às partes disciplinar o procedimento, respeitando os limites impostos pelos princípios impositivos.

Caso as partes não disciplinem o procedimento arbitral:
   a) Seguir-se-ão as *regras do órgão arbitral* escolhido na arbitragem institucional; ou
   b) *Na ausência dessas regras, os árbitros disciplinarão o procedimento* (presume-se, diante da ausência de regras, que as partes, em razão da confiança que depositam no árbitro, a ele delegaram o mister).

Ata de missão ou termo de arbitragem (art. 19 da LA): entendendo o árbitro – faculdade – que há necessidade de esclarecer algum ponto da convenção de arbitragem, poderá chamar as partes a assinar um aditivo que passará a fazer parte da convenção de arbitragem anteriormente firmada. Se a parte não comparecer ou se negar a firmar o aditivo, o árbitro aplicará o art. 21, § 1º, da LA e preencherá a lacuna.

1.1 Princípios impositivos (art. 21, § 2º, da LA)	*Embora caiba às partes, ao tribunal arbitral, ao árbitro ou até ao juiz na cláusula arbitral vazia (art. 7º, § 3º, da LA), disciplinar o procedimento, certo é que devem respeitar os princípios impositivos do procedimento arbitral, quais sejam:* a) *Contraditório*: ou seja, sempre haverá oportunidade de reação da parte contrária (não obrigatória, admitindo-se a inércia, a par da oportunidade) que deve ser comunicada (pela forma estabelecida ou instituída, ainda que eletrônica) dos atos praticados pelo outro contendor; b) *Igualdade*: se uma oportunidade for concedida a uma das partes (produção de provas, aduzir razões, indicar advogado), a mesma oportunidade deve ser concedida à outra; c) *Imparcialidade*: o árbitro deve manter-se distante das partes, preocupação manifestada no art. 14, § 1º da LA, que exige, também, que o árbitro não seja impedido ou suspeito;

---

de valor proporcionalmente insignificante; e III – outros atos de descumprimento da autonomia patrimonial. § 3º O disposto no *caput* e nos §§ 1º e 2º deste artigo também se aplica à extensão das obrigações de sócios ou de administradores à pessoa jurídica. § 4º A mera existência de grupo econômico sem a presença dos requisitos de que trata o *caput* deste artigo não autoriza a desconsideração da personalidade da pessoa jurídica. (Incluído pela Lei nº 13.874, de 2019). § 5º Não constitui desvio de finalidade a mera expansão ou a alteração da finalidade original da atividade econômica específica da pessoa jurídica".

Código de Defesa do Consumidor: "Art. 28. O juiz poderá desconsiderar a personalidade jurídica da sociedade quando, em detrimento do consumidor, houver abuso de direito, excesso de poder, infração da lei, fato ou ato ilícito ou violação dos estatutos ou contrato social. A desconsideração também será efetivada quando houver falência, estado de insolvência, encerramento ou inatividade da pessoa jurídica provocados por má administração. § 1º (Vetado). § 2º As sociedades integrantes dos grupos societários e as sociedades controladas, são subsidiariamente responsáveis pelas obrigações decorrentes deste código. § 3º As sociedades consorciadas são solidariamente responsáveis pelas obrigações decorrentes deste código. § 4º As sociedades coligadas só responderão por culpa. § 5º Também poderá ser desconsiderada a pessoa jurídica sempre que sua personalidade for, de alguma forma, obstáculo ao ressarcimento de prejuízos causados aos consumidores".

1. Normas de procedimento (art. 21 da LA)	
1.1 Princípios impositivos (art. 21, § 2º, da LA)	d) *Livre convencimento do árbitro*: cabe ao árbitro valorar as provas produzidas de acordo com o procedimento escolhido pelas partes (ainda que estipulem a inversão do natural ônus da prova) e pode, inclusive, determinar as provas que entender relevantes para formar seu convencimento.
1.2 Primeiras providências, tentativa de conciliação e participação de advogado e representante das partes	*Tentativa de conciliação (art. 21, § 4º, da LA)*: a doutrina, na maioria, entende que a ausência é mera irregularidade. Pensamos que se a lei exigiu, a ausência implica em nulidade do procedimento. *Havendo conciliação nos limites da convenção*: sentença de homologação, respeitados os requisitos da sentença insculpidos no art. 26 da LA, formando título executivo judicial nos termos do art. 515, VII, do CPC. *Advogado (art. 21, § 3º, da LA)*: não é obrigatória a presença, mas, se uma das partes se faz representar por advogado, em razão da igualdade, a mesma oportunidade (que pode não ser aproveitada) deve ser dada à outra parte que, se quiser, pode continuar sem advogado, nada obstante o seu contendor disponha de um. *Representantes (art. 21, § 3º, da LA)*: as partes podem designar representantes ou assistentes nos atos processuais.

2. Instituição da arbitragem e a interrupção de prescrição (art. 19 da LA)

Momento: no momento em que o árbitro ou todos os árbitros (se for mais de um) aceitam a incumbência.

Efeitos:

a) termo inicial para contagem do prazo de seis meses (exceto convenção de outro prazo) para emissão da sentença arbitral (art. 23 da LA);

b) Torna a questão litigiosa e interrompe a prescrição retroativamente à data da expedição ou protocolo da convocação dos árbitros (§ 2º do art. 19 da LA).

É possível interromper a prescrição por protesto judicial nos termos do art. 202, I e II, do CC, c/c arts. 726, § 2º, 240 e 312 do CPC, mesmo havendo convenção de arbitragem. Não se discute mérito em razão do exercício da faculdade do art. 202 do CC, o que autoriza o ingresso no Poder Judiciário para esta finalidade (interromper prescrição).

3. Arguição de incompetência, suspeição ou impedimento do árbitro e arguição da nulidade da cláusula arbitral

As partes podem se deparar com:

a) Impedimento ou suspeição (arts. 15, 20, § 1º, primeira parte, 32, II, e 33, § 2º, da LA): exige-se que a matéria tenha sido levantada na primeira oportunidade que a parte teve para se manifestar – art. 20 da LA – e o motivo seja posterior à convenção ou, se foi anterior, a parte faça prova do conhecimento posterior, vez que, se o motivo já existia, presume-se, de forma relativa, o conhecimento prévio e o seu afastamento.

O árbitro analisa a exceção e:

a.1) se acatá-la, desliga-se e outro árbitro é designado nos termos do art. 16 da LA (ou extingue-se o processo se as partes declararam não aceitar substituto – art. 12, I e II, da LA);

a.2) se não a acatar, o procedimento prossegue e as partes podem alegar nulidade da sentença arbitral na ação de nulidade (arts. 20, § 2º, 32, II e 33 da LA).

3. Arguição de incompetência, suspeição ou impedimento do árbitro e arguição da nulidade da cláusula arbitral

b) Nulidade da convenção de arbitragem, relativa ou absoluta (arts. 166 e 171 da CC) e, neste caso, tratando-se de matéria de ordem pública, não haverá necessidade de arguição na primeira oportunidade, exceto alegação de ratificação expressa ou tácita do negócio jurídico anulável, lembrando que a ratificação tácita também se dá no caso de a parte, livre da pressão decorrente de eventual coação, ou conhecendo a mácula, nada alega na primeira oportunidade que tiver no procedimento arbitral (art. 20 da LA e arts. 172, 174 e 175 do CC); ou

c) Impossibilidade de atuação por:

    c.1) Incompetência absoluta do árbitro em razão de a matéria que lhe é submetida versar sobre direitos indisponíveis (não exige a alegação na primeira oportunidade): matéria de impossível submissão à arbitragem nos termos do art. 1º da LA;

    c.2) Incompetência relativa do árbitro em razão de a matéria que lhe é submetida extrapolar os limites daquilo que as partes convencionaram para a solução arbitral, desde que não verse sobre direitos indisponíveis: exige a manifestação nos autos, pelo inconformado, na primeira oportunidade que tiver, sob pena de presumir-se a aceitação do nomeado (art. 20 da LA);

    c.3) Incompetência relativa do árbitro nomeado por terceiros em razão de não dispor das qualidades que as partes convencionaram: exige a manifestação nos autos, pelo inconformado, na primeira oportunidade que tiver, sob pena de presumir-se a aceitação do nomeado (art. 20 da LA);

Nos casos de incompetência ou nulidade (art. 20, § 1º, da LA):

a) Aceitas pelo árbitro: as partes deverão se valer do Poder Judiciário para resolver a questão (art. 20, § 1º, da LA);

b) Não aceitas pelo árbitro: as partes podem alegar nulidade da sentença arbitral na ação de nulidade (arts. 20, § 2º, 32, II, e 33 da LA).

Podemos esquematizar:

Impedimento ou suspeição do árbitro (arts. 14 e 15 da LA).

Incompetência absoluta do árbitro (arts. 1º e 32, II da LA): a matéria objeto da arbitragem versa sobre direito indisponível.

Incompetência relativa do árbitro (art. 32, II da LA): a matéria objeto da arbitragem, embora verse sobre direito disponível, não foi objeto da convenção de arbitragem ou o árbitro não conta com as características exigidas na convenção de arbitragem.

Nulidade absoluta da convenção de arbitragem (arts. 1º e 32, I da LA): a convenção de arbitragem não respeita os requisitos de validade do art. 104 do C.Civ. (art. 166 e seguintes do C.Civ.), inclusive o objeto versa sobre direito indisponível (cumulando incompetência absoluta do árbitro e nulidade absoluta da convenção por objeto impossível).

Nulidade relativa da convenção de arbitragem: a convenção de arbitragem é anulável (C.Civ. art. 171 e seguintes), como, por exemplo, na hipótese de vontade inquinada pelo vício do erro, dolo ou coação.

Cap. 4 – PROCEDIMENTO ARBITRAL

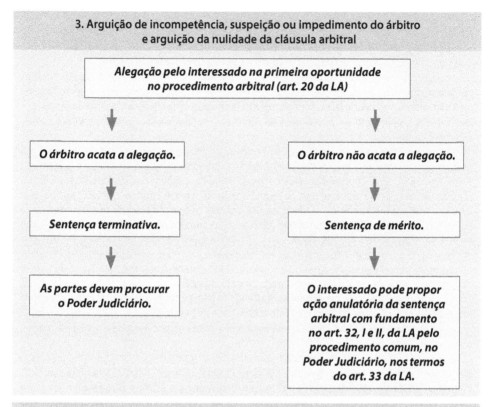

4. Relação de coordenação entre a arbitragem e o Poder Judiciário – cartas arbitrais (art. 22-C da LA)

Finalidade: para que o órgão jurisdicional nacional pratique ou determine o cumprimento, na área de sua competência territorial, de ato solicitado pelo árbitro.

Relação de coordenação (e não de subordinação) entre a arbitragem e o Poder Judiciário: ligação entre árbitro e juiz, para que este conceda eficácia às decisões e determinações daquele.

Exemplos: a) condução coercitiva de testemunhas; b) efetivação de tutelas provisórias, de urgência (cautelares ou antecipadas), deferidas pelo árbitro; c) busca e apreensão de documentos ou imposição de multa para exibição etc.

Forma: a carta a ser expedida pelo árbitro ou pelo tribunal arbitral deve respeitar os requisitos dos arts. 260 a 268 do CPC, instruída com a convenção de arbitragem e com as provas da nomeação do árbitro e de sua aceitação da função, para que a decisão seja efetivada pelo juiz togado competente (o que seria competente para o mérito caso não existisse a convenção de arbitragem), que determinará o seu cumprimento.

O juiz, por sua vez, não decide, apenas se limita à análise dos aspectos formais, determinando, caso estejam em ordem, o cumprimento da decisão do árbitro.

5. Provas (art. 22 da LA)

Poderes instrutórios do árbitro: o árbitro pode, de ofício, determinar a realização de provas, ainda que não tenham sido requeridas pelas partes. Pode admitir pacto das partes sobre o ônus probatório (CPC, art. 373, § 3º) ou aplicar a teoria dinâmica da distribuição do ônus da prova (CPC, art. 373, § 1º).

5. Provas (art. 22 da LA)

Substituição do árbitro e provas (arts. 16 e 22, § 5º, da LA): substituído o árbitro, o substituto pode determinar a repetição das provas para o seu convencimento.

Provas admitidas: todos os meios necessários, ainda que não sejam tradicionais (provas típicas ou atípicas), como, por exemplo, o *discovery* (análise de documentos de negócio jurídico referido pela parte contrária) ou o depoimento técnico de especialista que traz sua *expertise* para os autos, opinando sobre o objeto da causa sem ser perito, como hoje prevê o art. 464, § 3º, do CPC.

Depoimento das testemunhas (art. 22, §§ 1º e 2º, da LA): Poderá ser feita por meio eletrônico, se assim for convencionado, respeitado, por analogia, o prazo de 48 horas de antecedência do art. 218, § 2º, do CPC. Se a testemunha residir em outra comarca, o árbitro ou alguém por ele indicado pode se deslocar para a oitiva, se não for requerida ou determinada a oitiva por carta arbitral (art. 22-C da LA). A condução coercitiva da testemunha que se nega a comparecer será requerida pela parte interessada e deferida pelo árbitro ao juiz que seria competente para julgar a causa, mediante carta arbitral distribuída nos termos dos arts. 237, 260 e 267 do CPC, acompanhada de cópia da convenção de arbitragem e de outros documentos que reputar necessários, além da justificativa, no requerimento, da ausência a par da intimação. O juiz não poderá ingressar no mérito e deve determinar o comparecimento da testemunha, analisando, apenas, os aspectos formais, seguindo o art. 455, § 5º, do CPC. Não há necessidade de advogado para postular o pedido de oitiva coercitiva (trata-se de cumprimento da lei no caso de recusa da testemunha).

Interrogatório das partes: Serve para esclarecer pontos controvertidos e, eventualmente, obter a confissão.

Confissão (art. 22, §§ 1º e 2º, da LA): Não significa procedência do pedido (é simples admissão de um fato) e, tampouco, a ausência da parte intimada significa confissão ficta ou presumida, como no CPC (arts. 139, VIII, e 389). Ao proferir a sentença, o árbitro, simplesmente, levará em conta o comportamento da parte faltosa que não justificou a ausência. A lei menciona que a ausência da parte intimada que pode influenciar na sentença é apenas aquela "sem justa causa", presumindo-se a possibilidade de justificação, cuja avaliação compete ao árbitro.

6. Tutelas provisórias de urgência e de evidência (arts. 22-A e 22-B da LA)

Tutelas Provisórias (Regras gerais: CPC, arts. 294 a 299)	De Urgência (CPC, arts. 300 a 310)	Cautelares (CPC, arts. 300 a 310)	Antecedentes (CPC, arts. 303 e 304: antecipadas; 305 a 310: cautelares)
		Antecipadas (CPC, art. 311)	Incidentais (CPC, arts. 300 a 302)
	De Evidência (CPC, art. 311)		

É possível ao árbitro deferir todas as tutelas provisórias previstas no CPC.

Tutelas provisórias de urgência, cautelares ou antecipadas:

Pedido antecedente (anterior à instalação da arbitragem, o que se dá nos termos do art. 19 da LA): pode ser feito judicialmente (art. 22-A da LA), esclarecendo o requerente ao juiz togado, na petição, que, no trintídio, contado da efetivação da tutela de urgência (cautelar ou antecipada), o requerente providenciará o necessário para instalação da arbitragem sob pena de perder a eficácia da medida concedida (parágrafo único do art. 22-A da LA). Instalada a arbitragem,

6. Tutelas provisórias de urgência e de evidência (arts. 22-A e 22-B da LA)

caberá ao árbitro manter, revogar ou modificar a tutela provisória de urgência deferida pelo juiz togado, motivo pelo qual não cabe agravo da decisão que a concede, devendo o inconformado pleitear a revogação ou modificação ao árbitro. Todavia, negada a concessão da tutela de urgência pelo juiz togado, enquanto não instaurada a arbitragem, caberá agravo (CPC, art. 1.015, I), e nos 30 dias contados da ciência da eventual concessão da tutela provisória de urgência pelo tribunal judicial caberá ao beneficiário providenciar a instauração da arbitragem, podendo o árbitro, da mesma forma, revogar, manter ou modificar a tutela concedida.

Pedido incidental (com a arbitragem já instalada): será feito e deferido pelo árbitro (parágrafo único do art. 22-B da LA).

Existe fungibilidade entre as tutelas de urgência, devendo ser deferida aquela que se adequar (CPC, arts. 297 e 305, parágrafo único).

Relação de coordenação entre árbitro e juiz: como não dispõe da coerção, o árbitro precisa do juiz para viabilizar suas decisões, sejam as tutelas provisórias de urgência antecipatórias ou cautelares e o fará mediante carta arbitral dirigida ao juiz (CPC, arts. 260 a 268; art. 22-C da LA) que analisará apenas as questões formais da arbitragem e não o mérito da concessão.

7. Pedido contraposto

Pedido contraposto: pedido do requerido em face do requerente, na mesma peça da defesa.
Limites: aqueles impostos pelas matérias descritas na convenção de arbitragem.
Exemplos: o vendedor pleiteia o pagamento e o comprador a devolução das mercadorias e perdas e danos, em razão da disparidade na qualidade do que foi entregue; acidente entre dois navios e cada um dos envolvidos, depois de firmar compromisso, requerem indenização.

8. Revelia (art. 22, § 3º, da LA)

Tecnicamente, a lei de arbitragem se preocupou apenas em garantir a higidez da sentença arbitral, em que pese a ausência do demandado ou até a ausência de atos processuais, não havendo, em que pese a revelia, afronta ao contraditório como princípio impositivo do procedimento.

Significado próprio na arbitragem: traduz a absoluta ausência de atos ou abandono do processo, o que significa apenas que a sentença será proferida, validamente, com os elementos de convencimento constantes dos autos a par da ausência do contendor.

9. Comunicação dos atos

Durante o procedimento se faz mister a comunicação de diversos atos:
    a) Decisões acerca de requerimentos diversos, como arguição de impedimento e suspeição;
    b) Designação de audiências para produção de provas;
    c) Juntada de documentos por uma parte, oportunizando à outra a manifestação sobre o seu teor em razão do princípio da igualdade entre as partes (art. 21, § 2º, da LA);
    d) A sentença arbitral (art. 29 da LA).

Forma: disciplinada pelas partes, pelo órgão arbitral ou, na ausência, qualquer forma inequívoca, mesmo que eletrônica (por analogia ao art. 195 do CPC) desde que o recebimento seja comprovado.

Presunção de recebimento da comunicação: desde que enviada para o endereço comunicado pelas partes (ainda que eletrônico) em qualquer fase do procedimento, por analogia ao parágrafo único do art. 274 do CPC.

10. Despesas com a arbitragem (arts. 13, § 7º, e 27 da LA)

Aplicam-se as regras escolhidas pelas partes.

Se não existirem:

a) As normas da entidade especializada; e, na ausência de regras estabelecidas pelas partes ou pela entidade que administra o procedimento arbitral;

b) O árbitro determina o adiantamento das despesas (art. 13, § 7º, da LA).

Normalmente aquele que provoca a arbitragem adianta as despesas que, ao depois, são atribuídas ou carreadas ao vencido, utilizando-se, por analogia, o art. 82 e seguintes do CPC, notadamente o art. 85 (honorários), inclusive eventual pena de litigância de má-fé a critério do árbitro, vez que não há a mesma limitação do art. 81 do CPC.

11. Intervenção de terceiros na Arbitragem

A doutrina, em regra, exige a concordância expressa das partes e dos árbitros para intervenção de terceiros.

Entendemos, contudo, que essa concordância só é necessária na assistência simples.

Nas demais hipóteses, basta que o interveniente, aplicável a hipótese de intervenção, aceite participar da arbitragem, caso não tenha ainda firmado a convenção de arbitragem, aquiescendo a se submeter à sentença arbitral mediante assinatura incidental de compromisso arbitral.

O mesmo se aplica à desconsideração de personalidade jurídica no âmbito da arbitragem, que dificilmente contará com a concordância do sócio ou da pessoa jurídica na desconsideração inversa, quanto à participação voluntária no procedimento arbitral. Nada obstante, a questão poderá ser resolvida, se for o caso do art. 50 do CC ou do art. 28 do CDC, no âmbito do cumprimento judicial da sentença arbitral.

Capítulo 5

SENTENÇA ARBITRAL

1. CARACTERÍSTICAS DA SENTENÇA ARBITRAL E SEU CUMPRIMENTO

Para não deixar qualquer dúvida quanto à sua natureza, a lei determina que a decisão do árbitro constitui uma sentença e, como tal, sem se ater a um apego literal ao art. 203, § 1º, do CPC, segundo o qual a sentença é o ato que revela o conteúdo dos arts. 485 e 487 do mesmo diploma legal;[1] é dotada da mesma eficácia do provimento

---

[1] "Art. 203. Os pronunciamentos do juiz consistirão em sentenças, decisões interlocutórias e despachos. § 1º Ressalvadas as disposições expressas dos procedimentos especiais, sentença é o pronunciamento por meio do qual o juiz, com fundamento nos arts. 485 e 487, põe fim à fase cognitiva do procedimento comum, bem como extingue a execução".
"Art. 485. O juiz não resolverá o mérito quando: I – indeferir a petição inicial; II – o processo ficar parado durante mais de 1 (um) ano por negligência das partes; III – por não promover os atos e as diligências que lhe incumbir, o autor abandonar a causa por mais de 30 (trinta) dias; IV – verificar a ausência de pressupostos de constituição e de desenvolvimento válido e regular do processo; V – reconhecer a existência de perempção, de litispendência ou de coisa julgada; VI – verificar ausência de legitimidade ou de interesse processual; VII – acolher a alegação de existência de convenção de arbitragem ou quando o juízo arbitral reconhecer sua competência; VIII – homologar a desistência da ação; IX – em caso de morte da parte, a ação for considerada intransmissível por disposição legal; e X – nos demais casos prescritos neste Código. § 1º Nas hipóteses descritas nos incisos II e III, a parte será intimada pessoalmente para suprir a falta no prazo de 5 (cinco) dias. § 2º No caso do § 1º, quanto ao inciso II, as partes pagarão proporcionalmente as custas, e, quanto ao inciso III, o autor será condenado ao pagamento das despesas e dos honorários de advogado. § 3º O juiz conhecerá de ofício da matéria constante dos incisos IV, V, VI e IX, em qualquer tempo e grau de jurisdição, enquanto não ocorrer o trânsito em julgado. § 4º Oferecida a contestação, o autor não poderá, sem o consentimento do réu, desistir da ação. § 5º A desistência da ação pode ser apresentada até a sentença. § 6º Oferecida a contestação, a extinção do processo por abandono da causa pelo autor depende de requerimento do réu. § 7º Interposta a apelação em qualquer dos casos de que tratam os incisos deste artigo, o juiz terá 5 (cinco) dias para retratar-se. (...) Art. 487. Haverá resolução de mérito quando o juiz: I – acolher ou rejeitar o pedido formulado na ação ou na reconvenção; II – decidir, de ofício ou a requerimento, sobre a ocorrência de decadência ou prescrição; III – homologar: a) o reconhecimento da procedência do pedido formulado na ação ou na reconvenção; b) a transação; c) a renúncia à pretensão formulada na ação ou na reconvenção. Parágrafo único. Ressalvada a hipótese do § 1º do art. 332, a prescrição e a decadência não serão reconhecidas sem que antes seja dada às partes oportunidade de manifestar-se".

judicial transitado em julgado nos termos do art. 31 da Lei de Arbitragem[2] e deve ser proferida por escrito (art. 24 da Lei de Arbitragem).[3]

Lembre-se de que o árbitro é "juiz de fato e de direito" e, nessa qualidade, nos termos dos arts. 18 e 31 da Lei de Arbitragem, prolata sentença que constitui título executivo judicial (art. 515, VII, do CPC).

Todavia, como não tem poderes coercitivos, o cumprimento forçado da sentença dar-se-á pelo procedimento judicial, conforme veremos.

As sentenças arbitrais, assim como as judiciais, podem ser, portanto:

a) *Terminativas*, de conteúdo meramente processual, quando, por exemplo, reconhecem a invalidade do compromisso arbitral ou o impedimento ou suspeição sem que haja possibilidade de substituição do árbitro, porque assim foi convencionado (art. 12, I e II, da Lei de Arbitragem);[4]

b) *Definitivas*, aquelas que reconhecem o direito de uma das partes e podem ser, assim como as sentenças judiciais, condenatórias, constitutivas ou declaratórias.

Para Humberto Theodoro Júnior, "a classificação realmente importante das sentenças (considerando tanto a decisão do juiz singular como o acórdão dos tribunais) é a que leva em conta a natureza do bem jurídico visado pelo julgamento, ou seja, a espécie de tutela jurisdicional concedida à parte". Nessa medida, sustenta: "Tanto as que se dizem executivas como as mandamentais realizam a essência das condenatórias, isto é, declaram a situação jurídica dos litigantes e ordenam uma prestação de uma parte em favor da outra. A forma de realizar processualmente essa prestação, isto é, de executá-la, é que diverge. A diferença reside, pois, na execução e respectivo procedimento. Sendo assim, não há razão para atribuir uma natureza diferente a tais sentenças".[5]

Para Pontes de Miranda prevalece a classificação quinária, ou seja: a) "A *ação declarativa* é ação a respeito de *ser* ou *não ser* a relação jurídica"; b) "De regra, a *ação constitutiva* prende-se à pretensão constitutiva, *res deducta*, quando se exerce a pretensão à tutela jurídica. Quando a ação constitutiva é ligada ao direito, imediatamente, não há, no plano da *res in iudicium deducta*, pretensão constitutiva (há-a, no plano do direito subjetivo à tutela jurídica, que é especialização, pelo exercício da pretensão à tutela jurídica em pretensão constitutiva)"; c) "A *ação de condenação* supõe que aquele ou aqueles, a quem ela se dirige tenham obrado *contra direito*, que tenham causado dano e mereçam, por isso, ser condenados (*condamnare*)"; d) "A *ação*

---

[2] "Art. 31. A sentença arbitral produz, entre as partes e seus sucessores, os mesmos efeitos da sentença proferida pelos órgãos do Poder Judiciário e, sendo condenatória, constitui título executivo".

[3] "Art. 24. A decisão do árbitro ou dos árbitros será expressa em documento escrito."

[4] "Art. 12. Extingue-se o compromisso arbitral: I – escusando-se qualquer dos árbitros, antes de aceitar a nomeação, desde que as partes tenham declarado, expressamente, não aceitar substituto; II – falecendo ou ficando impossibilitado de dar seu voto algum dos árbitros, desde que as partes declarem, expressamente, não aceitar substituto; (...)".

[5] Humberto Theodoro Júnior. *Curso de direito processual civil*, 39. ed., Rio de Janeiro, Forense, 2003, v. 1, n. 497, p. 468-469; n. 499, p. 470.

mandamental prende-se a atos que o juiz ou outra autoridade deve mandar que se pratique. O juiz expede o mandado, porque o autor tem pretensão ao mandamento e, exercendo a pretensão à tutela jurídica, propôs a ação mandamental"; e) "A *ação executiva* é aquela pela qual se passa para a esfera jurídica de alguém o que nela devia estar, e não está".[6]

Sendo terminativa ou definitiva, quanto à abrangência, a sentença arbitral poderá ser:

a) parcial, nos termos do § 1º do art. 23 da Lei de Arbitragem, incluído pela Lei 13.129/2015, segundo o qual: "§ 1º Os árbitros poderão proferir sentenças parciais". Com a sentença parcial, a parte interessada pode, desde logo, exigir o cumprimento daquilo que já foi decidido e prosseguir na parte que ainda dependa de decisão arbitral;

b) total, na exata medida em que enfrentar a integralidade da pretensão deduzida no processo.

A distinção é conveniente, posto que corrobora com a celeridade, característica do procedimento arbitral, não permitindo que a parte do pedido dependente de prova pericial, ou outra que demande tempo, prejudique a parte do pedido que pode, desde logo, ser objeto de decisão e eventual execução.

Portanto, poderão ser formados diversos títulos executivos judiciais decorrentes do mesmo procedimento arbitral e de cada um deles, inclusive, cabe ação anulatória autônoma.

Neste sentido, consignou o seguinte julgado do STJ:

> "Em se transportando a definição de sentença (ofertada pela Lei n. 11.232/2005) à Lei n. 9.307/1996, é de se reconhecer, portanto, a absoluta admissão, no âmbito do procedimento arbitral, de se prolatar sentença parcial, compreendida esta como o ato dos árbitros que, em definitivo (ou seja, finalizando a arbitragem na extensão do que ficou decidido), resolve parte da causa, com fundamento na existência ou não do direito material alegado pelos litigantes ou na ausência dos pressupostos de admissibilidade da tutela jurisdicional pleiteada. 1.2 A ação anulatória destinada a infirmar a sentença parcial arbitral – único meio admitido de impugnação do *decisum* – deve ser intentada de imediato, sob pena de a questão decidida tornar-se imutável, porquanto não mais passível de anulação pelo Poder Judiciário, a obstar, por conseguinte, que o Juízo arbitral profira nova decisão sobre a matéria. Não há, nessa medida, nenhum argumento idôneo a autorizar a compreensão de que a impugnação ao comando da sentença parcial arbitral, por meio da competente ação anulatória, poderia ser engendrada somente por ocasião da prolação da sentença arbitral final. Tal incumbência decorre da própria lei de regência (Lei n. 9.307/1996, inclusive antes das alterações promovidas pela Lei n. 13.129/2015), que, no art. 33, estabelece o prazo decadencial de 90 (noventa dias) para anular a sentença arbitral. Compreendendo-se sentença arbitral como gênero, do qual a

---

[6] Pontes de Miranda. *Tratado das ações*, São Paulo, RT, 1970, t. I, p. 118-122.

parcial e a final são espécies, o prazo previsto no aludido dispositivo legal aplica-se a estas, indistintamente. 1.3 A justificar, ainda, a imediata impugnação, é de suma relevância reconhecer que a questão decidida pela sentença arbitral parcial encontrar-se-á definitivamente julgada, não podendo ser objeto de ratificação e muito menos de modificação pela sentença arbitral final, exigindo-se de ambas, por questão lógica, tão somente, coerência. A esse propósito, saliente-se que o conteúdo da sentença parcial arbitral, relativa à inclusão da ora recorrente no procedimento arbitral (objeto da subjacente medida cautelar e da ação anulatória de sentença parcial arbitral), não se confunde com o conteúdo da sentença final arbitral, que julgou o mérito da ação arbitral" (REsp 1.543.564/SP, rel. Min. Marco Aurélio Bellizze, 3ª Turma, j. 25.09.2018, *DJe* 01.10.2018).

1.1 Natureza do provimento, carta de sentença arbitral e seu ingresso no registro público, liquidez e execução

Seja qual for a natureza e a classificação, a sentença arbitral, integral ou parcial, exerce, como vimos, o mesmo efeito da sentença judicial transitada em julgado nos termos dos arts. 18 e 31 da Lei de Arbitragem: "Art. 18. O árbitro é juiz de fato e de direito, e a sentença que proferir não fica sujeita a recurso ou a homologação pelo Poder Judiciário" e "Art. 31. A sentença arbitral produz, entre as partes e seus sucessores, os mesmos efeitos da sentença proferida pelos órgãos do Poder Judiciário e, sendo condenatória, constitui título executivo".

A única diferença é que o árbitro não é dotado de coerção de tal sorte que a execução de suas decisões demandará, diante da resistência, a atuação do juiz togado, a quem competirá materializar a sentença arbitral.

Ainda assim, não se exigirá a participação do Poder Judiciário para o ingresso, no respectivo registro público, da sentença arbitral.

Essa, aliás, foi a decisão do Conselho Nacional de Justiça ao responder a Consulta 0008630-40.2021.2.00.0000 cujo relator foi o conselheiro Mário Goulart Maia.

Nessa consulta ficou assentado: "Lei de Arbitragem. Registros Públicos. Efeitos e desdobramentos. Art. 221, IV, da Lei 6.015/1973.[7] Alcance da expressão carta de sentença. Equiparação entre a sentença arbitral e a judicial. Corregedoria nacional de justiça. Parecer. Consulta respondida".

Deveras, se a sentença arbitral equivale àquelas prolatadas pelos órgãos do Poder judiciário, se o CPC a admite como título executivo judicial (art. 515, VII), está equiparada à sentença ou carta de sentença judicial.

---

[7] Art. 221. Somente são admitidos registro [como títulos]:
IV – cartas de sentença, formais de partilha, certidões e mandados extraídos de autos de processo.

Se assim o é, admite-se o seu ingresso, notadamente no Registro de Imóveis, por exemplo para servir de título hábil à transferência, modificação ou extinção de direitos reais imobiliários determinados na sentença arbitral.

É nesse sentido o enunciado publicado pelo Centro de Estudos Judiciários do Conselho da Justiça Federal (CEJ/CJF) e aprovados na I Jornada Prevenção e Solução Extrajudicial de Litígios: "Enunciado 9 – A sentença arbitral é hábil para inscrição, arquivamento, anotação, averbação ou registro em órgãos de registros públicos, independentemente de manifestação do Poder Judiciário".[8]

Voltando à natureza da sentença, a redação do art. 31 da Lei 9.307/1996 menciona apenas a execução de sentença condenatória, o que, em 1996, estava consentâneo com o revogado art. 584 do CPC/1973: "São títulos executivos judiciais: I – a sentença condenatória proferida no processo civil; (...)".

Todavia, não são apenas as sentenças condenatórias – e devemos abstrair a literalidade do art. 31 da Lei 9.307/1996 –, mas quaisquer sentenças líquidas estão sujeitas ao cumprimento de sentença no Poder Judiciário.

É preciso observar o teor do art. 515 do CPC/2015.

Esse dispositivo atribui executividade a toda sentença que reconheça, no plano do direito material, uma obrigação líquida, sem distinção, de resto apenas tradicional, da natureza do provimento, como fazia o direito anterior ao exigir, para tanto, sentença condenatória: "Art. 515. São títulos executivos judiciais, cujo cumprimento

---

[8] Segundo Eduardo Pacheco Ribeiro de Souza: "Com efeito, não há como negar o ingresso no fólio real das sentenças arbitrais que decidam questões referentes a direitos patrimoniais relativos a imóveis. Tendo e produzindo os mesmos efeitos da sentença judicial, não pode ser vedado o acesso ao registro das sentenças arbitrais. A equiparação da decisão arbitral à sentença judicial foi reconhecida pelo Supremo Tribunal Federal na SE 5.206 – Espanha – Ag Rg (resumo em Inf. STF 71, de 12/05/97, mencionado em nota ao art. 35 da Lei 9.307 por Theotônio Negrão, Código de Processo Civil, Saraiva, 31ª edição). O título formal a ser apresentado ao serviço de registro de imóveis deve ser a carta de sentença, pois os demais títulos judiciais (formais de partilha, certidões e mandados) não podem ser expedidos pelos árbitros. Não têm os árbitros poder para: extrair mandados, que são ordens judiciais; certidões, que são atos administrativos, ou seja, emanam do serviço público; ou formais de partilha, que decorrem de inventário, sempre judicial. Equiparada à carta de sentença judicial, está a carta de sentença arbitral, assim como aquela e todo e qualquer título apresentado para registro (em sentido lato), sujeita à qualificação registral. Vale a advertência de Álvaro Pinto de Arruda, ao se referir à qualificação dos títulos: "todos eles estão sujeitos à obediência aos mesmos princípios e ao cumprimento de idênticas cautelas". Há quem critique a inclusão da carta de sentença como título judicial com ingresso no registro, por ser documento que objetiva a execução provisória (arts. 589 e 590 do CPC). No entanto, tal é a definição da carta de sentença em sentido estrito, enquanto a Lei 6.015 utiliza a expressão no sentido amplo, em vários dispositivos (arts. 97; 100, §§ 3º e 4º; 221, IV; 222). Assim, apresentada carta de sentença arbitral para registro (em sentido lato), ao oficial de registro caberá examiná-la, em obediência ao princípio da legalidade. SOUZA, Eduardo Pacheco Ribeiro de. As relações entre os Serviços Extrajudiciais (Registrais e Notariais) e a Lei de Arbitragem (Lei 9.307, de 23.09.1996). Boletim Eletrônico do Instituto de Registro Imobiliário do Brasil, s.l., n. 1947, 23 de ago. 2005. Disponível em http://www.irib.org.br/obras/as-relacoes-entreos-servicosextrajudiciais-registrais-e-notariaise-a-lei-de-arbitragem--lei-9-307-de-23-09-1- 996). Acesso em: 9 jan. 2023.

dar-se-á de acordo com os artigos previstos neste Título: I – as decisões proferidas no processo civil que reconheçam a exigibilidade de obrigação de pagar quantia, de fazer, de não fazer ou de entregar coisa; (...) VII – a sentença arbitral; (...)".

A sentença arbitral, portanto, sem qualquer distinção da natureza do provimento nela contido, está no rol dos títulos executivos do art. 515 do Código de Processo Civil.

A lei processual civil, portanto, diferentemente da redação original do CPC/1973, não fez qualquer distinção.

Não exigiu que a sentença judicial ou a sentença arbitral sejam condenatórias para admitir o cumprimento forçado.

> Portanto, o art. 31 da Lei de Arbitragem deve ser ampliado para admitir o cumprimento forçado das sentenças arbitrais, qualquer que seja a sua natureza, desde que reconheçam obrigação de dar (dinheiro, bens móveis ou imóveis), fazer ou não fazer, vez que esses provimentos admitem pedido de cumprimento judicial em razão do título executivo representado pela sentença arbitral (CPC, art. 515, VII).

A interpretação sistemática nos leva a essa conclusão.

Em resumo, havendo prestação desde logo exercitável extraída da sentença, seja lá qual for a sua natureza, é possível o pedido de cumprimento forçado nos termos do Código de Processo Civil.

Em consonância com o acatado, mesmo antes da alteração do Código de Processo Civil de 1973 pela Lei 11.232/2005 – que revogou o art. 584 daquele Código –, decidiu o STJ no REsp 588.202/PR, cujo relator foi o Min. Teori Albino Zavascki, publicado no DJ 25.02.2004, o seguinte: "Processual civil – Tributário – Valores indevidamente pagos a título de contribuição previdenciária – Sentença declaratória do direito de crédito contra a fazenda para fins de compensação – Superveniente impossibilidade de compensar – Eficácia executiva da sentença declaratória, para haver a repetição do indébito por meio de precatório. 1. No atual estágio do sistema do processo civil brasileiro não há como insistir no dogma de que as sentenças declaratórias jamais têm eficácia executiva. O art. 4º, parágrafo único, do CPC [de 1973] considera 'admissível a ação [meramente] declaratória ainda que tenha ocorrido a violação do direito' [atual art. 20], modificando, assim, o padrão clássico da tutela puramente declaratória, que a tinha como tipicamente preventiva. Atualmente, portanto, o Código dá ensejo a que a sentença declaratória possa fazer juízo completo a respeito da existência e do modo de ser da relação jurídica concreta. 2. Tem eficácia executiva a sentença declaratória que traz definição integral da norma jurídica individualizada. Não há razão alguma, lógica ou jurídica, para submetê-la, antes da execução, a um segundo juízo de certificação, até porque a nova sentença não poderia chegar a resultado diferente do da anterior, sob pena de comprometimento da garantia da coisa julgada, assegurada constitucionalmente. E instaurar um processo de cognição sem oferecer às partes e ao juiz outra alternativa de resultado que não um, já prefixado, representaria atividade meramente burocrática e desnecessária, que poderia receber qualquer outro qualificativo, menos o de jurisdicional. 3. A sentença declaratória que, para fins de compensação tributária, certifica o direito de crédito do contribuinte que recolheu indevidamente o tributo, contém juízo de certeza e de definição exaustiva a respeito de todos os elementos da relação jurídica questionada e, como tal, é título executivo para a ação visando à satisfação, em dinheiro, do valor devido. 4. Recurso especial a que se nega provimento".

Na qualidade de doutrinador, escreveu Teori Albino Zavascki: "Ora, se tal sentença traz definição de certeza a respeito, não apenas da existência da relação jurídica, mas também da exigibilidade da prestação devida, não há como negar-lhe, categoricamente, eficácia executiva. (...) ao legislador ordinário não é dado negar executividade à norma jurídica concreta, certificada por sentença, se nela estiverem presentes todos os elementos identificadores da obrigação (sujeitos, prestação, liquidez, exigibilidade), pois isso representaria atentado ao direito constitucional à tutela executiva, que é inerente e complemento necessário do direito de ação".[9]

Sem discrepar, assevera Fredie Didier Jr.: "De fato, se uma decisão judicial reconhece a existência de um direito à prestação, já exercitável (definição completa de norma jurídica individualizada), em nada ela se distingue de uma sentença condenatória".[10]

Não cabe, na esteira do art. 31 da Lei de Arbitragem, sentença ilíquida.

Posta assim a questão, afirmou Carlos Alberto Carmona que "os laudos arbitrais condenatórios devem ser certos e determinados (ainda que os pedidos sejam genéricos!), não carecendo de qualquer tipo de liquidação posterior. Vou além: o sistema brasileiro não admite a denominada sentença parcial, de forma que os árbitros não poderão decidir o *an debeatur* para, depois, liquidarem (ainda que em sede arbitral) o *quantum debeatur*".[11]

Ainda que Carmona tenha alterado o posicionamento na terceira edição do seu livro,[12] certo é que a edição é anterior ao CPC de 2015 e às alterações empreendidas na Lei de Arbitragem pela Lei 13.129/2015.

---

[9] Teori Albino Zavascki. Sentenças declaratórias, sentenças condenatórias e eficácia executiva dos julgados. In: Fredie Didier Jr. (coord.). *Processo civil:* leituras complementares, 4. ed., Salvador: Juspodivm, 2006, p. 34.

[10] Fredie Didier Jr. *Teoria geral do processo e processo de conhecimento*, 6. ed., Salvador: Juspodivm, 2006, v. 1, p. 199-200.

[11] Carlos Alberto Carmona. Op. cit., p. 314 315. Neste caso, sendo ilíquida, será inexequível, cabendo o seu beneficiário manejar embargos de declaração. Não esclarecida a sentença, a mesma será nula e outra deverá ser proferida (art. 32, V, da LA): "Art. 32. É nula a sentença arbitral se: (...) V – não decidir todo o litígio submetido à arbitragem; (...). Art. 33. A parte interessada poderá pleitear ao órgão do Poder Judiciário competente a decretação da nulidade da sentença arbitral, nos casos previstos nesta Lei. § 1º A demanda para a decretação de nulidade da sentença arbitral seguirá o procedimento comum, previsto no Código de Processo Civil, e deverá ser proposta no prazo de até noventa dias após o recebimento da notificação da sentença arbitral ou de seu aditamento. § 2º A sentença que julgar procedente o pedido: I – decretará a nulidade da sentença arbitral, nos casos do art. 32, incisos I, II, VI, VII e VIII; II – determinará que o árbitro ou o tribunal arbitral profira novo laudo, nas demais hipóteses (...)".

[12] Carlos Alberto Carmona. *Arbitragem e processo*. Um comentário à Lei 9.307/1996, 3. ed., São Paulo: Atlas, 2009, p. 394.

A Lei de Arbitragem permite a prolação de sentenças parciais no § 1º do art. 23[13] e estabelece a regra da sentença líquida no sistema, implementando, inclusive, no âmbito processual estatal, a liquidação pelo procedimento comum, o que evidentemente afronta a competência do árbitro, caso seja permitida ao juiz togado.

Notem, ainda, reforçando nossa posição, que o CPC/2015 estabeleceu, mesmo no procedimento judicial, ainda que lá se admita liquidação para as sentenças judiciais, a liquidez da sentença como regra, inferência que se extrai do seu art. 491.[14]

Ficamos, assim, com a regra da liquidez da sentença arbitral, até porque no atual sistema poderá ser parcial (art. 23, § 1º, da Lei de Arbitragem) e não terá o juiz togado competência para liquidação, seja pelo procedimento comum, seja por arbitramento.

É preciso verificar que são modalidades de liquidação de sentença, que não impedem a execução da parte líquida (CPC, art. 509, § 1º) por requerimento do credor ou do devedor (CPC, art. 509):

a) *por arbitramento* (CPC, art. 510), havendo necessidade de perícia ou parecer (*v.g.*, nas ações de indenização, para apurar consequência de fato que, embora passado, não foi quantificado pela sentença, como, por exemplo, os danos decorrentes de um incêndio) com a juntada de pareceres e, não sendo possível decidir, o juiz segue o procedimento da prova pericial;

b) *pelo procedimento comum* (CPC, art. 511), que corresponde à antiga liquidação "por artigos" no CPC de 1973, na exata medida em que há necessidade de prova de fato novo (*v.g.*, na ação de indenização julgada procedente para condenar o réu a ressarcir as consequências, como cirurgias realizadas posteriormente em razão de acidente).

Na liquidação pelo procedimento comum, haverá necessidade de prova de fato novo e prolação de sentença e, na liquidação por arbitramento, o juiz deverá valorar a prova, o que, a toda evidência, afronta o princípio da competência-competência e a convenção de arbitragem.

> Em suma, a sentença arbitral deve ser líquida e, se não for, a competência para liquidação será do árbitro – e não do juiz togado –, que deve proferir a sentença parcial naquilo que puder e prosseguir com a liquidação da parte que não for possível, desde logo, quantificar.

---

[13] "Art. 23 (...) 1º Os árbitros poderão proferir sentenças parciais".

[14] "Art. 491. Na ação relativa à obrigação de pagar quantia, ainda que formulado pedido genérico, a decisão definirá desde logo a extensão da obrigação, o índice de correção monetária, a taxa de juros, o termo inicial de ambos e a periodicidade da capitalização dos juros, se for o caso, salvo quando:
I – não for possível determinar, de modo definitivo, o montante devido;
II – a apuração do valor devido depender da produção de prova de realização demorada ou excessivamente dispendiosa, assim reconhecida na sentença.
§ 1º Nos casos previstos neste artigo, seguir-se-á a apuração do valor devido por liquidação.
§ 2º O disposto no *caput* também se aplica quando o acórdão alterar a sentença".

1.2 Cumprimento espontâneo e procedimento de cumprimento judicial da sentença arbitral

A rigor, com a comunicação da sentença arbitral nos termos do art. 29 da Lei de Arbitragem, o cumprimento deve ser espontâneo.

Entretanto, havendo resistência da parte contra quem foi proferida a decisão a ele comunicada e que reconheça – como deve ser – obrigação líquida de dar, fazer ou não fazer, independentemente da natureza do provimento, o beneficiário da obrigação reconhecida na sentença poderá requerer o seu cumprimento no Poder Judiciário, tendo em vista que ao árbitro, embora seja dotado de jurisdição, não se confere poder coercitivo.

Adiante-se, pelo menos quanto aos contratos internacionais, nos quais a convenção de arbitragem é regra, que o cumprimento espontâneo da sentença arbitral é muito comum.

Isto porque o mundo corporativo não admite – pelo menos do ponto de vista moral – o descumprimento da decisão proferida no âmbito da arbitragem.

E a sanção moral pelo descumprimento ou busca do judiciário é o descrédito, desastroso em todos os aspectos para a atividade empresarial.[15]

Assim, Carmona[16] enumera os elementos de pressão que, ao lado do aspecto moral, conduzem a um alto percentual de cumprimento das decisões arbitrais empresariais:

a) imagem negativa daquele que descumpre a sentença;
b) pequeno número de decisões judiciais que infirmam a sentença em razão da crescente especialização dos órgãos arbitrais e da tecnicidade empregada;
c) o boicote e as sanções corporativas, a exemplo da impossibilidade de atuação no mercado de acordo com as regras da câmara arbitral da Bolsa de Mercadorias e Futuros.

A par dessas razões, os mecanismos extrajurídicos de coerção não são suficientes em todos os casos.

Assim, possível vislumbrar a necessidade de se socorrer do Poder Judiciário para o cumprimento forçado do conteúdo da sentença arbitral.

Antes de tratar do cumprimento judicial da sentença arbitral, vejamos, a título comparativo, como as coisas se passam no procedimento judicial, especialmente quanto ao cumprimento definitivo da sentença que reconhece a exigibilidade de obrigação de pagar quantia certa (CPC, arts. 523 e seguintes).

O executado é intimado para cumprimento no prazo de 15 dias (CPC, art. 513, § 2º) sob pena de multa de 10% no caso de descumprimento (CPC, art. 523, § 1º), além de honorários advocatícios de 10%.

---

[15] Anna Maria Bernini. *L' arbitrato amministrato*, p. 15-16.
[16] Carlos Alberto Carmona. Op. cit., p. 303.

Conclui-se que, além da cláusula penal de natureza material e independentemente dela, surge a vertente cláusula penal processual, com exclusivo caráter inibitório, de reforço da sentença.

Os honorários devidos pela fase cognitiva são devidos independentemente destes, da execução, porque constarão do título judicial executado.

Assim, a isenção dos 10% de honorários por pagamento tempestivo só se aplica aos honorários devidos na execução.

Posta assim a questão, em resumo, a multa de dez por cento pela inexecução das sentenças líquidas é instituto análogo às *astreintes*, cumprindo função de reforço sentencial que se cumula com a cláusula penal porventura existente na obrigação, sem que se trate de *bis in idem*.

Seja como for, se o pagamento tempestivo for parcial, a pena de dez por cento será calculada sobre a diferença (art. 523, § 2º, do CPC).

Ultrapassado *in albis* o prazo de quinze dias, caberá ao credor juntar memória de cálculo e requerer a penhora e avaliação dos bens do devedor, exceto se requerer a penhora de bens imóveis, que será feita por termos nos autos (art. 845, § 1º, do CPC), mediante juntada da respectiva matrícula atualizada.

A impugnação será feita nos termos do art. 525 do CPC e o prazo é de 15 dias, que começa a correr imediatamente após o transcurso do prazo de 15 dias para cumprimento voluntário, independentemente da penhora, cujas providências requeridas pelo credor correm paralelamente.[17]

---

[17] CPC, "Art. 525. Transcorrido o prazo previsto no art. 523 sem o pagamento voluntário, inicia-se o prazo de 15 (quinze) dias para que o executado, independentemente de penhora ou nova intimação, apresente, nos próprios autos, sua impugnação. § 1º Na impugnação, o executado poderá alegar: I – falta ou nulidade da citação se, na fase de conhecimento, o processo correu à revelia; II – ilegitimidade de parte; III – inexequibilidade do título ou inexigibilidade da obrigação; IV – penhora incorreta ou avaliação errônea; V – excesso de execução ou cumulação indevida de execuções; VI – incompetência absoluta ou relativa do juízo da execução; VII – qualquer causa modificativa ou extintiva da obrigação, como pagamento, novação, compensação, transação ou prescrição, desde que supervenientes à sentença. § 2º A alegação de impedimento ou suspeição observará o disposto nos arts. 146 e 148. § 3º Aplica-se à impugnação o disposto no art. 229. § 4º Quando o executado alegar que o exequente, em excesso de execução, pleiteia quantia superior à resultante da sentença, cumprir-lhe-á declarar de imediato o valor que entende correto, apresentando demonstrativo discriminado e atualizado de seu cálculo. § 5º Na hipótese do § 4º, não apontado o valor correto ou não apresentado o demonstrativo, a impugnação será liminarmente rejeitada, se o excesso de execução for o seu único fundamento, ou, se houver outro, a impugnação será processada, mas o juiz não examinará a alegação de excesso de execução. § 6º A apresentação de impugnação não impede a prática dos atos executivos, inclusive os de expropriação, podendo o juiz, a requerimento do executado e desde que garantido o juízo com penhora, caução ou depósito suficientes, atribuir-lhe efeito suspensivo, se seus fundamentos forem relevantes e se o prosseguimento da execução for manifestamente suscetível de causar ao executado grave dano de difícil ou incerta reparação. § 7º A concessão de efeito suspensivo a que se refere o § 6º não impedirá a efetivação dos atos de substituição, de reforço ou de redução da penhora e de avaliação dos bens. § 8º Quando o efeito suspensivo atribuído à impugnação disser respeito apenas a parte do objeto da execução, esta prosseguirá quanto à parte restante. § 9º A concessão

Vejamos, agora, como ingressar na fase de execução, se a sentença for arbitral e não judicial:

1.2.1 Citação

O requerimento de cumprimento de sentença arbitral será levado a efeito por petição dirigida ao juízo que seria competente para julgar o mérito caso não houvesse a convenção de arbitragem. O exequente instruirá a petição com cópia integral do processo arbitral, atribuindo o valor correspondente ao conteúdo econômico da sentença arbitral e requererá a citação daquele contra quem a sentença foi prolatada.

É preciso observar que o chamamento pessoal (citação) é necessário nas execuções de título executivo constante do art. 515, incisos VI a IX, do CPC, ou seja, a execução de sentença penal condenatória transitada em julgado, de sentença ou decisão interlocutória estrangeira homologada pelo STJ e, no que nos interessa, de sentença arbitral (CPC, art. 515, VII).

Quanto às sentenças ilíquidas, como não admitimos a competência do juiz togado para a liquidação, entendemos que, havendo necessidade de liquidar a sentença, o procedimento deverá ser levado a efeito perante o árbitro, notadamente em razão do conteúdo de mérito dos pronunciamentos de liquidação pelo procedimento comum e por arbitramento. Assim, não caberá liquidação junto ao Poder Judiciário em razão da convenção de arbitragem e remetemos o leitor ao item 1.1 deste capítulo.

---

de efeito suspensivo à impugnação deduzida por um dos executados não suspenderá a execução contra os que não impugnaram, quando o respectivo fundamento disser respeito exclusivamente ao impugnante. § 10. Ainda que atribuído efeito suspensivo à impugnação, é lícito ao exequente requerer o prosseguimento da execução, oferecendo e prestando, nos próprios autos, caução suficiente e idônea a ser arbitrada pelo juiz. § 11. As questões relativas a fato superveniente ao término do prazo para apresentação da impugnação, assim como aquelas relativas à validade e à adequação da penhora, da avaliação e dos atos executivos subsequentes, podem ser arguidas por simples petição, tendo o executado, em qualquer dos casos, o prazo de 15 (quinze) dias para formular esta arguição, contado da comprovada ciência do fato ou da intimação do ato. § 12. Para efeito do disposto no inciso III do § 1º deste artigo, considera-se também inexigível a obrigação reconhecida em título executivo judicial fundado em lei ou ato normativo considerado inconstitucional pelo Supremo Tribunal Federal, ou fundado em aplicação ou interpretação da lei ou do ato normativo tido pelo Supremo Tribunal Federal como incompatível com a Constituição Federal, em controle de constitucionalidade concentrado ou difuso. § 13. No caso do § 12, os efeitos da decisão do Supremo Tribunal Federal poderão ser modulados no tempo, em atenção à segurança jurídica. § 14. A decisão do Supremo Tribunal Federal referida no § 12 deve ser anterior ao trânsito em julgado da decisão exequenda. § 15. Se a decisão referida no § 12 for proferida após o trânsito em julgado da decisão exequenda, caberá ação rescisória, cujo prazo será contado do trânsito em julgado da decisão proferida pelo Supremo Tribunal Federal".

Em suma, no caso de sentença arbitral que reconheça prestação desde logo exercitável, diante da resistência da parte contrária em acatá-la espontaneamente, cumprindo-a, caberá ao beneficiário da decisão instruir pedido de cumprimento de sentença junto ao Poder Judiciário, pagar as custas[18] e juntar cópia integral dos autos e da sentença arbitral, bem como a sua comunicação ao agora executado, requerendo ao juiz togado que determine a citação.

1.2.2 Cumprimento definitivo da sentença que reconhece a exigibilidade de obrigação de pagar quantia certa – momento da exigibilidade da multa e dos honorários previstos

Nos termos do § 1º do art. 515 do CPC: "§ 1º Nos casos dos incisos VI a IX, o devedor será citado no juízo cível para o cumprimento da sentença ou para a liquidação no prazo de 15 (quinze) dias".

A par da omissão do dispositivo que estabelece a forma de requerer o cumprimento de decisão arbitral, resta saber se cabe a multa estipulada no art. 523, § 1º, do CPC na execução forçada da sentença arbitral condenatória de quantia certa e, se couber, em que termos, notadamente qual será o termo inicial para contagem do prazo de quinze dias.

A resposta positiva se impõe.

Com efeito, tratando-se de sentença arbitral, aquele contra quem é proferida será dela intimado, nos termos do art. 29 da Lei de Arbitragem, e deve cumprir espontaneamente o julgado, equiparado à sentença judicial transitada em julgado (art. 31 da Lei de Arbitragem) no prazo de 15 dias por analogia ao art. 523[19] do CPC.

Não faria o menor sentido, tendo em vista que a sentença arbitral equivale à sentença judicial (art. 31 da Lei de Arbitragem) de que aquele que tem contra si sentença arbitral que reconhece obrigação de pagar quantia certa tenha o privilégio de cumprir espontaneamente duas vezes.

Assim, o cumprimento espontâneo deve se dar no prazo de 15 dias contados do recebimento da comunicação da sentença arbitral.

Se o devedor não o fizer, tratando-se de sentença que reconhece a exigibilidade de obrigação de pagar quantia certa, sofrerá a sanção decorrente da multa de 10% do valor da condenação acrescida dos honorários de 10%, além da expedição de mandado de penhora e avaliação com a prática de atos de expropriação (art. 523, § 3º).

---

[18] Nesse sentido: "Taxa judiciária. Cumprimento de sentença arbitral. CPC, art. 475-N, inciso IV [atual art. 515, VII], c.c. Parágrafo único. Incidência. Lei 11.608/2003, art. 1º e 4º, inciso I. Recurso improvido, revogada a liminar" (TJSP, Agravo de Instrumento 0076209-93.2012.8.26.0000, Rel. Matheus Fontes, São Paulo, 22ª Câmara de Direito Privado, j. 12.07.2012, Data de registro: 24.07.2012. Outros números: 00762099320128260000).

[19] "Art. 523. No caso de condenação em quantia certa, ou já fixada em liquidação, e no caso de decisão sobre parcela incontroversa, o cumprimento definitivo da sentença far-se-á a requerimento do exequente, sendo o executado intimado para pagar o débito, no prazo de 15 (quinze) dias, acrescido de custas, se houver".

Assim, o pedido de citação para o cumprimento forçado (agora judicial) do devedor que teve a obrigação de pagar quantia certa reconhecida por sentença arbitral deverá abranger esses acréscimos.

Em suma, ultrapassado *in albis* o prazo de 15 dias contados da intimação do devedor ainda no âmbito do procedimento arbitral, o credor deverá instruir o pedido, agora judicial de cumprimento da sentença arbitral que reconheça obrigação de pagar quantia certa constante do título executivo judicial (art. 515, VII, do CPC)[20] com cópia do processo arbitral, bem como com planilha de cálculo (art. 798, I, "b", do CPC), incluindo a multa de 10% e os honorários de 10% sobre o valor total, requerendo, além da citação, a expedição de mandado de penhora e avaliação.

De fato, a simples intimação do devedor só se aplica ao cumprimento de sentença judicial, no qual a execução configura verdadeira fase de cumprimento de sentença em que já houve a integração do réu à lide.

No procedimento arbitral, o devedor será citado, vez que ainda não integrou a relação jurídica processual, agora judicial, e será citado, contando-se, a partir da citação, o prazo para pagamento do valor já incluído da multa e dos honorários no prazo de quinze dias, após os quais, sucessivamente e independentemente de nova intimação, corre o prazo de 15 dias para, querendo, oferecer impugnação na angusta via do art. 525 do CPC.[21]

Caso o pagamento tenha sido determinado em face da Fazenda Pública, nos casos de arbitragem envolvendo a Administração Pública, o cumprimento se fará nos termos dos arts. 534 e 535 do CPC.[22]

---

[20] "Art. 515. São títulos executivos judiciais, cujo cumprimento dar-se-á de acordo com os artigos previstos neste Título: (...) VII – a sentença arbitral; (...)."

[21] "Art. 525. Transcorrido o prazo previsto no art. 523 sem o pagamento voluntário, inicia-se o prazo de 15 (quinze) dias para que o executado, independentemente de penhora ou nova intimação, apresente, nos próprios autos, sua impugnação. § 1º Na impugnação, o executado poderá alegar: I – falta ou nulidade da citação se, na fase de conhecimento, o processo correu à revelia; II – ilegitimidade de parte; III – inexequibilidade do título ou inexigibilidade da obrigação; IV – penhora incorreta ou avaliação errônea; V – excesso de execução ou cumulação indevida de execuções; VI – incompetência absoluta ou relativa do juízo da execução; VII – qualquer causa modificativa ou extintiva da obrigação, como pagamento, novação, compensação, transação ou prescrição, desde que supervenientes à sentença."

[22] "Art. 534. No cumprimento de sentença que impuser à Fazenda Pública o dever de pagar quantia certa, o exequente apresentará demonstrativo discriminado e atualizado do crédito contendo: I – o nome completo e o número de inscrição no Cadastro de Pessoas Físicas ou no Cadastro Nacional da Pessoa Jurídica do exequente; II – o índice de correção monetária adotado; III – os juros aplicados e as respectivas taxas; IV – o termo inicial e o termo final dos juros e da correção monetária utilizados; V – a periodicidade da capitalização dos juros, se for o caso; VI – a especificação dos eventuais descontos obrigatórios realizados. § 1º Havendo pluralidade de exequentes, cada um deverá apresentar o seu próprio demonstrativo, aplicando-se à hipótese, se for o caso, o disposto nos §§ 1º e 2º do art. 113. § 2º A multa prevista no § 1º do art. 523 não se aplica à Fazenda Pública.

1.2.3 Cumprimento definitivo da sentença que reconhece a exigibilidade de obrigação de entregar bens móveis ou imóveis, fazer e não fazer

Nas demais sentenças, da qual possa ser extraído conteúdo mandamental ou executivo *lato sensu*, cujo objeto seja a entrega de bem ou a obrigação de fazer ou não fazer, o cumprimento será levado a efeito pelo procedimento insculpido nos arts. 536 e 537 do CPC, nos termos do que determina o art. 513 do CPC.[23]

Art. 535. A Fazenda Pública será intimada na pessoa de seu representante judicial, por carga, remessa ou meio eletrônico, para, querendo, no prazo de 30 (trinta) dias e nos próprios autos, impugnar a execução, podendo arguir: I – falta ou nulidade da citação se, na fase de conhecimento, o processo correu à revelia; II – ilegitimidade de parte; III – inexequibilidade do título ou inexigibilidade da obrigação; IV – excesso de execução ou cumulação indevida de execuções; V – incompetência absoluta ou relativa do juízo da execução; VI – qualquer causa modificativa ou extintiva da obrigação, como pagamento, novação, compensação, transação ou prescrição, desde que supervenientes ao trânsito em julgado da sentença. § 1º A alegação de impedimento ou suspeição observará o disposto nos arts. 146 e 148. § 2º Quando se alegar que o exequente, em excesso de execução, pleiteia quantia superior à resultante do título, cumprirá à executada declarar de imediato o valor que entende correto, sob pena de não conhecimento da arguição. § 3º Não impugnada a execução ou rejeitadas as arguições da executada: I – expedir-se-á, por intermédio do presidente do tribunal competente, precatório em favor do exequente, observando-se o disposto na Constituição Federal; II – por ordem do juiz, dirigida à autoridade na pessoa de quem o ente público foi citado para o processo, o pagamento de obrigação de pequeno valor será realizado no prazo de 2 (dois) meses contado da entrega da requisição, mediante depósito na agência de banco oficial mais próxima da residência do exequente. § 4º Tratando-se de impugnação parcial, a parte não questionada pela executada será, desde logo, objeto de cumprimento. § 5º Para efeito do disposto no inciso III do *caput* deste artigo, considera-se também inexigível a obrigação reconhecida em título executivo judicial fundado em lei ou ato normativo considerado inconstitucional pelo Supremo Tribunal Federal, ou fundado em aplicação ou interpretação da lei ou do ato normativo tido pelo Supremo Tribunal Federal como incompatível com a Constituição Federal, em controle de constitucionalidade concentrado ou difuso. § 6º No caso do § 5º, os efeitos da decisão do Supremo Tribunal Federal poderão ser modulados no tempo, de modo a favorecer a segurança jurídica. § 7º A decisão do Supremo Tribunal Federal referida no § 5º deve ter sido proferida antes do trânsito em julgado da decisão exequenda. § 8º Se a decisão referida no § 5º for proferida após o trânsito em julgado da decisão exequenda, caberá ação rescisória, cujo prazo será contado do trânsito em julgado da decisão proferida pelo Supremo Tribunal Federal".

[23] "Art. 513. O cumprimento da sentença será feito segundo as regras deste Título, observando-se, no que couber e conforme a natureza da obrigação, o disposto no Livro II da Parte Especial deste Código".
O Livro II da Parte Especial do CPC regula o procedimento da execução fundada em título extrajudicial, e suas disposições aplicam-se, também, no que couber, aos procedimentos especiais de execução, aos atos executivos realizados no procedimento de cumprimento de sentença, bem como aos efeitos de atos ou fatos processuais a que a lei atribuir força executiva. "Art. 536. No cumprimento de sentença que reconheça a exigibilidade de obrigação de fazer ou de não fazer, o juiz poderá, de ofício ou a requerimento, para a efetivação da tutela específica ou a obtenção de tutela pelo resultado prático equivalente, determinar as medidas necessárias à satisfação do exequente. § 1º Para atender ao disposto no *caput*, o juiz poderá determinar, entre outras medidas, a imposição de multa, a busca e apreensão, a

O exequente deve elaborar petição inicial com atribuição de valor equivalente ao cumprimento, recolher as custas e requerer a citação para o cumprimento da sentença.

Nesse momento o executado já foi comunicado da sentença arbitral, nos termos do art. 29 da Lei de Arbitragem, para cumprimento espontâneo, e não a cumpriu.

O juiz, ao despachar o pedido de cumprimento, determinará, a pedido do exequente ou de ofício, as medidas de apoio, como a multa diária, e, dependendo da obrigação, remoção de pessoas ou coisas, desfazimento de obras, impedimento de atividades, entre outras, com força policial, se necessário for.

O juiz determinará prazo razoável para o cumprimento da obrigação de entregar bem, fazer ou não fazer, caso tal prazo não tenha sido determinado na sentença arbitral, findo o qual serão levadas a efeito as medidas coercitivas de apoio ou o resultado prático equivalente.

Observe-se que, nas hipóteses nas quais o prazo para cumprimento espontâneo tenha sido estabelecido na sentença arbitral, o vencido, a esta altura, da fase judicial de cumprimento de sentença, não a cumpriu conforme lhe competia.

Assim sendo, na fase judicial, na hipótese de sentença que tenha reconhecido a obrigação de entregar coisa, fazer ou não fazer já comunicada ao executado com prazo para cumprimento voluntário pelo árbitro, o juiz deverá, de plano, determinar a busca e apreensão ou a imissão na posse no caso de bens móveis ou imóveis, respectivamente, sem descartar a possibilidade de multa diária, se for mais eficaz no caso concreto e que se aplica inclusive às obrigações de fazer ou de não fazer que não comportem a determinação do resultado prático equivalente.

Ressalte-se que as medidas de apoio são subsidiárias de tal sorte que, sempre que possível, o juiz deve determinar o cumprimento pelo resultado prático equivalente.

---

remoção de pessoas e coisas, o desfazimento de obras e o impedimento de atividade nociva, podendo, caso necessário, requisitar o auxílio de força policial. § 2º O mandado de busca e apreensão de pessoas e coisas será cumprido por 2 (dois) oficiais de justiça, observando-se o disposto no art. 846, §§ 1º a 4º, se houver necessidade de arrombamento. § 3º O executado incidirá nas penas de litigância de má-fé quando injustificadamente descumprir a ordem judicial, sem prejuízo de sua responsabilização por crime de desobediência. § 4º No cumprimento de sentença que reconheça a exigibilidade de obrigação de fazer ou de não fazer, aplica-se o art. 525, no que couber. § 5º O disposto neste artigo aplica-se, no que couber, ao cumprimento de sentença que reconheça deveres de fazer e de não fazer de natureza não obrigacional. Art. 537. A multa independe de requerimento da parte e poderá ser aplicada na fase de conhecimento, em tutela provisória ou na sentença, ou na fase de execução, desde que seja suficiente e compatível com a obrigação e que se determine prazo razoável para cumprimento do preceito. § 1º O juiz poderá, de ofício ou a requerimento, modificar o valor ou a periodicidade da multa vincenda ou excluí-la, caso verifique que: I – se tornou insuficiente ou excessiva; II – o obrigado demonstrou cumprimento parcial superveniente da obrigação ou justa causa para o descumprimento. § 2º O valor da multa será devido ao exequente. § 3º A decisão que fixa a multa é passível de cumprimento provisório, devendo ser depositada em juízo, permitido o levantamento do valor após o trânsito em julgado da sentença favorável à parte. (Redação dada pela Lei nº 13.256, de 2016). § 4º A multa será devida desde o dia em que se configurar o descumprimento da decisão e incidirá enquanto não for cumprida a decisão que a tiver cominado. § 5º O disposto neste artigo aplica-se, no que couber, ao cumprimento de sentença que reconheça deveres de fazer e de não fazer de natureza não obrigacional."

Assim, por exemplo, na sentença que tenha reconhecido a obrigação de outorgar escritura de imóvel (obrigação de fazer), o cumprimento se fará por meio de mandado ao Oficial de Registro de imóveis para que proceda à transferência.

De fato, na sentença que reconhece a exigibilidade de obrigação de fazer, de não fazer ou de entregar coisa, para as hipóteses que não comportem o resultado prático equivalente ao cumprimento da obrigação, o CPC prevê medidas de apoio que o juiz poderá deferir mediante requerimento do exequente ou determinar de ofício no ato de citação, sem que isso represente afronta à jurisdição do árbitro, posto que visam, exatamente, o cumprimento da sentença arbitral.

Sendo assim, é possível exemplificar as medidas de apoio, tendo em vista que o rol é exemplificativo (CPC art. 536, § 1º):

a) imposição de multa que beneficia o exequente (inclusive para a tutela provisória na fase de conhecimento) (CPC, art. 537 c/c arts. 297 e 301);
b) busca e apreensão no caso de bem móvel (CPC, art. 538);
c) imissão na posse no caso de bem imóvel (CPC, art. 538);
d) remoção de coisas e pessoas;
e) desfazimento de obras;
f) impedimento de atividades; e,
g) auxílio de força policial.

> Em suma, o vencedor, diante da resistência ao cumprimento espontâneo, requererá, nos termos dos dispositivos mencionados, a citação judicial do vencido, podendo o juiz determinar, no momento da citação – que se presta apenas para integração do executado –, a imposição das medidas de apoio como a multa diária[24] (*astreinte*) ou o resultado útil equivalente, como, por exemplo, a adjudicação de imóvel.

Por fim, observe-se que a retenção por benfeitorias nas obrigações que impliquem entrega de bem deverá ser discutida na fase cognitiva (art. 538, § 1º), não cabendo deduzi-la na fase de cumprimento de sentença.

2. PRAZO PARA EMISSÃO DA SENTENÇA ARBITRAL

Nos termos dos arts. 11, III, e 23, da Lei de Arbitragem, a sentença arbitral deve ser proferida, sob pena de nulidade, no prazo estipulado pelas partes, contado, sempre, da data da instituição da arbitragem que, como vimos, é aquele da aceitação do mister pelo árbitro nos termos do art. 19.[25]

---

[24] Esta, mesmo diante da omissão da sentença arbitral, posto que se trata de providência que visa o cumprimento forçado da sentença, permitindo-se, por tal razão, determinação e revisão pelo juiz togado.

[25] "Art. 19, *caput*. Considera-se instituída a arbitragem quando aceita a nomeação pelo árbitro, se for único, ou por todos, se forem vários."

Caso nenhum prazo conste na convenção de arbitragem ou nas regras do órgão arbitral, no caso de arbitragem institucional, o prazo para prolação da sentença arbitral será de seis meses contados da data da instituição da arbitragem, que se dá com a aceitação do árbitro ou do último árbitro na arbitragem colegiada (Lei de Arbitragem, art. 19).

Não se exclui, por óbvio, a possibilidade de acordo posterior à convenção, em forma de aditamento de prorrogação do prazo legal ou inicialmente pactuado pelas partes para a sentença final (art. 23, § 2º, da Lei de Arbitragem).[26]

Não observado o prazo (legal ou convencional), a sentença arbitral estará sujeita à anulação, nos termos dos arts. 32, VII, e 33 da Lei de Arbitragem.[27]

Todavia, a nulidade não é automática.

Compete ao prejudicado, se quiser arguir a causa de nulidade da sentença arbitral, como condição específica da posterior ação de nulidade, notificar o árbitro, manifestando inequivocamente seu inconformismo com a demora.

De fato, desde que o prejudicado tenha notificado o árbitro ou o presidente do tribunal para proferir a sentença no prazo de dez dias – *conditio sine qua non* –, extingue-se a convenção de arbitragem (compromisso ou cláusula arbitral), e eventual sentença proferida será passível de anulação pelo procedimento do art. 33 da Lei de Arbitragem, devendo as partes, se quiserem, buscar outro compromisso – que dependerá de nova manifestação de vontade – ou, ausente acordo sobre novo compromisso, buscar a resolução da lide junto ao Poder Judiciário.

Importante frisar que, diante da sentença prolatada fora do prazo, competirá ao interessado buscar a sua anulação, posto que, se não o fizer no prazo de 90 dias do art. 33, § 1º, a sentença convalescerá. Em outras palavras, a nulidade, que é relativa, não é automática e depende de sentença desconstitutiva com fundamento no art. 32, inciso VII, segundo o qual é passível de anulação a sentença arbitral: "VII – proferida fora do prazo, respeitado o disposto no art. 12, inciso III, desta Lei".

Eis o fundamento legal dessa conclusão: "Art. 11. Poderá, ainda, o compromisso arbitral conter: (...) III – o prazo para apresentação da sentença arbitral; (...). Art. 12. Extingue-se o compromisso arbitral: (...) III – tendo expirado o prazo a que se refere

---

[26] "§ 2º As partes e os árbitros, de comum acordo, poderão prorrogar o prazo para proferir a sentença final."

[27] "Art. 32. É nula a sentença arbitral se: (...) VII – proferida fora do prazo, respeitado o disposto no art. 12, III, desta Lei; e (...). Art. 33. A parte interessada poderá pleitear ao órgão do Poder Judiciário competente a decretação da nulidade da sentença arbitral, nos casos previstos nesta Lei. § 1º A demanda para a decretação de nulidade da sentença arbitral seguirá o procedimento comum, previsto no Código de Processo Civil, e deverá ser proposta no prazo de até noventa dias após o recebimento da notificação da sentença arbitral ou de seu aditamento. § 2º A sentença que julgar procedente o pedido: I – decretará a nulidade da sentença arbitral, nos casos do art. 32, incisos I, II, VI, VII e VIII."

o art. 11, inciso III, desde que a parte interessada tenha notificado o árbitro, ou o presidente do tribunal arbitral, concedendo-lhe o prazo de dez dias para a prolação e apresentação da sentença arbitral". "Art. 23. A sentença arbitral será proferida no prazo estipulado pelas partes. Nada tendo sido convencionado, o prazo para a apresentação da sentença é de seis meses, contado da instituição da arbitragem [art. 19] ou da substituição do árbitro. Parágrafo único. As partes e os árbitros, de comum acordo, poderão prorrogar o prazo estipulado".

Resta saber o que ocorre se for proposta a ação judicial para rediscutir o mérito em razão da extinção do compromisso e, ao depois, o árbitro prolatar a sentença arbitral fora do prazo.

Entendemos que, neste caso, a ação judicial deve ser suspensa para que seja decidida a anulação da sentença arbitral em ação própria, respeitados os requisitos do art. 33, que veremos adiante.

3. *QUORUM* PARA A SENTENÇA NO CASO DE TRIBUNAL ARBITRAL

Sendo apenas um árbitro, dúvidas não pairam e a decisão dele será definitiva.

Todavia, havendo diversos árbitros (número ímpar, como vimos no item 6 do Capítulo 3) a sentença será proferida pela maioria sem possibilidade – exceto se convencionada, com complementação do painel de árbitros para essa eventualidade – de embargos infringentes.

Talvez por essa possibilidade, que deve estar expressamente convencionada, existe a previsão do § 2º, do art. 24, segundo a qual "o árbitro que divergir da maioria poderá, querendo, declarar seu voto em separado".

O dispositivo não possui o menor sentido prático sem previsão expressa de embargos infringentes que, ressalte-se, é exceção que depende de acordo expresso e escrito na convenção de arbitragem e, presente, torna obrigatório – não mais facultativo – o voto divergente.

De qualquer forma, havendo empate, prevalecerá o voto do presidente do tribunal arbitral.

De fato, compete ao presidente proferir "voto de minerva" na hipótese de dissenso entre os árbitros.

Lembre-se de que o presidente é escolhido: a) pelas partes, pelas regras do órgão arbitral na arbitragem institucional; b) pelo consenso dos árbitros; ou, na ausência de vontade das partes, regras institucionais e consenso; c) nos termos da lei, que estabelece que será presidente o mais idoso do painel.[28]

Mas poder-se-ia redarguir, afirmando ser impossível o empate, tendo em vista que os árbitros serão, sempre, em número ímpar (art. 13, §§ 1º e 2º, da Lei de Arbitragem).[29]

---

[28] "Art. 13. (...) § 4º Sendo nomeados vários árbitros, estes, por maioria, elegerão o presidente do tribunal arbitral. Não havendo consenso, será designado presidente o mais idoso."

[29] "Art. 13. Pode ser árbitro qualquer pessoa capaz e que tenha a confiança das partes. § 1º As partes nomearão um ou mais árbitros, sempre em número ímpar, podendo nomear, também, os respectivos suplentes. § 2º Quando as partes nomearem árbitros em número par, estes

Não é assim.

Com efeito, existe a possibilidade de haver dissenso, mesmo com número ímpar de árbitros, como, por exemplo, no caso de três árbitros que condenam – todos – um dos contendores, mas divergem, cada qual com um valor diverso acerca do valor da condenação.

Neste caso prevalece o voto do presidente, nos termos do art. 24, § 1º, da Lei de Arbitragem: "Art. 24. A decisão do árbitro ou dos árbitros será expressa em documento escrito. § 1º Quando forem vários os árbitros, a decisão será tomada por maioria. Se não houver acordo majoritário, prevalecerá o voto do presidente do tribunal arbitral".

4. REQUISITOS DA SENTENÇA

Assim como a sentença judicial, a sentença arbitral requer o relatório, a fundamentação e o dispositivo, além da data e o lugar em que foi proferida.

Nesse sentido é a Lei de Arbitragem: "Art. 26. São requisitos obrigatórios da sentença arbitral: I – o relatório, que conterá os nomes das partes e um resumo do litígio; II – os fundamentos da decisão, onde serão analisadas as questões de fato e de direito, mencionando-se, expressamente, se os árbitros julgaram por equidade; III – o dispositivo, em que os árbitros resolverão as questões que lhes forem submetidas e estabelecerão o prazo para o cumprimento da decisão, se for o caso; IV – a data e o lugar em que foi proferida. Parágrafo único. A sentença arbitral será assinada pelo árbitro ou por todos os árbitros. Caberá ao presidente do tribunal arbitral, na hipótese de um ou alguns dos árbitros não poder ou não querer assinar a sentença, certificar tal fato".

A ausência de qualquer desses requisitos impõe a nulidade da sentença arbitral, nos termos do art. 32, III, da Lei de Arbitragem.[30]

O relatório se presta a estabelecer os limites do que foi submetido à arbitragem, com reflexos, inclusive, em eventual nulidade da sentença arbitral, vez que será nula se "for proferida fora dos limites da convenção de arbitragem" ou "não decidir todo o litígio submetido à arbitragem" (art. 32, IV e V, da Lei de Arbitragem).

Os fundamentos da sentença arbitral servem para que se descortinem as questões de fato e de direito que influenciaram no julgamento.

---

estão autorizados, desde logo, a nomear mais um árbitro. Não havendo acordo, requererão as partes ao órgão do Poder Judiciário a que tocaria, originariamente, o julgamento da causa a nomeação do árbitro, aplicável, no que couber, o procedimento previsto no art. 7º desta Lei."

[30] "Art. 32. É nula a sentença arbitral se: (...) III – não contiver os requisitos do art. 26 desta Lei; IV – for proferida fora dos limites da convenção de arbitragem; V – não decidir todo o litígio submetido à arbitragem; (...). Art. 33. A parte interessada poderá pleitear ao órgão do Poder Judiciário competente a decretação da nulidade da sentença arbitral, nos casos previstos nesta Lei. § 1º A demanda para a decretação de nulidade da sentença arbitral seguirá o procedimento comum, previsto no Código de Processo Civil, e deverá ser proposta no prazo de até noventa dias após o recebimento da notificação da sentença arbitral ou de seu aditamento. § 2º A sentença que julgar procedente o pedido: I – decretará a nulidade da sentença arbitral, nos casos do art. 32, incisos I, II, VI, VII e VIII; II – determinará que o árbitro ou o tribunal arbitral profira novo laudo, nas demais hipóteses."

Note-se, todavia, que a fundamentação equivocada não leva à invalidade da sentença, mas pode ser desastroso para o árbitro no meio em que atua, vez que provavelmente não será mais chamado, notadamente por perder a confiança das partes.

Até por esta razão é que se permite, havendo diversos árbitros, a declaração de voto vencido, para que o árbitro inconformado com o julgamento da maioria e com as teratologias eventualmente expressas na sentença, dela possa moralmente se desvencilhar.

Sublinhe-se, como mencionamos, que a questão é meramente moral vez que, em regra, tal declaração não é dotada de qualquer efeito prático em razão da impossibilidade de recurso da sentença arbitral.

O dispositivo é a parte principal da sentença, local onde se estabelece os limites do que foi julgado.

Posta assim a questão, o dispositivo pode demonstrar patologias da sentença, como o julgamento *extra petita* (fora do que foi pedido) e *ultra petita* (além do que foi pedido), sempre, de toda forma, subordinada à convenção de arbitragem.

Se o julgamento incluiu provimento fora ou além dos limites do pedido, ainda que subordinado à convenção de arbitragem, viciará a sentença, assim como obviamente viciará se for proferida além dos limites impostos pela convenção de arbitragem.

Ainda que o art. 32 seja omisso quanto às hipóteses de sentença *ultra petita* ou *extra petita*, é a conclusão que decorre do sistema, que a arbitragem não pode se divorciar.

Por fim, exige-se que a sentença mencione o lugar em que foi proferida, qualificando-a ou não como sentença arbitral estrangeira a requerer homologação pelo STJ (art. 35 da Lei de Arbitragem, com alterações da EC 45/2004 – art. 105, I, *i*, da CF).

5. ACORDO E SENTENÇA HOMOLOGATÓRIA NO CURSO DA ARBITRAGEM

Assim como ocorre no processo judicial, a arbitragem permite, sempre, que as partes cheguem a um acordo – ou seja, transijam – quanto ao objeto do litígio sem a participação do árbitro.

A transação define-se como ato jurídico bilateral que visa extinguir ou prevenir litígios mediante concessões recíprocas das partes interessadas ou, ainda, a composição com troca de vantagens pecuniárias.[31]

De fato, dispõe o art. 840 do CC que é lícito aos interessados prevenirem ou terminarem o litígio mediante concessões mútuas.

É verdade que não haveria a necessidade de homologação pelo árbitro – sequer no processo judicial existe esta necessidade – para a validade do acordo, posto que a homologação não é requisito de validade da transação.

Todavia, as partes podem conferir eficácia de título executivo judicial ao transigirem, nos termos do Código de Processo Civil: "Art. 515. São títulos executivos judiciais, cujo cumprimento dar-se-á de acordo com os artigos previstos neste Título: (...) VII – a sentença arbitral; (...)".

---

[31] Luiz Antonio Scavone Junior. *Obrigações*, 4. ed., São Paulo, Juarez de Oliveira, 2006, p. 182.

Portanto, para que o acordo constitua título executivo judicial, mister se faz a sentença arbitral homologatória que, em razão da convenção de arbitragem,[32] somente é admitida se proferida pelo árbitro.

É neste sentido a Lei de Arbitragem: "Art. 28. Se, no decurso da arbitragem, as partes chegarem a acordo quanto ao litígio, o árbitro ou o tribunal arbitral poderá, a pedido das partes, declarar tal fato mediante sentença arbitral, que conterá os requisitos do art. 26 desta Lei".

Posta assim a questão, o acordo, devidamente homologado pelo árbitro, por sentença, se transforma em título executivo judicial, com todas as suas características, como, por exemplo, limitação às matérias destinadas à impugnação e, tratando-se de condenação por quantia certa, multa de dez por cento se não for cumprido espontaneamente em quinze dias.[33]

---

[32] A título de comparação, vejamos a homologação judicial do Código de Processo Civil, ausente convenção de arbitragem: "Art. 515. São títulos executivos judiciais, cujo cumprimento dar-se-á de acordo com os artigos previstos neste Título: (...) III – a decisão homologatória de autocomposição extrajudicial de qualquer natureza; (...)".

[33] "Art. 523. No caso de condenação em quantia certa, ou já fixada em liquidação, e no caso de decisão sobre parcela incontroversa, o cumprimento definitivo da sentença far-se-á a requerimento do exequente, sendo o executado intimado para pagar o débito, no prazo de 15 (quinze) dias, acrescido de custas, se houver. § 1º Não ocorrendo pagamento voluntário no prazo do *caput*, o débito será acrescido de multa de dez por cento e, também, de honorários de advogado de dez por cento. § 2º Efetuado o pagamento parcial no prazo previsto no *caput*, a multa e os honorários previstos no § 1º incidirão sobre o restante. § 3º Não efetuado tempestivamente o pagamento voluntário, será expedido, desde logo, mandado de penhora e avaliação, seguindo-se os atos de expropriação. Art. 524. O requerimento previsto no art. 523 será instruído com demonstrativo discriminado e atualizado do crédito, devendo a petição conter: I – o nome completo, o número de inscrição no Cadastro de Pessoas Físicas ou no Cadastro Nacional da Pessoa Jurídica do exequente e do executado, observado o disposto no art. 319, §§ 1º a 3º; II – o índice de correção monetária adotado; III – os juros aplicados e as respectivas taxas; IV – o termo inicial e o termo final dos juros e da correção monetária utilizados; V – a periodicidade da capitalização dos juros, se for o caso; VI – especificação dos eventuais descontos obrigatórios realizados; VII – indicação dos bens passíveis de penhora, sempre que possível. § 1º Quando o valor apontado no demonstrativo aparentemente exceder os limites da condenação, a execução será iniciada pelo valor pretendido, mas a penhora terá por base a importância que o juiz entender adequada. § 2º Para a verificação dos cálculos, o juiz poderá valer-se de contabilista do juízo, que terá o prazo máximo de 30 (trinta) dias para efetuá-la, exceto se outro lhe for determinado. § 3º Quando a elaboração do demonstrativo depender de dados em poder de terceiros ou do executado, o juiz poderá requisitá-los, sob cominação do crime de desobediência. § 4º Quando a complementação do demonstrativo depender de dados adicionais em poder do executado, o juiz poderá, a requerimento do exequente, requisitá-los, fixando prazo de até 30 (trinta) dias para o cumprimento da diligência. § 5º Se os dados adicionais a que se refere o § 4º não forem apresentados pelo executado, sem justificativa, no prazo designado, reputar-se-ão corretos os cálculos apresentados pelo exequente apenas com base nos dados de que dispõe. Art. 525. Transcorrido o prazo previsto no art. 523 sem o pagamento voluntário, inicia-se o prazo de 15 (quinze) dias para que o executado, independentemente de penhora ou nova intimação, apresente, nos próprios autos, sua impugnação. § 1º Na impugnação, o executado poderá alegar: I – falta ou nulidade da citação se, na fase de conhecimento, o processo correu à revelia; II – ilegitimidade de parte; III – inexiquibilidade do título ou inexigibilidade da obrigação; IV – penhora incorreta ou avaliação

6. COMUNICAÇÃO E PEDIDO DE ESCLARECIMENTO ("EMBARGOS DE DECLARAÇÃO")

Compete ao árbitro (se a arbitragem contar com apenas um árbitro) ou ao presidente do tribunal arbitral, enviar cópia da sentença proferida às partes (art. 29 da Lei de Arbitragem).[34]

---

errônea; V – excesso de execução ou cumulação indevida de execuções; VI – incompetência absoluta ou relativa do juízo da execução; VII – qualquer causa modificativa ou extintiva da obrigação, como pagamento, novação, compensação, transação ou prescrição, desde que supervenientes à sentença. § 2º A alegação de impedimento ou suspeição observará o disposto nos arts. 146 e 148. § 3º Aplica-se à impugnação o disposto no art. 229. § 4º Quando o executado alegar que o exequente, em excesso de execução, pleiteia quantia superior à resultante da sentença, cumprir-lhe-á declarar de imediato o valor que entende correto, apresentando demonstrativo discriminado e atualizado de seu cálculo. § 5º Na hipótese do § 4º, não apontado o valor correto ou não apresentado o demonstrativo, a impugnação será liminarmente rejeitada, se o excesso de execução for o seu único fundamento, ou, se houver outro, a impugnação será processada, mas o juiz não examinará a alegação de excesso de execução. § 6º A apresentação de impugnação não impede a prática dos atos executivos, inclusive os de expropriação, podendo o juiz, a requerimento do executado e desde que garantido o juízo com penhora, caução ou depósito suficientes, atribuir-lhe efeito suspensivo, se seus fundamentos forem relevantes e se o prosseguimento da execução for manifestamente suscetível de causar ao executado grave dano de difícil ou incerta reparação. § 7º A concessão de efeito suspensivo a que se refere o § 6º não impedirá a efetivação dos atos de substituição, de reforço ou de redução da penhora e de avaliação dos bens. § 8º Quando o efeito suspensivo atribuído à impugnação disser respeito apenas a parte do objeto da execução, esta prosseguirá quanto à parte restante. § 9º A concessão de efeito suspensivo à impugnação deduzida por um dos executados não suspenderá a execução contra os que não impugnaram, quando o respectivo fundamento disser respeito exclusivamente ao impugnante. § 10. Ainda que atribuído efeito suspensivo à impugnação, é lícito ao exequente requerer o prosseguimento da execução, oferecendo e prestando, nos próprios autos, caução suficiente e idônea a ser arbitrada pelo juiz. § 11. As questões relativas a fato superveniente ao término do prazo para apresentação da impugnação, assim como aquelas relativas à validade e à adequação da penhora, da avaliação e dos atos executivos subsequentes, podem ser arguidas por simples petição, tendo o executado, em qualquer dos casos, o prazo de 15 (quinze) dias para formular esta arguição, contado da comprovada ciência do fato ou da intimação do ato. § 12. Para efeito do disposto no inciso III do § 1º deste artigo, considera-se também inexigível a obrigação reconhecida em título executivo judicial fundado em lei ou ato normativo considerado inconstitucional pelo Supremo Tribunal Federal, ou fundado em aplicação ou interpretação da lei ou do ato normativo tido pelo Supremo Tribunal Federal como incompatível com a Constituição Federal, em controle de constitucionalidade concentrado ou difuso. § 13. No caso do § 12, os efeitos da decisão do Supremo Tribunal Federal poderão ser modulados no tempo, em atenção à segurança jurídica. § 14. A decisão do Supremo Tribunal Federal referida no § 12 deve ser anterior ao trânsito em julgado da decisão exequenda. § 15. Se a decisão referida no § 12 for proferida após o trânsito em julgado da decisão exequenda, caberá ação rescisória, cujo prazo será contado do trânsito em julgado da decisão proferida pelo Supremo Tribunal Federal".

[34] "Art. 29. Proferida a sentença arbitral, dá-se por finda a arbitragem, devendo o árbitro, ou o presidente do tribunal arbitral, enviar cópia da decisão às partes, por via postal ou por outro meio qualquer de comunicação, mediante comprovação de recebimento, ou, ainda, entregando-a diretamente às partes, mediante recibo."

Evidentemente que os advogados também devem ser comunicados, se estiverem presentes, já que a atuação do causídico não é obrigatória, como vimos.

Possível também, mas mediante expressa disposição na convenção arbitral ou nas regras institucionais, que a comunicação seja feita somente aos advogados.

A comunicação da decisão é necessária vez que, a partir dela, passa a correr o prazo de:

a) noventa dias para a ação de nulidade da sentença com fundamento no art. 33, § 1º, da Lei de Arbitragem;
b) cinco dias para o pedido de esclarecimento da sentença arbitral ("embargos de declaração"), salvo outro prazo acordado pelas partes.

De fato, a Lei de Arbitragem, no seu art. 30, abre a possibilidade de acordo entre as partes para fixar outro prazo para o pedido de esclarecimentos, o que poderá ser levado a efeito na convenção de arbitragem ou até durante o procedimento.

Portanto, recebida a comunicação e a partir do recebimento, nos termos do art. 30, *caput*, da Lei de Arbitragem, começa a fluir o prazo para requerer esclarecimentos da sentença arbitral duvidosa em razão de erro material, omissão, contradição ou obscuridade.

E a abrangência, aqui, é maior que aquela empregada no Código de Processo Civil, isto porque, lá, sempre é possível, inclusive de ofício, a correção de erros materiais.[35]

Aqui a atividade do árbitro ou do tribunal arbitral cessa com a sentença, de tal sorte que não há possibilidade de retificação posterior.

Nesse caso, a oportunidade de se levar a efeito correções da sentença se dá inexoravelmente no prazo concedido pelo art. 30 da Lei de Arbitragem: "Art. 29. Proferida a sentença arbitral, dá-se por finda a arbitragem (...) Art. 30. No prazo de 5 (cinco) dias, a contar do recebimento da notificação ou da ciência pessoal da sentença arbitral, salvo se outro prazo for acordado entre as partes, a parte interessada, mediante comunicação à outra parte, poderá solicitar ao árbitro ou ao tribunal arbitral que: I – corrija qualquer erro material da sentença arbitral; II – esclareça alguma obscuridade, dúvida ou contradição da sentença arbitral, ou se pronuncie sobre ponto omitido a respeito do qual devia manifestar-se a decisão. Parágrafo único. O árbitro ou o tribunal arbitral decidirá, no prazo de 10 (dez) dias ou em prazo acordado com as partes, aditará a sentença arbitral e notificará as partes na forma do art. 29".

Discute-se se há possibilidade de efeitos infringentes, isto é, modificativos da sentença, no requerimento de "embargos de declaração" previsto no art. 30, que se transmudaria em verdadeiro pedido de reconsideração.

Embora não nos pareça que seja regra, a possibilidade é latente se houver uma das hipóteses legais de admissibilidade do requerimento de esclarecimentos, ou seja:

---

[35] "Art. 494. Publicada a sentença, o juiz só poderá alterá-la: I – para corrigir-lhe, de ofício ou a requerimento da parte, inexatidões materiais ou erros de cálculo; II – por meio de embargos de declaração".

a) Erro material;
b) Dúvida fundada;[36]
c) Omissão;
d) Contradição;
e) Obscuridade.

É o caso, por exemplo, da omissão da sentença quanto à preliminar de prescrição que, se verificada e acolhida, importaria em extinção do processo.

Acolhidos os "embargos", será de rigor a alteração do resultado sentencial.

Ainda assim, como exceção, a modificação em razão dos efeitos infringentes deve guardar nexo lógico com as causas que ensejam o pedido de correção e devem garantir à outra parte o direito ao contraditório, de tal sorte que deve ser instada a se manifestar antes de qualquer decisão.

Seja como for, diante das causas autorizadoras, a parte terá o prazo de cinco dias, salvo outro convencional, a contar do recebimento da comunicação, para providenciar o requerimento de esclarecimentos da sentença arbitral.

Não se trata de recurso propriamente dito, mas, como sustentamos, o esclarecimento pode ter conteúdo modificativo (efeito infringente) da sentença, respeitado o contraditório.

O árbitro ou o tribunal proferirá a decisão em dez dias ou no prazo que eventualmente tiver sido convencionado pelas partes (art. 30, parágrafo único, da Lei de Arbitragem) e levará ao conhecimento dos contendores.

Com a Lei 13.129/2015, que alterou a redação do art. 30 e seu parágrafo único da Lei de Arbitragem, o prazo para impugnar a sentença por ação anulatória correrá, sempre, da data da comunicação da decisão do pedido de esclarecimento ("embargos de declaração").

---

[36] Diante da informalidade do procedimento arbitral e a par de o projeto da Lei de Arbitragem ter contemplado a redação do revogado art. 464 do CPC de 1973, substituído que foi pelo art. 535 e, agora, pelo art. 1.022 do CPC de 2015, não nos parece que a existência do termo "dúvida" possa gerar toda a celeuma que gerou na doutrina, bastando interpretar o termo como dúvida fundada, em consonância com a obscuridade, contradição, omissão ou erro material. Nesse sentido, a redação dos revogados arts. 464 e 465, posteriormente, dos arts. 535 e 536 do CPC de 1973 e, agora, dos arts. 1.022 e 1.023 do CPC de 2015: "Art. 1.022. Cabem embargos de declaração contra qualquer decisão judicial para: I – esclarecer obscuridade ou eliminar contradição; II – suprir omissão de ponto ou questão sobre o qual devia se pronunciar o juiz de ofício ou a requerimento; III – corrigir erro material. Parágrafo único. Considera-se omissa a decisão que: I – deixe de se manifestar sobre tese firmada em julgamento de casos repetitivos ou em incidente de assunção de competência aplicável ao caso sob julgamento; II – incorra em qualquer das condutas descritas no art. 489, § 1º. Art. 1.023. Os embargos serão opostos, no prazo de 5 (cinco) dias, em petição dirigida ao juiz, com indicação do erro, obscuridade, contradição ou omissão, e não se sujeitam a preparo. § 1º Aplica-se aos embargos de declaração o art. 229. § 2º O juiz intimará o embargado para, querendo, manifestar-se, no prazo de 5 (cinco) dias, sobre os embargos opostos, caso seu eventual acolhimento implique a modificação da decisão embargada".

Nessa medida, a redação original da Lei de Arbitragem (art. 33, § 1º) previa que o prazo para a ação anulatória corria do "recebimento da notificação da sentença arbitral ou de seu aditamento".

E se o pedido de esclarecimentos ("embargos de declaração") não fosse acolhido?

Nesse caso, o prazo de até noventa dias do art. 33, § 1º, da Lei de Arbitragem, na sua redação original, teria início na data da comunicação da primeira decisão que não sofresse qualquer "aditamento".

Mas ainda assim poder-se-ia redarguir, indagando o desrespeito, pelo árbitro ou pelo tribunal arbitral, do prazo de dez dias do parágrafo único do art. 30 da Lei de Arbitragem, para a decisão dos "embargos de declaração". Esta era a infeliz redação do § 1º do art. 33: "A demanda para a decretação de nulidade da sentença arbitral seguirá o procedimento comum, previsto no Código de Processo Civil, e *deverá ser proposta no prazo de até noventa dias após o recebimento da notificação da sentença arbitral ou de seu aditamento*".

Com a redação dada pela Lei 13.129/2015, o dispositivo passou a ter a seguinte redação: "§ 1º A demanda para a declaração de nulidade da sentença arbitral, parcial ou final, seguirá as regras do procedimento comum (...), e *deverá ser proposta no prazo de até 90 (noventa) dias após o recebimento da notificação da respectiva sentença, parcial ou final, ou da decisão do pedido de esclarecimentos*".

Portanto, acabou a celeuma que cercava o início do prazo de 90 dias para propositura da ação anulatória, quando cabível. Esse prazo não começa mais a correr da data da comunicação da sentença arbitral ou da comunicação do seu aditamento, mas sempre da comunicação da sentença ou, havendo pedido de esclarecimentos, da decisão que acolha, aditando a sentença arbitral, ou que não acolha, deixando de aditá-la.

> Em suma, havendo ou não esclarecimentos, o prazo de 90 dias para a ação anulatória começa a correr da data da comunicação da sentença, ainda que seja parcial, ou da decisão do pedido de esclarecimentos, seja ela qual for, ainda que nada se adite.

Por fim, não se trata de recurso e, assim, não há falar-se propriamente em "embargos de declaração" do processo judicial estatal, a par da semelhança com o recurso do Código de Processo Civil, nada obstando, todavia, a utilização da mesma terminologia.

7. NULIDADE DA SENTENÇA ARBITRAL

Como visto, em razão do art. 18 da Lei de Arbitragem,[37] a sentença arbitral não pode ser atacada por recurso.

---

[37] "Art. 18. O árbitro é juiz de fato e de direito, e a sentença que proferir não fica sujeita a recurso ou a homologação pelo Poder Judiciário."

Entremementes, não se descarta a ação anulatória da sentença arbitral, o que pode ser comparado com a possibilidade de atacar a sentença judicial através da ação rescisória.

Preliminarmente, convém ressaltar que a doutrina costuma apontar[38] que as causas de nulidade da sentença arbitral contidas no art. 32 da Lei de Arbitragem para o pedido de anulação, são consideradas *numerus clausus* (taxativas).[39]

Deveras, entendimento contrário seria admitir o Poder Judiciário, competente para analisar a nulidade, como instância revisora das decisões arbitrais, o que é contrário à *mens legis* contida na Lei 9.307/1996.

Em sentido contrário, interessante a lição de José Cretella Neto, segundo o qual as causas de nulidade da sentença arbitral são exemplificativas.[40]

Ainda que possam ser consideradas taxativas, como sustenta a doutrina majoritária, o inciso I, do art. 32, da Lei de Arbitragem, que trata da nulidade da sentença por *nulidade da convenção de arbitragem*, permite interpretação muito próxima àquela sugerida por Cretella Neto.

Não se pode negar que, ao se referir à nulidade da sentença por nulidade (absoluta ou relativa) do compromisso ou da cláusula arbitral, o inciso I do art. 32 da Lei de Arbitragem admite a nulidade da convenção e conseguintemente da sentença em razão de todas as causas legais de nulidade (absoluta ou relativa) dos negócios jurídicos.

Seja como for, surge, aqui, profunda atecnia quanto ao apontamento das causas, reputadas, todas, de nulidade pela Lei de Arbitragem.

Isto porque, cediçamente, a maioria das causas apontadas no art. 32 da Lei de Arbitragem, não são, propriamente, de nulidade, mas de anulabilidade, posto que submetidas ao prazo decadencial de noventa dias para desconstituição (art. 33), a partir do que não podem mais ser alegadas.

Esse é o sentido que deve emanar do dispositivo sob comento e que a Lei 13.129/2015 perdeu a oportunidade de corrigir, posto que a interpretação deve ser

---

[38] Como, por exemplo, Paulo Furtado e Uadi Lammêgo Bulos. *Lei de Arbitragem comentada*, São Paulo, Saraiva, 1997, p. 113.

[39] Nesse sentido, Carlos Alberto Carmona (op. cit., p. 218), que, todavia, reconhece a existência de "(...) casos excepcionais, em que será necessário reconhecer a sobrevivência da via declaratória ou desconstitutiva para atacar o laudo. O exemplo mais evidente de tal situação repousaria na hipótese de não ser arbitrável um determinado litígio: proferido o laudo, não vem proposta a demanda de anulação, o que tornaria a sentença arbitral inatacável, gerando situação de perplexidade (pense-se em uma questão de estado dirimida pela via arbitral)".

[40] Afirma José Cretella Neto (*Curso de arbitragem*, Rio de Janeiro, Forense, 2004, p. 121) que "(...) a sentença arbitral é espécie, de que o negócio jurídico é gênero. Pode, portanto, padecer dos mesmos vícios que os dos atos jurídicos em geral, estipulados nos arts. 138 a 144 do novo Código Civil (erro ou ignorância), 145 a 150 (dolo), 151 a 155 (coação), 156 (estado de perigo), 157 (lesão) e 167, § 1º (simulação). Pode ser invalidada pelos mesmos motivos enumerados pelo Código em vigor a partir de 11.01.2001, ou seja, os constantes de seus arts. 166 a 184 do Capítulo V (Da Invalidade do Negócio Jurídico), do Título I (Do negócio Jurídico), do Livro III (Dos Fatos Jurídicos)".

aquela que impõe nulidade, absoluta ou relativa, à sentença arbitral se a convenção de arbitragem for nula ou anulável, havendo distinção a ser feita.

Portanto, a Lei 13.129/2015, que alterou a redação do inciso I do art. 32 da Lei de Arbitragem, deixou de corrigir a expressão "nulidade" sem fazer a necessária referência às hipóteses de nulidade relativa e absoluta da convenção de arbitragem.

A redação original era a seguinte:

"Art. 32. É nula a sentença arbitral se: I – for nulo o compromisso".

O dispositivo está assim redigido depois da alteração empreendida pela Lei 13.129/2015:

"Art. 32. É nula a sentença arbitral se: I – for nula a convenção de arbitragem".

A Lei 13.129/2015 apenas alterou o inciso I, corretamente se referindo ao gênero ("convenção de arbitragem"), mas deixou de esclarecer que a nulidade pode ser absoluta ou relativa.

Assim, o dispositivo deve ser lido, em interpretação sistemática, da seguinte forma que sugiro: "Art. 32. Há nulidade absoluta ou relativa da sentença arbitral se: I – for nula ou anulável, respectivamente, a convenção de arbitragem".[41]

Antes, portanto, de verificação das causas legais aplicáveis à arbitragem, mister se faz discorrer brevemente sobre o sistema de nulidades do direito privado.

A razão é simples: ainda que a sentença arbitral tenha causas de nulidade (relativa ou absoluta) determinadas taxativamente, não é possível divorciar o entendimento dessas causas da teoria dos negócios jurídicos.

Em razão da natureza material e obrigacional da arbitragem, a sentença arbitral é um negócio jurídico e, como tal, se submete, no nosso entendimento, às causas de nulidade do Código Civil.

E "nulidade", juridicamente, significa o reconhecimento da existência de uma mácula que impede a produção de efeitos dos atos e negócios jurídicos.

Nessa medida, existem duas espécies de nulidade no âmbito do direito privado:

a) Nulidade absoluta; e
b) Nulidade relativa.

Para melhor entendimento dos efeitos de cada uma das espécies contidas na Lei de Arbitragem, convém a verificação prévia do quadro que preparamos com o intuito de esclarecer as causas legais de nulidade absoluta e relativa:

---

[41] Trata-se de sugestão de redação e interpretação extensiva do texto e não corresponde ao texto da lei.

	NULIDADE ABSOLUTA	NULIDADE RELATIVA
Artigos	Código Civil arts. 104 ð 166-167 ð 182 "Art. 104. A validade do negócio jurídico requer: I – agente capaz; II – objeto lícito, possível, determinado ou determinável; III – forma prescrita ou não defesa em lei". "Art. 166. É nulo o negócio jurídico quando: I – celebrado por pessoa absolutamente incapaz; II – for ilícito, impossível ou indeterminável o seu objeto; III – o motivo determinante, comum a ambas as partes, for ilícito; IV – não revestir a forma prescrita em lei; V – for preterida alguma solenidade que a lei considere essencial para a sua validade; VI – tiver por objetivo fraudar lei imperativa; VII – a lei taxativamente o declarar nulo, ou proibir-lhe a prática, sem cominar sanção". "Art. 167. É nulo o negócio jurídico simulado, mas subsistirá o que se dissimulou, se válido for na substância e na forma (...)". "Art. 182. Anulado o negócio jurídico, restituir-se-ão as partes ao estado em que antes dele se achavam, e, não sendo possível restituí-las, serão indenizadas com o equivalente".	Código Civil, arts. 171 ð 182 "Art. 171. Além dos casos expressamente declarados na lei, é anulável o negócio jurídico: I – por incapacidade relativa do agente; II – por vício resultante de erro, dolo, coação, estado de perigo, lesão ou fraude contra credores". "Art. 182. Anulado o negócio jurídico, restituir-se-ão as partes ao estado em que antes dele se achavam, e, não sendo possível restituí-las, serão indenizadas com o equivalente".
Conteúdo	Na nulidade absoluta, há infração às normas de ordem pública, de tal sorte que a nulidade interessa a toda sociedade (moral, interesse social, bons costumes...).	Já nos casos de nulidade relativa o interesse é individual, e o requerimento depende do interessado.
Efeito	O ato praticado ou produzido é nulo e, nessa medida, não produz qualquer efeito ð *quod nullum est nullum producit effectum*.	O ato é anulável.
Sentença	A sentença judicial que ataca uma nulidade absoluta é meramente declaratória e, como tal, não está sujeita à prescrição ou à decadência, podendo ser alegada a qualquer tempo, produzindo efeitos retroativos, ou seja, *ex tunc*.	A sentença é desconstitutiva, vez que o ato produz efeitos até que seja fulminada, de tal sorte que a sentença produz efeitos *ex nunc*.

	NULIDADE ABSOLUTA	NULIDADE RELATIVA
Quem pode alegar	A alegação de ato nulo pode ser levada a efeito por qualquer interessado, pelo Ministério Público, quando lhe cabe intervir (art. 178 do CPC) ou mesmo o juiz de ofício (*ex officio*) (art. 168 do CC).	Só cabe ao interessado alegar nulidade relativa.
Ratificação	O ato nulo não pode ser ratificado (art. 169 do CC), v.g., o ato praticado por menor impúbere.	Expressa (respeitada a forma) ou tácita, v.g.: recebimento de alugueres depois de cessada a incapacidade relativa (arts. 172 a 176 do CC). "Art. 172. O negócio anulável pode ser confirmado pelas partes, salvo direito de terceiro." "Art. 173. O ato de confirmação deve conter a substância do negócio celebrado e a vontade expressa de mantê-lo". "Art. 174. É escusada a confirmação expressa, quando o negócio já foi cumprido em parte pelo devedor, ciente do vício que o inquinava". "Art. 175. A confirmação expressa, ou a execução voluntária de negócio anulável, nos termos dos arts. 172 a 174, importa a extinção de todas as ações, ou exceções, de que contra ele dispusesse o devedor". "Art. 176. Quando a anulabilidade do ato resultar da falta de autorização de terceiro, será validado se este a der posteriormente".
Prescrição da ação para reconhecimento da nulidade	Não prescreve e não decai (art. 169 do CC). O negócio jurídico nulo não é suscetível de confirmação, nem convalesce pelo decurso do tempo.	Decai (arts. 178 e 179 do CC) em quatro anos nos casos de erro, dolo, coação, estado de perigo, lesão e fraude contra credores e de dois anos nos demais casos, salvo lei que disponha diversamente, como é o caso do *prazo de noventa dias* do art. 33, da Lei de Arbitragem: "Art. 33. A parte interessada poderá pleitear ao órgão do Poder Judiciário competente a declaração de nulidade da sentença arbitral, nos casos previstos nesta Lei. § 1º A demanda para a declaração de nulidade da sentença arbitral, parcial ou final, seguirá as regras do procedimento comum, previstas na Lei nº 5.869, de 11 de janeiro de 1973 (Código de Processo Civil), e deverá ser proposta no prazo de até 90 (noventa) dias após o recebimento da notificação da respectiva sentença, parcial ou final, ou da decisão do pedido de esclarecimentos (...)".

Com todo respeito à vasta doutrina que promove as mais variadas interpretações ante a atecnia dos arts. 32 e 33 da Lei de Arbitragem, tudo em razão do emprego do termo "nulidade", indistintamente, procuraremos, partindo das premissas da teoria geral das nulidades – como não poderia deixar de ser –, interpretar as causas apontadas legalmente e enquadrá-las nas hipóteses de *nulidade absoluta* ou *nulidade relativa*.

Posta assim a questão, nos termos do art. 32 da Lei de Arbitragem, há "nulidade" da sentença arbitral se:

I – *For nula a convenção de arbitragem.*

Inicialmente, convém ressaltar e repetir que a nulidade, aqui, pode ser absoluta ou relativa e, por outro lado, pode atingir o compromisso ou a cláusula arbitral.

Assim, embora se reconheça que a sentença arbitral pode ser atacada apenas em razão das causas enumeradas taxativamente no art. 32, não se descarta, em razão da dilargada via do inciso "I" ora analisado, a existência de vícios e da ausência de requisitos de validade dos negócios jurídicos em geral.

Isso porque o compromisso ou a cláusula arbitral serão nulos na exata medida em que estiverem presentes quaisquer das causas enumeradas no art. 166 do CC: "É nulo o negócio jurídico quando: I – celebrado por pessoa absolutamente incapaz; II – for ilícito, impossível ou indeterminável o seu objeto; III – o motivo determinante, comum a ambas as partes, for ilícito; IV – não revestir a forma prescrita em lei; V – for preterida alguma solenidade que a lei considere essencial para a sua validade; VI – tiver por objetivo fraudar lei imperativa; VII – a lei taxativamente o declarar nulo, ou proibir-lhe a prática, sem cominar sanção".

Assim, exemplificativamente, a convenção de arbitragem será nula se:

a) Não contiver os requisitos do art. 10[42] da Lei de Arbitragem, nos termos do art. 166, IV, do CC, lembrando que a mesma razão não macula, neste caso, a cláusula arbitral, que pode ser vazia e, se assim se manifestar, demandará ação judicial para que seja firmado o compromisso com os requisitos do art. 10 da Lei de Arbitragem, na ausência de acordo entre as partes (art. 7º da Lei de Arbitragem);[43]

b) Tencionar submeter as partes à solução arbitral de direitos indisponíveis, como, por exemplo, quanto ao estado das pessoas. Neste caso, igualmente a nulidade será absoluta por incompetência do árbitro, vez que proibida a prática do ato por Lei (art. 1º da Lei de Arbitragem, cumulado com o art. 166, VII, do CC);[44]

---

[42] "Art. 10. Constará, obrigatoriamente, do compromisso arbitral: I – o nome, profissão, estado civil e domicílio das partes; II – o nome, profissão e domicílio do árbitro, ou dos árbitros, ou, se for o caso, a identificação da entidade à qual as partes delegaram a indicação de árbitros; III – a matéria que será objeto da arbitragem; e IV – o lugar em que será proferida a sentença arbitral."

[43] "Art. 7º Existindo cláusula compromissória e havendo resistência quanto à instituição da arbitragem, poderá a parte interessada requerer a citação da outra parte para comparecer em juízo a fim de lavrar-se o compromisso, designando o juiz audiência especial para tal fim."

[44] "Art. 1º As pessoas capazes de contratar poderão valer-se da arbitragem para dirimir litígios relativos a direitos patrimoniais disponíveis."

c) A pessoa que celebrou a cláusula arbitral ou o compromisso é absolutamente incapaz (art. 166, I, do CC). Se for relativamente incapaz, a sentença será anulável (art. 171, I, do CC);

d) Foi obtido mediante simulação (art. 167 do CC).[45]

Por outro lado, o compromisso ou a cláusula arbitral serão anuláveis se estiverem presentes as causas do art. 171, do CC: "Além dos casos expressamente declarados na lei, é anulável o negócio jurídico: I – por incapacidade relativa do agente; II – por vício resultante de erro, dolo, coação, estado de perigo, lesão ou fraude contra credores".

Não podemos esquecer que a Lei de Arbitragem impõe ao interessado na arguição da nulidade a sua manifestação na primeira oportunidade que tiver após a instituição da arbitragem: "Art. 20. A parte que pretender arguir questões relativas à competência, suspeição ou impedimento do árbitro ou dos árbitros, bem como nulidade, invalidade ou ineficácia da convenção de arbitragem, deverá fazê-lo na primeira oportunidade que tiver de se manifestar, após a instituição da arbitragem. (...) § 2º Não sendo acolhida a arguição, terá normal prosseguimento a arbitragem, sem prejuízo de vir a ser examinada a decisão pelo órgão do Poder Judiciário competente, quando da eventual propositura da demanda de que trata o art. 33 desta Lei".

Portanto, no caso de a parte não arguir a causa de nulidade (absoluta ou relativa) na primeira oportunidade, resta saber se há preclusão ou, de outro lado, ainda será possível a alegação na ação anulatória da sentença, nos termos do art. 33, *caput*, da Lei de Arbitragem: "A parte interessada poderá pleitear ao órgão do Poder Judiciário competente a declaração da nulidade da sentença arbitral, nos casos previstos nesta Lei".

Seguindo a teoria das nulidades dos negócios jurídicos, entendemos que a questão encerra matéria cogente e, mesmo que não seja alegada na primeira oportunidade que a parte tiver no procedimento arbitral, nos termos do art. 20 da Lei de Arbitragem, não gera preclusão, autorizando a ação de nulidade, ainda que seja proposta depois do prazo de noventa dias da data da comunicação da sentença.

Por outro lado, mister se faz observar, no momento da alegação, no curso do procedimento arbitral ou na ação anulatória, se o negócio jurídico anulável não foi confirmado pelas partes.

Isto porque, tratando-se de nulidade relativa, é possível a ratificação do negócio jurídico, ainda que tácita; nesse sentido, o teor do art. 172 do CC: "O negócio anulável pode ser confirmado pelas partes, salvo direito de terceiro".

Portanto, ainda que padeça dos vícios do consentimento ou tenha sido praticado por agente relativamente incapaz, o compromisso e a cláusula arbitral podem ter sido confirmados, expressa ou tacitamente, antes da alegação no procedimento arbitral ou na ação de nulidade.

---

[45] "Art. 167. É nulo o negócio jurídico simulado, mas subsistirá o que se dissimulou, se válido for na substância e na forma. § 1º Haverá simulação nos negócios jurídicos quando: I – aparentarem conferir ou transmitir direitos a pessoas diversas daquelas às quais realmente se conferem, ou transmitem; II – contiverem declaração, confissão, condição ou cláusula não verdadeira; III – os instrumentos particulares forem antedatados, ou pós-datados. § 2º Ressalvam-se os direitos de terceiros de boa-fé em face dos contraentes do negócio jurídico simulado."

É o caso, por exemplo, de a cláusula arbitral ter sido assinada por menor, com dezesseis anos. Se, depois de assinar o contrato com a cláusula arbitral, o sujeito atinge a maioridade e, nesta qualidade, paga as prestações devidas sem qualquer ressalva, revela a intenção de cumprir o que avençou, ratificando tacitamente o negócio jurídico com a sanação da nulidade relativa.

Igualmente se estiver presente vício do consentimento *conhecido antes da instalação da arbitragem*, que requer a alegação na primeira oportunidade que a parte tiver nos autos do processo arbitral sob pena de preclusão (art. 20 da Lei de Arbitragem, arts. 172, 174 e 175 do CC).

Já tratamos deste aspecto no item 3.1 do Capítulo 4, para o qual remetemos o leitor.

Diferente é o caso de serem verificadas as causas de nulidade absoluta dos arts. 166 e 167, do CC.

É que a nulidade absoluta não comporta ratificação em razão do art. 169 do CC, que encerra o adágio *quod nullum est nullum producit effectum*.

Nesse sentido: "Art. 169. O negócio jurídico nulo não é suscetível de confirmação, nem convalesce pelo decurso do tempo".

II – Emanou de quem não podia ser árbitro.

Não terá validade a sentença proferida por árbitro impedido ou suspeito, nos termos do art. 15 da Lei de Arbitragem, desde que as partes não tenham, desde logo, de boa-fé, afastado as causas ou tenham deixado de se manifestar na primeira oportunidade sobre a causa da qual conheceram (art. 20).[46]

A nulidade relativa, nesse caso, se justifica em razão da proibição legal de o árbitro impedido ou suspeito atuar na arbitragem e da necessidade de as partes se manifestarem na primeira oportunidade, sob pena de preclusão, por aceitação da causa.

Nos demais casos, se a sentença foi proferida por pessoa que não podia ser árbitra, mister se faz saber se a causa enseja nulidade absoluta ou relativa da sentença.

O art. 13 da Lei de Arbitragem exige que o árbitro *seja capaz*.

Assim, é evidente, evidentíssimo, aliás, que, se o árbitro era absolutamente incapaz no momento da sentença, o ato que produziu – a sentença arbitral – é nulo (art. 166, I, do CC).

---

[46] "Art. 14, *caput*. Estão impedidos de funcionar como árbitros as pessoas que tenham, com as partes ou com o litígio que lhes for submetido, algumas das relações que caracterizam os casos de impedimento ou suspeição de juízes, aplicando-se-lhes, no que couber, os mesmos deveres e responsabilidades, conforme previsto no Código de Processo Civil. Art. 15. A parte interessada em arguir a recusa do árbitro apresentará, nos termos do art. 20, a respectiva exceção, diretamente ao árbitro ou ao presidente do tribunal arbitral, deduzindo suas razões e apresentando as provas pertinentes."
"Art. 20. A parte que pretender arguir questões relativas à competência, suspeição ou impedimento do árbitro ou dos árbitros, bem como nulidade, invalidade ou ineficácia da convenção de arbitragem, deverá fazê-lo na primeira oportunidade que tiver de se manifestar, após a instituição da arbitragem."

Por outro lado, se era relativamente incapaz, a sentença será anulável (art. 171, I, do CC).

As causas de incapacidade absoluta ou relativa das pessoas naturais estão insculpidas nos arts. 2º e 3º do CC, que determinarão se a sentença, proferida por quem não podia ser árbitro, espelha causa de nulidade absoluta ou relativa do compromisso ou da cláusula arbitral, ou seja, da "convenção de arbitragem", nos termos da previsão do inciso I do art. 32 da Lei de Arbitragem.

Nessa medida, determina o Código Civil e se aplica à arbitragem: "Art. 3º São absolutamente incapazes de exercer pessoalmente os atos da vida civil os menores de 16 (dezesseis) anos. Art. 4º São incapazes, relativamente a certos atos ou à maneira de os exercer: I – os maiores de dezesseis e menores de dezoito anos; II – os ébrios habituais e os viciados em tóxico; III – aqueles que, por causa transitória ou permanente, não puderem exprimir sua vontade; IV – os pródigos. Parágrafo único. A capacidade dos indígenas será regulada por legislação especial. Art. 5º A menoridade cessa aos dezoito anos completos, quando a pessoa fica habilitada à prática de todos os atos da vida civil. Parágrafo único. Cessará, para os menores, a incapacidade: I – pela concessão dos pais, ou de um deles na falta do outro, mediante instrumento público, independentemente de homologação judicial, ou por sentença do juiz, ouvido o tutor, se o menor tiver dezesseis anos completos; II – pelo casamento; III – pelo exercício de emprego público efetivo; IV – pela colação de grau em curso de ensino superior; V – pelo estabelecimento civil ou comercial, ou pela existência de relação de emprego, desde que, em função deles, o menor com dezesseis anos completos tenha economia própria".

Por outro lado, pode ter sido submetida ao árbitro questão que versa sobre direitos indisponíveis, como, por exemplo, relativo ao estado das pessoas (filiação, vínculo matrimonial etc.), o que é vedado pelo art. 1º da Lei de Arbitragem e torna a sentença nula por incompetência absoluta do árbitro (art. 166, VI e VII, do CC).

Nesse caso, não há que se falar em prazo para propositura da ação anulatória e tampouco necessidade de alegação na primeira oportunidade (arts. 20 e 33, § 1º, da Lei de Arbitragem).

Quanto à pessoa jurídica, a par de opiniões em sentido contrário, entendemos, como sustentamos quando falamos sobre as qualidades do árbitro (Capítulo 3), que o mesmo poderá ser pessoa jurídica.

Todavia, a maior parte da doutrina não admite essa possibilidade e coloca a sentença proferida nessas condições no rol das nulidades.

Por fim, se as partes estabeleceram na convenção de arbitragem os requisitos do árbitro (por exemplo: deve ser engenheiro com dez anos de experiência na matéria...) e não se manifestaram sobre a sua competência na primeira oportunidade que tiveram em razão da ausência dos requisitos, não poderão, ao depois, arguir a exceção em sede de ação anulatória da sentença.

Portanto, é *conditio sine qua non* para a ação de nulidade da sentença arbitral proferida por árbitro que não tenha as características exigidas pela convenção, que o autor da ação, na primeira oportunidade durante o procedimento arbitral, depois da manifestação da causa, tenha arguido a impossibilidade de atuação do árbitro nos termos do art. 20 da Lei de Arbitragem, sem o que a invalidade da sentença não se manifesta.

III – Não contiver os requisitos do art. 26 desta Lei.

O art. 26 da Lei de Arbitragem determina que a sentença arbitral deve conter: "I – o relatório, que conterá os nomes das partes e um resumo do litígio; II – os fundamentos da decisão, onde serão analisadas as questões de fato e de direito, mencionando-se, expressamente, se os árbitros julgaram por equidade; III – o dispositivo, em que os árbitros resolverão as questões que lhes forem submetidas e estabelecerão o prazo para o cumprimento da decisão, se for o caso; e IV – a data e o lugar em que foi proferida".

Portanto, trata-se da forma da sentença arbitral cuja ausência, nos termos dos arts. 104, III, e 166, IV, do CC, ensejam, em regra, nulidade absoluta.

Remota é a possibilidade de inexistência formal dos requisitos da sentença – o que evidentemente torna nula a sentença arbitral –, restando mais comum a nulidade decorrente de motivação existente mas duvidosa ou extremamente resumida, ou seja, insuficiente.

Seja como for, dúvida ou insuficiência, a mácula deve ser entendida e compreendida quanto à impossibilidade de compreensão do conteúdo da motivação sentencial.

O mesmo se aplica à data e local, vez que, ainda que não estejam expressos, se for possível inferir estes elementos do conteúdo da sentença, não haverá nulidade da sentença arbitral.

IV – For proferida fora dos limites da convenção de arbitragem.

A sentença proferida além dos limites impostos pela convenção de arbitragem, ou seja, *proferida nos termos do pedido, mas além do que foi convencionado como matéria passível de arbitragem*, implica em *anulabilidade* e não nulidade.

Isso porque, na medida em que o fato não se encaixa nas causas de nulidade absoluta, para nós resta evidente que tornará a sentença anulável, submetendo-a a uma ação desconstitutiva no prazo de noventa dias.

É claro que a nossa conclusão e adequação da vertente causa se liga à existência de direitos patrimoniais disponíveis vez que, se não forem, a nulidade será absoluta e decorrerá do inciso I do art. 32, cujo conteúdo já analisamos.

Além da interpretação do vertente dispositivo, autores existem que ampliam o conceito e sustentam que as sentenças *extra petita*, e *ultra petita* se enquadram na hipótese aqui analisada.[47]

Vicente Greco Filho ensina que "a sentença que julga além do pedido se diz *ultra petita*, a que julga fora do pedido se diz *extra petita*. Tais sentenças são nulas, como nula é a sentença *citra petita*, qual seja a que deixa de apreciar pedido expressamente formulado. Esta última viola o princípio da indeclinabilidade da jurisdição".[48]

Moacyr Amaral Santos, por sua vez, sustenta, de forma semelhante que "se a condenação for em quantia ou quantidade superior à demandada pelo autor, a

---

[47] Carlos Alberto Carmona. Op. cit., p. 323.
[48] Vicente Greco Filho. Op. cit., v. 2, p. 226.

sentença será *ultra petita*, além do pedido; se o for em objeto diverso do demandado, a sentença será *extra petita*, fora do pedido".[49]

Nesses casos aproveita-se, na arbitragem, a solução judicial, segundo a qual a sentença *extra petita* será anulada, mas a *ultra petita* passará apenas por redução do excesso.

Assim, "o reconhecimento do julgamento *ultra petita* não implica a anulação da sentença; seu efeito é o de eliminar o excesso da condenação" (STJ, 3ª T., REsp 84.847/SP, rel. Min. Ari Pargendler, *DJ* 20.09.1999).

O STJ mantém o entendimento e, nessa medida, afirma que "reconhecida a existência de julgamento *ultra petita*, impõe-se o provimento do agravo regimental para reduzir a decisão agravada aos limites do pedido (2ª T., AgRg no REsp 753.397/SP, rel. Min. João Otávio de Noronha, j. 28.08.2007, *DJ* 14.09.2007, p. 340). Neste sentido, ainda, o AgRg no AI 512.887/RJ (2003/0028755-5), rel. Min. Carlos Alberto Menezes Direito, entre outros casos.[50]

Outra questão que envolve a nulidade da sentença arbitral proferida fora dos limites da convenção de arbitragem é a de saber se os precedentes decorrentes de súmulas vinculantes e julgamentos de recursos repetitivos no Poder Judiciário vincularia a decisão do árbitro.

Em outras palavras, o árbitro estaria bitolado nas suas decisões por precedentes vinculantes?

A doutrina, em parte, afirma que sim, posto que o árbitro somente poderia fugir desses limites se fosse autorizado a julgar por equidade expressamente, hipótese rara.

---

[49] Moacyr Amaral Santos. Op. cit., v. 4, p. 407.
[50] CPC, "Art. 492. É vedado ao juiz proferir decisão de natureza diversa da pedida, bem como condenar a parte em quantidade superior ou em objeto diverso do que lhe foi demandado".
"Recurso especial – Processual civil – Tributário – Embargos à execução fiscal – Violação do art. 535 do CPC não configurada – Julgamento *extra petita* – Sentença que decidiu a demanda em desconformidade com o pedido formulado na petição de embargos à execução – Recurso desprovido.
1. Não viola o art. 535 do CPC [atual art. 1.022 do CPC/2015], tampouco nega a prestação jurisdicional, o acórdão que adota fundamentação suficiente para decidir de modo integral a controvérsia. 2. A jurisprudência desta Corte de Justiça consagra entendimento no sentido de que o art. 460 do CPC [atual art. 492 do CPC/2015] restringe a atuação do julgador no momento de analisar a questão suscitada, estabelecendo que esse deve-se limitar ao que foi requerido pelas partes, sendo vedado decidir diversamente do pedido. Precedentes. 3. Considera-se haver julgamento *extra petita* quando o juiz defere pedido não formulado pelo autor, bem como existir ofensa ao princípio da congruência quando o juiz decide a causa com base em fatos não invocados na inicial ou atribui aos fatos invocados consequências jurídicas não deduzidas na demanda. 4. Na hipótese dos autos, o julgador, além de proferir julgamento *extra petita*, porque decidiu diversamente do pedido formulado nos embargos à execução, afrontou o princípio da congruência, na medida em que analisou a controvérsia fundamentando-se em fatos não suscitados na inicial. 5. É vedado ao embargante inovar o pedido formulado na petição de embargos à execução, após a manifestação do exequente, sem que, para tanto, haja consentimento deste. 6. Recurso especial desprovido" (STJ, 1ª T., REsp 661.445/CE, rel. Min. Denise Arruda, j. 21.06.2007, *DJ* 02.08.2007, p. 338).

Nessa medida, deixando de aplicar precedentes decorrentes de súmulas vinculantes e julgamento de recurso repetitivos sem estar autorizado a julgar por equidade, atrairia a nulidade da sentença arbitral.

Eis um exemplo desse entendimento: "No Brasil, quando o árbitro decide por equidade sem autorização das partes, está decidindo fora dos limites da convenção de arbitragem, atraindo a sanção de nulidade para sua sentença, nos termos do artigo 32, IV, da LArb. Como afirma Cahali em festejada obra, 'vedado na convenção o julgamento por equidade, mesmo nas hipóteses em que a lei material eventualmente autoriza tal método, o árbitro estará adstrito à vontade das partes e, assim, caso a sentença venha a decidir o conflito fundamentando-se na equidade, será nula, na forma prevista no inciso em exame'. O árbitro vincula-se aos precedentes judiciais na medida em que as partes elegem arbitragem de direito e que os precedentes judiciais vinculantes integram o Direito brasileiro. É dizer: não está o árbitro vinculado aos precedentes por conta da (inexistente) aplicação direta de dispositivos do CPC à arbitragem, mas pela vontade das partes que deram ao árbitro a missão de julgar conforme o direito".[51]

Com todo respeito ao raciocínio empregado, de minha parte, entendo que, se o precedente não decorrer da aplicação de norma de ordem pública, o árbitro não está adstrito à aplicação de recurso repetitivo ou súmula vinculante, notadamente por se tratar de direitos patrimoniais e disponíveis.

(Inciso V do art. 32 – revogado pela Lei 13.129/2015)
VI – Comprovado que foi proferida por prevaricação, concussão ou corrupção passiva.

Como analisamos quando verificamos a equiparação dos árbitros aos funcionários públicos para efeitos penais, é possível que a sentença arbitral seja proferida mediante a prática dos delitos de prevaricação, concussão ou corrupção passiva.

Nos termos do Código Penal, os crimes descritos estão assim tipificados: "Concussão. Art. 316. Exigir, para si ou para outrem, direta ou indiretamente, ainda que fora da função ou antes de assumi-la, mas em razão dela, vantagem indevida: Pena – reclusão, de dois a doze anos, e multa. (...) Corrupção passiva. Art. 317. Solicitar ou receber, para si ou para outrem, direta ou indiretamente, ainda que fora da função ou antes de assumi-la, mas em razão dela, vantagem indevida, ou aceitar promessa de tal vantagem: Pena – reclusão, de 2 (dois) a 12 (doze) anos, e multa. § 1º A pena é aumentada de um terço, se, em consequência da vantagem ou promessa, o funcionário retarda ou deixa de praticar qualquer ato de ofício ou o pratica infringindo dever funcional. § 2º Se o funcionário pratica, deixa de praticar ou retarda ato de ofício, com infração de dever funcional, cedendo a pedido ou influência de outrem: Pena – detenção, de três meses a um ano, ou multa. (...) Prevaricação. Art. 319. Retardar ou deixar de praticar, indevidamente, ato de ofício, ou praticá-lo contra disposição expressa de lei, para satisfazer interesse ou sentimento pessoal: Pena – detenção, de três meses a um ano, e multa".

---

[51] Guilherme Rizzo do Amaral. *Vinculação dos árbitros aos precedentes judiciais*. Disponível em: <https://www.conjur.com.br/2017-out-03/guilherme-amaral-vinculacao-arbitros-aos-precedentes-judiciais#_ftnref11>. Acesso em: 25 nov. 2019.

Não descartamos outros crimes contra a administração que podem ser cometidos pelo árbitro, como, por exemplo, a facilitação de contrabando ou descaminho (art. 318 do CP) mediante sentença.[52]

Em todos esses casos, a sentença arbitral será nula vez que ilícito o seu objeto nos termos do art. 166, II, do CC, cuja interpretação extensiva admitimos para efeito de apuração das causas de nulidade do art. 32 da Lei de Arbitragem.

VII – Proferida fora do prazo, respeitado o disposto no art. 12, III, desta Lei.

Já vimos no item 2 deste capítulo que na hipótese de o árbitro receber notificação para prolação da sentença – *conditio sine qua non* para a nulidade aqui tratada – e deixar escoar o prazo legal (de seis meses) ou convencional (arts. 11, III, e 23 da Lei

---

[52] "Art. 318. Facilitar, com infração de dever funcional, a prática de contrabando ou descaminho (art. 334): Pena – reclusão, de 3 (três) a 8 (oito) anos, e multa".

Descaminho: "Art. 334. Iludir, no todo ou em parte, o pagamento de direito ou imposto devido pela entrada, pela saída ou pelo consumo de mercadoria. (Redação dada pela Lei nº 13.008, de 26.6.2014) Pena – reclusão, de 1 (um) a 4 (quatro) anos. (Redação dada pela Lei nº 13.008, de 26.6.2014) § 1º Incorre na mesma pena quem: (Redação dada pela Lei nº 13.008, de 26.6.2014) I – pratica navegação de cabotagem, fora dos casos permitidos em lei; (Redação dada pela Lei nº 13.008, de 26.6.2014) II – pratica fato assimilado, em lei especial, a descaminho; (Redação dada pela Lei nº 13.008, de 26.6.2014) III – vende, expõe à venda, mantém em depósito ou, de qualquer forma, utiliza em proveito próprio ou alheio, no exercício de atividade comercial ou industrial, mercadoria de procedência estrangeira que introduziu clandestinamente no País ou importou fraudulentamente ou que sabe ser produto de introdução clandestina no território nacional ou de importação fraudulenta por parte de outrem; (Redação dada pela Lei nº 13.008, de 26.6.2014) IV – adquire, recebe ou oculta, em proveito próprio ou alheio, no exercício de atividade comercial ou industrial, mercadoria de procedência estrangeira, desacompanhada de documentação legal ou acompanhada de documentos que sabe serem falsos. (Redação dada pela Lei nº 13.008, de 26.6.2014) § 2º Equipara-se às atividades comerciais, para os efeitos deste artigo, qualquer forma de comércio irregular ou clandestino de mercadorias estrangeiras, inclusive o exercido em residências. (Redação dada pela Lei nº 13.008, de 26.6.2014) § 3º A pena aplica-se em dobro se o crime de descaminho é praticado em transporte aéreo, marítimo ou fluvial. (Redação dada pela Lei nº 13.008, de 26.6.2014)".

Contrabando: "Art. 334-A. Importar ou exportar mercadoria proibida: (Incluído pela Lei nº 13.008, de 26.6.2014) Pena – reclusão, de 2 (dois) a 5 (cinco) anos. (Incluído pela Lei nº 13.008, de 26.6.2014) § 1º Incorre na mesma pena quem: (Incluído pela Lei nº 13.008, de 26.6.2014) I – pratica fato assimilado, em lei especial, a contrabando; (Incluído pela Lei nº 13.008, de 26.6.2014) II – importa ou exporta clandestinamente mercadoria que dependa de registro, análise ou autorização de órgão público competente; (Incluído pela Lei nº 13.008, de 26.6.2014) III – reinsere no território nacional mercadoria brasileira destinada à exportação; (Incluído pela Lei nº 13.008, de 26.6.2014) IV – vende, expõe à venda, mantém em depósito ou, de qualquer forma, utiliza em proveito próprio ou alheio, no exercício de atividade comercial ou industrial, mercadoria proibida pela lei brasileira; (Incluído pela Lei nº 13.008, de 26.6.2014) V – adquire, recebe ou oculta, em proveito próprio ou alheio, no exercício de atividade comercial ou industrial, mercadoria proibida pela lei brasileira. (Incluído pela Lei nº 13.008, de 26.6.2014) § 2º Equipara-se às atividades comerciais, para os efeitos deste artigo, qualquer forma de comércio irregular ou clandestino de mercadorias estrangeiras, inclusive o exercido em residências. (Incluído pela Lei nº 4.729, de 14.7.1965) § 3º A pena aplica-se em dobro se o crime de contrabando é praticado em transporte aéreo, marítimo ou fluvial. (Incluído pela Lei nº 13.008, de 26.6.2014)".

de Arbitragem), extingue-se a própria arbitragem (art. 12, III, da Lei de Arbitragem) e as partes deverão socorrer-se do Poder Judiciário.[53]

Assim, como a arbitragem resta extinta, eventual sentença depois do prazo poderá ser anulada.

Além da anulação, responderá o árbitro pelos prejuízos que sua omissão causar às partes.

Todavia, a ação anulatória em face da parte contrária e indenizatória em face do árbitro somente poderá ser proposta, em razão da necessária notificação, pela parte que notificou e não pela outra que se manteve inerte.

Também aqui, em razão de não haver qualquer relação com as causas de nulidade absoluta do direito material, possível afirmar que se trata de nulidade relativa, sujeita, portanto, ao regime a ela aplicável, inclusive ao prazo decadencial de noventa dias do art. 33 da Lei de Arbitragem.

Assim, ultrapassado *in albis* o prazo para anulação, convalescerá a sentença, ainda que tenha desrespeitado o prazo para sua prolação.

Portanto, é possível que aquele que notificou resolva se conformar com a sentença, deixando, assim, de impugná-la judicialmente no prazo legal de noventa dias.

VIII - Forem desrespeitados os princípios de que trata o art. 21, § 2º, desta Lei.

Isto significa que "serão, sempre, respeitados no procedimento arbitral os princípios do contraditório, da igualdade das partes, da imparcialidade do árbitro e de seu livre convencimento".

São preceitos cogentes, ou seja, de ordem pública, que não podem ser derrogados pela vontade das partes e cujo desrespeito torna o ato praticado nulo.

Como define Caio Mário da Silva Pereira, as normas cogentes, "tendo em vista a natureza especial da tutela jurídica e a finalidade social do interesse em jogo, compõem uma categoria de princípios que regem relações entre particulares, a que o Estado dá maior relevo em razão do interesse público em jogo".[54]

Em resumo, os princípios impositivos do direito arbitral estão dispostos em norma cogente, de ordem pública, e não podem ser afastados pela vontade das partes na convenção de arbitragem.

---

[53] "Art. 11. Poderá, ainda, o compromisso arbitral conter: (...) III – o prazo para apresentação da sentença arbitral; (...)".
"Art. 23. A sentença arbitral será proferida no prazo estipulado pelas partes. Nada tendo sido convencionado, o prazo para a apresentação da sentença é de seis meses, contado da instituição da arbitragem [art. 19] ou da substituição do árbitro. Parágrafo único. As partes e os árbitros, de comum acordo, poderão prorrogar o prazo estipulado".
"Art. 12. Extingue-se o compromisso arbitral: (...) III – tendo expirado o prazo a que se refere o art. 11, inciso III, desde que a parte interessada tenha notificado o árbitro, ou o presidente do tribunal arbitral, concedendo-lhe o prazo de dez dias para a prolação e apresentação da sentença arbitral."

[54] Caio Mário da Silva Pereira. *Instituições de direito civil*, 18. ed., Rio de Janeiro, Forense, 1996, v. 1, p. 13.

8. AÇÃO ANULATÓRIA DA SENTENÇA ARBITRAL

Verificadas as causas autorizadoras, as partes poderão buscar a anulação da sentença arbitral, direito este que não admite renúncia prévia na convenção arbitral.

Não se pode deslembrar que, a teor do que dispõe o art. 20 da Lei de Arbitragem, não há possibilidade jurídica do pedido anulatório judicial durante o procedimento arbitral, possibilidade que só nasce depois da sentença arbitral (conforme verificamos no Capítulo 4, item 3.3): "A parte que pretender arguir questões relativas à competência, suspeição ou impedimento do árbitro ou dos árbitros, bem como nulidade, invalidade ou ineficácia da convenção de arbitragem, deverá fazê-lo na primeira oportunidade que tiver de se manifestar, após a instituição da arbitragem. § 1º Acolhida a arguição de suspeição ou impedimento, será o árbitro substituído nos termos do art. 16 desta Lei;[55] reconhecida a incompetência do árbitro ou do tribunal arbitral, bem como a nulidade, invalidade ou ineficácia da convenção de arbitragem, serão as partes remetidas ao órgão do Poder Judiciário competente para julgar a causa. § 2º Não sendo acolhida a arguição, terá normal prosseguimento a arbitragem, sem prejuízo de vir a ser examinada a decisão pelo órgão do Poder Judiciário competente, quando da eventual propositura da demanda de que trata o art. 33 desta Lei".

Também não se admite a renúncia posterior à prolação da sentença se for o caso de nulidade absoluta, submetida à regra do art. 169 do CC, segundo o qual "o negócio jurídico nulo não é suscetível de confirmação, nem convalesce pelo decurso do tempo".

Nesse sentido, o art. 33 da Lei de Arbitragem, com a redação dada pela Lei 13.129/2015: "A parte interessada poderá pleitear ao órgão do Poder Judiciário competente a declaração de nulidade da sentença arbitral, nos casos previstos nesta Lei".

A nova redação do dispositivo substituiu o termo "decretação da nulidade" por "declaração de nulidade".

De qualquer forma, mais uma vez a lei foi infeliz e demonstra a profunda atecnia ao mencionar que haverá "declaração de nulidade".

Isso porque a sentença será declaratória apenas no caso de nulidade absoluta, notadamente do compromisso, jamais no caso de anulabilidade.

Os atos anuláveis desafiam sentença desconstitutiva, nunca declaratória.

Mais uma vez, mister se faz separar as causas de nulidade absoluta e de nulidade relativa.

Se for o caso de nulidade relativa da sentença arbitral, conforme sustentamos, a parte interessada buscará *desconstituir* a sentença arbitral, que se submete ao prazo decadencial de noventa dias.

Nesse sentido o § 1º do art. 33 da Lei de Arbitragem, segundo o qual: "(...) § 1º A demanda para a declaração de nulidade da sentença arbitral, parcial ou final, seguirá as regras do procedimento comum, previstas na Lei nº 5.869, de 11 de janeiro de 1973 (Código de Processo Civil) [atualmente o procedimento comum do art. 318 e seguintes do CPC de 2015], e deverá ser proposta no prazo de até 90 (noventa) dias após o recebimento da notificação da respectiva sentença, parcial ou final, ou da decisão do pedido de esclarecimentos".

---

[55] Não existe o ponto e a vírgula, que foi inserida para que a correta interpretação do dispositivo seja levada a efeito (Carlos Alberto Carmona. Op. cit., p. 246).

Portanto, a natureza declaratória da sentença arbitral do "caput" e o prazo que vem determinado no § 1º somente se aplicam às causas de anulabilidade e não de nulidade absoluta da sentença arbitral.

Por outro lado, se for o caso de nulidade absoluta da sentença, a ação será mesmo declaratória, mas imprescritível, e não desconstitutiva (ou constitutiva negativa), sujeita ao prazo decadencial de noventa dias, vez que não se desconstitui aquilo que é nulo (*quod nullum est, nullum producit effectum*). Literalmente, a Lei de Arbitragem instalou absoluta confusão, posto que determinou prazo para ação declaratória, o que representa teratologia.

> Vamos colocar ordem na confusão instalada pelo art. 33 da Lei de Arbitragem:
> a) a ação será declaratória, como menciona o "caput" do art. 33, se for caso de nulidade absoluta da sentença arbitral, e, nessa hipótese, a ação é imprescritível (não há prazo, definitivamente, para postular reconhecimento – declaração – de nulidade absoluta); e
> b) a ação será desconstitutiva (e não declaratória, como menciona o "caput" do art. 33) se for caso de nulidade relativa, aplicando-se o prazo decadencial de 90 dias para exercício do direito de requerer a desconstituição da sentença contido no § 1º do art. 33 da Lei de Arbitragem.

Logo, diante do sistema, a Lei de Arbitragem, nesse ponto, deve ser lida da seguinte forma, com as alterações decorrentes da nossa interpretação em itálico:

> "Art. 33. A parte interessada poderá pleitear ao órgão do Poder Judiciário competente a declaração de nulidade *ou a desconstituição* da sentença arbitral, nos casos previstos nesta Lei.
>
> § 1º A demanda para a declaração de nulidade *ou desconstituição* da sentença arbitral, parcial ou final, seguirá as regras do procedimento comum, (...) e deverá, *no caso de pedido desconstitutivo*, ser proposta no prazo de até 90 (noventa) dias após o recebimento da notificação da respectiva sentença, parcial ou final, ou da decisão do pedido de esclarecimentos.
>
> § 2º A sentença que julgar procedente o pedido, *desconstituirá* ou declarará a nulidade da sentença arbitral, *conforme o caso, nas hipóteses* do art. 32, e determinará, se for o caso, que o árbitro ou tribunal profira nova sentença arbitral.
>
> § 3º A decretação da nulidade da sentença arbitral também poderá ser requerida na impugnação ao cumprimento da sentença, nos termos dos arts. 525 e seguintes do Código de Processo Civil, se houver execução judicial.
>
> § 4º A parte interessada poderá ingressar em juízo para requerer a prolação de sentença arbitral complementar, se o árbitro não decidir todos os pedidos submetidos à arbitragem".

Nesse sentido, Agnelo Amorim Filho (*RT* 300/7 e *RT* 744/726 – Memória do direito brasileiro) esclarece, de forma prática: "(...) tem-se um critério dotado de bases científicas, extremamente simples e de fácil aplicação, que permite, com absoluta segurança, identificar, *a priori*, as ações sujeitas a prescrição ou a decadência, e as ações perpétuas (imprescritíveis)". Assim: "1ª Estão sujeitas a prescrição: todas as ações condenatórias e somente elas (arts. 177 e 178 do CC); 2ª Estão sujeitas a decadência (indiretamente), isto é, em virtude da decadência do direito a que correspondem: as ações constitutivas que têm prazo especial de exercício fixado em lei; "3ª São perpétuas (imprescritíveis): *a)* as ações constitutivas que não têm prazo especial de exercício fixado em lei; e *b)* todas as ações declaratórias. "Várias inferências imediatas podem ser extraídas daquelas três proposições. Assim: *a)* não há ações condenatórias perpétuas (imprescritíveis), nem sujeitas a decadência; *b)* não há ações constitutivas sujeitas a prescrição; e o *c)* não há ações declaratórias sujeitas a prescrição ou a decadência".

> Citando a 1ª edição deste livro, decidiu o Tribunal de Justiça de São Paulo: "O prazo a que alude o art. 33, § 1º, da Lei nº 9.307/96 não impede arguição de nulidade em ação de embargos do devedor [a rigor, hoje, impugnação ao cumprimento de sentença, CPC, art. 525], se houver execução judicial (Lei 9.307/96, art. 33, § 3º), em caso de nulidade absoluta, a que não se aplica o prazo de 90 dias (Theotônio Negrão, *CPC e legislação processual em vigor*, art. 33:5, 2ª alínea, Lei nº 9.307/96, p. 1.246, Saraiva, 45ª ed.; Paulo Furtado e Uadi Lammêgo Bulos, *Lei de Arbitragem Comentada*, p. 120, Saraiva, 1997; Luiz Antonio Scavone Junior, *Manual de Arbitragem*, p. 211, RT, 2008)". (Apelação 0171521-92.2009.8.26.0100. 22ª Câmara de Direito Privado. Rel. Matheus Fontes, j. 20.06.2013.)

8.1 Procedimento

A partir da data da ciência da sentença arbitral ou da data da ciência da decisão do pedido de esclarecimentos da sentença, sendo caso de nulidade relativa, começa a fluir o prazo de noventa dias para a propositura da ação desconstitutiva (anulatória).

Assim, as partes podem dispor de prazos diferentes para o mesmo mister se não forem cientificadas na mesma data.

Não se pode esquecer – e insistimos neste aspecto – que se for o caso de nulidade absoluta da sentença, a ação será declaratória e não desconstitutiva, imprescritível, portanto.

O § 1º do art. 33 da Lei de Arbitragem determina que "a demanda para a declaração de nulidade da sentença arbitral, parcial ou final, seguirá as regras do procedimento comum", ou seja, será levada a efeito pelo procedimento comum disciplinado pelo art. 318 e seguintes do Código de Processo Civil.

E o valor da causa observará o disposto nos arts. 291 e 292 do CPC.[56]

---

[56] "Art. 291. A toda causa será atribuído valor certo, ainda que não tenha conteúdo econômico imediatamente aferível. Art. 292. O valor da causa constará da petição inicial ou da reconvenção e será: I – na ação de cobrança de dívida, a soma monetariamente corrigida do principal, dos juros de mora vencidos e de outras penalidades, se houver, até a data de propositura da ação; II – na ação que tiver por objeto a existência, a validade, o cumprimento, a modificação, a resolução, a resilição ou a rescisão de ato jurídico, o valor do ato

No curso da ação anulatória (declaratória de nulidade absoluta ou desconstitutiva da sentença em caso de nulidade relativa), nada obsta que as partes transijam e que a transação seja homologada pelo juiz.

A possibilidade está expressamente prevista no Código de Processo Civil, que determina que a sentença homologatória do acordo, inclusive de matéria não posta em juízo (§ 2º do art. 515 do CPC[57]) – que poderá ser o caso, se a transação versar sobre o direito das partes e não sobre a discussão em torno da anulação da sentença – será título executivo judicial: "Art. 515. São títulos executivos judiciais, cujo cumprimento dar-se-á de acordo com os artigos previstos neste Título: (...) II – a decisão homologatória de autocomposição judicial; (...)".

Outrossim, não se suspenderá a execução da sentença arbitral pela propositura da ação anulatória, e tampouco a propositura da ação anulatória inibe o cumprimento da sentença arbitral requerido no Poder Judiciário, até por aplicação extensiva da ideia trazida pelo § 1º do art. 784 do CPC, segundo o qual "a propositura de qualquer ação relativa a débito constante de título executivo não inibe o credor de promover-lhe a execução".

Antes das alterações trazidas pela sequência de reformas ao Código de Processo Civil de 1973, costumava-se sustentar a possibilidade de antecipação de tutela na ação anulatória para suspender a execução da sentença arbitral que, como se sabe, é título executivo judicial.

Para tanto, invocava-se o art. 273 do CPC de 1973.[58]

---

ou o de sua parte controvertida; III – na ação de alimentos, a soma de 12 (doze) prestações mensais pedidas pelo autor; IV – na ação de divisão, de demarcação e de reivindicação, o valor de avaliação da área ou do bem objeto do pedido; V – na ação indenizatória, inclusive a fundada em dano moral, o valor pretendido; VI – na ação em que há cumulação de pedidos, a quantia correspondente à soma dos valores de todos eles; VII – na ação em que os pedidos são alternativos, o de maior valor; VIII – na ação em que houver pedido subsidiário, o valor do pedido principal. § 1º Quando se pedirem prestações vencidas e vincendas, considerar-se-á o valor de umas e outras. § 2º O valor das prestações vincendas será igual a uma prestação anual, se a obrigação for por tempo indeterminado ou por tempo superior a 1 (um) ano, e, se por tempo inferior, será igual à soma das prestações. § 3º O juiz corrigirá, de ofício e por arbitramento, o valor da causa quando verificar que não corresponde ao conteúdo patrimonial em discussão ou ao proveito econômico perseguido pelo autor, caso em que se procederá ao recolhimento das custas correspondentes".

[57] CPC, "Art. 515. (...) § 2º A autocomposição judicial pode envolver sujeito estranho ao processo e versar sobre relação jurídica que não tenha sido deduzida em juízo".

[58] "Art. 273. O juiz poderá, a requerimento da parte, antecipar, total ou parcialmente, os efeitos da tutela pretendida no pedido inicial, desde que, existindo prova inequívoca, se convença da verossimilhança da alegação e: I – haja fundado receio de dano irreparável ou de difícil reparação; ou II – fique caracterizado o abuso de direito de defesa ou o manifesto propósito protelatório do réu. § 1º Na decisão que antecipar a tutela, o juiz indicará, de modo claro e preciso, as razões do seu convencimento. § 2º Não se concederá a antecipação da tutela quando houver perigo de irreversibilidade do provimento antecipado. § 3º A efetivação da tutela antecipada observará, no que couber e conforme sua natureza, as normas previstas nos arts. 588, 461, §§ 4º e 5º, e 461-A. § 4º A tutela antecipada poderá ser revogada ou modificada a qualquer tempo, em decisão fundamentada. § 5º Concedida ou não a antecipação da tutela, prosseguirá o processo até final julgamento. § 6º A tutela

Todavia, com a nova sistemática das execuções de títulos judiciais desde o sistema processual civil anterior (do CPC de 1973), como é o caso da sentença arbitral, além dessa possibilidade que decorre da sistemática das tutelas provisórias de urgência (CPC, art. 294 e seguintes), também a impugnação passou a ser meio para buscar a suspensão.

A solução foi mantida no CPC de 2015.

Assim, o executado poderá, na impugnação, deduzir que já propôs ação anulatória com fundamento nos arts. 32 e 33 da Lei de Arbitragem e requerer, em caráter excepcional, a concessão de suspensão da execução em razão da pendência da ação anulatória com fundamento no art. 525, § 6º, do CPC: "§ 6º A apresentação de impugnação não impede a prática dos atos executivos, inclusive os de expropriação, podendo o juiz, a requerimento do executado e desde que garantido o juízo com penhora, caução ou depósito suficientes, atribuir-lhe efeito suspensivo, se seus fundamentos forem relevantes e se o prosseguimento da execução for manifestamente suscetível de causar ao executado grave dano de difícil ou incerta reparação. § 7º A concessão de efeito suspensivo a que se refere o § 6º não impedirá a efetivação dos atos de substituição, de reforço ou de redução da penhora e de avaliação dos bens. § 8º Quando o efeito suspensivo atribuído à impugnação disser respeito apenas a parte do objeto da execução, esta prosseguirá quanto à parte restante. § 9º A concessão de efeito suspensivo à impugnação deduzida por um dos executados não suspenderá a execução contra os que não impugnaram, quando o respectivo fundamento disser respeito exclusivamente ao impugnante. § 10. Ainda que atribuído efeito suspensivo à impugnação, é lícito ao exequente requerer o prosseguimento da execução, oferecendo e prestando, nos próprios autos, caução suficiente e idônea a ser arbitrada pelo juiz".

Costuma-se sustentar, no caso, a suspensão da execução em razão da alegação de propositura de ação anulatória, vez que a reunião de ações seria impossível ante a incompatibilidade procedimental entre a ação de conhecimento, pelo procedimento comum (anulatória) e a execução.

Todavia, os Tribunais admitem a reunião em função dos arts. 55 a 58 do CPC,[59] desde que a ação anulatória seja anterior ao requerimento de execução, isso porque,

---

antecipada também poderá ser concedida quando um ou mais dos pedidos cumulados, ou parcela deles, mostrar-se incontroverso. § 7º Se o autor, a título de antecipação de tutela, requerer providência de natureza cautelar, poderá o juiz, quando presentes os respectivos pressupostos, deferir a medida cautelar em caráter incidental do processo ajuizado" No Código de Processo Civil de 2015, a tutela antecipada é tratada como tutela provisória, de urgência e de evidência (Livro V, arts. 294 e seguintes).

[59] "Art. 55. Reputam-se conexas 2 (duas) ou mais ações quando lhes for comum o pedido ou a causa de pedir. § 1º Os processos de ações conexas serão reunidos para decisão conjunta, salvo se um deles já houver sido sentenciado. § 2º Aplica-se o disposto no *caput*: I – à execução de título extrajudicial e à ação de conhecimento relativa ao mesmo ato jurídico; II – às execuções fundadas no mesmo título executivo. § 3º Serão reunidos para julgamento conjunto os processos que possam gerar risco de prolação de decisões conflitantes ou contraditórias caso decididos separadamente, mesmo sem conexão entre eles. Art. 56. Dá-se a continência entre 2 (duas) ou mais ações quando houver identidade quanto às partes e à causa de pedir, mas o pedido de uma, por ser mais amplo, abrange o das demais. Art. 57. Quando houver continência e a ação continente tiver sido proposta anteriormente, no

proposta a execução, a nulidade da sentença será arguida na impugnação em razão do art. 525, § 1º, III.⁶⁰

Em resumo:
a) Se a ação anulatória foi proposta antes da execução, reúnem-se os processos para julgamento conjunto (remete-se a execução para o juízo da ação anulatória precedente); e
b) Proposta a ação de execução, não há interesse de agir (necessidade⁶¹) para a ação anulatória, vez que a matéria pode ser discutida em sede de impugnação (arts. 525, §§ 1º, III, e 10).⁶²

Já se decidiu que a ação anulatória, nada obstante, pode ser recebida como impugnação:
"Competência. Ação anulatória de sentença arbitral. Decisão que ordenou a remessa dos autos ao juízo em que distribuída execução de título judicial, anteriormente ajuizada. Inteligência do art. 33 da Lei nº 9.307/96. Identidade da ação anulatória com a impugnação do art. 475-L [atual art. 525], ante a congruência das matérias arguíveis. Decisão mantida. Recurso desprovido" (TJSP, Agravo de Instrumento 0011872-32.2011.8.26.0000, Rel. Rui Cascaldi, Poá, 1ª Câmara de Direito Privado, j. 10.05.2011, Registro: 18.05.2011. Outros números: 00118723220118260000).

O aresto acima ratificou a decisão de primeiro grau, que, ao "equiparar a ação anulatória de sentença arbitral à impugnação ao título (...), ordenou a remessa da demanda de conhecimento ao juízo da execução".

Paradigmática, nada obstante, a seguinte decisão do STJ que, adaptada, vez que se trata de execução fiscal, se encaixa à execução e à impugnação à execução da sentença arbitral:

---

processo relativo à ação contida será proferida sentença sem resolução de mérito, caso contrário, as ações serão necessariamente reunidas. Art. 58. A reunião das ações propostas em separado far-se-á no juízo prevento, onde serão decididas simultaneamente". V. STJ, 1ª T., REsp 708.403/RS, rel. Min. Luiz Fux, j. 06.12.2005, DJ 13.02.2006, p. 691.

60 "Art. 525. Transcorrido o prazo previsto no art. 523 sem o pagamento voluntário, inicia-se o prazo de 15 (quinze) dias para que o executado, independentemente de penhora ou nova intimação, apresente, nos próprios autos, sua impugnação. § 1º Na impugnação, o executado poderá alegar: (...) III – inexequibilidade do título ou inexigibilidade da obrigação".

61 Nesse sentido, a excelente monografia de Rodrigo Cunha Lima Freire (op. cit., p. 140), para quem: "É o interesse de agir condicionado à utilidade potencial da tutela jurisdicional, que consiste na aptidão objetiva do provimento jurisdicional requisitado em conferir alguma vantagem ou benefício jurídico efetivo, segundo o sistema jurídico vigente".

62 "Art. 525. Transcorrido o prazo previsto no art. 523 sem o pagamento voluntário, inicia-se o prazo de 15 (quinze) dias para que o executado, independentemente de penhora ou nova intimação, apresente, nos próprios autos, sua impugnação. § 1º Na impugnação, o executado poderá alegar: (...) III – inexequibilidade do título ou inexigibilidade da obrigação; (...) § 10. Ainda que atribuído efeito suspensivo à impugnação, é lícito ao exequente requerer o prosseguimento da execução, oferecendo e prestando, nos próprios autos, caução suficiente e idônea a ser arbitrada pelo juiz."

"Processual civil – Ação anulatória de débito fiscal e execução fiscal – Conexão. Art. 103 do CPC [atual art. 55] – Regra processual que evita a prolação de decisões inconciliáveis. 1. Dispõe a lei processual, como regra geral que é título executivo extrajudicial a certidão de dívida ativa da Fazenda Pública da União, Estado, Distrito Federal, Território e Município, correspondente aos créditos inscritos na forma da lei (...). 2. Acrescenta, por oportuno que a propositura de qualquer ação relativa ao débito constante do título executivo não inibe o credor de promover-lhe a execução (...) [art. 784, § 1º, do CPC]. 3. A finalidade da regra é não impedir a execução calcada em título da dívida líquida e certa pelo simples fato da propositura da ação de cognição, cujo escopo temerário pode ser o de obstar o processo satisfativo desmoralizando a força executória do título executivo. 4. À luz do preceito e na sua exegese teleológica colhe-se que, a recíproca não é verdadeira; vale dizer: proposta a execução torna-se despicienda e, portanto, falece interesse de agir a propositura de ação declaratória porquanto os embargos [hoje impugnação] cumprem os desígnios de eventual ação autônoma. 5. Conciliando-se os preceitos tem-se que, precedendo a ação anulatória, a execução, aquela passa a exercer perante esta inegável influência prejudicial a recomendar o *simultaneus processus*, posto conexas pela prejudicialidade, forma expressiva de conexão a recomendar a reunião das ações, como expediente apto a evitar decisões inconciliáveis. 6. O juízo único é o que guarda a mais significativa competência funcional para verificar a verossimilhança do alegado na ação de conhecimento e permitir prossiga o processo satisfativo ou se suspenda o mesmo. 7. Refoge à razoabilidade permitir que a ação anulatória do débito caminhe isoladamente da execução calcada na obrigação que se quer nulificar, por isso que, exitosa a ação de conhecimento, o seu resultado pode frustrar-se diante de execução já ultimada. 8. *In casu*, a Execução Fiscal foi ajuizada pela Fazenda Nacional em 29 de agosto de 2001. Em 03 de fevereiro de 2004 a Executada (...), opôs exceção de incompetência, alegando, naquela oportunidade, que a ação de execução é continente e conexa à ação ordinária 2003.34.00.043.624-9, esta ajuizada em 16 de dezembro de 2003. 9. Reunião das ações no juízo da execução fiscal, competente para o julgamento de ambos os feitos. 10. Precedentes do E. STJ, muito embora nalguns casos somente se admita a conexão quando opostos embargos na execução e depositada a importância discutida" (REsp 450.443/RS, *DJ* 25.02.2004 e REsp 517.891/PB, *DJ* 29.09.2003, rel. Min. Luiz Fux).

Por fim, o § 2º do art. 33 da Lei de Arbitragem estabelece o efeito da sentença anulatória da decisão arbitral, que é o seguinte: "A sentença que julgar procedente o pedido declarará a nulidade da [ou desconstituirá a[63]] sentença arbitral, nos casos do art. 32, e determinará, se for o caso, que o árbitro ou tribunal profira nova sentença arbitral".

A Lei 13.129/2015 empreendeu essa nova redação ao § 2º, proporcionando maior liberdade ao juiz togado, permitindo ao Poder Judiciário modular os efeitos em qualquer caso, estabelecendo quando será ou não possível restabelecer a arbitragem nas hipóteses de nulidade do art. 32 da Lei de Arbitragem.[64]

---

[63] Não consta do texto original. Incluímos para melhor compreensão daquilo que sustentamos.
[64] Antes da alteração, escrevemos nas edições anteriores, quando a redação do § 2º do art. 33 era a seguinte: "§ 2º A sentença que julgar procedente o pedido: I – decretará a

8.2 Impugnação da execução e seus efeitos

Resta enfrentar a questão da impugnação à sentença arbitral e seus efeitos, mormente tendo em vista a nova sistemática de ataque aos títulos executivos judiciais.

Com efeito, a doutrina se posicionou no sentido de admitir que a impugnação somente pode discutir as matérias do art. 32, se manejada em até noventa dias da data da comunicação da sentença arbitral.

Isso em razão de interpretação sistemática da Lei de Arbitragem e dos §§ 1º e 3º do art. 33: "(...) § 1º A demanda para a declaração de nulidade da sentença arbitral, parcial ou final, seguirá as regras do procedimento comum, (...), e deverá ser proposta no prazo de até 90 (noventa) dias após o recebimento da notificação da respectiva sentença, parcial ou final, ou da decisão do pedido de esclarecimentos. (...) § 3º A decretação da nulidade da sentença arbitral também poderá ser requerida na impugnação ao cumprimento da sentença, nos termos dos arts. 525 e seguintes do Código de Processo Civil, se houver execução judicial".

Assim, em razão da redação dos dois dispositivos, a discussão acerca da abrangência do prazo de noventa dias e sua extensão – ou não – para a hipótese de impugnação.[65]

---

nulidade da sentença arbitral, nos casos do art. 32, I, II, VI, VII e VIII", ou seja, nos casos de: a) nulidade do compromisso; b) sentença proferida por quem não podia ser árbitro; c) sentença proferida por prevaricação, concussão ou corrupção passiva; d) sentença proferida fora do prazo, respeitado o disposto no art. 12, III; e) forem desrespeitados os princípios impositivos do art. 21, § 2º. Nesse caso, a arbitragem, se puder, deverá ser novamente iniciada sem a causa que ensejou a anulação da sentença; "II – determinará que o árbitro ou o tribunal arbitral profira novo laudo, nas demais hipóteses", ou seja: a) se não contiver os requisitos do art. 26 desta Lei; b) se for proferida fora dos limites da convenção de arbitragem; e c) não decidir todo o litígio submetido à arbitragem. Assim, não será reiniciado o procedimento arbitral, bastando que o árbitro profira outra sentença, com exceção da sentença *ultra petita*.

[65] Quanto à possibilidade de a impugnação versar sobre as matérias do art. 32: Ensinam Luiz Guilherme Marinoni e Sérgio Cruz Arenhart (*Execução. Curso de processo civil,* São Paulo, RT, 2007, v. 3, p. 406-407): "A sentença arbitral não é título executivo 'puro'. A defesa do executado, neste caso, não está limitada ao contido no art. 475-L. Ao contrário, a Lei de Arbitragem, no art. 33, § 3º, afirma que o executado poderá se defender contra a execução da sentença arbitral invocando qualquer dos fundamentos arrolados nos incisos do seu art. 32. Ou seja, na impugnação, além das matérias previstas no art. 475-L [atual art. 525], o executado poderá alegar a nulidade da sentença arbitral se: 7 – for nulo o compromisso; II – emanou de quem não podia ser árbitro; III – não conter os requisitos do art. 26, desta Lei; IV – for proferida fora dos limites da convenção de arbitragem; (...); VI – comprovado que foi proferida por prevaricação, concussão ou corrupção passiva; VII – proferida fora do prazo, respeitado o disposto no art. 12, III, desta Lei; VIII – forem desrespeitados os princípios de que trata o art. 21, § 2º, desta Lei' (art. 32 da Lei de Arbitragem)". Araken de Assis (*Manual da execução,* p. 167-168) sustenta, igualmente, que: "(...) os embargos (chamados de 'impugnação') se cingirão aos motivos catalogados no art. 475-L, aos quais se acrescentará, por força do art. 33, § 3º, da Lei 9.307/1996, a nulidade da 'sentença' arbitral, mercê as causas previstas no art. 32 da Lei 9.307/1996 (...) nos embargos [atualmente impugnação], além da nulidade

Nesse sentido, acerca das duas possibilidades, opina Carmona que "a primeira diz respeito à possibilidade de cumulação de motivos de nulidade em sede de embargos [atual impugnação – CPC, art. 525], desde que o embargante [impugnante] oponha a defesa dentro do prazo de 90 (noventa) dias a contar da notificação da sentença arbitral; a segunda hipótese refere-se ao manejo dos embargos [impugnação] após o prazo decadencial de 90 dias previsto na Lei de Arbitragem".[66]

Em consonância com o acatado, sustenta que na primeira hipótese o impugnante pode cumular as razões do art. 525 do CPC, que trata da impugnação, com as causas do art. 32 da Lei 9.307/1996, e na segunda hipótese – escoado o prazo de noventa dias – não, vez que o executado, nesse caso, deve se limitar às causas de ataque do título já que as causas do art. 32 estão irremediavelmente atingidas pela decadência.

Por fim, complementa que "não parece conveniente estimular o estado de incerteza em que cairiam as partes com a possibilidade (...) de somarem-se os motivos de nulidade. Se o objetivo da lei foi – e de fato foi! – o de estabelecer um prazo peremptório para ataque do laudo arbitral, não parece conveniente, para dizer o mínimo, interpretar de modo extensivo e isolado o § 3º do art. 33".

A precatada posição, como se vê, era fundada na redação do revogado art. 741 do CPC de 1973.[67]

Atualmente, em razão da possibilidade de impugnação, as causas de ataque do título são as mesmas, ou seja: "Art. 525. Transcorrido o prazo previsto no art. 523 sem o pagamento voluntário, inicia-se o prazo de 15 (quinze) dias para que o executado, independentemente de penhora ou nova intimação, apresente, nos próprios autos, sua impugnação. § 1º Na impugnação, o executado poderá alegar: I – falta ou nulidade da citação se, na fase de conhecimento, o processo correu à revelia; II – ilegitimidade de parte; III – inexequibilidade do título ou inexigibilidade da obrigação; IV – penhora incorreta ou avaliação errônea; V – excesso de execução ou cumulação indevida de execuções; VI – incompetência absoluta ou relativa do juízo da execução; VII – qualquer causa modificativa ou extintiva da obrigação, como pagamento, novação, compensação, transação ou prescrição, desde que supervenientes à sentença".

Assim, esposamos a opinião de Carmona e apenas ressalvamos que se circunscreve às causas de nulidade relativa da sentença.

---

    da 'sentença' (art. 32 c/c art. 33, § 3º, da Lei 9.307/1996), ao executado se afigura lícito alegar qualquer outra matéria".

[66] Carlos Alberto Carmona. Op. cit., p. 344 e 345.
[67] "Art. 741. Na ação contra a Fazenda Pública, os embargos só poderão versar sobre: I – falta ou nulidade de citação, se a ação lhe correu à revelia; II – inexigibilidade do título; III – ilegitimidade das partes; IV – cumulação indevida de execuções; V – excesso da execução; VI – qualquer causa impeditiva, modificativa ou extintiva da obrigação, como pagamento, novação, compensação, transação ou prescrição, desde que supervenientes à sentença; (...)".

Isso significa que, nos casos de nulidade relativa da sentença arbitral, se a impugnação do art. 525 do Código de Processo Civil for manejada até o prazo de 90 dias do § 1º do art. 33, será possível deduzir as matérias do art. 32 da Lei de Arbitragem que representam nulidade relativa da sentença arbitral cumuladas com as matérias do art. 525 do Código de Processo Civil.

Entretanto, no caso de nulidade relativa da sentença arbitral, se a impugnação for manejada depois do prazo de 90 dias, o direito de desconstituir a sentença terá sido atingido pela decadência e não poderá ser deduzido na impugnação, restando, ao impugnante, apenas, as matérias do art. 525 do Código de Processo Civil. Nesse sentido: STJ. "Processual Civil. Recurso Especial. Ação de cumprimento de sentença arbitral ajuizada após o decurso do prazo decadencial para ajuizamento da ação declaratória de nulidade de sentença arbitral. Impugnação. Alegação de nulidade da sentença arbitral. Possibilidade limitada às matérias do art. 525, § 1º, do CPC/15. (...) 2. O propósito recursal consiste em decidir acerca da aplicação do prazo decadencial de 90 (noventa) dias, previsto no art. 33, § 1º, da Lei 9.307/96, à impugnação ao cumprimento de sentença arbitral. 3. A declaração de nulidade da sentença arbitral pode ser pleiteada, judicialmente, por duas vias: (i) ação declaratória de nulidade de sentença arbitral (art. 33, § 1º, da Lei 9.307/96) ou (ii) impugnação ao cumprimento de sentença arbitral (art. 33, § 3º, da Lei 9.307/96). 4. Se a declaração de invalidade for requerida por meio de ação própria, há também a imposição de prazo decadencial. Esse prazo, nos termos do art. 33, § 1º, da Lei de Arbitragem, é de 90 (noventa) dias. Sua aplicação, reitera-se, é restrita ao direito de obter a declaração de nulidade devido à ocorrência de qualquer dos vícios taxativamente elencados no art. 32 da referida norma. 5. Assim, embora a nulidade possa ser suscitada em sede de impugnação ao cumprimento de sentença arbitral, se a execução for ajuizada após o decurso do prazo decadencial da ação de nulidade, a defesa da parte executada fica limitada às matérias especificadas pelo art. 525, § 1º, do CPC, sendo vedada a invocação de nulidade da sentença com base nas matérias definidas no art. 32 da Lei 9.307/96. 6. Hipótese em que se reputa improcedente a impugnação pela decadência, porque a ação de cumprimento de sentença arbitral foi ajuizada após o decurso do prazo decadencial fixado para o ajuizamento da ação de nulidade de sentença arbitral e foi suscitada apenas matéria elencada no art. 32 da Lei 9.307/96, que não consta no § 1º do art. 525 do CPC/2015. 7. Recurso especial conhecido e não provido" (REsp 1.900.136/SP, rel. Min. Nancy Andrighi, 3ª Turma, j. 06.04.2021, *DJe* 15.04.2021).[68]

---

[68] Em igual sentido: STJ. "Recurso especial. Processual civil. Arbitragem. Ação de cumprimento de sentença arbitral. Impugnação. Alegação de nulidade da sentença arbitral. Incidência do prazo decadencial de noventa dias.(...) 2- O propósito recursal consiste em dizer se: a) as hipóteses de nulidade da sentença arbitral previstas no art. 32 da Lei de Arbitragem, quando arguidas em impugnação ao cumprimento de sentença, devem respeitar o prazo decadencial de 90 (noventa) dias, previsto no § 1º, do art. 33, da referida lei; e b) se a pactuação posterior de compromisso arbitral torna válida a sentença arbitral que homologou acordo celebrado entre as partes.3- As vias predispostas para impugnar sentenças arbitrais são, sobretudo, duas, a saber: a) a impugnação ao cumprimento de sentença (art. 33, § 3º, da Lei 9.307/96); e b) a ação de nulidade (art. 33, § 1º, da Lei 9.307/96). 4- Se a declaração de

Posta dessa maneira a questão, se for o caso de deduzir nulidade absoluta da sentença arbitral, a alegação, que pode ser feita a qualquer tempo, por evidente pode ser deduzida na impugnação da execução da sentença absolutamente nula.

Isso porque, nas demais causas de nulidade absoluta, como temos insistido, o título é inexigível, a sentença não produz efeitos e a pretensão declaratória poderá ser manejada a qualquer tempo, inclusive em sede de impugnação.

Em suma, o que se busca, no caso de nulidade absoluta, é a declaração da nulidade, imprescritível como todas as ações declaratórias, e não a desconstituição da sentença (no caso de nulidade relativa), podendo, também, ser alegada, em sede de impugnação, como alegação de causa impeditiva.

9. SENTENÇA ARBITRAL QUE NÃO DECIDE TODO O LITÍGIO

Na redação original, o art. 32 da Lei de Arbitragem considerava nula a sentença arbitral nas hipóteses em que não decidisse "todo o litígio submetido à arbitragem", o que fazia no revogado inciso V do mencionado dispositivo.

Evidentemente que, se a sentença decide menos do que foi pedido, considera-se *citra petita*.

O fato, infelizmente, não é raro e ocorre, por exemplo, quando são formulados pedidos sucessivos e o árbitro deixa de analisar um deles e não corrige a omissão com o pedido de esclarecimentos.[69]

A Lei 13.129/2015 revogou o inciso V do art. 32 da Lei de Arbitragem e incluiu o § 4º no art. 33 nos seguintes termos: "§ 4º A parte interessada poderá ingressar em juízo para requerer a prolação de sentença arbitral complementar, se o árbitro não decidir todos os pedidos submetidos à arbitragem".

---

nulidade com fundamento nas hipóteses taxativas previstas no art. 32 da Lei de Arbitragem for pleiteada por meio de ação própria, impõe-se o respeito ao prazo decadencial de 90 (noventa) dias, contado do recebimento da notificação da respectiva sentença, parcial ou final, ou da decisão do pedido de esclarecimentos. 5- A escolha entre a ação de nulidade e a impugnação ao cumprimento de sentença em nada interfere na cristalização ou não da decadência, de modo que, escoado o prazo de 90 (noventa) dias para o ajuizamento da ação de nulidade, não poderá a parte suscitar as hipóteses de nulidade previstas no art. 32 da Lei de Arbitragem pela via da impugnação, pois o poder formativo já haverá sido fulminado pela decadência, instituto que pertence ao Direito Material. 6- Na hipótese, o executado tomou ciência da respectiva sentença arbitral em 7/2/2015 e a impugnação ao cumprimento de sentença foi proposta apenas em 4/5/2017, após, portanto, o transcurso do prazo decadencial de 90 (noventa) dias fixado para o ajuizamento da ação de nulidade de sentença arbitral, encontrando-se fulminado pela decadência o direito de pleitear a nulidade. 7- Recurso especial provido" (REsp 1.928.951/TO, rel. Min. Nancy Andrighi, 3ª Turma, j. 15.02.2022, DJe 18.20.2022).

[69] Por analogia, no processo civil, a seguinte decisão do Superior Tribunal de Justiça, determinando a nulidade absoluta:

"Processual – Pedidos sucessivos – Omissão no julgamento de um deles – Decisão *citra petita* – Processo incompleto. O pedido sucessivo deve ser obrigatoriamente apreciado, em sendo indeferida a súplica preferencial (arts. 458 e 459 do CPC/73 [atuais arts. 489 e 490 do CPC de 2015]). Do contrário, o julgamento não estará completo. Incompleto o julgamento, o acórdão é nulo" (STJ, REsp 259.058/RJ, 1ª T., rel. Min. Humberto Gomes de Barros, j. 28.11.2000, DJ 16.04.2001, p. 105).

Surge, em razão da alteração, a previsão de uma nova demanda no caso de o árbitro não prolatar sentença complementar, tendo prolatado sentença parcial, ou se não houver decidido todo o conflito.

Será o caso de ação de obrigação de fazer em que o Poder Judiciário poderá impor multa diária (*astreintes*) para compelir o árbitro a prolatar a sentença.

A legitimidade passiva será do árbitro e o procedimento a ser seguido será o comum, do art. 318 e seguintes do Código de Processo Civil, com possibilidade de tutela provisória de urgência para imposição de multa diária (CPC, art. 297 c/c art. 537).

O valor da causa será estimado pelo autor tendo em vista que o objeto não é equivalente ao objeto da discussão entre as partes, mas consiste na obrigação de o árbitro enfrentar toda a matéria, o que não encontra valor pecuniário direto.

Em suma, essa alteração se complementa pela supressão do inciso V do art. 32, que considerava nula a sentença arbitral que não resolvesse todo o litígio.

Assim, admitida a possibilidade de prolação de sentença parcial ou *citra petita*, o caso não será mais de nulidade, mas de possibilidade de compelir o árbitro, judicialmente, por ação própria, a complementar a sentença parcial.

Quadro sinótico

**1. Características da sentença arbitral e seu cumprimento
(arts. 18 e 31 da LA; art. 515, VII e seguintes, do CPC)**

As sentenças arbitrais podem ser *terminativas* (que não analisam o mérito, por exemplo, LA, art. 12, I e II) ou *definitivas* (que reconhecem o direito de uma das partes).

Quanto à natureza do bem jurídico tutelado, *condenatórias, constitutivas* ou *declaratórias* (a par de outras classificações ampliativas).

Quanto à abrangência, podem ser *parciais*, na medida em que abarcam parte da pretensão, prosseguindo o procedimento, e *totais*, se enfrentarem a integralidade da pretensão deduzida (art. 23, § 1º, da LA).

Efeito da sentença arbitral (LA, arts. 18 e 31): idêntico ao efeito das sentenças judiciais e, nos termos do art. 515 do CPC, qualquer que seja a natureza, ainda que possam ser declaratórias, desde que reconheçam direito à prestação já exercitável, de obrigações de fazer, não fazer, entregar coisa ou pagar quantia, são passíveis de cumprimento no Poder Judiciário. As sentenças arbitrais estão enquadradas no conceito do art. 221, IV, da Lei 6.015/1973 de tal sorte que independentemente da participação do Poder Judiciário podem ensejar carta de sentença para ingresso no Registro público.

Cumprimento espontâneo:

a) Normalmente o mundo corporativo não admite – do ponto de vista moral – o descumprimento de sentença arbitral.

b) Os elementos extrajurídicos de pressão para o cumprimento de decisões arbitrais são: prejuízo à imagem; pequeno número de decisões judiciais que infirmam a decisão arbitral; e, sanções corporativas, a exemplo da impossibilidade de atuação no mercado.

Cumprimento forçado de sentença que reconhece a obrigação de pagar quantia certa (arts. 523 e 515, VII, do CPC): ultrapassado o prazo de 15 dias, contado da comunicação da sentença para cumprimento espontâneo, será iniciada a fase de cumprimento junto ao Poder Judiciário.

1. Características da sentença arbitral e seu cumprimento
(arts. 18 e 31 da LA; art. 515, VII e seguintes, do CPC)

Sendo *sentença que reconheça a exigibilidade da obrigação de pagar quantia certa,* a execução terá início mediante provocação do interessado através de petição com os documentos que comprovem a regularidade do procedimento arbitral e com a sentença, além do requerimento de citação, agora judicial do executado perante o juiz togado que seria competente para julgar a matéria para cumprimento da obrigação de pagar quantia certa no prazo de 15 dias (art. 515, VII e § 1º, do CPC). Em que pese o prazo para cumprimento da sentença arbitral, a execução, a esta altura, já incluirá a multa de 10% e os honorários de 10%, vez que a sentença arbitral, que conta com os mesmos efeitos que a sentença judicial, não foi cumprida no prazo de 15 dias da comunicação levada a efeito pelo árbitro nos termos do art. 29 da LA. A impugnação poderá ser protocolada no prazo de 15 dias sucessivos ao prazo para cumprimento, contado da citação (procedimento dos arts. 523 e 525 do CPC). Tratando-se de sentença prolatada contra a *Fazenda Pública,* a execução seguirá o procedimento dos arts. 534 e 535 do CPC.

No caso de *sentença que reconheça obrigação de entrega de coisa certa ou obrigação de fazer e não fazer,* a sentença arbitral já comunicada ao vencido e não cumprida no prazo determinado pelo árbitro será levada a efeito pelo procedimento dos arts. 513, 536 e 537 do CPC, devendo o vencedor, da mesma forma, instruir sua petição com cópia integral do processo arbitral. Se o prazo para cumprimento espontâneo foi estabelecido na sentença arbitral, o vencido, a essa altura da fase judicial de cumprimento de sentença, não a cumpriu conforme lhe competia.

Na fase judicial, na hipótese de sentença que tenha reconhecido a obrigação de entregar coisa já comunicada ao executado com prazo para cumprimento voluntário pelo árbitro, o juiz deverá, de plano, determinar a busca e apreensão do bem ou a imissão na posse no caso de bens móveis ou imóveis, respectivamente, sem descartar a possibilidade de multa diária, se for mais eficaz no caso concreto. Nas sentenças que tenham reconhecido obrigação de fazer ou não fazer, o juiz, ao despachar o pedido de cumprimento, determinará, a pedido do exequente ou de ofício, as demais medidas de apoio, como também a multa diária, e, dependendo da obrigação, remoção de pessoas ou coisas, desfazimento de obras, impedimento de atividades, entre outras, com força policial, se necessário for. Ressalte-se que as medidas de apoio são subsidiárias, de tal sorte que, sempre que possível, o juiz deve determinar o cumprimento pelo resultado prático equivalente.

Não cabe *liquidação de sentença* no Poder Judiciário tendo em vista que o procedimento de liquidação implica a necessidade de provimentos que atingem o mérito. A sentença arbitral deve ser líquida.

2. Prazo para emissão da sentença (arts. 11, III, e 23 da LA)

Prazo: estipulado pelas partes na convenção de arbitragem;

Ausência de prazo convencional: o prazo será de 6 meses;

Inobservância do prazo: extinção do compromisso firmado (arts. 11, III, e 12, III, da LA) e, se for proferida, nulidade da sentença (arts. 32, VII, e 33 da LA);

Requisito para se pleitear a nulidade: ultrapassado o prazo, notificação do árbitro para que profira a sentença no prazo de 10 dias e, não proferida a sentença no prazo, aquele que notificou – e só ele – poderá pleitear a nulidade da sentença proferida depois do prazo em razão da extinção do compromisso arbitral (art. 12, III, da LA). Não sendo proposta a ação anulatória no prazo de até 90 dias do art. 33, § 1º, da LA, a sentença, mesmo extemporânea, convalesce.

3. *Quorum* para a sentença no caso de tribunal arbitral (art. 24 da LA)

Diversos árbitros: decisão pela maioria;

Possibilidade de voto de minerva do presidente do tribunal arbitral: ainda que o tribunal seja formado por árbitros em número ímpar (art. 13, §§ 1º e 2º, da LA), é possível que não haja consenso sobre, por exemplo, o *quantum debeatur*, divergindo, cada árbitro, sobre o valor. Neste caso, prevalecerá o voto do presidente.

4. Requisitos da sentença (arts. 26 e 32, III, da LA)

Relatório: que estabelece os limites da arbitragem, principalmente em razão da nulidade da sentença nos termos do art. 32, IV e V, da LA, que trata da decisão fora dos limites da convenção arbitral;

Fundamentação;

Dispositivo: com os limites do que foi julgado que, se for além do pedido, vicia a sentença a par da ausência de regulamentação (que se limita à nulidade decorrente dos limites da convenção e não do pedido – art. 32, IV e V, da LA);

Data e lugar em que foi proferida: para caracterização de sentença nacional ou estrangeira (esta demanda homologação pelo STJ – art. 34 da LA).

5. Acordo e sentença homologatória no curso da arbitragem (art. 28 da LA)

Constitui título executivo judicial se for homologada pelo árbitro ou pelo tribunal arbitral (art. 515, VII, do CPC)

6. Comunicação e pedido de esclarecimentos – "embargos de declaração" – da sentença (art. 29 da LA)

Comunicação: compete ao árbitro ou presidente do tribunal arbitral, com os seguintes efeitos a partir do recebimento pela parte (ou pelo advogado se a convenção permitir):

    a) Começa fluir o prazo de 90 dias para o pedido de anulação da sentença (art. 32 da LA);

    b) Começa a fluir o prazo de 5 dias (ou outro acordado entre as partes) para o pedido de esclarecimentos ("embargos de declaração" – art. 30 da LA), em razão de: b.1) erro material; b.2) dúvida fundada; b.3) omissão; b.4) Contradição; b.5) obscuridade.

Possibilidade de efeitos infringentes aos embargos: excepcionalmente se do esclarecimento resultar, por exemplo, em reconhecimento de prescrição não apreciada.

Prazo para decisão dos embargos: 10 dias ou outro convencionado pelas partes.

Novo prazo para ação anulatória (art. 33, § 1º, da LA): o prazo da ação anulatória, quando cabível, de 90 dias, começa a correr da data da comunicação da decisão do pedido de esclarecimentos.

7. Nulidade da sentença arbitral

Mister se faz, antes da análise das causas de nulidade, separar as causas de nulidade relativa e absoluta dos negócios jurídicos, mormente que, tendo em vista a natureza material e obrigacional da arbitragem, a sentença a elas se submete

	Nulidade Absoluta arts. 104 ⇨ 166/167 ⇨ 182 do CC	Nulidade Relativa Arts. 171 ⇨ 182 do CC
Conteúdo	Infração às normas de ordem pública.	Afronta aos interesses individuais.
Efeito	O ato produzido é nulo (*quod nullum est nullum producit effectum*).	O ato é anulável.
Sentença para atacar a nulidade	Meramente declaratória e, como tal, não está sujeita à prescrição ou à decadência e produz efeitos *ex tunc*.	A sentença é desconstitutiva e produz efeitos *ex nunc*.
Quem pode alegar	Qualquer interessado, Ministério Público (quando couber sua intervenção – art. 178 do CPC) ou mesmo o juiz *ex officio* (art. 168 do CC).	Só cabe ao interessado alegar nulidade relativa.
Ratificação	O ato nulo não pode ser ratificado (art. 169 do CC), v.g., o ato praticado por menor impúbere.	Expressa (respeitada a forma) ou tácita, v.g.: recebimento de alugueres depois de cessada a incapacidade relativa (arts. 172 a 176 do CC).
Prescrição da ação para reconhecimento da nulidade	Não prescreve ou decai (art. 169 do CC)	Decai (arts. 178 e 179 do CC) em quatro anos nos casos de erro, dolo, coação, estado de perigo, lesão e fraude contra credores e de dois anos nos demais casos, salvo lei que disponha diversamente, como é o caso do prazo de noventa dias do art. 33 da LA.
É nula (nulidade absoluta ou relativa, dependendo da causa) a sentença arbitral se: (art. 32 da LA)	*I – For nula a convenção de arbitragem (nulidade absoluta ou nulidade relativa):* a) *Nulidade absoluta* (arts. 104, 166 e 167 do CC – a ação não precisa ser proposta no prazo de 90 dias do § 1º do art. 33, da LA e as causas não precisam ser alegadas na primeira oportunidade, nos termos do art. 20 da LA, por encerrarem matérias de ordem pública): por exemplo: a.1) ausência dos requisitos do art. 10 da LA no compromisso (art. 166, IV, do CC, o que não se aplica à cláusula arbitral que na hipótese será vazia e demandará a execução específica do art. 7º); a.2) a sentença versa sobre direitos indisponíveis, como os relativos ao estado das pessoas naturais (art. 1º da LA, e art. 166, VII do CC). A nulidade absoluta da convenção de arbitragem não permite ratificação (art. 169 do CC); b) *Nulidade relativa* (art. 171 do CC): por exemplo, se o compromisso ou a cláusula compromissória tiverem sido assinados por pessoa relativamente incapaz (art. 171, I do CC). A nulidade relativa da convenção de arbitragem permite ratificação expressa ou tácita, esta, inclusive, pela não alegação na primeira oportunidade se já havia cessado a pressão (no caso de coação) ou a parte já conhecia a mácula, como, por exemplo um vício do consentimento (171, II do CC) (caso não a conheça, não há necessidade de respeito ao prazo de 90 dias da LA, art. 33, § 1º, e pode ser alegada até o prazo dos arts. 178/179 do CC, não se aplicando o art. 20 da LA), cuja investigação deve ser feita quando da alegação da causa de anulabilidade da convenção (art. 172 do CC).,

7. Nulidade da sentença arbitral

É nula (nulidade absoluta ou relativa, dependendo da causa) a sentença arbitral se: (art. 32 da LA)

II – Emanou de quem não podia ser árbitro:
a) *Incompetência absoluta do árbitro* (*nulidade absoluta:* não requer ação no prazo de 90 dias da sentença – art. 33, § 1º, da LA – e não precisa ser alegada na primeira oportunidade, art. 20 da LA), se: *a.1) o árbitro era absolutamente incapaz no momento da sentença* (CC, arts. 104 e 166, I); *a.2) a matéria que lhe foi submetida versa sobre direitos indisponíveis* (vedação do art. 1º da LA; art. 166, VI e VII, do CC).
b) *Incompetência relativa do árbitro* (*nulidade relativa:* requer ação no prazo de 90 dias da sentença – art. 33, § 1º, da LA – e precisa ser alegada na primeira oportunidade, art. 20 da LA): *b.1) proferida por pessoa impedida ou suspeita*, desde que o motivo já seja conhecido (art. 15 da LA); *b.2) proferida por pessoa que não tenha os requisitos determinados na convenção*;
c) *Incapacidade relativa do árbitro* (art. 171, I, do CC) no momento da sentença (*nulidade relativa:* requer ação no prazo de 90 dias da sentença – art. 33, § 1º, da LA);
III – Não contiver os requisitos do art. 26 da LA (*nulidade absoluta*: não requer ação no prazo de 90 dias da sentença – art. 33, § 1º, da LA): ausência da forma do ato praticado (arts. 104, III, e 166, IV, do CC), devendo a causa ser entendida genericamente pela ausência dos requisitos e pela impossibilidade de compreensão do conteúdo;
IV – For proferida fora dos limites da convenção de arbitragem (*nulidade relativa*: requer ação no prazo de 90 dias da sentença – art. 33, § 1º, da LA): a sentença extrapolou os limites da matéria impostos pela convenção de arbitragem. Por outro lado, se o árbitro julga em desacordo com o pedido (não com a matéria), a sentença *extra petita* será anulada e a *ultra petita* sofrerá simples adequação para ajustá-la ao pedido. Não versa sobre direito indisponível, vez que se esse for o caso a nulidade será absoluta (acima, I, "a.2" e II, "a.2"). Há quem entenda que se existe precedente vinculante no Poder Judiciário, o árbitro somente pode afastá-lo se for autorizado pelas partes a julgar por equidade sob pena de nulidade da sentença que estaria fora dos limites da convenção de arbitragem. Todavia, se o precedente não decorrer da aplicação de norma de ordem pública, o árbitro não está adstrito à aplicação de recurso repetitivo ou súmula vinculante, notadamente por se tratar de direitos patrimoniais e disponíveis;
V – (inciso revogado pela Lei 13.129/2015)
VI – Comprovado que foi proferida por prevaricação, concussão ou corrupção passiva (arts. 316, 317 e 319 do CP) (*nulidade absoluta*: não requer ação no prazo de 90 dias da sentença – art. 33, § 1º, da LA; art. 166, II, do CC): qualquer ilícito penal cometido pelo árbitro na sentença torna, pelas mesmas razões, nula a sentença proferida;
VII – Sentença proferida fora do prazo (*nulidade relativa*: requer ação no prazo de 90 dias da sentença – art. 33, § 1º, da LA): ultrapassado o prazo (convencionado ou de 6 meses na ausência de pacto), o árbitro é notificado para proferir a sentença em 10 dias. Ultrapassado o prazo da notificação sem prolação da sentença, a parte que notificou – e só ela – requer judicialmente a nulidade da sentença eventualmente proferida fora do prazo em razão da extinção do compromisso arbitral (art. 12, III, da LA);
VIII – Forem desrespeitados os princípios impositivos do art. 21, § 2º, da LA (*nulidade absoluta*: não requer ação no prazo de 90 dias da sentença – art. 33, § 1º, LA): os princípios impositivos (art. 21, § 2º, da LA,) são: contraditório, igualdade das partes, imparcialidade do árbitro (aqui se confunde com o inciso II, do art. 32 da LA, mas se aplica se a parte desconhecia a causa) e livre convencimento.

8. Ação anulatória

Não admite renúncia prévia: mesmo posterior, não será admitida a renúncia se for o caso de nulidade absoluta (art. 169 do CC).

Pedido (Agnelo Amorim Filho, *RT* 744/726):

a) declaratório, como menciona o "caput" do art. 33 da LA, se for caso de nulidade absoluta da sentença arbitral e, nessa hipótese, a ação é imprescritível (não há prazo, definitivamente, para postular reconhecimento – declaração – de nulidade absoluta); e

b) desconstitutivo (e não declaratório, como menciona o "caput" do art. 33 da LA) se for caso de nulidade relativa, aplicando-se o prazo decadencial de 90 dias para exercício do direito de requerer a desconstituição da sentença contido no § 1º do art. 33 da LA.

Procedimento: comum – art. 318 e seguintes do CPC.

Valor da causa: arts. 291 e 292 do CPC. Normalmente o valor contido na sentença.

Possível transação, inclusive sobre o mérito, no curso da ação anulatória: neste caso, com a homologação do acordo, ainda que verse sobre o mérito, será formado título executivo judicial (art. 515, VII, do CPC).

Ação anulatória e execução da sentença simultaneamente:

a) Se a ação anulatória foi proposta antes da execução, reúnem-se os processos para julgamento conjunto.

b) Proposta a ação de execução, não há interesse de agir (necessidade) para a ação anulatória, vez que a matéria pode ser discutida em sede de impugnação (art. 525 do CPC e art. 33, § 3º, da LA).

Prazo para arguir nulidade na impugnação da execução da sentença arbitral (art. 33, §§ 1º e 3º, da LA): 90 dias, ainda que o art. 33, § 3º, da LA, tenha sido omisso (interpretação sistemática com o § 1º, que prevê o prazo para a ação direta de nulidade, desde que a pretensão seja desconstitutiva). O prazo de 90 dias do art. 33, § 1º, da LA não se aplica às causas de nulidade absoluta, cuja pretensão declaratória é imprescritível e pode ser deduzida na impugnação, ainda que após o prazo de 90 dias. Observe-se que a LA menciona a possibilidade de arguir a nulidade em impugnação do art. 525 do CPC.

9. Sentença arbitral que não decide todo o litígio

Nos termos do art. 33, § 4º, da LA: "§ 4º A parte interessada poderá ingressar em juízo para requerer a prolação de sentença arbitral complementar, se o árbitro não decidir todos os pedidos submetidos à arbitragem".

Nesse caso, caberá ação de obrigação de fazer pelo procedimento comum, com pedido de tutela provisória de urgência, se for o caso, para imposição de multa diária (*astreintes*) para compelir o árbitro a prolatar a sentença arbitral (CPC, arts. 297 e 318 e seguintes c/c art. 537).

Capítulo 6

SENTENÇA ARBITRAL ESTRANGEIRA

1. A SENTENÇA ARBITRAL E A NECESSIDADE DE HOMOLOGAÇÃO PELO SUPERIOR TRIBUNAL DE JUSTIÇA

"Considera-se sentença arbitral estrangeira a que tenha sido proferida fora do território nacional" (art. 34, parágrafo único, da Lei de Arbitragem).

Assim, a lei brasileira adotou o local onde é proferida a sentença como critério para identificar a nacionalidade da sentença.

O preceito encontra ressonância nos requisitos do compromisso e da cláusula arbitral cheia, na exata medida em que o art. 10, IV, da Lei de Arbitragem, exige, sob pena de nulidade (art. 32, I), que a sentença decline o local em que será proferida a sentença.[1]

> Sendo estrangeira, posto que se trate de sentença proferida no exterior, para ser executada no território nacional deverá, antes, ser homologada pelo Superior Tribunal de Justiça, nos termos do art. 105, I, *i*, da CF, com a redação dada pela Emenda Constitucional 45/2004: "Art. 105. Compete ao Superior Tribunal de Justiça: I – processar e julgar, originariamente: (...) i) a homologação de sentenças estrangeiras e a concessão de *exequatur* às cartas rogatórias; (...)".

Antes da Emenda Constitucional 45/2004, a competência para homologação da sentença arbitral estrangeira era do Supremo Tribunal Federal.

Com a Lei 13.129/2015, corrigiu-se a redação do art. 35 da Lei de Arbitragem, para adequá-la à novel redação constitucional.[2]

Seja como for, entre nós vigora a possibilidade de homologação pelo STJ sem a necessidade de prévia homologação no país de origem (o sistema da *double exequatur*, que não foi adotado entre nós, exige a prévia homologação no Estado de origem).[3]

---

[1] "Art. 10. Constará, obrigatoriamente, do compromisso arbitral: (...) IV – o lugar em que será proferida a sentença arbitral".
"Art. 32. É nula a sentença arbitral se: I – for nula a convenção de arbitragem; (...)".

[2] "Art. 35. Para ser reconhecida ou executada no Brasil a sentença arbitral estrangeira está sujeita, unicamente, à homologação do Superior Tribunal de Justiça".

[3] Antes da Lei 9.307/1996, exigia-se a dupla homologação, mais um elemento de dificuldade para a validade dessas sentenças no território nacional, distorção que foi corrigida pela Lei

Em resumo, inicialmente a sentença estrangeira é "nacionalizada" pelo STJ e, depois, se não for cumprida, poderá ser executada no território nacional como qualquer sentença arbitral proferida no Brasil.

Nessa medida, a primeira conjunção constante do *caput* do art. 34 da Lei de Arbitragem deve ser entendida como aditiva (*e*) e não alternativa (*ou*):[4] "A sentença arbitral estrangeira será reconhecida ou [e] executada no Brasil de conformidade com os tratados internacionais com eficácia no ordenamento interno e, na sua ausência, estritamente de acordo com os termos desta Lei".

Alguns chegaram a sustentar, com fundamento nesse dispositivo e na Convenção de Nova Iorque sobre a arbitragem,[5] que não haveria mais a necessidade de homologação de sentença arbitral estrangeira.

Isto porque, a partir do RE 80.004-SE (rel. Min. Cunha Peixoto, j. 01.06.1977), o Supremo Tribunal Federal adotou o sistema paritário, de tal sorte que os tratados e convenções internacionais são admitidos como leis ordinárias e eventuais conflitos entre os tratados e as leis ordinárias existentes devem ser dirimidos pelos critérios cronológico e da especialidade (*lex posterior generalis non derogat legi priori speciali*).

Segundo os que assim pensam, a referida Convenção, que vigora no Brasil e se equipara à lei ordinária,[6] não exige homologação.

Vejamos o que a Convenção de Nova Iorque estabelece no art. III, como fundamento para tal ilação: "Cada Estado signatário reconhecerá as sentenças como obrigatórias e as executará em conformidade com as regras de procedimento do território no qual a sentença é invocada, de acordo com as condições estabelecidas nos artigos que se seguem. Para fins de reconhecimento ou de execução das sentenças arbitrais às quais a presente Convenção se aplica, não serão impostas condições substancialmente mais onerosas ou taxas ou cobranças mais altas do que as impostas para o reconhecimento ou a execução de sentenças arbitrais domésticas".

Assim, a homologação, que não é exigida para as sentenças nacionais, seria, em tese, uma exigência descabida.

Todavia, a homologação de sentenças arbitrais estrangeiras pelo STJ não decorre do art. 35 da Lei de Arbitragem ou dos arts. 960 e 961 do CPC,[7] mas de dispositivo

---

de Arbitragem, vez que existiam países que não contavam, nos seus sistemas jurídicos, com a possibilidade de homologação da sentença arbitral – como Portugal e Espanha –, o que inviabilizava por completo a *nacionalização* das decisões lá proferidas.

[4] Carlos Alberto Carmona. Op. cit., p. 349.

[5] Em 23.07.2002, por meio do Dec. 4.311, houve a ratificação, pelo Brasil, com a incorporação no ordenamento jurídico pátrio, a Convenção sobre o Reconhecimento e Execução de Sentenças Arbitrais Estrangeiras, celebrada em 1958, na cidade de Nova Iorque, Estados Unidos da América.

[6] Nadia de Araújo. *Direito internacional privado*, Rio de Janeiro, Renovar, 2003, p. 149 e 150.

[7] "Art. 960. A homologação de decisão estrangeira será requerida por ação de homologação de decisão estrangeira, salvo disposição especial em sentido contrário prevista em tratado. § 1º A decisão interlocutória estrangeira poderá ser executada no Brasil por meio de carta rogatória. § 2º A homologação obedecerá ao que dispuserem os tratados em vigor no Brasil e o Regimento Interno do Superior Tribunal de Justiça. § 3º A homologação de decisão arbitral estrangeira obedecerá ao disposto em tratado e em lei, aplicando-se, subsidiariamente, as

constitucional (art. 105, I, *i*), hierarquicamente superior aos tratados, equiparados que são às leis ordinárias.⁸

Portanto, a homologação é necessária.

Nesse sentido, defende Carlos Alberto Carmona que "o legislador, prudentemente, ao redigir o art. 35 [da Lei de Arbitragem], não quis estabelecer confronto com o Supremo Tribunal Federal [atualmente com o Superior Tribunal de Justiça⁹] e adotou a tese de que cabe à ordem jurídica pátria estabelecer o que seja sentença estrangeira para efeito de homologação no fórum: por isso mesmo determinou que,

---

disposições deste Capítulo. Art. 961. A decisão estrangeira somente terá eficácia no Brasil após a homologação de sentença estrangeira ou a concessão do *exequatur* às cartas rogatórias, salvo disposição em sentido contrário de lei ou tratado. § 1º É passível de homologação a decisão judicial definitiva, bem como a decisão não judicial que, pela lei brasileira, teria natureza jurisdicional. § 2º A decisão estrangeira poderá ser homologada parcialmente. § 3º A autoridade judiciária brasileira poderá deferir pedidos de urgência e realizar atos de execução provisória no processo de homologação de decisão estrangeira. § 4º Haverá homologação de decisão estrangeira para fins de execução fiscal quando prevista em tratado ou em promessa de reciprocidade apresentada à autoridade brasileira. § 5º A sentença estrangeira de divórcio consensual produz efeitos no Brasil, independentemente de homologação pelo Superior Tribunal de Justiça. § 6º Na hipótese do § 5º, competirá a qualquer juiz examinar a validade da decisão, em caráter principal ou incidental, quando essa questão for suscitada em processo de sua competência. Art. 962. É passível de execução a decisão estrangeira concessiva de medida de urgência. § 1º A execução no Brasil de decisão interlocutória estrangeira concessiva de medida de urgência dar-se-á por carta rogatória. § 2º A medida de urgência concedida sem audiência do réu poderá ser executada, desde que garantido o contraditório em momento posterior. § 3º O juízo sobre a urgência da medida compete exclusivamente à autoridade jurisdicional prolatora da decisão estrangeira. § 4º Quando dispensada a homologação para que a sentença estrangeira produza efeitos no Brasil, a decisão concessiva de medida de urgência dependerá, para produzir efeitos, de ter sua validade expressamente reconhecida pelo juiz competente para dar-lhe cumprimento, dispensada a homologação pelo Superior Tribunal de Justiça. Art. 963. Constituem requisitos indispensáveis à homologação da decisão: I – ser proferida por autoridade competente; II – ser precedida de citação regular, ainda que verificada a revelia; III – ser eficaz no país em que foi proferida; IV – não ofender a coisa julgada brasileira; V – estar acompanhada de tradução oficial, salvo disposição que a dispense prevista em tratado; VI – não conter manifesta ofensa à ordem pública. Parágrafo único. Para a concessão do *exequatur* às cartas rogatórias, observar-se-ão os pressupostos previstos no *caput* deste artigo e no art. 962, § 2º. Art. 964. Não será homologada a decisão estrangeira na hipótese de competência exclusiva da autoridade judiciária brasileira. Parágrafo único. O dispositivo também se aplica à concessão do *exequatur* à carta rogatória. Art. 965. O cumprimento de decisão estrangeira far-se-á perante o juízo federal competente, a requerimento da parte, conforme as normas estabelecidas para o cumprimento de decisão nacional. Parágrafo único. O pedido de execução deverá ser instruído com cópia autenticada da decisão homologatória ou do *exequatur*, conforme o caso."

⁸ Ainda que, após a Emenda Constitucional 45/2004, os tratados sobre direitos humanos possam ter força de Emenda Constitucional, essa disposição não atinge os tratados e convenções sobre arbitragem.

⁹ Bem assim, embora o Projeto de Lei do Senado (PLS) 406/2013, que resultou na Lei 13.129/2015, tenha corrigido a redação dos arts. 34 e 39 da Lei de Arbitragem, para adequar a competência atual do Superior Tribunal de Justiça, perdeu a oportunidade para corrigir a conjunção alternativa "ou" equivocada conforme remansoso reconhecimento doutrinário, estabelecida no atual art. 34.

à semelhança do direito nacional, os laudos proferidos no exterior terão a mesma eficácia das sentenças estatais, merecendo exame direto na Suprema Corte para efeito de reconhecimento de sua eficácia no território nacional, independentemente da qualificação que lhes seja dada pela lei do Estado em que foram proferidas as decisões".[10]

Pedro A. Batista Martins sustenta que "decisão arbitral é sentença de conteúdo prático idêntico à decisão judicial e que produz os mesmos efeitos que esta; logo, é sentença estrangeira, cujas espécies são decisões judiciais arbitrais e administrativas (restringida esta última àquela categoria admitida como homologável pelo STF [agora, pelo STJ])".[11]

Se assim o é, submete-se ao mesmo regime das demais sentenças estrangeiras, ou seja, ao art. 105, I, *i*, da CF, segundo a qual compete ao Superior Tribunal de Justiça a homologação de sentenças estrangeiras.

2. PROCEDIMENTO DE HOMOLOGAÇÃO

A homologação no Superior Tribunal de Justiça segue o art. 37[12] da Lei de Arbitragem. O procedimento de homologação está disciplinado nos arts. 216-A a 216-X do Regimento Interno do STJ (RISTJ), incorporados pela Emenda Regimental 18. A ação de homologação, que requer pagamento de custas, é protocolada mediante petição eletrônica endereçada ao presidente do STJ. Os requisitos para a homologação de decisão estrangeira, inclusive da sentença arbitral, estão previstos nos arts. 963 do CPC e 216-A a 216-N do Regimento Interno do STJ.

Subsidiariamente serão aplicadas as regras dos arts. 960 a 965 do Código de Processo Civil, admitindo-se, nos termos do art. 961 do CPC, a homologação, para execução no Brasil, de medidas de urgência deferidas no curso do processamento da ação arbitral no exterior.

Em resumo o procedimento se desenvolve com as seguintes características:

a) o interessado elabora petição com os requisitos do art. 319 do CPC, requerendo ao Presidente do Superior Tribunal de Justiça a homologação da sentença arbitral ou da decisão sobre tutela de urgência (art. 37 da Lei de Arbitragem e art. 962 do CPC), inclusive requerendo tutela provisória de urgência, de natureza cautelar ou antecipada no momento do pedido de homologação, se for o caso (216-G do Regimento Interno do STJ c/c arts. 294 e seguintes do CPC);

---

[10] Carlos Alberto Carmona. Ob. cit., p. 353.
[11] Pedro A. Batista Martins; Selma M. Ferreira Lemes; Carlos Alberto Carmona. *Aspectos fundamentais da Lei de Arbitragem*, Rio de Janeiro, Forense, 1999, p. 440.
[12] "Art. 37. A homologação de sentença arbitral estrangeira será requerida pela parte interessada, devendo a petição inicial conter as indicações da lei processual, conforme o art. 282 do CPC [atual art. 319], e ser instruída, necessariamente, com: I – o original da sentença arbitral ou uma cópia devidamente certificada, autenticada pelo consulado brasileiro e acompanhada de tradução oficial; II – o original da convenção de arbitragem ou cópia devidamente certificada, acompanhada de tradução oficial."

b) o valor da causa será atribuído de acordo com as regras dos arts. 291 e 292 do CPC,[13] para efeito de sucumbência,[14] se o pedido for contestado;[15]
c) acompanharão a petição com o pedido de homologação, obrigatoriamente, os seguintes documentos (CPC, art. 960, § 2º): c.1) o original da sentença ou decisão arbitral ou a cópia certificada no consulado brasileiro no exterior; c.2) tradução levada a efeito por tradutor oficial, juramentado; e, c.3) original da convenção de arbitragem igualmente traduzida ou a cópia certificada no consulado brasileiro no exterior (art. 37, I e II, da Lei de Arbitragem e art. 216-C do Regimento Interno do STJ);
d) facultativamente, poderão ser oferecidos outros documentos, como prova da instauração do procedimento com a comunicação ao demandado; prova de que o árbitro era competente; prova da concessão do contraditório e da ampla defesa no curso do processo; e outros documentos, na medida das exigências do art. 216-C do Regimento Interno do STJ,[16] que pautarão a contestação do

---

[13] "Art. 291. A toda causa será atribuído valor certo, ainda que não tenha conteúdo econômico imediatamente aferível. Art. 292. O valor da causa constará da petição inicial ou da reconvenção e será: I – na ação de cobrança de dívida, a soma monetariamente corrigida do principal, dos juros de mora vencidos e de outras penalidades, se houver, até a data de propositura da ação; II – na ação que tiver por objeto a existência, a validade, o cumprimento, a modificação, a resolução, a resilição ou a rescisão de ato jurídico, o valor do ato ou o de sua parte controvertida; III – na ação de alimentos, a soma de 12 (doze) prestações mensais pedidas pelo autor; IV – na ação de divisão, de demarcação e de reivindicação, o valor de avaliação da área ou do bem objeto do pedido; V – na ação indenizatória, inclusive a fundada em dano moral, o valor pretendido; VI – na ação em que há cumulação de pedidos, a quantia correspondente à soma dos valores de todos eles; VII – na ação em que os pedidos são alternativos, o de maior valor; VIII – na ação em que houver pedido subsidiário, o valor do pedido principal. § 1º Quando se pedirem prestações vencidas e vincendas, considerar-se-á o valor de umas e outras. § 2º O valor das prestações vincendas será igual a uma prestação anual, se a obrigação for por tempo indeterminado ou por tempo superior a 1 (um) ano, e, se por tempo inferior, será igual à soma das prestações. § 3º O juiz corrigirá, de ofício e por arbitramento, o valor da causa quando verificar que não corresponde ao conteúdo patrimonial em discussão ou ao proveito econômico perseguido pelo autor, caso em que se procederá ao recolhimento das custas correspondentes".

[14] "A jurisprudência do Supremo Tribunal Federal tem expressamente admitido a aplicação do princípio da sucumbência aos processos de homologação de sentença estrangeira observando-se, para efeito de fixação dos honorários advocatícios devidos à parte vencedora, o critério estabelecido pelo art. 20, § 4º, do CPC. Precedentes" (Pleno, SEC 4738-2/EUA, rel. Min. Celso de Mello, *DJU* 07.04.1995).

[15] "Em grande parte dos processos de homologação de sentença estrangeira – mais especificamente aos que se referem a sentença arbitral –, o valor atribuído à causa corresponde ao conteúdo econômico da sentença arbitral, geralmente de grande monta. Assim, quando for contestada a homologação, a eventual fixação da verba honorária em percentual sobre o valor da causa pode mostrar-se exacerbada. Na hipótese de sentença estrangeira contestada, por não haver condenação, a fixação da verba honorária deve ocorrer nos moldes do art. 20, § 4º, do CPC, devendo ser observadas as alíneas do § 3º do referido artigo. Ainda, consoante o entendimento desta Corte, neste caso, não está o julgador adstrito ao percentual fixado no referido § 3º" (STJ, Corte Especial, SEC 507/EX, rel. Min. Gilson Dipp, j. 18.10.2006, *DJ* 13.11.2006, p. 204).

[16] "Art. 216-C. A homologação da decisão estrangeira será proposta pela parte requerente, devendo a petição inicial conter os requisitos indicados na lei processual, bem como os previstos no

demandado, o qual, ressalte-se, não poderá invadir o mérito (Regimento Interno do STJ, art. 216-H, parágrafo único). Recomenda-se, se possível, a juntada integral dos documentos que compõem o procedimento arbitral;

e) ao ingressar no Superior Tribunal de Justiça, a Presidência determina a citação do demandado na forma processual para, querendo, contestar em quinze dias – art. 216-H do RISTJ (a defesa somente poderá versar sobre autenticidade dos documentos, inteligência da decisão e observância dos requisitos do art. art. 216-C do Regimento Interno do STJ, além das matérias do art. 38 da Lei de Arbitragem), bem como encaminha o feito ao Ministério Público Federal por quinze dias para, querendo, impugná-lo (art. 216-L do RISTJ);[17]

f) havendo contestação, o processo será distribuído para julgamento pela Corte Especial, cabendo ao relator os demais atos relativos ao andamento e à instrução do processo, podendo decidir monocraticamente;

g) sem contestação, a homologação será feita pelo Presidente e de sua decisão cabe agravo regimental;

h) a sentença ou decisão estrangeira homologada será executada por carta de sentença, no Juízo Federal competente (art. 216-N do RISTJ e art. 965 do CPC).[18]

3. HIPÓTESES DE REJEIÇÃO DO PEDIDO DE HOMOLOGAÇÃO

A homologação da sentença arbitral estrangeira poderá ser negada se o réu, citado para responder à pretensão de homologação, demonstrar a *ausência dos*

---

art. 216-D, e ser instruída com o original ou cópia autenticada da decisão homologanda e de outros documentos indispensáveis, devidamente traduzidos por tradutor oficial ou juramentado no Brasil e chancelados pela autoridade consular brasileira competente, quando for o caso."

[17] "Art. 216-H. A parte interessada será citada para, no prazo de quinze dias, contestar o pedido."
"Parágrafo único. A defesa somente poderá versar sobre a inteligência da decisão alienígena e a observância dos requisitos indicados nos arts. 216-C, 216-D e 216-F."
"Art. 216-I. Revel ou incapaz o requerido, dar-se-lhe-á curador especial, que será pessoalmente notificado."
"Art. 216-J. Apresentada contestação, serão admitidas réplica e tréplica em cinco dias."
"Art. 216-K. Contestado o pedido, o processo será distribuído para julgamento pela Corte Especial, cabendo ao relator os demais atos relativos ao andamento e à instrução do processo."
"Parágrafo único. O relator poderá decidir monocraticamente nas hipóteses em que já houver jurisprudência consolidada da Corte Especial a respeito do tema."
"Art. 216-L. O Ministério Público terá vista dos autos pelo prazo de quinze dias, podendo impugnar o pedido."
"Art. 216-M. Das decisões do Presidente ou do relator caberá agravo."

[18] "Art. 216-N. A decisão estrangeira homologada será executada por carta de sentença no Juízo Federal competente."
No CPC: "Art. 965. O cumprimento de decisão estrangeira far-se-á perante o juízo federal competente, a requerimento da parte, conforme as normas estabelecidas para o cumprimento de decisão nacional.
Parágrafo único. O pedido de execução deverá ser instruído com cópia autenticada da decisão homologatória ou do *exequatur*, conforme o caso".

requisitos formais do Regimento Interno do STJ, que disciplina a homologação, e do art. 37 da Lei de Arbitragem.

Não é possível a análise do mérito e nesse sentido vem decidindo o Superior Tribunal de Justiça.[19]

Sob a ótica formal, o requerente deve observar os requisitos do art. 37 da Lei de Arbitragem, além daqueles impostos pelos arts. 216-A a 216-N do RISTJ e pelo art. 963 do CPC, ou seja, será necessário que providencie:

a) petição com os requisitos do art. 319 do CPC;[20]
b) o original da sentença arbitral ou uma cópia devidamente certificada, autenticada pelo consulado brasileiro no exterior e acompanhada de tradução oficial;

---

[19] Homologação de sentença arbitral estrangeira – Caução – Desnecessidade – Lei 9.307/1996 – Aplicação imediata – Constitucionalidade – Utilização da arbitragem como solução de conflitos – Ausência de violação à ordem pública – Impossibilidade de análise do mérito da relação de direito material – Ofensa ao contraditório e à ampla defesa – Inexistência – Regra da exceção do contrato não cumprido – Fixação da verba honorária – Art. 20, § 4º, do CPC – Pedido de homologação deferido. I – Não é exigível a prestação de caução para o requerimento de homologação de sentença estrangeira. Precedentes do Supremo Tribunal Federal. II – A sentença arbitral e sua homologação é regida no Brasil pela Lei 9.307/1996, sendo a referida Lei de aplicação imediata e constitucional, nos moldes como já decidido pelo Supremo Tribunal Federal. III – Consoante entendimento desta Corte, não viola a ordem pública brasileira a utilização de arbitragem como meio de solução de conflitos. IV – O controle judicial da homologação da sentença arbitral estrangeira está limitado aos aspectos previstos nos arts. 38 e 39 da Lei 9.307/1996, não podendo ser apreciado o mérito da relação de direito material afeto ao objeto da sentença homologanda. Precedentes. V – Não resta configurada a ofensa ao contraditório e à ampla defesa se as requeridas aderiram livremente aos contratos que continham expressamente a cláusula compromissória, bem como tiveram amplo conhecimento da instauração do procedimento arbitral, com a apresentação de considerações preliminares e defesa. VI – A Eg. Corte Especial deste Tribunal já se manifestou no sentido de que a questão referente à discussão acerca da regra da exceção do contrato não cumprido não tem natureza de ordem pública, não se vinculando ao conceito de soberania nacional. Ademais, o tema refere-se especificamente ao mérito da sentença homologanda, sendo inviável sua análise na presente via. VII – O ato homologatório da sentença estrangeira limita-se à análise dos seus requisitos formais. Isto significa dizer que o objeto da delibação na ação de homologação de sentença estrangeira não se confunde com aquele do processo que deu origem à decisão alienígena, não possuindo conteúdo econômico. É no processo de execução, a ser instaurado após a extração da carta de sentença, que poderá haver pretensão de cunho econômico (Corte Especial, SEC 507/EX, rel. Min. Gilson Dipp, j. 18.10.2006, *DJ* 13.11.2006, p. 204).

[20] "Art. 319. A petição inicial indicará: I – o juízo a que é dirigida; II – os nomes, os prenomes, o estado civil, a existência de união estável, a profissão, o número de inscrição no Cadastro de Pessoas Físicas ou no Cadastro Nacional da Pessoa Jurídica, o endereço eletrônico, o domicílio e a residência do autor e do réu; III – o fato e os fundamentos jurídicos do pedido; IV – o pedido com as suas especificações; V – o valor da causa; VI – as provas com que o autor pretende demonstrar a verdade dos fatos alegados; VII – a opção do autor pela realização ou não de audiência de conciliação ou de mediação. § 1º Caso não disponha das informações previstas no inciso II, poderá o autor, na petição inicial, requerer ao juiz diligências necessárias a sua obtenção. § 2º A petição inicial não será indeferida se, a despeito da falta de informações a que se refere o inciso II, for possível a citação do réu. § 3º A petição inicial não será indeferida pelo não atendimento ao disposto no inciso II deste artigo se a obtenção de tais informações tornar impossível ou excessivamente oneroso o acesso à justiça".

c) nas mesmas condições, cópia de outros documentos do procedimento arbitral, como, por exemplo, prova de comunicação da instituição da arbitragem; e

d) o original da convenção de arbitragem ou cópia devidamente autenticada pelo cônsul brasileiro no país de origem e acompanhada de tradução por tradutor juramentado no Brasil.

Portanto, a ausência de qualquer destes requisitos implica matéria a ser alegada na resposta do requerido.

Observe-se que, nos termos do parágrafo único do art. 216-H do RISTJ, "a defesa somente poderá versar sobre a inteligência da decisão alienígena e a observância dos requisitos indicados nos arts. 216-C, 216-D e 216-F".

E os requisitos estão no o RISTJ (arts. 216-C, 216-D e 216-F do RISTJ), que regulam a homologação no âmbito do STJ e no art. 963 do CPC, ou seja:

a) a sentença deve ter sido proferida por autoridade competente no país de origem;
b) as partes devem ter sido citadas ou haver-se legalmente verificado a revelia, também de acordo com as regras do país de origem;
c) não pode ofender a coisa julgada brasileira;
d) não pode ofender normas de ordem pública (cogentes) nacionais, a soberania nacional e a dignidade da pessoa humana;
e) a sentença deve ser definitiva, ou seja, não pode estar sujeita a impugnações no país de origem; e,
f) a sentença deve estar autenticada pelo cônsul brasileiro e acompanhada de tradução por tradutor oficial ou juramentado no Brasil, salvo disposição que a dispense em tratado (arts. 216-C do RISTJ e 963, V, do CPC).

Sobre essa matéria, já decidiu o STJ que "a existência de ação anulatória da sentença arbitral estrangeira em trâmite nos tribunais pátrios não constitui impedimento à homologação da sentença alienígena", justificando que "não é possível que a parte ré discuta questões que vão além dos requisitos indispensáveis à homologação, regra que permanece quando a defesa pautar-se nas disposições contidas no art. 38 da Lei 9.307/1996" (Corte Especial, SEC 611/EX, rel. Min. João Otávio de Noronha, j. 23.11.2006, *DJ* 11.12.2006, p. 291).

Em resumo, no mesmo aresto ficou assentado que, "estando atendidos os requisitos do art. 37 da Lei 9.307/1996 e não havendo nenhuma das hipóteses impeditivas constantes do art. 38", deve ser deferido o pedido de homologação de sentença arbitral estrangeira.

Assim, possível afirmar que "o mérito da sentença estrangeira não pode ser apreciado pelo Superior Tribunal de Justiça, pois o ato homologatório restringe-se à análise dos seus requisitos formais" (Corte Especial, SEC 1.210/EX, rel. Min. Fernando Gonçalves, j. 20.06.2007, *DJ* 06.08.2007, p. 444).[21]

---

[21] Sentença arbitral estrangeira – Homologação – Requisitos – Lei 9.307/96 e Resolução 9/2005 do STJ – Contrato de compra e venda – Convenção de arbitragem – Existência

Portanto, importante que o requerente da homologação, entre os demais documentos que juntará, além dos obrigatórios, junte aqueles suficientes a demonstrar o respeito aos requisitos dos arts. 216-C, 216-D e 216-F do RISTJ, além da ausência das causas impeditivas enumeradas nos arts. 38 e 39 da Lei de Arbitragem.

Vejamos, inicialmente, as causas impeditivas enumeradas no art. 38:

- *"Art. 38 (...) I – as partes na convenção de arbitragem eram incapazes".*

Embora a hipótese seja remota, posto que a maioria das sentenças arbitrais estrangeiras versam sobre litígios envolvendo pessoas jurídicas, cuja representação e capacidade dependem de seus estatutos, a causa impeditiva sugere enorme celeuma doutrinária, tudo em razão da redação equívoca do art. V da Convenção de Nova Iorque, ratificada entre nós pelo Dec. 4.311/2002: "1. O reconhecimento e a execução de uma sentença poderão ser indeferidos, a pedido da parte contra a qual ela é invocada, unicamente se esta parte fornecer, à autoridade competente onde se tenciona o reconhecimento e a execução, prova de que: a) as partes do acordo a que se refere o art. II estavam, em conformidade com a lei a elas aplicável, de algum modo incapacitadas, ou que tal acordo não é válido nos termos da lei à qual as partes o submeteram, ou, na ausência de indicação sobre a matéria, nos termos da lei do país onde a sentença foi proferida (...)".

Com efeito, a par das mais diversas interpretações acerca da expressão "lei a elas aplicável", de resto mais afeta ao campo teórico do que prático, entendemos que:

a) serão aplicados os critérios da lei escolhida pelas partes para tal mister, ou seja, especificamente para regular a capacidade das partes; ou, ausente a escolha,

b) a determinação acerca da capacidade das partes será pautada pelas normas vigentes no lugar em que foi proferida a sentença.

– Cláusula compromissória – Análise de controvérsia decorrente do contrato – Juízo arbitral – Possibilidade – Mérito da decisão arbitral – Análise no STJ – Impossibilidade – Ausência de violação à ordem pública – Precedentes do STF e STJ. 1. As regras para a homologação da sentença arbitral estrangeira encontram-se elencadas na Lei 9.307/1996, mais especificamente no seu Capítulo VI, e na Resolução 9/2005 do STJ. 2. As duas espécies de convenção de arbitragem, quais sejam a cláusula compromissória e o compromisso arbitral, dão origem a processo arbitral, porquanto em ambos os ajustes as partes convencionam submeter a um juízo arbitral eventuais divergências relativas ao cumprimento do contrato celebrado. 3. A diferença entre as duas formas de ajuste consiste no fato de que, enquanto o compromisso arbitral se destina a submeter ao juízo arbitral uma controvérsia concreta já surgida entre as partes, a cláusula compromissória objetiva submeter a processo arbitral apenas questões indeterminadas e futuras, que possam surgir no decorrer da execução do contrato. 4. Devidamente observado o procedimento previsto nas regras do Tribunal Arbitral eleito pelos contratantes, não há falar em qualquer vício que macule o provimento arbitral. 5. O mérito da sentença estrangeira não pode ser apreciado pelo Superior Tribunal de Justiça, pois o ato homologatório restringe-se à análise dos seus requisitos formais. Precedentes do STF e do STJ. 6. Pedido de homologação deferido (Corte Especial, SEC 1.210/EX, rel. Min. Fernando Gonçalves, j. 20.06.2007, *DJ* 06.08.2007, p. 444).

Esta, para nós, é a interpretação mais consentânea com o art. V da Convenção de Nova Iorque.

- *"Art. 38 (...) II – a convenção de arbitragem não era válida segundo a lei à qual as partes a submeteram, ou, na falta de indicação, em virtude da lei do país onde a sentença arbitral foi proferida."*

Neste caso, caberá ao demandado demonstrar que, nos termos do direito escolhido, ou, na sua ausência, do direito onde foi proferida a sentença, a convenção de arbitragem não era válida.

Portanto, mister se faz observar se a lei do país onde se desenvolve a arbitragem permite a solução da controvérsia delimitada na cláusula arbitral.

- *"Art. 38 (...) III – não foi notificado da designação do árbitro ou do procedimento de arbitragem, ou tenha sido violado o princípio do contraditório, impossibilitando a ampla defesa."*

O contraditório e a ampla defesa devem ser respeitados, ainda que a sentença seja estrangeira.

Isto porque, além de serem princípios impositivos do direito arbitral, são princípios constitucionais de qualquer processo e fazem parte da chamada ordem pública nacional, que não admite derrogação, o que vem previsto, também, no inciso II do art. 39, que será adiante analisado.

Note-se, todavia, como já verificamos quando da análise dos princípios impositivos, que o que se exige é a igualdade de oportunidades e de reação e não a igualdade de meios.

Assim, se foi concedida oportunidade a um dos litigantes de se manifestar, produzir provas, aduzir suas razões ou defesa e indicar árbitro ou advogado, a mesma oportunidade deve ser concedida ao outro e, se o foi, resta o respeito ao contraditório e à ampla defesa, ainda que a oportunidade concedida não tenha sido aproveitada.[22]

- *"Art. 38 (...) IV – a sentença arbitral foi proferida fora dos limites da convenção de arbitragem, e não foi possível separar a parte excedente daquela submetida à arbitragem".*

Já vimos que a sentença *extra petita* será anulada e a sentença *ultra petita*, de outro lado, passará apenas por redução do excesso.

Assim, se a alegação de causa impeditiva se limitar à existência de sentença fora do pedido, ou dos limites da convenção, e, ainda, além do pedido, será homologado apenas aquilo que se puder aproveitar – isto se houver esta possibilidade.

---

[22] Homologação de sentença estrangeira – Sentença arbitral – Procedimento arbitral que teve curso à revelia do requerido – Convenção arbitral – Inexistência. 1. Para a homologação de sentença de arbitragem estrangeira proferida à revelia do requerido, deve ele, por ser seu o ônus, comprovar, nos termos do inciso III do art. 38 da Lei 9.307/1996, que não foi devidamente comunicado da instauração do procedimento arbitral. 2. Homologação deferida (Corte Especial, SEC 887/EX, rel. Min. João Otávio de Noronha, j. 06.03.2006, *DJ* 03.04.2006, p. 196).

Nessa medida, o art. 216-B do RISTJ: "A decisão estrangeira não terá eficácia no Brasil sem a prévia homologação do Superior Tribunal de Justiça".

- *"Art. 38 (...) V – a instituição da arbitragem não está de acordo com o compromisso arbitral ou cláusula compromissória."*

A vertente causa impeditiva se liga à formação da arbitragem pela escolha do árbitro ou do tribunal arbitral, de acordo com:

a) a forma da instituição, tal qual determinada na convenção, como, por exemplo, exigência, de acordo com a convenção de arbitragem, de comunicação pessoal da parte contrária para instituição da arbitragem, aspecto que foi desrespeitado no procedimento estrangeiro de arbitragem, ocasionando, cumulativamente, o desrespeito ao inciso III do art. 38, que exige o contraditório;
b) o número de árbitros; e,
c) a qualificação dos árbitros de acordo com a vontade das partes.

É claro que estas causas impeditivas somente poderão ser alegadas como defesa na demanda de homologação se foram arguidas no curso do procedimento arbitral.

- *"Art. 38 (...) VI – a sentença arbitral não se tenha, ainda, tornado obrigatória para as partes, tenha sido anulada, ou, ainda, tenha sido suspensa por órgão judicial do país onde a sentença arbitral foi prolatada."*

Sempre que a sentença arbitral ainda não for dotada de exigibilidade no país de sua origem, a par de entendimentos em sentido contrário, entendemos que não poderá ser homologada entre nós.

Registre-se que há quem entenda que obrigatoriedade não se confunde com exequibilidade, de tal sorte que, para quem assim entende, a sentença que depende de homologação no país de origem – posto que lá se exige a providência – não deixa de ser obrigatória, embora não exequível.[23]

Com todo o respeito, pensamos que a obrigatoriedade não estará presente enquanto não cumprida a formalidade da homologação, posto que não se trata de mera chancela da sentença arbitral.

Afinal, a sentença arbitral pode não ser homologada e, assim, nunca será obrigatória.[24]

Por outro lado, conforme já decidiu o STJ, a propositura de demanda anulatória da sentença arbitral não impede sua homologação: "A existência de ação anulatória da sentença arbitral estrangeira em trâmite nos tribunais pátrios não constitui impedimento à homologação da sentença alienígena".

---

[23] Carlos Alberto Carmona. Op. cit., p. 376.
[24] Aliás, embora se referindo às sentenças judiciais, exige a Resolução 9/2005 do STJ: "Art. 5º Constituem requisitos indispensáveis à homologação de sentença estrangeira: (...) III – ter transitado em julgado".

Para tanto, justificou-se: "Não é possível que a parte ré discuta questões que vão além dos requisitos indispensáveis à homologação, regra que permanece quando a defesa pautar-se nas disposições contidas no art. 38 da Lei 9.307/1996" (Corte Especial, SEC 611/EX, rel. Min. João Otávio de Noronha, j. 23.11.2006, *DJ* 11.12.2006, p. 291).

Além das causas impeditivas do art. 38 da Lei de Arbitragem, outras existem, insculpidas que estão no art. 39, segundo o qual:

- *"Art. 39. A homologação para o reconhecimento ou a execução da sentença arbitral estrangeira também será denegada se o Superior Tribunal de Justiça constatar que: I – segundo a lei brasileira, o objeto do litígio não é suscetível de ser resolvido por arbitragem (...)".*

Neste caso, resta evidente que o litígio não pode versar sobre matérias que não se enquadrem no conceito de direitos patrimoniais disponíveis, sobre os quais já discorremos no Capítulo 1, para onde remetemos o leitor.

Assim, não é possível, por exemplo, a homologação de sentença arbitral que verse sobre o rompimento de vínculo matrimonial (divórcio) ou filiação, vez que são matérias inerentes ao estado da pessoa natural, indisponíveis nos termos da lei nacional.

Se assim não fosse, a regra contida no art. 1º da Lei de Arbitragem[25] seria letra morta, possibilitando, a quem quisesse, buscar a arbitragem sobre essas matérias em país que não contivesse a restrição para, ao depois, homologá-la no Brasil, concedendo-lhe exequibilidade. É nessa medida, também, o art. 964 do CPC, segundo o qual: "Não será homologada a decisão estrangeira na hipótese de competência exclusiva da autoridade judiciária brasileira."

- *"Art. 39 (...) II – a decisão ofende a ordem pública nacional."*[26]

Para Silvio Rodrigues, "a ideia de ordem pública é constituída por um conjunto de interesses jurídicos e morais que incumbe à sociedade preservar. Por conseguinte, os princípios de ordem pública não podem ser alterados por convenção entre os particulares. *Jus publicum privatorum pactis derrogare non potest*".[27]

Portanto, os preceitos cogentes, ou seja, de ordem pública, são aqueles que não podem ser derrogados pela vontade das partes, ou, como define Caio Mário da Silva Pereira, "tendo em vista a natureza especial da tutela jurídica e a finalidade social do interesse em jogo, compõem uma categoria de princípios que regem relações entre particulares, a que o Estado dá maior relevo em razão do interesse público em jogo".[28]

Nenhum autor define um critério para identificação das normas de ordem pública.

---

[25] "Art. 1º As pessoas capazes de contratar poderão valer-se da arbitragem para dirimir litígios relativos a direitos patrimoniais disponíveis".

[26] Consoante entendimento do STJ, "não viola a ordem pública brasileira a utilização de arbitragem como meio de solução de conflitos" (Corte Especial, SEC 507/EX, rel. Min. Gilson Dipp, j. 18.10.2006, *DJ* 13.11.2006, p. 204).

[27] Silvio Rodrigues. *Direito civil* – Parte geral cit., p. 16.

[28] Caio Mário da Silva Pereira. *Instituições de direito civil*, 18. ed., Rio de Janeiro, Forense, 1996, v. 1, p. 13.

No máximo, traçam as suas consequências, ou seja, a impossibilidade de derrogação pela vontade das partes.

Assim, é possível afirmar que o critério para estabelecer se uma norma é de ordem pública ou não é a análise da jurisprudência.

Certo é que algumas normas são claramente dispositivas – que se contrapõem às normas cogentes ou de ordem pública –, vez que a própria norma admite que as partes convencionem diversamente.

É o caso de a lei mencionar: *salvo disposição expressa em sentido contrário.*

Isto não significa que todas as demais normas são cogentes.

A interpretação, repita-se, dependerá da jurisprudência,[29] que avaliará quais normas – diante do direito nacional – admitem o afastamento pelas partes nos contratos e quais não admitem esse afastamento.

Costuma-se sustentar que a ausência de prova expressa de assentimento com a convenção arbitral é causa impeditiva.

Nesse sentido: "Sentença arbitral estrangeira – Convenção de arbitragem – Inexistência – Competência não demonstrada – Homologação – Impossibilidade. 1. O requerimento de homologação de sentença arbitral estrangeira deve ser instruído com a convenção de arbitragem, sem a qual não se pode aferir a competência do juízo prolator da decisão (arts. 37, II, e 39, II, da Lei 9.307; art. 217, I, do RISTF). 2. Contrato de compra e venda não assinado pela parte compradora e cujos termos não induzem a conclusão de que houve pactuação de cláusula compromissória, ausentes, ainda, quaisquer outros documentos escritos nesse sentido. Falta de prova quanto a manifesta declaração autônoma de vontade da requerida de renunciar à jurisdição estatal em favor da particular. 3. Não demonstrada a competência do juízo que proferiu a sentença estrangeira, resta inviabilizada sua homologação pelo Supremo Tribunal Federal. Pedido indeferido" (Pleno, SEC 6.753/UK, rel. Min. Maurício Corrêa, *DJU* 04.10.2002).

---

[29] Sentença arbitral estrangeira – Controle judicial – Impossibilidade de apreciação do mérito – Inexistência de cláusula compromissória – Incompetência do juízo arbitral – Ofensa à ordem pública nacional. I – O controle judicial da sentença arbitral estrangeira está limitado a aspectos de ordem formal, não podendo ser apreciado o mérito do arbitramento. II – Não há nos autos elementos seguros que comprovem a aceitação de cláusula compromissória por parte da requerida. III – A decisão homologanda ofende a ordem pública nacional, uma vez que o reconhecimento da competência do juízo arbitral depende da existência de convenção de arbitragem (art. 37, II, c/c art. 39, II, da Lei 9.307/1996). Precedente do c. Supremo Tribunal Federal. IV – *In casu*, a requerida apresentou defesa no juízo arbitral alegando, preliminarmente, a incompetência daquela instituição, de modo que não se pode ter como aceita a convenção de arbitragem, ainda que tacitamente. Homologação indeferida (STJ, Corte Especial, SEC 866/EX, rel. Min. Felix Fischer, j. 17.05.2006, *DJ* 16.10.2006, p. 273). Neste julgado, asseverou o relator: "Outrossim, o art. II, número 2, da Convenção das Nações Unidas sobre o Reconhecimento das Sentenças Arbitrais Estrangeiras de 1958 (Convenção de Nova York), incorporada ao ordenamento brasileiro pelo Dec. 4.311/2002, prescreve que 'entender-se-á por 'acordo escrito' uma cláusula arbitral inserida em contrato ou acordo de arbitragem, firmado pelas partes ou contido em troca de cartas ou telegramas'. Desta forma, o fato de os contratos firmados entre as partes terem sido celebrados verbalmente não impediria, por si só, a estipulação de cláusula compromissória, desde que esta estivesse pactuada de forma expressa e escrita em outro documento referente ao contrato originário ou em correspondência".

Por fim, esclarece o parágrafo único do art. 39, da Lei de Arbitragem, que "não será considerada ofensa à ordem pública nacional a efetivação da citação da parte residente ou domiciliada no Brasil, nos moldes da convenção de arbitragem ou da lei processual do país onde se realizou a arbitragem, admitindo-se, inclusive, a citação postal com prova inequívoca de recebimento, desde que assegure à parte brasileira tempo hábil para o exercício do direito de defesa".

Prestigiou-se, assim, a efetividade da comunicação e não a sua forma.[30]

Em outras palavras, ainda que o demandado não tenha sido citado nos termos da lei processual civil pátria, será válido o chamamento, feito por qualquer meio, desde que inequívoco.

Admite-se, assim, respeitada a convenção de arbitragem, em razão da sociedade da informação, até a comunicação por meio eletrônico.

Em resumo, além dos aspectos formais (art. 37 da Lei de Arbitragem; arts. 216-A a 216-N do RISTJ), "o controle judicial da homologação da sentença arbitral estrangeira está limitado aos aspectos previstos nos arts. 38 e 39 da Lei 9.307/1996, não podendo ser apreciado o mérito da relação de direito material afeto ao objeto da sentença homologanda" (Corte Especial, SEC 507/EX, rel. Min. Gilson Dipp, j. 18.10.2006, *DJ* 13.11.2006, p. 204).

Por fim, é preciso verificar que a sentença que eventualmente negar a homologação por vício formal (que, na verdade, reconhece a ausência de pressupostos processuais) não resolve o mérito e, se assim o é, o pedido poderá ser renovado, desde que sanados os vícios formais apontados que impediram a homologação, a exemplo de ausência de documentos e autenticações ou a constatação de que a sentença apresentada ainda não é definitiva (art. 40 da Lei de Arbitragem).[31]

Quadro sinótico

1. A sentença arbitral estrangeira e a necessidade de homologação pelo STJ (arts. 34, parágrafo único, e 35 da LA; art. 105, I, *i*, da CF)

Sentença arbitral estrangeira: é aquela proferida em outro país (critério do local), nos termos da convenção de arbitragem (art. 10, IV, da LA).

Homologação (art. 105, I, i, da CF): pelo STJ, independentemente de homologação no país de origem, quando inexigível, naquele local, tal homologação.

Convenção de Nova Iorque (art. III) e necessidade de homologação: ainda que a Convenção de Nova Iorque tenha sido recepcionada em 23.07.2002 pelo Dec. 4.311, o foi na qualidade de lei ordinária. Assim, embora possível interpretação (não tão clara) do art. III possa afastar a necessidade de homologação, o sistema brasileiro a exige por norma constitucional decorrente da CF, art. 105, I, i – superior, portanto. Demais disso, a sentença arbitral estrangeira, assim como as sentenças judiciais estrangeiras, também é sentença e, nesta medida, é abarcada pelo comando constitucional.

---

[30] Luiz Olavo Baptista. Homologação de laudos arbitrais estrangeiros no direito brasileiro. *Arbitragem comercial*, p. 84-101.

[31] "Art. 40. A denegação da homologação para reconhecimento ou execução de sentença arbitral estrangeira por vícios formais, não obsta que a parte interessada renove o pedido, uma vez sanados os vícios apresentados."

2. O procedimento de homologação (art. 37 da LA, art. 319 c/c arts. 960 a 965 do CPC e 216-A a 216-N do RISTJ)

a) o interessado elabora petição com os requisitos do art. 319 do CPC, requerendo ao Presidente do Superior Tribunal de Justiça a homologação da sentença arbitral ou da decisão sobre tutela de urgência (art. 37 da Lei de Arbitragem e art. 962 do CPC), inclusive requerendo tutela provisória de urgência, de natureza cautelar ou antecipada no momento do pedido de homologação, se for o caso (art. 216-G do Regimento Interno STJ c/c art. 294 e seguintes do CPC);

b) o valor da causa será atribuído de acordo com as regras dos arts. 291 e 292 do CPC, para efeito de sucumbência, se o pedido for contestado;

c) acompanharão a petição com o pedido de homologação, obrigatoriamente, os seguintes documentos (CPC, art. 960, § 2º): c.1) o original da sentença ou decisão arbitral ou a cópia certificada no consulado brasileiro no exterior; c.2) tradução levada a efeito por tradutor oficial, juramentado; e, c.3) original da convenção de arbitragem igualmente traduzida ou a cópia certificada no consulado brasileiro no exterior (art. 37, I e II, da Lei de Arbitragem e art. 216-C do Regimento Interno do STJ);

d) facultativamente, poderão ser oferecidos outros documentos, como prova da instauração do procedimento com a comunicação ao demandado; prova de que o árbitro era competente; prova da concessão do contraditório e da ampla defesa no curso do processo; e outros documentos, na medida das exigências do art. art. 216-C do Regimento Interno do STJ, que pautarão a contestação do demandado, o qual, ressalte-se, não poderá invadir o mérito (Regimento Interno do STJ, art. 216-H, parágrafo único). Recomenda-se, se possível, a juntada integral dos documentos que compõem o procedimento arbitral;

e) ao ingressar no Superior Tribunal de Justiça, a Presidência determina a citação do demandado na forma processual para, querendo, contestar em quinze dias – art. 216-H do RISTJ (a defesa somente poderá versar sobre autenticidade dos documentos, inteligência da decisão e observância dos requisitos do art. art. 216-C do Regimento Interno do STJ, além das matérias do art. 38 da Lei de Arbitragem), bem como encaminha o feito ao Ministério Público Federal por quinze dias para, querendo, impugná-lo (art. 216-L do RISTJ);

f) havendo contestação, o processo será distribuído para julgamento pela Corte Especial, cabendo ao relator os demais atos relativos ao andamento e à instrução do processo, podendo decidir monocraticamente;

g) sem contestação, a homologação será feita pelo Presidente e de sua decisão cabe agravo regimental;

h) a sentença ou decisão estrangeira homologada será executada por carta de sentença, no Juízo Federal competente (art. 216-N do RISTJ e art. 965 do CPC).

3. Hipóteses de rejeição do pedido de homologação (arts. 38 e 39 da LA e 216-C, 216-D e 216-F do RISTJ)

a) Alegação de ausência de requisitos formais, ou seja, arts. 216-C, 216-D e 216-F do RISTJ: a.1) ausência de autenticidade de documentos; a.2) incompreensão da decisão; a.3) incompetência do árbitro no exterior; a.4) ausência de citação e não ocorrência de revelia de acordo com as regras da origem; e a.5) sentença não definitiva.

b) Causas impeditivas dos arts. 38 e 39 da LA:

Art. 38

I – As partes na convenção de arbitragem eram incapazes: o art. V da Convenção de Nova Iorque menciona que as partes não podem ser incapacitadas de acordo com a "lei a elas aplicável", o que, de resto, é mais afeto ao campo teórico do que prático. Assim entendemos: a) serão aplicados

3. Hipóteses de rejeição do pedido de homologação
(arts. 38 e 39 da LA e Resolução 9/2005 do STJ)

os critérios da lei escolhida pelas partes para regular a capacidade; ou, ausente a escolha, b) a capacidade das partes será pautada pelas normas vigentes no lugar em que foi proferida a sentença.

II – A convenção de arbitragem não era válida segundo a lei à qual as partes a submeteram, ou, na falta de indicação, em virtude da lei do país onde a sentença arbitral foi proferida.

III – O demandado não foi notificado da designação do árbitro ou do procedimento de arbitragem, ou, de qualquer modo, foi violado o princípio do contraditório, impossibilitando a ampla defesa: exige-se a oportunidade de reação e não a reação, caso a oportunidade tenha sido concedida.

IV – A sentença arbitral foi proferida fora dos limites da convenção de arbitragem e não foi possível separar a parte excedente daquela submetida à arbitragem: a sentença *extra petita* será anulada e a sentença *ultra petita* passará apenas por redução do excesso (o art. 216-A, § 2º, do RISTJ, admite a homologação parcial).

V – A instituição da arbitragem não está de acordo com o compromisso arbitral ou cláusula compromissória no que pertine: a) à forma da instituição; b) ao número de árbitros; e, c) à qualificação dos árbitros de acordo com a vontade das partes.

VI – A sentença arbitral não foi, ainda, tornada obrigatória para as partes, foi anulada, ou, ainda, foi suspensa por órgão judicial do país onde foi prolatada: inclui a homologação no país de origem, quando exigível, ainda que alguns sustentem que obrigatoriedade não se confunde com exequibilidade (isto porque a sentença arbitral pode não ser homologada e, assim, nunca será obrigatória). Não impede a homologação a demanda anulatória ainda em curso.

Art. 39 da LA

I – Segundo a lei brasileira, o objeto do litígio não é suscetível de ser resolvido por arbitragem: isto é, sobre direitos indisponíveis, sob pena de se infirmar o art. 1º da LA.

II – A decisão ofende a ordem pública brasileira: cabe à jurisprudência definir a ordem pública, posto que está representada por normas cujos interesses jurídicos e morais incumbem à sociedade como um todo preservar. A citação, ainda que seja feita de modo diverso daquele exigido no Brasil, não ofende a ordem pública nacional "desde que assegure à parte brasileira tempo hábil para o exercício do direito de defesa" (art. 39, parágrafo único, da LA).

Em resumo: além dos aspectos formais (art. 37 da LA, arts. 216-C, 216-D e 216-F do RISTJ "o controle judicial da homologação da sentença arbitral estrangeira está limitado aos aspectos previstos nos arts. 38 e 39 da Lei 9.307/1996, não podendo ser apreciado o mérito da relação de direito material afeto ao objeto da sentença homologanda" (Corte Especial, SEC 507/EX, rel. Min. Gilson Dipp, j. 18.10.2006, *DJ* 13.11.2006, p. 204).

Capítulo 7

NEGOCIAÇÃO

1. CONCEITO

A negociação pode ser conceituada como o conjunto de atos que visam a solução de conflitos das mais variadas espécies, como os conflitos pessoais, profissionais, políticos, diplomáticos, familiares, jurídicos, trabalhistas, empresariais, comerciais etc.

Lamentavelmente, no Brasil é muito comum a "cultura do improviso" na negociação.

Nada obstante, existem técnicas que podem ser empregadas para maximizar os acordos (transações) e, no que nos interessa, transações diante de conflito entre as partes, sejam elas pessoas naturais ou jurídicas.

Deveras, existem inúmeras técnicas de negociação, mas é fundamental que o objeto do conflito esteja delimitado, evitando desvios que impedem o resultado útil da negociação, exatamente o acordo.

O objetivo primordial da negociação é a obtenção da mútua satisfação das partes envolvidas.

Se assim o é, importantíssimo investigar qual o objetivo, o que pretende de fato cada parte, fundamentalmente pelo que não está posto e que, portanto, deve ser incessantemente buscado pelo negociador.

Ainda com fundamento em Monte Alto et al.,[1] é possível afirmar que a negociação envolve três variáveis condicionantes do processo:

1) Informação;
2) Tempo; e,
3) Poder.

A "informação" exige do negociador o máximo de conhecimento sobre as partes e, se a negociação envolve apenas as partes, de umas sobre as outras, notadamente sobre as suas necessidades, características e motivações.

O "tempo" é também variável importante na negociação envolvendo conflitos posto que aquele que dele dispõe ganha poder na negociação.

---

[1] Clécio F. Monte Alto; Paulo C. Alves, Antônio M. Pinheiros; Técnicas de compras. Rio de Janeiro: Editora FGV, 2009.

Todavia, depende da informação.

Por exemplo: se uma das partes é avessa a demandas, talvez o tempo e a pressão da incerteza durante a longa duração de um processo não lhe interessem.

Mais: pode ser que queira "comprar sua paz de espírito".

Conheço pessoas que pagam mais do que deveriam só para se verem livres de um processo judicial.

Ainda: quem tem urgência na aquisição de produto ou serviço – portanto não dispõe de tempo – talvez aceite pagar preço que não pagaria se dispusesse de tempo para negociar.

Portanto, trata-se de variável importantíssima na negociação mas que depende do conhecimento, ou seja, da informação.

Percebe-se que a informação e o tempo levam ao poder.

Posso dar outro exemplo: se uma das partes busca determinada colocação que pode ser prejudicada pela existência de uma demanda, a informação e o tempo conferem poder a uma das partes de prejudicar a outra e, portanto, em conjunto, variáveis que podem lhe conduzir a negociação com vantagens.

O "poder" é a percepção que uma das partes pode ter da outra quanto à sua capacidade de provocar-lhe efeitos indesejados ou desejados, gerando, conseguintemente, para quem o tem, controle sobre pessoas e fatos.

Por exemplo: se uma empresa é a única fornecedora de determinado insumo indispensável ao mister de outra empresa, a primeira possui o poder que, a toda evidência, lhe beneficia na negociação.

Por outro lado, se existem outros fornecedores, o conhecimento (informação) dessa circunstância beneficia aquele que conta com opções e que passa a ter o poder, salvo se o tempo para o fornecimento desse terceiro o prejudicar, fato que, se for do conhecimento do fornecedor não exclusivo, lhe concede poder em face do comprador que depende do insumo.

Eis algumas modalidades de poder que devem ser exploradas na negociação:

Poder concorrencial: vincula-se à oferta e procura. Se uma das partes possui algo (produto, serviço ou atividade) que é raro, tem ela o poder na negociação, posto que não será fácil à outra parte conseguir o que pretende com terceiros.

Poder vinculado ao risco: aquele mais disposto a correr riscos (de forma responsável) leva vantagem na negociação. O raciocínio é simples: se consegue pesar as vantagens e desvantagens da sua posição e negar uma proposta, ainda que ao final essa atitude lhe provoque prejuízo, talvez não encontre, na mesma medida, o seu apetite na outra parte, o que lhe traz vantagem decorrente do poder na negociação.

Poder do conhecimento: hoje, na denominada sociedade da informação, o conhecimento das fraquezas, motivações e necessidades do outro traz poder a quem o detém.

Portanto, uma das maiores fontes do poder é a variável que já vimos, ou seja, a informação.

A informação leva ao poder e o poder a uma posição vantajosa na negociação.

Poder da identificação e da persuasão: quem consegue se identificar com o outro, sabendo controlar sua habilidade, tem vantagem na negociação, surgindo as técnicas do rapport, das quais nos ocuparemos adiante.

2. AS FASES DA NEGOCIAÇÃO

1) Preparação: levantamento das informações essenciais ao poder e planejamento dos objetivos;
2) Abertura: tanto quanto possível a negociação deve começar com clima de descontração com o fim de reduzir a tensão normal decorrente do conflito de interesses;
3) Apresentação de objetivos, prognósticos e possível solução;
4) Esclarecimento do procedimento de negociação com respostas fundamentadas na informação obtida antecipadamente sobre o conflito e sobre as partes;
5) Obtenção da transação.

As técnicas de negociação são caracterizadas pela postura e pelas habilidades do negociador mas, fundamentalmente, passam pela informação que lhe traz o poder.

Algumas recomendações quanto à postura na negociação decorrentes da doutrina[2] podem ser aproveitadas – Monte Alto et al. (2009) – sendo relevante destacar, entre outras, as seguintes:

a) Ouvir atentamente o que dizem as partes. Escutar é mais importante do que falar (voltaremos a este assunto quando adiante tratarmos do rapport);
b) Indague, pergunte em vez de afirmar ou atacar e tenha em mente que na maioria das vezes há uma razão oculta. Portanto, além do "por quê?" utilize o "além disso?";
c) Como decorrência, descobrir o que o outro busca, o ponto-chave, deve merecer a concentração dos esforços da negociação;
d) Amplo conhecimento sobre as partes envolvidas (informação), sobre o conflito e acerca do prognóstico no caso de jurisdicionalização;
e) Paciência;
f) Sorriso sincero ao apresentar-se;
g) Utilizar, sempre, o nome das pessoas;
h) Não prejulgar;
i) Pontualidade;
j) Entusiasmo.

3. PONTOS FUNDAMENTAIS DA NEGOCIAÇÃO

3.1 Identificação do objeto do conflito e o objetivo das partes

Vamos partir de dois exemplos.

---

[2] Clécio F. Monte Alto; Paulo C. Alves, Antônio M. Pinheiros; Técnicas de compras. Rio de Janeiro: Editora FGV, 2009.

O primeiro: conflito envolvendo uma Companhia de Aviação e um passageiro que teve o voo atrasado e perdeu dois dias de férias já pagas em um resort no exterior.

O objetivo da Companhia Aérea será não indenizar tendo em vista que alegará problemas técnicos com a aeronave e segurança como motivos do atraso.

Por outro lado, o passageiro entende que este é o risco da atividade da Companhia Aérea e que, diante do CDC, a indenização por danos materiais e morais deve ser paga e mais, integralmente, tal qual pede.

O segundo: um indivíduo leva seu automóvel para um conserto de funilaria e pintura na oficina e recebe o automóvel em condições que entende insatisfatórias (má qualidade do serviço).

A oficina se posiciona no sentido de sustentar que o serviço foi adequado e que se trata de preciosismo do seu cliente e se nega a refazer o serviço ou a indenizar.

Qual o objetivo das partes nesses dois casos? Essa identificação é fundamental para o prosseguimento da negociação.

3.2 Identificação da motivação e da intenção das partes

É comum que a real intenção das partes não esteja colocada na mesa. É preciso investigar aquilo que está oculto, ou seja, os reais interesses e objetivos das partes envolvidas no conflito.

Este interesse, evidentemente, não se escancara, mas é fundamental para definir a estratégia de negociação, notadamente diante do prognóstico de casos semelhantes.

De nada adiantará argumentar que aquele cliente não voltará a ser cliente daquela companhia – isto já está contabilizado por ela – mas que indenizações em casos semelhantes, ao final, podem ser mais custosas que um acordo naquele momento.

Perceberam como essa identificação de intenções não reveladas pode conduzir a negociação para o rumo do acordo?

E no segundo caso, qual seria um provável interesse não revelado?

Podemos arriscar: a oficina pode se interessar em evitar o conflito para manter sua boa reputação no mercado, tendo em vista que é um pequeno negócio.

A identificação dessa motivação pode conduzir a negociação ao desfecho desejado: o acordo.

3.3 Entre na negociação munido de mais de uma possibilidade de desfecho

Antes de começar a negociação pense em todas as alternativas possíveis e se a primeira não funcionar, passe imediatamente para a segunda para fornecer opções de acordo.

3.4 Domine o prognóstico tanto quanto possível

Estude atentamente os aspectos jurídicos e a jurisprudência envolvendo o caso.

Com base nesse estudo, uma proposta de abertura, a primeira, evidentemente além do objetivo da negociação – sem exageros – dará um bom campo de negociação.

Se perceber que uma das partes aceitaria determinada quantia, uma oferta de abertura um pouco maior para a outra parte pode valer a pena, aumentando o chamado campo de negociação, o que se aplica para valores, prazos, condições de pagamento etc.

Se tudo falhar, alerte as partes das vicissitudes de uma demanda, do tempo que a solução final levará, bem como das variáveis que qualquer demanda gera.

O prognóstico pode ser um excelente argumento para destravar a negociação.

Outra forma de obter sucesso na negociação com a transação é conseguir concordância de uma das partes e conduzir a solução na hora certa.

4. "RAPPORT"

Palavra de origem francesa, o "rapport" significa o estabelecimento de confiança, empatia e cooperação em qualquer tipo de relação humana.

"Rapport é a capacidade de entrar no mundo de alguém, fazê-lo sentir que você o entende e que vocês têm um forte laço em comum. É a capacidade de ir totalmente do seu mapa do mundo para o mapa do mundo dele. É a essência da comunicação bem-sucedida." – Anthony Robbins.

Já vi pessoas que não entram em determinadas lojas porque os vendedores tentarão vender-lhe algo.

O que há de errado em vendedores tentando vender?

Nada, absolutamente nada. As pessoas gostam – e muito em geral – de comprar, mas abominam quem simplesmente tenta vender.

Diferente é aquele vendedor que não se parece com um. Ele não vende, mas, pela empatia, faz com que, sinceramente, você descubra uma necessidade que talvez desconhecesse até aquele momento.

Um bom vendedor faz com que o cliente descubra necessidades reais porque consegue entrar no ambiente do outro.

O rapport é normalmente tratado no ambiente de negociação que envolve vendas mas se mostra muito útil em qualquer negociação, inclusive envolvendo conflitos.

Podemos pensar que estamos "vendendo" uma solução e, para tanto, utilizaremos, adaptando para o nosso ambiente – das controvérsias nas relações sociais – as técnicas de rapport na negociação envolvendo as partes do conflito.

É preciso ter em mente que confiamos mais em pessoas que se parecem conosco.

Às vezes, para determinadas questões, confiamos mais na opinião de um amigo do que naquilo que nos dizem nossos pais. Não que eu concorde com isto, porque também sou pai, mas é uma realidade.

E qual a razão dessa confiança? Empatia é a resposta.

Nossos amigos se parecem mais conosco.

Eles têm objetivos parecidos.

Em consonância com o que acatamos, são elementos fundamentais para obtenção da empatia e confiança no rapport:

a) Sorriso: fica difícil obter empatia com alguém carrancudo e mal-humorado;

b) Nome: a palavra que melhor soa para uma pessoa é o seu nome. É o que o indivíduo ouve desde que nasceu. É um erro inescusável pronunciar errado ou não saber o nome do seu interlocutor. Se tiver dificuldade com isto, anote no início o nome das pessoas envolvidas na negociação;
c) Otimismo: ninguém suporta pessoas negativas e pessimistas. Elas nos trazem para baixo, são deprimentes e queremos fugir delas;
d) Não interrompa seu interlocutor: saiba ouvir com paciência e interesse pois quem fala quer ser ouvido e mostrar desinteresse certamente não gerará empatia. Ademais, ouvir te mostrará os interesses, desejos, valores e o que é importante para a pessoa. Estas são informações que podem ser utilizadas na negociação;
e) Não julgue e não fale mal de outros: se você está falando coisas ruins de outras pessoas, seu interlocutor pensará, ainda que inconscientemente, que você fará o mesmo com ele, o que não colabora com a empatia;
f) Não faça perguntas fechadas, que exigem respostas "sim" ou "não", mas perguntas abertas que possam lhe dar saídas;
g) Utilize humor na hora e na medida certa;
h) Tente encontrar conexões e interesses comuns, sem exagero, e sem desviar do objetivo da negociação.

O rapport é uma técnica da PNL (programação neurolinguística) para obtenção da empatia e da confiança de alguém, sendo que também, além das técnicas acima, utiliza o espelhamento.

O espelhamento – técnica mais comum de rapport – busca obter empatia pela imitação física do comportamento do outro sem parecer que está achincalhando.

Portanto, é fundamental que a imitação seja sutil, elegante e discreta, jamais exata.

O espelhamento envia para o inconsciente do outro a mensagem que ele deve confiar em você, pois você se parece com ele.

Você poderá espelhar:

a) Expressões corporais, como gestos e movimentos;
b) Volume, espécie e ritmo das palavras;
c) Expressões faciais, como, por exemplo, concordar com a cabeça enquanto a pessoa fala;
d) Respiração.

Sustenta-se ainda – e temos que utilizar a técnica com muito cuidado – o contato físico, como o aperto de mão na vertical pois é sinal de igualdade e respeito (com a palma para baixo superioridade e confiança e, para cima, inferioridade, insegurança e falta de confiança), com um leve toque no cotovelo ou ombro por aproximadamente 3 segundos.

Também se recomenda que as mãos fiquem à mostra, pois o cérebro, inconscientemente, nos dirige para as mãos do nosso interlocutor gerando confiança.

O espelhamento pode ser utilizado, com os elementos aplicáveis, também por telefone e pela internet, inclusive nas redes sociais: nome, jeito de escrever, forma e estilo das palavras, interesses e "emojis" (com bom senso).

Enfim, negociar não é um ato que deva se fundar no improviso, mas exige o emprego de técnicas e planejamento.

Quadro sinótico

1. As três variáveis condicionantes do processo de negociação

Informação: Exige do negociador o máximo de conhecimento sobre as partes e, se a negociação envolve apenas as partes, de umas sobre as outras, notadamente sobre as suas necessidades, características e motivações.

Tempo: Aquele que dele dispõe ganha poder na negociação. Por exemplo: se uma das partes é avessa a demandas, talvez o tempo e a pressão da incerteza durante a longa duração de um processo não lhe interessem. Ainda: quem tem urgência na aquisição de produto ou serviço – portanto não dispõe de tempo – talvez aceite pagar preço que não pagaria se dispusesse de tempo para negociar.

Poder: É a percepção que uma das partes pode ter da outra quanto à sua capacidade de provocar-lhe efeitos indesejados ou desejados, gerando, conseguintemente, para quem o tem, controle sobre pessoas e fatos.

A informação e o tempo levam ao poder. Exemplo: negociação envolvendo fornecimento de insumos. Caso existam outros fornecedores, o conhecimento (informação) dessa circunstância beneficia aquele que conta com opções e que passa a ter o poder, salvo se o tempo para o fornecimento desse terceiro o prejudicar, fato que, se for do conhecimento do fornecedor não exclusivo, lhe concede poder em face do comprador que depende do insumo.

Poder concorrencial: Vincula-se à oferta e procura. Se uma das partes possui algo (produto, serviço ou atividade) que é raro, tem ele o poder na negociação, posto que não será fácil à outra parte conseguir o que pretende com terceiros.

Poder vinculado ao risco: Aquele mais disposto a correr riscos leva vantagem na negociação. Se consegue pesar as vantagens e desvantagens da sua posição e negar uma proposta, ainda que ao final essa atitude lhe provoque prejuízo, talvez não encontre, na mesma medida, o seu apetite na outra parte, o que lhe traz vantagem decorrente do poder na negociação.

Poder do conhecimento: Hoje, na denominada sociedade da informação, o conhecimento das fraquezas, motivações e necessidades do outro traz poder a quem o detém.

Conclusão das três variáveis: Uma das maiores fontes do poder é a variável que já vimos, ou seja, a informação. A **informação** leva ao **poder** e o **poder** a uma **posição vantajosa** na negociação.

Poder da identificação e da persuasão: Quem consegue se identificar com o outro, sabendo controlar sua habilidade, tem vantagem na negociação, surgindo, daí, as técnicas do *rapport*.

2. Fases da negociação

1) Preparação: levantamento das informações essenciais ao poder e planejamento dos objetivos;

2) Abertura: tanto quanto possível a negociação deve começar com clima de descontração com o fim de reduzir a tensão normal decorrente do conflito de interesses, propiciando a "proposta de abertura";

3) Apresentação de objetivos, prognósticos e possível solução;

4) Esclarecimento do procedimento de negociação com respostas fundamentadas na informação obtida antecipadamente sobre o conflito e sobre as partes;

5) Obtenção da transação.

2. Fases da negociação

Postura na negociação:

1) *Ouvir atentamente* o que dizem as partes. Escutar é mais importante do que falar;

2) *Indague, pergunte em vez de afirmar ou atacar* e tenha em mente que na maioria das vezes há uma razão oculta. Portanto, além do "por quê?" utilize o "além disso?";

3) Descubra o que o outro busca;

4) *Amplo conhecimento* sobre as partes envolvidas, sobre o conflito e acerca do prognóstico no caso de jurisdicionalização (informação);

5) Paciência;

6) Sorriso sincero ao apresentar-se;

7) Utilizar, sempre, o nome das pessoas.

8) Não prejulgar;

9) Pontualidade;

10) Entusiasmo.

3. Rapport

Palavra de origem francesa, o "rapport" significa o estabelecimento de confiança, empatia e cooperação em qualquer tipo de relação humana. "Rapport é a capacidade de entrar no mundo de alguém, fazê-lo sentir que você o entende e que vocês têm um forte laço em comum. É a capacidade de ir totalmente do seu mapa do mundo para o mapa do mundo dele. É a essência da comunicação bem-sucedida." – Anthony Robbins.

É preciso ter em mente que confiamos mais em pessoas que se parecem conosco em razão da empatia: confiamos mais na opinião de um amigo, com quem nos identificamos. Adoramos comprar (em regra) mas não gostamos (em regra) de quem simplesmente nos tenta vender algo.

Elementos fundamentais para obtenção da empatia e confiança no rapport:

1) Sorriso: fica difícil obter empatia com alguém carrancudo e mal-humorado;

2) Nome: a palavra que melhor soa para uma pessoa é o seu nome. É o que o indivíduo ouve desde que nasceu. É um erro inescusável pronunciar errado ou não saber o nome do seu interlocutor. Se tiver dificuldade com isto, anote no início o nome das pessoas envolvidas na negociação.

3) Otimismo: ninguém suporta pessoas negativas e pessimistas. Elas nos trazem para baixo, são deprimentes e queremos fugir delas;

4) Não interromper seu interlocutor: saiba ouvir com paciência e interesse pois quem fala quer ser ouvido e mostrar desinteresse certamente não gerará empatia. Ademais, ouvir lhe mostrará os interesses, desejos, valores e o que é importante para a pessoa;

5) Não julgar e não falar mal de outros: se você está falando coisas ruins de outras pessoas, seu interlocutor pensará, ainda que inconscientemente, que você fará o mesmo com ele, o que não colabora com a empatia.

6) Não fazer perguntas fechadas: que exigem respostas "sim" ou "não", mas perguntas abertas que possam lhe dar saídas.

7) Utilize humor: na hora e na medida certa;

8) Tente encontrar conexões e interesses comuns: sem exagero e sem desviar do objetivo da negociação.

4. Espelhamento

Conceito: técnica comum de rapport pela imitação física (sutil) do comportamento do outro gerando empatia.

Técnicas de espelhamento:

1) Expressões corporais, como gestos e movimentos;
   1.1) O aperto de mãos deve ser feito na vertical com um leve toque no cotovelo ou ombro do outro. As mãos devem sempre ficar à mostra durante o diálogo;
2) Volume, espécie e ritmo das palavras;
3) Expressões faciais, como, por exemplo, concordar com a cabeça enquanto a pessoa fala;
4) Respiração.

Capítulo 8

MEDIAÇÃO E CONCILIAÇÃO

1. CONCEITO DE MEDIAÇÃO E DE CONCILIAÇÃO

Como vimos no Capítulo 1, quando diferenciamos mediação, conciliação e arbitragem, a *conciliação* implica na atividade do conciliador, que atua na tentativa de obtenção da solução dos conflitos sugerindo a solução sem que possa, entretanto, impor sua sugestão compulsoriamente, como se permite ao árbitro ou ao juiz togado.

> O conciliador tenta demover as partes a solucionar o conflito acatando suas ponderações e alternativas para a resolução do conflito que, entretanto, depende da anuência das partes. A *mediação*, sempre voluntária, é definida nos termos da justificativa do projeto que resultou na Lei 13.140/2015, como "o processo por meio do qual os litigantes buscam o auxílio de um terceiro imparcial que irá contribuir na busca pela solução do conflito". Esse terceiro não tem a missão de decidir, mas apenas auxiliar as partes na obtenção da solução consensual.

É preciso observar que a mediação é sempre voluntária, a teor do § 2º do art. 2º da Lei 13.140/2015, segundo o qual "Ninguém será obrigado a permanecer em procedimento de mediação". A participação na conciliação, contudo, pode ser compulsória, notadamente na modalidade judicial, nos termos do art. 334 do CPC, que impõe ao juiz a determinação da audiência.

A transação é o resultado da mediação e da conciliação que atingiram o seu objetivo: o consenso entre os contendores.

A Lei 13.140/2015 define a mediação no parágrafo único do art. 1º nos seguintes termos: "Considera-se mediação a atividade técnica exercida por terceiro imparcial e sem poder decisório, que, escolhido ou aceito pelas partes, as auxilia e estimula a identificar ou desenvolver soluções consensuais para a controvérsia".

O mediador busca neutralizar a emoção das partes, facilitando a solução da controvérsia sem interferir na substância da decisão dos envolvidos.

A mediação se mostra útil quando o conflito entre as partes, no âmbito privado – sem descartar a mediação no setor público –, desborda dos interesses financeiros em discussão que, muitas vezes, são, apenas, o pretexto para disputas emocionais que extrapolam o contexto aparente do conflito.

Podemos exemplificar: no direito de família, conflitos envolvendo pensão alimentícia podem, muitas vezes, trazer, de forma oculta, situações afetivas complexas que a jurisdição estatal, a arbitragem (jurisdição privada) e a conciliação não são passíveis de resolver.

Para tanto, exige-se profissional habilitado que tenha a capacidade de encaminhar a solução do pano de fundo do conflito, muitas vezes de caráter emocional.

Também nos termos da justificação do projeto que resultou na Lei 13.140/2015, "trata-se, pois, de instrumento capaz de incentivar outras formas de solução das pendências, de reduzir o número de processos judiciais" e, nessa medida, afastar o desvirtuamento da função jurisdicional, seja da arbitragem, seja da jurisdição estatal.

Sendo assim, a mediação se mostra útil, igualmente, nos conflitos envolvendo áreas administrativa, comunitária, escolar (Lei 13.140/2015, art. 42), trabalhista, familiar, infantojuvenil, empresarial, ambiental, entre outras.

As regras determinadas para a conciliação/mediação extrajudicial se aplicam àquelas levadas a efeito nas serventias extrajudiciais, inclusive mencionadas – e, portanto, permitidas – no art. 42 da Lei 13.140/2015.[1]

Pode ocorrer, por exemplo, no ato da outorga de escritura de imóvel, controvérsia entre as partes que poderá ser solucionada, desde que assim queiram, por intermédio da mediação e da conciliação.

Nos termos do seu art. 1º, a Lei 13.140/2015 "dispõe sobre a mediação como meio de solução de controvérsias entre particulares e sobre a autocomposição de conflitos no âmbito da administração pública".

Enfim, no Brasil enfrentamos uma pletora de feitos que assoberba o Poder Judiciário, tornando letra morta o princípio da duração razoável do processo,[2] de tal sorte que a desjudicialização das controvérsias e a autocomposição devem ser incentivadas.

Como veremos, mesmo durante o processo judicial, o Código de Processo Civil prevê a utilização da mediação que, com a Lei 13.140/2015, forma um "pacote" legislativo que tende a modificar a cultura do litígio arraigada na consciência popular e na praxe dos operadores do direito.

1.1 Centros judiciários de solução consensual de demandas

O art. 165 do Código de Processo Civil prevê a criação, pelos tribunais, de Centros Judiciários de Solução Consensual de Demandas (CEJUSC's), responsáveis pelas audiências de conciliação e de mediação.[3]

---

[1] "Art. 42. Aplica-se esta Lei, no que couber, às outras formas consensuais de resolução de conflitos, tais como mediações comunitárias e escolares, e àquelas levadas a efeito nas serventias extrajudiciais, desde que no âmbito de sua competência".

[2] CPC, "Art. 4º As partes têm o direito de obter em prazo razoável a solução integral do mérito, incluída a atividade satisfativa".
CF, "Art. 5º (...) LXXVIII – a todos, no âmbito judicial e administrativo, são assegurados a razoável duração do processo e os meios que garantam a celeridade de sua tramitação" (Incluído pela Emenda Constitucional nº 45, de 2004).

[3] A título exemplificativo, a Resolução 697/2020 do STF dispõe sobre a criação do Centro de Mediação e Conciliação, responsável pela busca e implementação de soluções consensuais no Supremo Tribunal Federal. Por sua vez, a Resolução 358/2020 do CNJ regulamenta a

Nessa medida, faz distinção entre (CPC, §§ 2º e 3º do art. 165):

a) *mediação*: preferencialmente quando houver vínculo social anterior prolongado entre as partes; e,
b) *conciliação*: preferencialmente quando não houver vínculo social prolongado anterior entre as partes.

A distinção é de difícil aplicação prática, posto que é improvável que o terceiro envolvido na autocomposição das partes se limite a auxiliá-las sem sugerir alguma solução, facilitando o resultado útil do seu trabalho que é a transação pelo consenso.

2. PRINCÍPIOS IMPOSITIVOS DA MEDIAÇÃO E DA CONCILIAÇÃO E A CONFIDENCIALIDADE

O art. 166 do Código de Processo Civil estabelece os princípios da conciliação e da mediação que podem ser aproveitados em qualquer caso, ainda que a atividade seja extrajudicial.[4] Especificamente para a mediação, o art. 2º da Lei 13.140/2015 estabelece princípios comuns e outros que se aplicam apenas à mediação.

São princípios comuns à mediação e à conciliação (CPC, art. 166, e Lei 13.140/2015, art. 2º):

a) *Independência*, ou seja, o mediador e o conciliador devem se manter distantes das partes, sem se envolver com qualquer dos contendores;
b) *Imparcialidade*, que impede qualquer interesse ou vínculo dos mediadores ou conciliadores com as partes. Nos termos do parágrafo único do art. 5º da Lei 13.140/2015, que trata da mediação e, por extensão, da conciliação, no início dos trabalhos o mediador – e também o conciliador – "tem o dever de revelar às partes, antes da aceitação da função, qualquer fato ou circunstância que possa suscitar dúvida justificada em relação à sua imparcialidade para mediar o conflito, oportunidade em que poderá ser recusado por qualquer delas";
c) *Oralidade*, não havendo, inclusive, registro ou gravação dos atos praticados durante o procedimento de mediação, notadamente em razão da confidencialidade, que, em regra, o cerca, nos termos dos arts. 30 e 31 da Lei 13.140/2015 e do art. 166 do CPC;
d) *Autonomia da vontade das partes*. No procedimento de mediação, as partes chegarão, se quiserem, a um acordo quanto à situação conflituosa e, demais disso, o princípio da autonomia da vontade implica afirmar que "ninguém será obrigado a permanecer em procedimento de mediação" (§ 2º do art. 2º da Lei 13.140/2015);

---

criação de soluções tecnológicas para a resolução de conflitos pelo Poder Judiciário por meio da conciliação e mediação (https://atos.cnj.jus.br/atos/detalhar/3604).

[4] Vide item 2.2 do Capítulo 3, sobre os princípios da independência e da imparcialidade, que também se aplicam aos árbitros.

e) *Decisão informada.* "... o princípio da decisão informada estabelece como condição de legitimidade para a autocomposição a plena consciência das partes quanto aos seus direitos e a realidade fática na qual se encontram. Nesse sentido, somente será legítima a resolução de uma disputa por meio de autocomposição se as partes, ao eventualmente renunciarem a um direito, tiverem plena consciência quanto à existência desse seu direito subjetivo";[5]

f) *Confidencialidade.* Os procedimentos de mediação e conciliação são confidenciais e toda informação coletada durante os trabalhos não poderá ser revelada pelo profissional, pelos seus prepostos, advogados, assessores técnicos ou outras pessoas que tenham participado do procedimento, direta ou indiretamente, e, evidentemente, nessa medida, não podem testemunhar (§ 2º do art. 166 do CPC e arts. 30 e 31 da Lei 13.140/2015). A confidencialidade atinge, inclusive, as partes.

De fato, nos termos do § 1º do art. 166 do CPC, "a confidencialidade estende-se a todas as informações produzidas no curso do procedimento, cujo teor não poderá ser utilizado para fim diverso daquele previsto por expressa deliberação das partes".

Mesmo assim, em razão da confidencialidade, é de todo recomendável que esse dever legal seja reforçado pela assinatura de termo inicial de mediação e por termo avulso de confidencialidade para os demais profissionais que participarem do procedimento, recomendação, inclusive, que decorre do art. 14 da Lei 13.140/2015, que sugere ao mediador/conciliador que alerte as partes sobre a confidencialidade que cerca o procedimento.

Nos termos do art. 30, § 1º, da Lei 13.140/2015, o alcance da confidencialidade abrange: "I – declaração, opinião, sugestão, promessa ou proposta formulada por uma parte à outra na busca de entendimento para o conflito; II – reconhecimento de fato por qualquer das partes no curso do procedimento de mediação; III – manifestação de aceitação de proposta de acordo apresentada pelo mediador; IV – documento preparado unicamente para os fins do procedimento de mediação".

Evidentemente, há confusão de conceitos na exata medida em que a lei que trata da mediação menciona proposta de acordo "apresentada pelo mediador" quando essa atividade não se adéqua à atividade de mediação.

Deveras, dificilmente a atividade do mediador será estanque, de tal sorte que em algum momento poderá sugerir a solução, o que configura o conceito de conciliação.

Bem assim, os princípios são comuns, sendo incompreensível que a lei tenha se limitado a regular a mediação e, mais, passado por cima da regulamentação decorrente do Código de Processo Civil, que ambas as hipóteses prevê.

Considerando que o CPC de 2015 é de março e a Lei 13.140/2015 é de junho, a existência de dois sistemas tratando do mesmo tema de forma diversa bem espelha a atecnia sistemática na produção das leis no Brasil, cabendo à doutrina sistematizar, extraindo o significado da norma decorrente dos dois diplomas legais.

---

[5] Ricardo César Franco; Paulo Keishi Ichimura Kohara. Entre a lei e a voluntariedade: o modelo institucional de resolução extrajudicial de conflitos em defensorias públicas. *Revista da Defensoria Pública*, a. 5, v. 1, p. 81-101, 2012. Disponível em: <http://www.defensoria.sp.gov.br/>. Acesso em 15 jun. 2014, p. 98.

Assim, no que couber – e nos princípios cabe –, as regras da mediação estabelecidas pela Lei 13.140/2015 são aplicáveis à conciliação quando com aquelas regras específicas da conciliação não conflitarem.

De qualquer maneira, aquilo que a Lei 13.140/2015 enumera exemplificativamente como objeto do litígio se aplicará, também, para a conciliação.

Sendo assim, qualquer prova apresentada posteriormente em processo judicial ou arbitral em desrespeito à confidencialidade será prova ilícita e, nessa medida, não deve ser admitida com a determinação do seu desentranhamento (§ 2º do art. 30 da Lei 13.140/2015).

Também será confidencial – e se aplica à conciliação por analogia – "a informação prestada por uma parte em sessão privada" (art. 31 da Lei 13.140/2015), sendo vedado ao conciliador ou ao mediador revelá-la as demais partes, exceto se expressamente autorizado.

O descumprimento da obrigação legal de confidencialidade, como tal, ainda que não reforçada por termo de confidencialidade, implica reparação dos danos materiais e morais nos termos do art. 389 do Código Civil.

Só há duas exceções à confidencialidade (art. 30, §§ 3º e 4º, da Lei 13.140/2015): a informação relativa à ocorrência de crime de ação pública e as informações que devem ser prestadas à administração tributária após o termo final da mediação.

Mesmo assim, os mediadores e os conciliadores devem cumprir a obrigação de manter o necessário sigilo das informações compartilhadas nos termos do art. 198 do CTN, que foi expressamente mencionado no § 4º do art. 30 da Lei de Mediação.[6]

Quanto à informação que deve ser prestada referente aos crimes de ação pública, como a lei não discriminou, a exceção à confidencialidade se aplica tanto à ação penal pública incondicionada quanto àquela condicionada à representação ou requisição.[7]

Quanto à mediação, a Lei 13.140/2015 ainda inclui os seguintes princípios (art. 2º):

a) *Isonomia entre as partes*, de tal sorte que o mediador e o conciliador devem tratar ambos os contendores de forma igual, conferindo as mesmas oportunidades durante o procedimento de mediação ou de conciliação;
b) *Informalidade*. A fim de possibilitar o resultado útil do procedimento de mediação e de conciliação e tendo em vista a diversidade de situações que

---

[6] "Art. 198. Sem prejuízo do disposto na legislação criminal, é vedada a divulgação, por parte da Fazenda Pública ou de seus servidores, de informação obtida em razão do ofício sobre a situação econômica ou financeira do sujeito passivo ou de terceiros e sobre a natureza e o estado de seus negócios ou atividades" (Redação dada pela Lcp nº 104, de 2001).

[7] Divide-se a ação penal pública em incondicionada e condicionada. Destarte: 1. A ação penal pública pode ser condicionada ou incondicionada. Incondicionada se inicia mediante denúncia do Ministério Público nas infrações penais de interesse público, o que é regra no sistema penal brasileiro. Sendo assim, não depende de representação ou requisição; a ação pública condicionada também é iniciada por meio de denúncia do Ministério Público em infrações em que está presente o interesse público. Contudo, em razão de interferências reconhecidas por lei na esfera privada do ofendido, depende de representação ou requisição do Ministro da Justiça se o ofendido for o Presidente da República, como condições de procedibilidade da ação penal.

exigem do profissional habilitado diferentes meios para conseguir o acordo, o princípio da informalidade contempla a inexistência de regramento fixo para os atos praticados (CPC, art. 166, § 4º);

c) *Busca do consenso*, ou seja, a transação é o resultado útil da mediação.

3. MEDIADORES E CONCILIADORES

3.1 O conciliador

O conciliador pode ser *judicial*, atuando como auxiliar da justiça nas audiências de conciliação (CPC, art. 334), nos termos dos arts. 165 a 175 do CPC, ou *extrajudicial*, sem que haja, nessa hipótese, lei específica para regular o procedimento ou requisitos para sua atuação. Nas duas formas de atuação aplicar-se-ão, por extensão, as regras da Lei 13.140/2015.

Para a livre distribuição, o art. 167 do Código de Processo Civil exige, tanto para os conciliadores quanto para os mediadores *judiciais*, capacitação mínima para registro profissional, consistente em curso promovido por entidades credenciadas pelos tribunais, que respeitem o currículo definido pelo CNJ e pelo Ministério da Justiça.

> Além do curso de capacitação, o CPC, diferentemente do mediador judicial, nos termos da Lei 13.140/2015, não exigiu formação superior ou formação superior jurídica específica, ao menos expressamente. Nada obstante, requer, especialmente dos conciliadores judiciais, o respeito ao "princípio da decisão informada" (CPC, art. 166) em atividade que implica "sugerir" a solução da controvérsia, de tal sorte que entendemos que a formação jurídica superior será requisito inafastável, seja a teor do que dispõe o art. 166 do CPC (decisão informada), seja em razão de interpretação sistemática com o art. 11 da Lei 13.140/2015.

É preciso observar que o "princípio da decisão informada" estabelece como condição de legitimidade da autocomposição por meio da conciliação a absoluta consciência e conhecimento das partes quanto aos seus direitos e quanto aos fatos estabelecidos pelo conflito, o que somente pode ser atingido, na minha opinião, se o conciliador tiver formação jurídica, notadamente em razão da necessidade de o conciliador sugerir solução juridicamente possível.

Ainda que as partes devam se fazer acompanhar por advogado na conciliação judicial, a assistência desse profissional, embora possa, em tese, suprir o princípio da decisão informada, não supre a necessidade de formação jurídica que defendemos quanto aos conciliadores em razão da sua atividade, que implica, a toda evidência, sugerir a solução da controvérsia.

Portanto, sem essa formação que defendo, inviável a sugestão de solução juridicamente possível, ainda que as partes estejam acompanhadas de advogado.

Em suma, mantenho minha posição, fundada que está na própria atividade do conciliador que não terá como sugerir (essência da sua atividade) solução juridicamente possível se não tiver formação jurídica.

Nada obstante, ante a ausência de exigência específica, a maioria defende a desnecessidade de o conciliador judicial ter formação jurídica e até superior, bastando o curso de formação, igualmente porque, na conciliação judicial, as partes estarão acompanhadas dos seus respectivos advogados.

3.2 O mediador

O mediador, assim como o árbitro, é qualquer pessoa capaz que goze da confiança das partes (art. 9º da Lei 13.140/2015).

O mediador pode ser judicial, designado no curso de processo judicial ou extrajudicial, na exata medida em que atuar antes da existência de qualquer conflito.

Sendo extrajudicial, a Lei 13.140/2015 não exigiu qualquer formação específica ou superior, limitando-se a ser capaz e gozar da confiança das partes.

> Todavia, se o mediador for judicial, nos termos do art. 11 da Lei 13.140/2015, escolhido pelas partes ou por livre distribuição, além do curso de capacitação (art. 167 do CPC), deverá ser graduado há pelo menos 2 (dois) anos em curso de ensino superior e que tenha obtido capacitação em escola ou entidade de formação de mediadores, reconhecida pelo Conselho Nacional de Justiça ou pela Escola Nacional de Mediação e Conciliação do Ministério da Justiça.

Pelas peculiaridades da mediação e em razão da Lei 13.140/2015, especial, não haverá necessidade de formação superior específica em Direito, como se exige do conciliador em interpretação plausível, que tem a função de sugerir a solução do conflito e respeitar o princípio da decisão informada.

Os mediadores são designados pelo tribunal ou escolhidos pelas partes (art. 4º da Lei 13.140/2015).

Lembre-se de que a mediação, diferentemente da conciliação judicial (CPC, art. 334), é sempre voluntária (art. 2º, V e § 2º, da Lei 13.140/2015), não havendo como impor o procedimento se ambos com ele não concordarem e, bem assim, devem aceitar o mediador que, assim como o árbitro, deve ser da confiança das partes.

No desempenho da mediação, o mediador procederá com imparcialidade, independência, diligência e discrição, mesmos deveres impostos ao árbitro, de tal sorte que remetemos o leitor às observações que fizemos no Capítulo 3, item 2.2.

3.3 Cadastro de conciliadores e mediadores judiciais e câmaras de conciliação

> O art. 167 do Código de Processo Civil estabelece que, *para atuação judicial*, "os conciliadores, os mediadores e as câmaras privadas de conciliação e mediação serão inscritos em cadastro nacional e em cadastro de tribunal de justiça ou de tribunal regional federal, que manterá registro de profissionais habilitados, com indicação de sua área profissional".

Lembre-se de que o cadastro dependerá de prova de capacitação no curso promovido por entidade credenciada.

A mesma regra decorre do art. 12 da Lei 13.140/2015, que deve ser interpretada em consonância com o art. 167 do CPC para os mediadores judiciais.

Portanto, além dos conciliadores e mediadores, o CPC prevê a existência de câmaras privadas de mediação e conciliação, exigindo que todos sejam inscritos no cadastro nacional e no cadastro do tribunal que atuarem.

O cadastro de conciliadores, mediadores e câmaras privadas de conciliação permite que os respectivos tribunais divulguem dados estatísticos nos termos dos §§ 3º e 4º do art. 167 do CPC, exigência que deve ser atendida, preferencialmente, por meio da rede mundial de computadores.

Nada obstante não seja exigência inafastável, faculta-se aos tribunais o provimento da lista oficial de mediadores e conciliadores mediante concurso público.

É possível que os tribunais optem por formação de quadro próprio de mediadores e conciliadores, exclusivos ou em concorrência com os mediadores e conciliadores particulares cadastrados, admitidos mediante simples comprovação da formação e curso de capacitação ou mediante concurso de provas e títulos, preenchidos os requisitos de formação.

O art. 168 do Código de Processo Civil, nada obstante o cadastro nacional e do tribunal, permite a livre escolha pelas partes sem distribuição, não prevendo, nessa eventualidade, formação, cadastro, curso ou concurso.

Nada obstante, o art. 11 da Lei 13.140/2015 exige, como visto, formação superior há pelo menos 2 (dois) anos para o mediador judicial, de tal sorte que, por analogia e em interpretação sistemática, a mesma formação, diante da omissão do CPC, deve ser exigida para o conciliador judicial, ressalvadas opiniões em sentido contrário ante a omissão do Código de Processo Civil.

Todavia, se as partes resolverem suspender o procedimento para se submeter à mediação, esta assumirá a natureza extrajudicial (arts. 21 a 23 da Lei 13.140/2015) e o mediador não precisará de formação, conforme preceitua o art. 9º da referida lei.

Estabelece o art. 168 do CPC, ainda, que, não havendo escolha, haverá livre distribuição entre os cadastrados, observada a respectiva formação, ou seja, a especialidade dos mediadores e conciliadores, lembrando que as partes podem recusar a mediação que é sempre voluntária (art. 2º, V e § 2º, da Lei 13.140/2015) em razão da autonomia da vontade e da voluntariedade da mediação (não a conciliação, que pode ser imposta nos termos do art. 334 do CPC).

3.4 Impedimentos

> Tratando do tema, o CPC determina que o mediador ou o conciliador estarão (CPC, arts. 167, § 5º, e 172): a) impedidos de exercer a advocacia no juízo em que atuam se advogados forem; e, b) impedidos durante 1 ano após a última audiência em que atuarem, de representar ou patrocinar as partes.

Esta última regra se aplica a quaisquer conciliadores ou mediadores, ainda que não sejam advogados, que ficam, nos termos do art. 172 do CPC, impedidos de assessorar ou representar as partes.

É preciso observar que há regra especial para os mediadores em razão do art. 6º da Lei 13.140/2015, em consonância com a regra processual, segundo o qual "o mediador fica impedido, pelo prazo de um ano, contado do término da última audiência em que atuou, de assessorar, representar ou patrocinar qualquer das partes".

Nos termos do art. 7º da Lei 13.140/2015, "O mediador não poderá atuar como árbitro nem funcionar como testemunha em processos judiciais ou arbitrais pertinentes a conflito em que tenha atuado como mediador".

Essa regra, que trata dos mediadores, em razão da omissão do CPC, deve ser aplicada por extensão também aos conciliadores, de tal sorte que, se o procedimento judicial for encerrado em razão de compromisso judicial ou se houver outro litígio entre as partes, o conciliador não poderá atuar como árbitro.

Igualmente, o art. 5º da Lei 13.140/2015 prevê, assim como prevê a Lei de Arbitragem, que "aplicam-se ao mediador as mesmas hipóteses legais de impedimento e suspeição do juiz", previstas nos arts. 144 e 145 do CPC, que, evidentemente, pelas mesmas razões, aplicam-se aos conciliadores extrajudiciais e aos judiciais nos termos do art. 148 do Código de Processo Civil.[8]

3.5 Equiparação para fins penais

Seguindo a regra da Lei de Arbitragem, o art. 8º da Lei 13.140/2015 equiparou o mediador, ainda que não seja concursado, aos funcionários públicos para os efeitos da legislação penal.

> Eis o dispositivo: "Art. 8º O mediador e todos aqueles que o assessoram no procedimento de mediação, quando no exercício de suas funções ou em razão delas, são equiparados a servidor público, para os efeitos da legislação penal".

Remetemos o leitor ao Capítulo 3, item 2.2.1, que trata da equiparação e que se aplica totalmente aos mediadores, que podem, exemplificativamente, praticar crime de corrupção passiva ou concussão ou serem sujeitos de crimes praticados contra funcionários públicos, como é o caso do desacato.

Como se trata de tipificação de conduta penal, não é possível, por ausência de previsão expressa, equiparar o conciliador em razão do princípio da legalidade penal

---

[8] "Art. 148. Aplicam-se os motivos de impedimento e de suspeição:
I – ao membro do Ministério Público;
II – aos auxiliares da justiça;
III – aos demais sujeitos imparciais do processo.
§ 1º A parte interessada deverá arguir o impedimento ou a suspeição, em petição fundamentada e devidamente instruída, na primeira oportunidade em que lhe couber falar nos autos.
§ 2º O juiz mandará processar o incidente em separado e sem suspensão do processo, ouvindo o arguido no prazo de 15 (quinze) dias e facultando a produção de prova, quando necessária.
§ 3º Nos tribunais, a arguição a que se refere o § 1º será disciplinada pelo regimento interno.
§ 4º O disposto nos §§ 1º e 2º não se aplica à arguição de impedimento ou de suspeição de testemunha".

segundo o qual "nullum crimen nulla poena sine previa lege", o que, nos termos do art. 1º do Código Penal, significa: "Não há crime sem lei anterior que o defina. Não há pena sem prévia cominação legal".

Além do Código Penal, o princípio é também constitucional e vem previsto no art. 5º, inciso XXXIX, que aduz: "não haverá crime sem lei anterior que o defina, nem pena sem prévia cominação legal" (princípio da legalidade e princípio da anterioridade).

3.6 Exclusão

Nos termos do art. 173 do Código de Processo Civil, serão excluídos do cadastro nacional e dos tribunais os conciliadores e mediadores que agirem com dolo ou culpa na condução da conciliação ou da mediação ou violarem qualquer dos deveres decorrentes do art. 166, §§ 1º e 2º, ou seja, a confidencialidade.

Também serão excluídos, sem prejuízo de responderem por perdas e danos, se atuarem em procedimento de mediação ou conciliação, apesar de impedido ou suspeito.

A exclusão será apurada em processo administrativo nos termos do que regulamentar o tribunal, podendo o juiz do processo ou o juiz coordenador do centro de conciliação e mediação afastar preventivamente, por 180 dias, o conciliador ou o mediador que atuar inadequadamente, por decisão fundamentada, informando o fato imediatamente ao tribunal para instauração do respectivo processo administrativo.

A exclusão não isenta o mediador e o conciliador de responsabilidade civil, pelos prejuízos que tenha ocasionado, e penal, se for o caso.

3.7 Pagamento

Se não forem voluntários (CPC, § 1º do art. 167) ou concursados do quadro próprio do tribunal (CPC, § 6º do art. 167), os conciliadores e mediadores particulares serão remunerados pelas partes conforme a tabela fixada pelo tribunal, de acordo com os parâmetros estabelecidos pelo CNJ, nos termos do art. 169 do Código de Processo Civil e do art. 13 da Lei 13.140/2015.

O § 2º do art. 169 do CPC estabelece que o tribunal determinará o percentual mínimo de gratuidade para as câmaras privadas de mediação e conciliação cadastradas.

Todavia, não faz o mesmo com os mediadores e conciliadores particulares. Assim sendo, se não houver câmaras cadastradas, não haverá gratuidade nos trabalhos, sendo de se questionar se a regra não inibirá o cadastramento de câmaras de conciliação.

De qualquer maneira, nos parece que sempre haverá interesse, posto que, em razão da existência dessas câmaras, que terão parte do seu trabalho remunerado, permitirá a atuação em um novo campo de atuação dos profissionais do direito como auxiliares da justiça.

4. CONCILIAÇÃO JUDICIAL

4.1 Procedimento do Código de Defesa do Consumidor no caso de superendividamento

O Código de Defesa do Consumidor foi acrescido dos arts. 104-A a 104-C para disciplinar a conciliação no caso de superendividamento, tido como "a impossibilidade manifesta de o consumidor pessoa natural, de boa-fé, pagar a totalidade de suas dívidas de consumo, exigíveis e vincendas, sem comprometer seu mínimo existencial, nos termos da regulamentação" (§ 1º do art. 54-A da Lei 8.078/1990).

Nesses casos, o juízo poderá instaurar procedimento conciliatório no qual todos os credores do consumidor superendividado serão intimados para comparecer à audiência designada, presidida pelo juiz ou por conciliador credenciado no juízo, "com a presença de todos os credores de dívidas" passíveis de inclusão na renegociação, "na qual o consumidor apresentará proposta de plano de pagamento com prazo máximo de 5 (cinco) anos, preservados o mínimo existencial, nos termos da regulamentação, e as garantias e as formas de pagamento originalmente pactuadas" (art. 104-A da Lei 8.078/1990).

Caso não compareçam à audiência, haverá "suspensão da exigibilidade do débito e a interrupção dos encargos da mora, bem como a sujeição compulsória ao plano de pagamento da dívida se o montante devido ao credor ausente for certo e conhecido pelo consumidor, devendo o pagamento a esse credor ser estipulado para ocorrer apenas após o pagamento aos credores presentes à audiência conciliatória" (art. 104-A, § 2º, da Lei 8.078/1990).

O pedido do consumidor para a instauração da conciliação por superendividamento "não importará em declaração de insolvência civil e poderá ser repetido somente após decorrido o prazo de 2 (dois) anos, contado da liquidação das obrigações previstas no plano de pagamento homologado, sem prejuízo de eventual repactuação" (§ 5º do art. 104-A da Lei 8.078/1990).

Não se submetem à conciliação para repactuação as dívidas, ainda que decorrentes de relações de consumo, as obrigações contraídas em razão de contratos celebrados dolosamente sem o propósito de realizar pagamento, aspecto de difícil demonstração, bem como as dívidas provenientes de contratos de crédito com garantia real, de financiamentos imobiliários e de crédito rural.

No caso de alegação de assunção dolosa de dívida com o propósito de não pagar, o juiz decidirá incidentalmente, avaliando as alegações e provas oferecidas pelo credor.

Havendo sucesso na conciliação "a sentença judicial que homologar o acordo descreverá o plano de pagamento da dívida e terá eficácia de título executivo e força de coisa julgada", devendo constar no plano de pagamento: "I – medidas de dilação dos prazos de pagamento e de redução dos encargos da dívida ou da remuneração do fornecedor, entre outras destinadas a facilitar o pagamento da dívida; II – referência à suspensão ou à extinção das ações judiciais em curso; III – data a partir da qual será providenciada a exclusão do consumidor de bancos de dados e de cadastros de inadimplentes; IV – condicionamento de seus efeitos à abstenção, pelo consumidor, de condutas que importem no agravamento de sua situação de superendividamento (art. 104-A da lei 8.078/1990, §§ 3º e 4º).

Se a conciliação restar infrutífera, será instaurado processo por superendividamento para repactuação das dívidas com a citação de todos os credores do consumidor superendividado, com prazo de 15 dias para apresentar negativa de se submeter ao plano de pagamento ou de renegociação, como, por exemplo, alegação de crédito oriundo de garantia real, de financiamento imobiliário ou de financiamento rural.

Caso o credor já tenha sido intimado para a fase conciliatória e esteja representado, a citação, entendo, poderá ser feita na pessoa do seu advogado.

Nos termos do § 4º do art. 104-B da Lei 8.078/1990, o plano judicial compulsório deverá ser imposto por sentença e assegurará aos credores, no mínimo, o valor do principal devido, corrigido monetariamente por índices oficiais de preço, e preverá a liquidação total da dívida, após a quitação do plano de pagamento consensual previsto no art. 104-A da Lei 8.078/1990, referente aos credores que o aceitaram (§ 2º do mesmo artigo), cujo prazo para pagamento dos renitentes ou que não compareceram à audiência de conciliação, será de, no máximo, cinco anos, vencendo a primeira parcela no prazo máximo de 180 (cento e oitenta) dias, contado da sentença homologatória caso não exista plano decorrente de conciliação, e o restante do saldo será devido em parcelas mensais iguais e sucessivas.

É preciso lembrar que a esses credores renitentes ou ausentes na audiência de conciliação, cujo débito seja apresentado consumidor superendividado, além do recebimento diferido, aplica-se a suspensão da exigibilidade do débito e a interrupção dos encargos da mora (art. 104-A, § 2º da Lei 8.078/1990).

4.2 Procedimento do Código de Processo Civil

No sistema trazido pelo Código de Processo Civil de 2015, tratando-se de procedimento comum (CPC, art. 318 e seguintes), deve haver designação de audiência de conciliação em todos os processos (CPC, art. 334), em que pese, em muitas comarcas, mesmo diante da evidente obrigatoriedade da lei, tais audiências não serem realizadas, determinando o juízo a citação do requerido para contestar fundando a decisão no art. 139, VI do CPC.

Mesmo assim, o CPC é claro e preceitua que a audiência apenas não será realizada se (CPC, §§ 4º, 5º e 6º do art. 334):

a) o autor dispensar na inicial; e,
b) o réu dispensar pelo menos 10 dias antes da audiência.

Sendo assim, a contestação será protocolizada no prazo de 15 dias contados da última audiência de conciliação ou da data do protocolo de dispensa da audiência pelo réu.

A conciliação foi prestigiada pelo Código de Processo Civil de 2015, de tal sorte que o não comparecimento injustificado de qualquer das partes representará ato atentatório à dignidade da justiça e ensejará multa de até 2% do valor da causa ou da vantagem pretendida (CPC, § 8º do art. 334).[9]

---

[9] Não se aplica a multa caso a parte esteja representada por advogado com poderes especiais para transigir: STJ. "Constitucional e processual civil. Mandado de segurança. Agravo interno no recurso ordinário em mandado de segurança. Ato judicial ilegal. Decisão interlocutória de aplicação da multa prevista no art. 334, § 8º, do CPC/2015, por inexistente ato atentatório à dignidade da justiça. Decisão irrecorrível. Parte devidamente representada na audiência de conciliação por advogado com poderes para transigir. Violação de direito líquido e certo (CPC, art. 334, § 10). Ordem concedida. Recurso provido. 1. A impetração de mandado de

O CPC não previu o procedimento judicial da conciliação e da mediação. Apenas tratou dos mediadores e conciliadores judiciais nos arts. 165 a 175 e da realização da audiência no art. 334. Todavia, trouxe algumas regras básicas, além daquelas que trataremos a seguir, como:
a) possibilidade de múltiplas sessões destinadas à conciliação e à mediação (CPC, art. 334, § 2º);
b) intimação para a audiência na pessoa do advogado (CPC, art. 334, § 3º);
c) necessidade de acompanhamento por advogado ou defensor público (CPC, art. 334, § 9º);
d) homologação por sentença da transação obtida pelo resultado útil da mediação ou da conciliação (CPC, art. 334, § 11); e,
e) necessidade de intervalo de pelo menos 20 minutos na pauta das audiências de mediação ou de conciliação (CPC, art. 334, § 12).

É preciso observar, contudo, que o § 4º do art. 166 do Código de Processo Civil prevê a liberdade procedimental, assim como a Lei de Arbitragem, o que faz nos seguintes termos: "a mediação e a conciliação serão regidas conforme a livre autonomia dos interessados, inclusive no que diz respeito à definição das regras procedimentais".

Sendo assim, ausente convenção sobre o procedimento de mediação ou de conciliação entre as partes no CPC, aquilo que não conflitar com a Lei 13.140/2015 atrai a aplicação das regras gerais impostas ao procedimento de mediação, que se aplicam por extensão à conciliação, conforme temos insistido.

Vejamos essas regras:

5. REGRAS GERAIS DO PROCEDIMENTO DE MEDIAÇÃO (LEI 13.140/2015, ARTS. 14 A 20)

O procedimento da mediação vem disciplinado na Lei 13.140/2015 e, no que couber, por extensão, pode ser aplicado à conciliação, notadamente em razão de ambos os meios alternativos de solução de controvérsias terem sido previstos no

---

segurança contra ato judicial, a teor da doutrina e da jurisprudência, reveste-se de índole excepcional, admitindo-se apenas em hipóteses determinadas, a saber: a) decisão judicial manifestamente ilegal ou teratológica; b) decisão judicial contra a qual não caiba recurso; c) para imprimir efeito suspensivo a recurso desprovido de tal atributo; e d) quando impetrado por terceiro prejudicado por decisão judicial. 2. Na hipótese, é cabível o mandado de segurança e nítida a violação de direito líquido e certo do impetrante, pois tem-se ato judicial manifestamente ilegal e irrecorrível, consistente em decisão interlocutória que impôs à parte ré multa pelo não comparecimento pessoal à audiência de conciliação, com base no § 8º do art. 334 do CPC, por suposto ato atentatório à dignidade da Justiça, embora estivesse representada naquela audiência por advogado com poderes específicos para transigir, conforme expressamente autoriza o § 10 do mesmo art. 334. 3. Agravo interno provido para dar provimento ao recurso ordinário em mandado de segurança, concedendo-se a segurança" (AgInt no RMS 56.422/MS, rel. Min. Raul Araújo, 4ª Turma, j. 08.06.2021, *DJe* 16.06.2021).

Código de Processo Civil, empreendendo-se interpretação sistemática ante a ausência de procedimento detalhado de conciliação na legislação processual.

Segundo Limongi França, "a interpretação não se restringe tão somente aos estreitos termos da lei, pois conhecidas são suas limitações para o bem exprimir do direito, o que, aliás, acontece com a generalidade das formas de que o direito se reveste".[10]

Nesses termos, mister se faz ampliar o alcance da norma, posto que, a toda evidência, a Lei 13.140/2015 disse menos do que queria ou deveria dizer[11] ("minus scripsit quam voluit"), pois não faz o menor sentido tratar exclusivamente do procedimento da mediação quando, sistematicamente, o Código de Processo Civil prevê, ao menos judicialmente, a mediação e a conciliação como meios alternativos de solução das controvérsias.

> Assim, tendo em vista a finalidade social da norma (regular, ainda que timidamente, alguns aspectos do procedimento de mediação) e a exigência do bem comum (a desjudicialização), valendo-se, portanto, da interpretação extensiva e teleológica (Lei de Introdução às Normas do Direito Brasileiro, art. 5º), imperativo se faz ampliar a interpretação, harmonizando e aplicando, no que couber, a Lei 13.140/2015 ao procedimento de conciliação.

5.1 Instituição do procedimento de mediação

> *Considera-se instituída a mediação na data para a qual for marcada a primeira reunião de mediação* (art. 17 da Lei 13.140/2015).

Evidentemente, a norma merece temperamento.

Isso porque é difícil conceber como pode ser considerado iniciado o procedimento apenas com referência à "data para a qual for marcada a primeira reunião de mediação".

O início da mediação depende da efetiva presença do mediador/conciliador no dia e local designados, mesmo que as partes não compareçam à reunião marcada, acarretando as consequências daí advindas na mediação/conciliação judicial (CPC, § 8º do art. 334, multa de até 2% do valor da causa ou da vantagem econômica perseguida em favor do Estado ou da União).

Presentes as partes – ou pelo menos uma delas –, recomenda-se a assinatura do termo inicial ou a lavratura de ata que consigne a ausência de uma ou ambas as partes.

A assinatura do termo inicial é importante para, em conjunto com a prova da designação da reunião, determinar, notadamente na mediação extrajudicial, o

---

[10] Rubens Limongi. *Hermenêutica jurídica*, 9. ed., São Paulo: Revista dos Tribunais, 2009, p. 25-26.
[11] André Franco Montoro. *Introdução à ciência do direito*, 25. ed., São Paulo: Revista dos Tribunais, 2000, p. 374-375.

prazo de suspensão do prazo prescricional enquanto transcorrer o procedimento de mediação até o seu encerramento (Lei 13.140/2015, arts. 17, parágrafo único, e 20).

É preciso notar que se trata de suspensão e não de interrupção da prescrição, que volta a correr pelo prazo remanescente no caso de não haver acordo, com a lavratura do termo final.

Posta assim a questão pela Lei de Mediação, embora não haja previsão expressa desse documento, recomenda-se, para fixar a suspensão da prescrição, a assinatura do termo inicial de mediação que conterá: a) a qualificação das partes e dos seus procuradores, quando houver; b) o nome, a profissão e o domicílio do mediador ou dos mediadores e, ainda, se for o caso, a identificação da entidade à qual as partes delegaram a indicação de mediadores; c) a descrição do conflito submetido à mediação/conciliação; d) a discriminação da responsabilidade pelo pagamento das despesas com a mediação e dos honorários do mediador, independentemente de se chegar a um consenso, o que não se aplica à conciliação ou mediação judicial, cujas custas já contemplam essa fase do procedimento; e) o local, a data e as assinaturas do mediador/conciliador, das partes e dos seus procuradores, quando houver.

É possível reforçar o dever de confidencialidade na assinatura do termo de mediação, estabelecendo as partes, seus procuradores, se houver, e o mediador, de comum acordo, os limites da confidencialidade.

Havendo a participação de auxiliares das partes ou do mediador no curso do procedimento, é interessante a assinatura de termos avulsos de confidencialidade, ainda que o sigilo seja obrigação legal de todos que, direta ou indiretamente, participarem do procedimento, a teor do art. 30, § 1º, da Lei 13.140/2015.

De acordo com o termo de mediação, as partes podem incluir matérias não discutidas originariamente, o que se permite tendo em vista a amplitude da mediação que extrapola os limites objetivos da controvérsia e visa resolver, muitas vezes, a motivação das partes.

5.2 Reuniões

O mediador, no curso do procedimento, poderá se reunir com as partes em conjunto ou separadamente para colher informações que possam facilitar o entendimento entre elas.[12]

Todavia, curiosa é a redação do art. 18 da Lei 13.140/2015, que está assim redigido: "Art. 18. Iniciada a mediação, as reuniões posteriores com a presença das partes somente poderão ser marcadas *com a sua anuência*".

Em razão de o art. 19 permitir expressamente a reunião com as partes, *em conjunto ou separadamente*, parece evidente que a *mens legis* contida no art. 18 da Lei 13.140/2015 foi a de vedar que as partes se reúnam sem o conhecimento do mediador, posto que, a toda evidência, esse encontro poderia frustrar os objetivos da mediação.

---

[12] Lei 13.140/2015, "Art. 19. No desempenho de sua função, o mediador poderá reunir-se com as partes, em conjunto ou separadamente, bem como solicitar das partes as informações que entender necessárias para facilitar o entendimento entre aquelas".

Sendo assim, a expressão "*com a sua anuência*", constante do art. 18 que citamos, se refere ao mediador e não às partes.

5.3 Recusa, impedimento ou suspeição do mediador e do conciliador e dever de revelação – as consequências do descumprimento do dever de revelação

> As causas de impedimento e de suspeição dos mediadores e dos conciliadores são, no que couber, as mesmas dos juízes, ou seja, aquelas enumeradas nos arts. 144 e 145 do CPC, o que se afirma nos termos do art. 148, segundo o qual: "aplicam-se os motivos de impedimento e de suspeição: (...) II – aos auxiliares da justiça".

Os conciliadores e os mediadores foram incluídos, pelo art. 149 do Código de Processo Civil, no rol dos auxiliares da justiça.

Portanto, na conciliação/mediação judicial expressamente e por extensão à conciliação/mediação extrajudicial, são aplicáveis as causas de impedimento e suspeição, impondo-se aos mediadores e aos conciliadores a imparcialidade (Lei 13.140/2015, art. 2º, I, e CPC, art. 166).

Assim, no início do procedimento, com a assinatura do termo de mediação, tanto o mediador quanto o conciliador precisam observar o *dever de revelação* de qualquer fato ou circunstância possa interferir na necessária imparcialidade, oportunizando às partes a recusa (Lei 13.140/2015, art. 5º, parágrafo único).[13]

A conciliação judicial é obrigatória sempre que pelo menos uma das partes não se manifestar contrariamente (CPC, arts. 334 e 335).

Diversamente da conciliação judicial, a mediação não é obrigatória e as partes devem concordar com o procedimento.

Mesmo assim, em ambos os casos – conciliação judicial obrigatória e mediação/conciliação consentidas – a recusa deve ser fundada em causa de impedimento ou suspeição do mediador.

Resta saber qual é a consequência de o mediador e o conciliador não revelarem qualquer motivo de impedimento ou suspeição no início do procedimento, oportunizando a recusa pelas partes.

Sendo mediação/conciliação judicial, aplica-se o § 1º do art. 148 do Código de Processo Civil, de tal sorte que "a parte interessada deverá arguir o impedimento ou a suspeição, em petição fundamentada e devidamente instruída, na primeira oportunidade em que lhe couber falar nos autos".

Evidentemente que a primeira oportunidade será o momento do conhecimento, caso não haja cumprimento do dever de revelação.

---

[13] "Art. 5º (...) Parágrafo único. A pessoa designada para atuar como mediador tem o dever de revelar às partes, antes da aceitação da função, qualquer fato ou circunstância que possa suscitar dúvida justificada em relação à sua imparcialidade para mediar o conflito, oportunidade em que poderá ser recusado por qualquer delas."

Entretanto, como na arbitragem, mesmo impedido ou suspeito, caso as partes conheçam a causa e não deduzam o impedimento ou a suspeição na primeira oportunidade, demonstram que confiam no mediador ou no conciliador e não podem, depois, deduzir a recusa.

Sendo conciliação/mediação judicial, nos termos do § 2º do art. 148 do CPC, "o juiz mandará processar o incidente em separado e sem suspensão do processo, ouvindo o arguido no prazo de 15 (quinze) dias e facultando a produção de prova, quando necessária", decidindo a seguir.

Se for extrajudicial, basta ao interessado deduzir a causa a qualquer tempo mediante simples notificação à outra parte e ao mediador/conciliador que lavrará o termo final para que volte a correr prazo prescricional suspenso (arts. 17, parágrafo único, e 20 da Lei 13.140/2015).

Caso o impedimento ou a suspeição tenham sido descobertos apenas depois do encerramento da mediação/conciliação, supondo que tenha havido transação entre as partes com a celebração do acordo, entendemos que caberá ação anulatória no caso de transação extrajudicial em razão do vício do consentimento (erro ou dolo), se a atuação do profissional foi fator determinante para a manifestação volitiva ou, tratando-se de transação judicial homologada por sentença, ação rescisória com fundamento no art. 966, V, do Código de Processo Civil.

5.4 Mediação e conciliação no curso do procedimento judicial ou arbitral

Nos termos do art. 16 da Lei 13.140/2015, no curso da arbitragem ou do processo judicial, as partes poderão submeter-se à mediação e, extensivamente, à conciliação, hipótese em que deverão requerer ao juiz ou ao árbitro a suspensão do processo por prazo suficiente para a solução consensual do litígio.

Sendo judicial, é irrecorrível a decisão que suspende o processo, até porque a suspensão deve ser requerida por ambos os contendores. Na arbitragem, a conclusão é a mesma, tendo em vista que, nos termos do art. 18 da Lei 9.307/1996, não há recurso da sentença e, muito menos, de decisões interlocutórias arbitrais.

Nada obstante, se, no curso da suspensão, houver a necessidade de tutelas provisórias, de urgência, cautelares ou antecipatórias de tutela, cumpridos os requisitos do art. 294 e seguintes do Código de Processo Civil, qualquer das partes poderá requerê-las ao juiz ou ao árbitro (§ 2º do art. 16 da Lei 13.140/2015).

5.5 Advogado

Nos termos do art. 10 da Lei 13.140/2015, na mediação *extrajudicial*, "as partes *poderão* ser assistidas por advogados ou defensores públicos", ressalvando o parágrafo único que, "comparecendo uma das partes acompanhada de advogado ou defensor público, o mediador suspenderá o procedimento, até que todas estejam devidamente assistidas", tudo para assegurar o princípio da igualdade processual das partes nos termos do art. 2º, II, da Lei 13.140/2015.

É preciso verificar, entretanto, que, embora a presença de advogado seja facultativa no caso de mediação extrajudicial em razão do termo "poderão" do art. 10 da Lei 13.140/2015, certo é que, ao tratar da mediação e da conciliação judicial, o art. 334, § 9º, do Código de Processo Civil impõe o acompanhamento por advogado ou defensor público sem exceção: "§ 9º As partes devem estar acompanhadas por seus advogados ou defensores públicos".

Esse é o teor do art. 26 da Lei 13.140/2015, segundo o qual, ao tratar da mediação judicial, estabelece que "as partes *deverão* ser assistidas por advogados ou defensores públicos, ressalvadas as hipóteses previstas nas Leis 9.099, de 26 de setembro de 1995, e 10.259, de 12 de julho de 2001".

A presença obrigatória do advogado na conciliação e na mediação judicial é resultado do imperativo decorrente da capacidade postulatória e assegura aos litigantes o acesso ao suporte técnico-jurídico capaz de, no complexo sistema processual civil, garantir que os seus direitos e garantias sejam observados, regra que decorre do art. 103 do Código de Processo Civil, segundo o qual "a parte será representada em juízo por advogado regularmente inscrito na Ordem dos Advogados do Brasil", além do art. 133 da Constituição Federal de 1988, assim disposto: "o advogado é indispensável à administração da justiça, sendo inviolável por seus atos e manifestações no exercício da profissão, nos limites da lei".

Todavia, não há impedimento para que a mediação/conciliação extrajudicial seja levada a efeito entre as partes e os conciliadores/mediadores sem a presença de advogados.

Ora, se é lícito transacionar extrajudicialmente sem a presença de advogados e se há admissão da própria arbitragem sem a presença desse profissional (embora não seja comum), o sistema indica que, extrajudicialmente, ou seja, fora do Poder Judiciário e da jurisdição estatal, a presença do advogado não é obrigatória, e assim consideramos em razão do art. 334, § 9º, do CPC e do art. 10 da Lei 13.140/2015.

Todavia, ainda que não seja, a transação extrajudicial, para constituir título executivo extrajudicial, exige a assinatura do advogado se o conciliador ou o mediador não forem credenciados pelo tribunal e, sendo assim, não havendo conciliador/mediador credenciado pelo tribunal, a presença do advogado, embora não seja obrigatória extrajudicialmente, é de todo recomendável, posto que, do contrário, o descumprimento daquilo que foi acordado demandará ação de conhecimento, e não a via executiva.

Este é o teor do art. 784 do CPC: "Art. 784. São títulos executivos extrajudiciais: (...) IV – o instrumento de transação referendado pelo Ministério Público, pela Defensoria Pública, pela Advocacia Pública, *pelos advogados dos transatores ou por conciliador ou mediador credenciado por tribunal*; (...)".

Na conciliação/mediação judicial, a teor do art. 334, § 9º, do CPC, a presença do advogado é obrigatória.

Sendo assim, a regra da assinatura do advogado ou do mediador/conciliador credenciados pelo tribunal para constituição de título executivo extrajudicial se aplica à mediação/conciliação extrajudicial.

Na mediação/conciliação judicial, na pior das hipóteses, com a presença obrigatória do advogado (§ 9º do art. 334 do CPC), ainda que o conciliador/mediador não seja credenciado, o que é possível pela escolha das partes, a teor do art. 168, § 1º, do CPC,[14] e mesmo que não haja homologação por sentença, a transação representará título executivo extrajudicial a teor do art. 784, IV, do CPC.

Se houver homologação, facultativa e a requerimento da parte, o título executivo será judicial nos termos do art. 20, parágrafo único, da Lei 13.140/2015 e do art. 515, II, do CPC.

5.6 Termo final de mediação e de conciliação e natureza do título no caso de transação

Em razão dos trabalhos de mediação e de conciliação, poderá haver ou não a transação, que é o resultado útil dos meios alternativos de solução de controvérsias.

> Em qualquer hipótese, havendo ou não o acordo materializado na transação, o mediador/conciliador lavrará, de acordo com o que prevê o art. 20 da Lei 13.140/2015, o termo final de mediação/conciliação.

A lei não menciona, mas, para constituir título executivo, o temo final demanda a assinatura das partes, facultativa caso não tenha havido acordo.

Esse termo final, não havendo acordo, é imprescindível para determinar o recomeço do prazo prescricional suspenso pela assinatura do termo inicial de mediação ou de conciliação conforme preveem os arts. 17, parágrafo único, e 20, parágrafo único, da Lei 13.140/2015.

Conforme preveem o parágrafo único do art. 20 da Lei 13.140/2015[15] e o art. 515, II, III e VII, do CPC,[16] havendo transação, o termo final que contenha o acordo será homologado pelo juiz ou pelo árbitro, conforme o caso, e constituirá título executivo judicial.

Sendo a mediação judicial, há previsão de irrecorribilidade automática da sentença homologatória do termo final de mediação que contenha transação, o que se infere do parágrafo único do art. 28 da Lei 13.140/2015.[17]

---

[14] "Art. 168. As partes podem escolher, de comum acordo, o conciliador, o mediador ou a câmara privada de conciliação e de mediação. § 1º O conciliador ou mediador escolhido pelas partes poderá ou não estar cadastrado no tribunal. (...)".
[15] "Art. 20. (...) Parágrafo único. O termo final de mediação, na hipótese de celebração de acordo, constitui título executivo extrajudicial e, quando homologado judicialmente, título executivo judicial".
[16] "Art. 515. São títulos executivos judiciais, cujo cumprimento dar-se-á de acordo com os artigos previstos neste Título: (...) II – a decisão homologatória de autocomposição judicial; III – a decisão homologatória de autocomposição extrajudicial de qualquer natureza; (...) VII – a sentença arbitral; (...)".
[17] "Art. 28. (...) Parágrafo único. Se houver acordo, os autos serão encaminhados ao juiz, que determinará o arquivamento do processo e, desde que requerido pelas partes, homologará o acordo, por sentença, e o termo final da mediação e determinará o arquivamento do processo".

Não havendo homologação, notadamente na conciliação/mediação extrajudicial e também na judicial em que a homologação não tenha sido expressamente requerida a teor do art. 28, parágrafo único, da Lei 13.140/2015, o título executivo será extrajudicial (CPC, art. 784, IV).[18]

6. PECULIARIDADES DA MEDIAÇÃO/CONCILIAÇÃO EXTRAJUDICIAL – A CLÁUSULA ESCALONADA

Poderão as partes, antes de qualquer procedimento judicial ou arbitral, prever contratualmente a necessidade de buscarem a mediação ou a conciliação.

Poderão, inclusive, desenvolver a mediação e a conciliação nos serviços notariais e de registro, conforme regulamentação prevista no Provimento 67 de 26.03.2018, do Conselho Nacional de Justiça – CNJ.

Em outras palavras, as partes poderão, inclusive, pactuar a obrigatoriedade de se submeter à mediação antes da heterocomposição pelo Poder Judiciário ou pela arbitragem, pactuando que, se desrespeitarem a necessidade de buscar autocomposição prévia, se depararão com a suspensão do processo judicial ou arbitral, nos termos do art. 23 da Lei 13.140/2015, salvo para deferir tutelas provisórias de urgência, de natureza cautelar ou antecipada. Esta é a cláusula escalonada.

Posta assim a questão, nos termos do art. 21 da Lei 13.140/2015,[19] qualquer das partes poderá convidar a outra a participar de reunião para esse fim por qualquer meio, como, por exemplo, através de cartório de títulos e documentos, carta registrada, e-mail etc., evitando o termo agressivo "notificação".

Deveras, trata-se mesmo de convite, tendo em mente o princípio da autonomia da vontade (art. 2º da Lei 13.140/2015) e, principalmente, o § 2º do art. 2º da Lei 13.140/2015, segundo o qual "ninguém será obrigado a permanecer em procedimento de mediação", o que se aplica integralmente à conciliação extrajudicial, lembrando que a judicial poderá ser obrigatória nos termos do art. 334 do CPC, que determina a incidência de multa de até 2% do valor da causa ou da vantagem pretendida (CPC, § 8º do art. 334) se a parte não comparecer à audiência designada.

Na conciliação/mediação judicial, ainda que a Lei 13.140/2015 tenha previsto o procedimento de maneira geral (arts. 14 a 20), os aspectos lá tratados são subsidiários àqueles determinados pelas partes, a teor do que dispõe o § 4º do art. 166 do Código de Processo Civil, que prevê a liberdade procedimental.[20]

---

[18] "Art. 784. São títulos executivos extrajudiciais: (...) IV – o instrumento de transação referendado pelo Ministério Público, pela Defensoria Pública, pela Advocacia Pública, pelos advogados dos transatores ou por conciliador ou mediador credenciado por tribunal; (...)".

[19] "Art. 21. O convite para iniciar o procedimento de mediação extrajudicial poderá ser feito por qualquer meio de comunicação e deverá estipular o escopo proposto para a negociação, a data e o local da primeira reunião. Parágrafo único. O convite formulado por uma parte à outra considerar-se-á rejeitado se não for respondido em até trinta dias da data de seu recebimento".

[20] "Art. 166. A conciliação e a mediação são informadas pelos princípios da independência, da imparcialidade, da autonomia da vontade, da confidencialidade, da oralidade, da informalidade e da decisão informada. (...) § 4º A mediação e a conciliação serão regidas conforme a livre autonomia dos interessados, inclusive no que diz respeito à definição das regras procedimentais".

Com muito mais razão na conciliação/mediação extrajudicial, cujo procedimento será regulado pelas partes contratualmente.

Nos termos do art. 22 da Lei 13.140/2015, se houver previsão contratual de mediação, esta deverá conter, no mínimo: "I – prazo mínimo e máximo para a realização da primeira reunião de mediação, contado a partir da data de recebimento do convite; II – local da primeira reunião de mediação; III – critérios de escolha do mediador ou equipe de mediação; IV – penalidade em caso de não comparecimento da parte convidada à primeira reunião de mediação. § 1º A previsão contratual pode substituir a especificação dos itens acima enumerados pela indicação de regulamento, publicado por instituição idônea prestadora de serviços de mediação, no qual constem critérios claros para a escolha do mediador e realização da primeira reunião de mediação".

Nesse contexto surge a cláusula escalonada, que nada mais é que a cláusula contratual que contempla a obrigação de as partes submeterem-se à mediação ou à conciliação previamente à arbitragem ou à jurisdição estatal, evitando que a controvérsia chegue diretamente à heterocomposição.

Em contratos de execução continuada ou cujo prazo de cumprimento seja longo, como no caso de obras de infraestrutura e de construção civil, cláusula nesse sentido se mostra útil para evitar a jurisdicionalização do conflito.

No caso de arbitragem, não se trata de fase do procedimento, como aquele de conciliação exigido pelo art. 21, § 4º, da Lei 9.307/1996, mas de mediação ou conciliação pactuada pelas partes para se desenvolver antes da instauração do procedimento arbitral, evitando, inclusive, os custos daí decorrentes.

Nessa medida, é importante, para evitar atrasos na eventual necessidade de instauração da heterocomposição pela arbitragem, que o pacto preveja prazos definidos para início e fim da mediação ou da conciliação (art. 22, I, da Lei 13.140/2015) e, bem assim, que não gere qualquer empecilho para instauração do procedimento arbitral.

Tal cláusula é possível mesmo nos contratos de adesão e submetidos ao Código de Defesa do Consumidor na exata medida em que não há falar-se em abusividade de cláusula que impõe prévia tentativa de conciliação ou de mediação, evitando a propositura de ação.

Se as partes desejarem, assim como na arbitragem, a mediação ou a conciliação poderá ser institucional, de tal sorte que, nessa hipótese, a cláusula contratual poderá, em vez de especificar os itens já enumerados, indicar regulamento publicado por instituição prestadora de serviços de mediação, no qual constem critérios claros para a escolha do mediador e realização da primeira reunião de mediação (§ 1º do art. 22, da Lei 13.140/2015).

Portanto, a mediação extrajudicial, assim como a arbitragem, poderá ser institucional (ou administrada) ou avulsa (ou "ad hoc").

Se não houver previsão contratual completa, ou seja, se as partes preverem a mediação extrajudicial sem respeitar os requisitos mínimos insculpidos no art. 22 da Lei 13.140/2015, deverão respeitar os requisitos do § 2º do mesmo art. 22, colocando na notificação que convidará a outra parte ao procedimento prévio o seguinte: I – prazo mínimo de dez dias úteis e prazo máximo de três meses, contados a partir do recebimento do convite para o início da mediação; II – local adequado a uma reunião que possa envolver informações confidenciais; III – lista de cinco nomes, informações de contato e referências profissionais de mediadores capacitados; a parte convidada poderá escolher, expressamente, qualquer um dos cinco mediadores e, caso a parte convidada não se manifeste, considerar-se-á aceito o primeiro nome da lista; IV – que o não comparecimento da parte convidada à primeira reunião de mediação acarretará a assunção, por parte desta, de cinquenta por cento das custas e honorários sucumbenciais, caso venha a ser vencedora em procedimento arbitral ou judicial posterior, que envolva o escopo da mediação para a qual foi convidada.

> Este último aspecto, insculpido no inciso IV do § 2º do art. 22 da Lei 13.140/2015, que impõe ao convidado para a mediação que não comparecer à reunião o ônus de arcar com metade das custas e honorários da ação judicial ou arbitral, mesmo que tenha razão, ainda que ninguém possa ser compelido a permanecer em mediação (art. 2º, § 2º, da Lei 13.140/2015), é importantíssimo para incentivar as partes a participarem do procedimento antes da propositura de qualquer ação, corroborando com o necessário freio à cultura do litígio tão arraigada entre nós.
> A penalidade pelo não comparecimento pode ser livremente convencionada pelas partes na cláusula de mediação completa.

"Nos litígios decorrentes de contratos comerciais ou societários que não contenham cláusula de mediação, o mediador extrajudicial somente cobrará por seus serviços caso as partes decidam assinar o termo inicial de mediação e permanecer, voluntariamente, no procedimento de mediação" (§ 3º do art. 22 da Lei 13.140/2015).

Em outras palavras, poderá até haver convite nesses contratos, mas, comparecendo, caso não queira dar sequência, pela voluntariedade do procedimento de mediação, não poderá ser compelido a pagar por serviço que não anuiu.

De qualquer maneira, mesmo tratando-se de mediação/conciliação extrajudicial, convém às partes assinar o termo inicial de conciliação/mediação, tendo em vista que a data nele contida, coincidente com a data da primeira reunião agendada, determinará a suspensão do prazo prescricional, a teor do art. 17, parágrafo único, da Lei 13.140/2015.[21]

No termo inicial da conciliação/mediação extrajudicial, as partes poderão – e se trata de faculdade – assumir obrigação de não acessar o Poder Judiciário ou provocar a jurisdição arbitral se houver convenção de arbitragem entre elas.

Todavia, levando em consideração o princípio da inafastabilidade da jurisdição contido no art. 5º, XXXV, da Constituição Federal, o art. 23 da Lei 13.140/2015 não vedou que as partes proponham a ação, mesmo diante do pacto de não procurar a heterocomposição, mas determinou, nessa hipótese, que o juiz ou o árbitro, diante da convenção entre as partes, mantenha suspenso o procedimento judicial ou arbitral até a implementação da condição ou do prazo.

Caso haja pedido de instauração da arbitragem, por evidente que, diante da suspensão do processo, igualmente ficará suspenso o prazo para prolação da sentença arbitral, convencional ou legal (arts. 11, III, e 23 da Lei de Arbitragem).

---

21 "Parágrafo único. Enquanto transcorrer o procedimento de mediação, ficará suspenso o prazo prescricional".

Eis o teor do art. 23 da Lei 13.140/2015: "Art. 23. Se, em previsão contratual de cláusula de mediação, as partes se comprometerem a não iniciar procedimento arbitral ou processo judicial durante certo prazo ou até o implemento de determinada condição, o árbitro ou o juiz suspenderá o curso da arbitragem ou da ação pelo prazo previamente acordado ou até o implemento dessa condição. Parágrafo único. O disposto no *caput* não se aplica às medidas de urgência em que o acesso ao Poder Judiciário seja necessário para evitar o perecimento de direito".

7. PECULIARIDADES DA MEDIAÇÃO JUDICIAL

Recebida a petição inicial, em qualquer espécie de procedimento, se o juiz verificar que o caso melhor se adéqua à mediação, determinará o encaminhamento do processo ao mediador judicial, salvo hipótese de recusa expressa declarada pelo autor e que acompanhe a exordial, tendo em vista que a mediação é sempre voluntária (Lei 13.140/2015, art. 2º, V e § 2º), diferentemente da conciliação (CPC, art. 334 e seus §§ 5º, 6º e 8º).

> Aqui, cumpre esclarecer que há nítida distinção da conciliação, posto que esta, como vimos, a teor do art. 334, §§ 4º, 5º e 8º, do CPC, é obrigatória, somente sendo dispensada se autor e o réu expressamente a dispensarem. Todavia, a mediação é sempre voluntária (Lei 13.140/2015, art. 2º, V e § 2º).

Outro ponto interessante da mediação disciplinada pela Lei 13.140/2015 é que o seu início independe do ato citatório.

A afirmação surge do teor do art. 29 da Lei 13.140/2015, tendo em vista que, insculpido na subseção III ("Da Mediação Judicial"), prevê possibilidade de acordo celebrado em razão da mediação útil antes do ato de citação, hipótese em que não caberá a imposição de custas judiciais finais pela satisfação do direito (art. 29 da Lei 13.140/2015).[22]

Igualmente, a possibilidade de início da mediação sem citação – o que não ocorre na conciliação, nos termos do art. 334 e seguintes do CPC – decorre da menção da mediação pré-processual no art. 24 da Lei 13.140/2015.

Sendo assim, o mediador receberá os autos por livre distribuição (Lei de Mediação, arts. 24 e 25[23]) e comunicará o réu por qualquer meio idôneo para que manifeste interesse em participar do procedimento.

---

[22] "Art. 29. Solucionado o conflito pela mediação antes da citação do réu, não serão devidas custas judiciais finais".

[23] "Art. 24. Os tribunais criarão centros judiciários de solução consensual de conflitos, responsáveis pela realização de sessões e audiências de conciliação e mediação, pré-processuais e processuais, e pelo desenvolvimento de programas destinados a auxiliar, orientar e estimular a autocomposição".

"Art. 25. Na mediação judicial, os mediadores não estarão sujeitos à prévia aceitação das partes, observado o disposto no art. 5º desta Lei".

Os contendores devem responder positivamente pela aceitação do procedimento de mediação, não se admitindo o silêncio como aquiescência, posto que a ausência de resposta não implica aceitação, que deve ser expressa. É preciso lembrar que, nos termos do § 2º do art. 2º da Lei 13.140/2015, a mediação é sempre voluntária.

Assim, a aceitação expressa do autor é necessária – além da aceitação expressa do réu – mesmo que não tenha ele, autor, manifestado inicialmente o repúdio à mediação.

Enfim, a ausência de concordância expressa de ambas as partes representará recusa, hipótese em que o mediador deverá devolver os autos ao juiz imediatamente, se o processo não for eletrônico, ou comunicar imediatamente o juiz se o processo for eletrônico para que dê prosseguimento com a citação do réu, sob pena de o mediador responder pelo atraso e eventuais prejuízos que sua omissão gerar.

A par da omissão da lei, entendemos que os tribunais poderão regular regimentalmente que a citação será feita no momento da audiência de mediação pré-processual a que comparecer o réu, evitando que o ato tenha que ser realizado ao depois com as vicissitudes daí decorrentes.

Embora o § 8º do art. 334 do CPC tenha mencionado apenas a conciliação, entendemos que as razões são as mesmas para a mediação judicial, de tal sorte que, apresentadas as mesmas razões, aplica-se o mesmo direito.

Isso porque o dispositivo que aplica a multa estabelece que "o não comparecimento injustificado do autor ou do réu à *audiência de conciliação* é considerado ato atentatório à dignidade da justiça e será sancionado com multa de até dois por cento da vantagem econômica pretendida ou do valor da causa, revertida em favor da União ou do Estado".

Entendemos que a mesma multa deverá ser aplicada àquele que não comparece à audiência de mediação judicial pré-processual.

O art. 28 da Lei 13.140/2015 prevê que a mediação judicial deverá estar concluída no prazo de 60 dias contados da primeira sessão, salvo prorrogação aceita por ambas as partes por termo nos autos.

Não havendo acordo ao final do prazo, os termos inicial e final da mediação serão encaminhados ao juiz, que dará seguimento ao processo.

Havendo acordo, os autos serão encaminhados pelo mediador ao juiz, se forem físicos, ou o mediador comunicará o juiz se os autos forem eletrônicos para que este determine (Lei 13.140/2015, art. 28, parágrafo único) o arquivamento da petição inicial e, havendo requerimento expresso das partes, a homologação da transação contida no termo final da mediação por sentença irrecorrível.

8. MEDIAÇÃO E CONCILIAÇÃO NO DIREITO PÚBLICO

8.1 *Conflitos envolvendo particulares e a União, os Estados e os Municípios*

No âmbito do Direito Administrativo, o art. 174 do CPC prevê a possibilidade da conciliação e da mediação por meio de câmaras de mediação e conciliação criadas pela União, Estados, DF e Municípios, para: "I – dirimir conflitos envolvendo órgãos e entidades da administração pública; II – avaliar a admissibilidade dos pedidos de resolução de conflitos, por meio de conciliação, no âmbito da administração pública; III – promover, quando couber, a celebração de termo de ajustamento de conduta".

O art. 32 da Lei 13.140/2015 estabelece que "a União, os Estados, o Distrito Federal e os Municípios poderão criar câmaras de prevenção e resolução administrativa de conflitos, no âmbito dos respectivos órgãos da Advocacia Pública, onde houver, com competência para: I – dirimir conflitos entre órgãos e entidades da Administração Pública; II – avaliar a admissibilidade dos pedidos de resolução de conflitos, por meio de composição, no caso de controvérsia entre particular e pessoa jurídica de direito público; III – promover, quando couber, a celebração de termo de ajustamento de conduta" e, ainda, "a prevenção e a resolução de conflitos que envolvam equilíbrio econômico-financeiro de contratos celebrados pela administração com particulares" (art. 32, § 5º, da Lei 13.140/2015).

Cada ente da federação poderá estabelecer câmaras de prevenção e resolução administrativa de conflitos com regulamento próprio. Trata-se, portanto, de faculdade, e a sua formação dependerá de regulamento específico (Lei 13.140/2015, art. 32, §§ 1º e 2º).

O acordo a que chegarem as partes no âmbito administrativo será reduzido a termo e constitui título executivo extrajudicial (Lei 13.140/2015, art. 20, parágrafo único).

Não se aplica a resolução consensual de conflitos envolvendo as pessoas jurídicas de Direito Público às controvérsias que somente possam ser resolvidas por atos ou concessão de direitos sujeitos a autorização do Poder Legislativo (Lei 13.140/2015, art. 32, § 4º).

Instaurado o procedimento administrativo para resolução consensual dos conflitos, a prescrição resta suspensa, de acordo com a regra específica contida no art. 34 da Lei 13.140/2015.

Todavia, o procedimento somente é considerado instaurado quando o órgão ou entidade pública emitir juízo de admissibilidade, retroagindo a suspensão da prescrição à data de formalização do pedido de resolução consensual do conflito (§ 1º do art. 35 da Lei 13.140/2015).

Assim sendo, caso não haja admissibilidade, não haverá interrupção retroativa, o que representa insegurança jurídica e demandará a propositura da ação que visa albergar direito até que haja a admissibilidade do pedido de mediação. Em se tratando de matéria tributária, a suspensão da prescrição deverá observar o disposto no Código Tributário Nacional (Lei 13.140/2015, art. 34, §§ 1º e 2º).

8.2 "Transação por adesão" nos conflitos envolvendo a Administração Pública Federal Direta, suas Autarquias e Fundações

Visando a solução extrajudicial e rápida de controvérsias envolvendo a Administração Pública Federal Direta, suas Autarquias e Fundações, a Lei 13.140/2015 prevê, no seu art. 35, a denominada "transação por adesão", com fundamento em: "I – autorização do Advogado-Geral da União, com base na jurisprudência pacífica do Supremo Tribunal Federal ou de tribunais superiores; ou II – parecer do Advogado-Geral da União, aprovado pelo Presidente da República".

Os requisitos e as condições da transação por adesão serão definidos em resolução administrativa própria e, além das condições, deverá fixar a competência para a avaliação administrativa do atendimento dos pressupostos.

> A adesão se dará por pedido do interessado com prova de atendimento das condições decorrentes da resolução administrativa, sendo necessário também que o aderente renuncie ao direito sobre o qual se funda a ação coletiva da qual faz parte, mediante a juntada da cópia da respectiva petição.

Parece evidente que a renúncia somente será levada a efeito após a aceitação da adesão, não sendo razoável que o pretenso aderente renuncie e, ao depois, tenha seu pedido de adesão recusado.

Assim, manifestará, na adesão, que, aceito o seu pedido, como condição de eficácia da adesão, apresentará a renúncia ao direito sobre o qual se funda a ação coletiva.

O ato de aceitação também será condicional, subordinado à condição suspensiva da renúncia.

Se a ação ou recurso administrativo sobre o objeto da adesão forem individuais, a conclusão é a mesma, mas haverá perda automática do seu objeto com a adesão aceita e a partir da aceitação, a teor do que dispõe o § 4º do art. 35 da Lei 13.140/2015: "§ 4º A adesão implicará renúncia do interessado ao direito sobre o qual se fundamente a ação ou o recurso, eventualmente pendentes, de natureza administrativa ou judicial, no que tange aos pontos compreendidos pelo objeto da resolução administrativa".

O simples pedido de adesão não representará renúncia à prescrição ou sua suspensão/interrupção, devendo o pretenso aderente tomar as medidas necessárias à interrupção, ainda que seja pela propositura da ação que visa albergar o seu direito até que haja a aceitação da sua proposta de adesão (§ 6º do art. 35 da Lei 13.140/2015).

8.3 Controvérsia entre órgãos ou entidades de direito público que integram a Administração Pública Federal

No caso de conflitos que envolvam controvérsia entre órgãos ou entidades de direito público que integram a Administração Pública Federal, a Advocacia-Geral da União deverá levar a efeito a composição extrajudicial do conflito, observados os procedimentos previstos em ato do Advogado-Geral da União (Lei 13.140/2015, art. 36).

> Não havendo acordo entre as entidades pelo procedimento previsto em ato do Advogado-Geral da União, a competência para dirimir a controvérsia será do Advogado-Geral da União, que, nessa medida, passa a ser dotado de jurisdição interna, nos termos do § 1º do art. 36 da Lei 13.140/2015: "Art. 36. No caso de conflitos que envolvam controvérsia jurídica entre órgãos ou entidades de direito público que integram a Administração Pública Federal, a Advocacia-Geral da União deverá realizar a composição extrajudicial do conflito, observados os procedimentos previstos em ato do Advogado-Geral da União. § 1º Na hipótese do *caput*, se não houver acordo quanto à controvérsia jurídica, caberá ao Advogado-Geral da União dirimi-la, com fundamento na legislação afeta. (...)".

Essa competência da Advocacia-Geral da União, obrigatória para composição extrajudicial no âmbito federal, é facultativa para controvérsias envolvendo Estados, Distrito Federal e Municípios, além de suas autarquias e fundações públicas, bem como empresas públicas e sociedades de economia mista federais em litígio com a Administração Pública Federal nos termos do art. 37 da Lei 13.140/2015: "Art. 37. É facultado aos Estados, ao Distrito Federal e aos Municípios, suas autarquias e fundações públicas, bem como às empresas públicas e sociedades de economia mista federais, submeter seus litígios com órgãos ou entidades da Administração Pública Federal à Advocacia-Geral da União, para fins de composição extrajudicial do conflito".

Em outras palavras, nesses casos, dependerá de expressa adesão ao procedimento de composição, não à solução imposta pelo Advogado-Geral da União, posto que a adesão será, nos termos do art. 37, à "composição extrajudicial do conflito".

Essa faculdade não se aplica, ou seja, não podem aderir a essa forma de solução as empresas públicas, sociedades de economia mista e suas subsidiárias que explorem atividade econômica de produção ou comercialização de bens ou de prestação de serviços (Lei 13.140/2015, art. 38, II).

> Nos conflitos entre órgãos ou entidades de direito público que integram a Administração Pública Federal, relativos a tributos administrados pela Secretaria da Receita Federal do Brasil ou a créditos inscritos em dívida ativa da União (Lei 13.140/2015, art. 38, III): "a) a submissão do conflito à composição extrajudicial pela Advocacia-Geral da União implica renúncia ao direito de recorrer ao Conselho Administrativo de Recursos Fiscais; b) a redução ou o cancelamento do crédito dependerá de manifestação conjunta do Advogado-Geral da União e do Ministro de Estado da Fazenda".[24]

Se a decisão implicar o reconhecimento da existência de créditos da União, de suas autarquias e fundações em face de pessoas jurídicas de direito público federais, a Advocacia-Geral da União solicitará a adequação orçamentária para a quitação das dívidas que reconhecer (Lei 13.140/2015, art. 36, § 2º).

Ainda que haja a composição extrajudicial, o agente público que tenha causado prejuízo culposo – a responsabilidade do agente é subjetiva – por infração disciplinar responderá pelos prejuízos, além das sanções disciplinares aplicáveis à sua conduta (Lei 13.140/2015, art. 36, § 3º).

Caso a controvérsia seja objeto de discussão em ação de improbidade administrativa ou sobre ela haja decisão do Tribunal de Contas da União, a conciliação dependerá da anuência expressa do juiz da causa ou do Ministro relator (Lei 13.140/2015, art. 36, § 4º).

---

[24] Vide o art. 14-A do Decreto 70.235, de 6 de março de 1972:
"Art. 14-A. No caso de determinação e exigência de créditos tributários da União cujo sujeito passivo seja órgão ou entidade de direito público da Administração Pública Federal, a submissão do litígio à composição extrajudicial pela Advocacia-Geral da União é considerada reclamação, para fins do disposto no inc. III do art. 151 da Lei nº 5.172, de 25 de outubro de 1966 (Código Tributário Nacional)".

O art. 39 da Lei 13.140/2015 pretende impor um freio às ações judiciais envolvendo entidades de direito público que integrem a Administração Pública Federal, de tal sorte que passa a ser condição da ação a autorização expressa do Advogado-Geral da União que poderá delegar a competência para conceder a autorização.

Nesses termos, verificando o juiz a ausência da autorização, deverá determinar a regularização no prazo de 15 dias e, se não houver, extinguir o processo, a teor do art. 321 do CPC, tendo em vista a ausência de documento indispensável para a propositura da ação nos termos do art. 320, também do CPC.

Por fim, visando não inibir a composição extrajudicial dos conflitos entre os entes públicos, o art. 40 da Lei 13.140/2015 estabelece que "os servidores e empregados públicos que participarem do processo de composição extrajudicial do conflito, somente poderão ser responsabilizados civil, administrativa ou criminalmente quando, mediante dolo ou fraude, receberem qualquer vantagem patrimonial indevida, permitirem ou facilitarem sua recepção por terceiro, ou para tal concorrerem", ou seja, somente se for comprovado o crime de concussão ou de corrupção passiva, jamais em razão de atos discricionários praticados no procedimento.

8.4 Desapropriações

A Lei 13.867, de 26 de agosto de 2019, alterou o Decreto-lei 3.365/1941 para incluir os arts. 10-A e 10-B.

Com a alteração, o expropriante poderá notificar o expropriado contemplando oferta de indenização, conforme tratamos no item 7.5 do Capítulo 1.

Diante da notificação, o expropriado poderá aceitar a oferta, firmando transação com o expropriante, que servirá de título para registro junto ao registro de imóveis.

A novidade que interessa à mediação é a que surge em razão de recusa da oferta.

Nesse caso, o art. 10-B do Decreto-lei 3.365/1941 permite e prevê expressamente a utilização da mediação nos termos da Lei 13.140/2015.

Para tanto, o expropriado terá que fazer opção pela mediação desde que tal opção conste da notificação com indicação de um dos órgãos ou instituições especializados previamente cadastrados pelo órgão responsável pela desapropriação.

A opção pela mediação é, conforme defendo, do expropriante, não se tratando de direito subjetivo do expropriado.

Posta assim a questão, a mediação somente será aplicada às desapropriações se na notificação houver a indicação, pelo expropriado, de centro de mediação previamente cadastrado; se não houver, presume-se que o expropriante optou pela ação de desapropriação.

Quadro sinótico

1. Conceito de mediação e de conciliação
Mediação: é "a atividade técnica exercida por terceiro imparcial e sem poder decisório, que, escolhido ou aceito pelas partes, as auxilia e estimula a identificar ou desenvolver soluções consensuais para a controvérsia" (Lei 13.140/2015, art. 1º, parágrafo único).

1. Conceito de mediação e de conciliação

Conciliação: implica a atividade do conciliador que atua na tentativa de obtenção da solução dos conflitos sugerindo a solução sem que possa impor sua sugestão compulsoriamente. O conciliador tenta demover as partes a solucionar o conflito acatando suas ponderações e alternativas para a resolução do conflito que, entretanto, depende da anuência das partes.

Centros judiciários de solução consensual de demandas (CPC, art. 165, §§ 2º e 3º): criados pelos tribunais, são responsáveis pelas audiências de conciliação e de mediação, havendo estranha determinação para que haja utilização de: a) mediação: preferencialmente quando houver vínculo social anterior prolongado entre as partes; e, b) conciliação: preferencialmente quando não houver vínculo anterior entre as partes ou, havendo, não for vínculo social prolongado.

2. Princípios impositivos da mediação e da conciliação e a confidencialidade (CPC, art. 166, e Lei 13.140/2015, art. 2º)

a) Independência, ou seja, o mediador e o conciliador devem se manter distantes das partes, sem se envolver com qualquer dos contendores;

b) Imparcialidade, que impede qualquer interesse ou vínculo dos mediadores ou conciliadores com as partes. As causas de impedimento ou suspeição dos juízes (CPC, arts. 144 e 145) se aplicam aos mediadores e aos conciliadores (CPC, arts. 148 e 149). *Dever de revelação (Lei 13.140/2015, art. 5º, parágrafo único)*: O mediador – e também o conciliador – "tem o dever de revelar às partes, antes da aceitação da função, qualquer fato ou circunstância que possa suscitar dúvida justificada em relação à sua imparcialidade para mediar o conflito, oportunidade em que poderá ser recusado por qualquer delas". A recusa do mediador/conciliador deve ser fundada em causa de impedimento ou suspeição; sendo mediação/conciliação judicial, "o juiz mandará processar o incidente em separado e sem suspensão do processo, ouvindo o arguido no prazo de 15 (quinze) dias e facultando a produção de prova, quando necessária", decidindo a seguir. Sendo extrajudicial, bastará que o interessado comunique o profissional durante o procedimento para que lavre o termo final. Descoberta a causa depois da transação, caberá ação anulatória em razão de eventual vício do consentimento ou ação rescisória com fundamento no art. 966, V, do CPC;

c) Oralidade, sem registro dos atos em razão da confidencialidade;

d) Autonomia da vontade das partes. Liberdade para chegar ou não ao consenso, significando, também, que "ninguém será obrigado a permanecer em procedimento de mediação" (art. 2º, § 2º, da Lei 13.140/2015);

e) Decisão informada. Para legitimidade da solução consensual, é necessário que as partes tenham consciência absoluta no que diz respeito aos seus direitos e aos fatos que os cercam;

f) Isonomia entre as partes. O mediador e o conciliador devem tratar ambos os contendores de forma igual, a eles conferindo as mesmas oportunidades;

g) Informalidade: inexistência de regramento fixo para os atos praticados durante a mediação e a conciliação (CPC, art. 166, § 4º). Na ausência de procedimento disciplinado pelas partes, caberá ao mediador/conciliador discipliná-lo;

h) Busca do consenso, ou seja, a transação é o resultado útil da mediação;

i) Confidencialidade (art. 30, § 1º, da Lei 13.140/2015): abrange: "I – declaração, opinião, sugestão, promessa ou proposta formulada por uma parte à outra na busca de entendimento para o conflito; II – reconhecimento de fato por qualquer das partes no curso do procedimento de mediação; III – manifestação de aceitação de proposta de acordo apresentada pelo mediador; IV – documento preparado unicamente para os fins do procedimento de mediação". Qualquer prova apresentada no âmbito do processo em desacordo com a confidencialidade é prova ilícita.

2. Princípios impositivos da mediação e da conciliação e a confidencialidade (CPC, art. 166, e Lei 13.140/2015, art. 2º)

Atinge o profissional, seus prepostos, advogados, assessores técnicos ou outras pessoas que tenham participado do procedimento, direta ou indiretamente, não podendo testemunhar (§ 2º do art. 166 do CPC).

A confidencialidade deve ser alertada pelo mediador/conciliador e reforçada na assinatura do termo inicial de mediação/conciliação (Lei 13.140/2015, art. 14).

Exceções à confidencialidade (art. 30, § 3º, da Lei 13.140/2015): informação relativa à ocorrência de crime de ação pública e informações à administração tributária após o termo final da mediação, mantendo-se o sigilo das informações compartilhadas nos termos do art. 198 do CTN.

3. Mediadores e conciliadores

Conciliador/mediador:

a) Judicial, atuando como auxiliar da justiça nas audiências de conciliação (CPC, art. 334) nos termos dos arts. 165 a 175 do CPC; ou,

b) Extrajudicial, atuando fora do âmbito do processo judicial.

Nas duas formas de atuação aplicar-se-ão, por extensão, as regras da Lei 13.140/2015 e requer-*se formação jurídica para os conciliadores* em razão do *"princípio da decisão informada"* e da sua atividade, que requer sugerir a solução do conflito (não conseguirá sugerir solução juridicamente possível se não tiver formação jurídica), e *formação superior para os mediadores judiciais* (não necessariamente jurídica) nos termos do art. 11 da Lei 13.140/2015. Em razão da omissão do CPC quanto à formação dos conciliadores, a maioria admite que basta o curso de formação e o cadastro no Tribunal para os mediadores judiciais. Os mediadores extrajudiciais não necessitam de qualquer formação superior, bastando a confiança das partes (art. 9º da Lei 13.140/2015).

Cadastro nacional e no tribunal de atuação para conciliadores/mediadores judiciais e câmaras de conciliação (art. 167 do CPC): necessária para a atuação judicial. Requer-se capacitação mediante curso promovido por entidades credenciadas pelos tribunais com currículo definido pelo CNJ e pelo Ministério da Justiça. Possível o provimento por concurso público.

Escolha/indicação de mediadores: devem ser escolhidos pelas partes ou designados pelo tribunal no caso de mediação judicial (art. 4º da Lei 13.140/2015).

Escolha/indicação de conciliadores: o conciliador judicial pode ser escolhido livremente pelas partes mesmo que não seja cadastrado no tribunal e no cadastro nacional (CPC, art. 168, § 1º) e, se não for escolhido pelos contendores, será indicado por distribuição, observada a formação entre os cadastrados.

Impedimentos dos conciliadores/mediadores (CPC, arts. 167, § 5º, e 172; Lei 13.140/2015, art. 6º): a) impedidos de exercer a advocacia no juízo em que atuam, se advogado forem; b) impedidos durante 1 ano para, após a última audiência em que atuarem, representarem ou patrocinarem as partes; c) havendo a celebração de compromisso entre as partes, o conciliador e o mediador estarão impedidos de atuar como árbitros.

Causas de impedimento e suspeição de juízes (CPC, arts. 144, 145 e 148, e Lei 13.140/2015, art. 5º): aplicam-se aos conciliadores e mediadores que devem revelar a causa no início do procedimento, permitindo a recusa das partes (Lei 13.140/2015, art. 5º, parágrafo único).

Equiparação do mediador (não do conciliador) ao funcionário público para fins penais (Lei 13.140/2015, art. 8º): aplica-se às infrações penais que o mediador pode cometer e àquelas que contra ele podem ser cometidas. Por ausência de previsão expressa, não é possível equiparar o conciliador em razão do princípio da legalidade penal ("nullum crimen nulla poena sine previa lege" – art. 1º do CP e art. 5º, XXXIX, da CF).

3. Mediadores e conciliadores

Exclusão do cadastro (CPC, art. 173): se violar o dever de confidencialidade ou se agir com dolo ou culpa, sem prejuízo de responsabilidade civil e/ou penal.

Pagamento (CPC, art. 169, e Lei 13.140/2015, art. 12): nos termos da tabela fixada pelo tribunal, de acordo com os parâmetros estabelecidos pelo CNJ. Para as câmaras privadas de mediação e conciliação cadastradas o tribunal determinará o percentual mínimo de gratuidade.

4. Conciliação judicial

Conciliação no CDC por superendividamento: Os arts. 104-A e 104-B do CDC contemplam o procedimento de conciliação do consumidor superendividado, nos termos da definição trazida pela lei consumerista, fazendo com que os credores tenham que participar de audiência designada para apresentação do plano de pagamento em até 5 anos. O não comparecimento para a audiência de conciliação suspende os encargos da dívida e sujeita o credor ausente ao pagamento em 5 anos, instaurado processo com a sua citação, recebimento esse que se dará apenas depois do pagamento dos credores que renegociaram. Não se incluem na regra as dívidas contraídas com o intuito de não pagar, bem como dívidas decorrentes de créditos rural e imobiliário.

Conciliação no CPC: Sempre haverá a designação de audiência de conciliação (CPC, art. 334), que apenas não será realizada (CPC, art. 334, §§ 4º, 5º e 6º) se: a) o autor dispensar na inicial; e, b) o réu dispensar pelo menos 10 dias antes da audiência. O não comparecimento implica multa de 2% do valor da causa ou da pretensão (CPC, art. 334, § 8º).

O CPC não tratou do procedimento, apenas de regras básicas. Assim, por extensão, aplicar-se-ão as regras da mediação trazidas pela Lei 13.140/2015 na ausência de disciplina pelas partes (CPC, art. 166, § 4º). As regras básicas do CPC são as seguintes:

 a) possibilidade de múltiplas sessões destinadas à conciliação e à mediação (CPC, art. 334, § 2º);

 b) intimação para a audiência na pessoa do advogado (CPC, art. 334, § 3º);

 c) necessidade de acompanhamento por advogado ou defensor público (CPC, art. 334, § 9º);

 d) homologação por sentença da transação obtida pelo resultado útil da mediação ou da conciliação (CPC, art. 334, § 11); e,

 e) necessidade de intervalo de pelo menos 20 minutos na pauta das audiências de mediação ou de conciliação (CPC, art. 334, § 12).

5. Regras gerais do procedimento de mediação (Lei 13.140/2015, arts. 14 a 20)

Regras procedimentais: no que couber, por extensão, as regras procedimentais da mediação da Lei 13.140/2015 podem ser aplicadas à conciliação (ambos os meios estão previstos no CPC).

Instituição do procedimento de mediação (Lei 13.140/2015 art. 17): considera-se instituída a mediação na data para a qual for marcada a primeira reunião de mediação. Recomenda-se a assinatura de termo inicial.

Efeitos da instituição (Lei 13.140/2015, arts. 17, parágrafo único, e 23):

 a) suspensão do prazo prescricional até o termo final de mediação; e,

 b) suspensão de eventual processo judicial ou arbitral: sendo extrajudicial, se as partes se comprometerem a não acessar a jurisdição e, nada obstante o fizerem, o juiz e o árbitro devem suspender o procedimento jurisdicional.

Reuniões (Lei 13.140/2015, arts. 18 e 19): na mediação devem ser marcadas de comum acordo com o mediador, que poderá realizá-las com as partes separadamente e, entre as partes, com a anuência do mediador.

5. Regras gerais do procedimento de mediação (Lei 13.140/2015, arts. 14 a 20)

Recusa, impedimento ou suspeição do mediador e do conciliador (CPC, arts. 144 e 145).

Mediação e conciliação no curso do procedimento judicial (Lei 13.140/2015, art. 16): as partes requererão ou qualquer delas requererá ao juiz ou ao árbitro a suspensão do processo.

Advogado (Lei 13.140/2015, arts. 10 e 26): participação facultativa, exceto na mediação/conciliação judicial em que as partes deverão estar acompanhadas por advogado, ainda que nomeado "ad hoc" (CPC, art. 334, § 9º).

Mediação/conciliação extrajudicial: a transação extrajudicial, para constituir título executivo extrajudicial, exige a assinatura do advogado se o conciliador ou o mediador não forem credenciados pelo tribunal (CPC, art. 784, IV).

Mediação/conciliação judicial: com a presença obrigatória do advogado (§ 9º do art. 334 do CPC), ainda que o conciliador/mediador não seja credenciado, o que é possível pela escolha das partes, a teor do art. 168, § 1º, do CPC, mesmo que não haja homologação por sentença, a transação representará título executivo extrajudicial, a teor do art. 784, IV, do CPC. Se houver homologação, facultativa e a requerimento da parte, o título executivo será judicial, nos termos do art. 20, parágrafo único, da Lei 13.140/2015 e do art. 515, II, do CPC.

Termo final de mediação e de conciliação e natureza do título no caso de transação (art. 20, parágrafo único, da Lei 13.140/2015):

a) Recomenda-se que contenha: I – a qualificação das partes e dos seus procuradores e prepostos, quando houver; II – o resumo do conflito; III – a descrição do acordo, com os direitos e obrigações de cada parte, ou a declaração ou manifestação de não ser mais possível a obtenção de solução consensual; IV – o local, a data, a assinatura do mediador e, caso tenha sido celebrado acordo, as assinaturas das partes e dos seus procuradores, quando houver.

b) *Havendo conciliação (arts. 20, parágrafo único, e 28, parágrafo único, da Lei 13.140/2015 e art. 515, II, III e VII, do CPC):* a transação constará do termo final e, homologada pelo juiz por decisão automaticamente irrecorrível ou pelo árbitro, nas duas hipóteses a requerimento da parte, constitui título executivo judicial e, se não for homologada por ausência de requerimento do interessado, título executivo extrajudicial (CPC, art. 784, IV).

6. Peculiaridades da mediação/conciliação extrajudicial – a cláusula escalonada

A mediação extrajudicial, assim como a arbitragem, poderá ser institucional (ou administrada) ou avulsa (ou "ad hoc").

As partes poderão, inclusive, pactuar a obrigatoriedade de se submeter à mediação antes da heterocomposição pelo Poder Judiciário ou pela arbitragem, pactuando que, se desrespeitarem a necessidade de buscar autocomposição prévia, se depararão com a suspensão do processo judicial ou arbitral, nos termos do art. 23 da Lei 13.140/2015, salvo para deferir tutelas provisórias de urgência, de natureza cautelar ou antecipada. Esta é a cláusula escalonada.

Posta assim a questão, nos termos do art. 21 da Lei 13.140/2015, qualquer das partes poderá convidar a outra a participar de reunião para esse fim, por qualquer meio, como, por exemplo, através de cartório de títulos e documentos, carta registrada, e-mail etc., evitando o termo agressivo "notificação".

6. Peculiaridades da mediação/conciliação extrajudicial – a cláusula escalonada

Procedimento previsto em contrato: faculdade das partes, que poderão prever contratualmente a mediação em cláusula que deverá conter (art. 22 da Lei 13.140/2015): "I – prazo mínimo e máximo para a realização da primeira reunião de mediação, contado a partir da data de recebimento do convite; II – local da primeira reunião de mediação; III – critérios de escolha do mediador ou equipe de mediação; IV – penalidade em caso de não comparecimento da parte convidada à primeira reunião de mediação. § 1º A previsão contratual pode substituir a especificação dos itens acima enumerados pela indicação de regulamento, publicado por instituição idônea prestadora de serviços de mediação, no qual constem critérios claros para a escolha do mediador e realização da primeira reunião de mediação".

Procedimento, não havendo cláusula contratual completa (CPC, art. 334, § 4º, e Lei 13.140/2015, art. 22) – a mediação deverá ser precedida de convite mediante notificação à outra parte, que respeitará, no mínimo, os seguintes critérios: "I – prazo mínimo de dez dias úteis e prazo máximo de três meses, contados a partir do recebimento do convite para o início da mediação; II – local adequado a uma reunião que possa envolver informações confidenciais; III – lista de cinco nomes, informações de contato e referências profissionais de mediadores capacitados; a parte convidada poderá escolher, expressamente, qualquer um dos cinco mediadores e, caso a parte convidada não se manifeste, considerar-se-á aceito o primeiro nome da lista; IV – o não comparecimento da parte convidada à primeira reunião de mediação acarretará a assunção por parte desta de cinquenta por cento das custas e honorários sucumbenciais caso venha a ser vencedora em procedimento arbitral ou judicial posterior, que envolva o escopo da mediação para a qual foi convidada".

Início (art. 21 da Lei 13.140/2015): por convite do interessado dirigido à outra com o escopo proposto para negociação: na data para a qual for marcada a primeira reunião de mediação, mediante assinatura do termo inicial de conciliação/mediação nos termos do art. 17 da Lei 13.140/2015 para, inclusive, a partir deste termo, contar o prazo de suspensão da prescrição (art. 17, parágrafo único, da Lei 13.140/2015) enquanto durar o procedimento.

Contratos comerciais e societários nos quais não haja cláusula de mediação (art. 22, § 3º, da Lei 13.140/2015): poderá haver convite nesses contratos e o não comparecimento implicará a consequência de o faltoso arcar com metade das custas e dos honorários, mas, comparecendo, caso não queira dar sequência, pela voluntariedade do procedimento de mediação, não poderá ser compelido a pagar por serviço que não anuiu.

7. Peculiaridades da mediação judicial

Início (Lei 13.140/2015, arts. 24 e 25): antes e independentemente da citação, se o juiz entender que o caso é de mediação, determinará o encaminhamento do processo ao mediador judicial, salvo hipótese de recusa expressa declarada pelo autor e que acompanhe a exordial. Nesse ponto, diverge da conciliação, posto que, mesmo que a parte a dispense na inicial, o juiz designa a audiência que, nos termos do art. 334, §§ 4º e 5º, do CPC, só não se realiza se o réu também a dispensar pelo menos 10 dias antes da data marcada para sua realização. As partes serão comunicadas por qualquer meio idôneo para responderem positivamente pela mediação no prazo de 15 dias. A ausência de manifestação positiva de ambas as partes frustra a mediação.

Recusa (Lei 13.140/2015, art. 5º, parágrafo único): a mediação é sempre voluntária (art. 2º, V e § 2º) e, instadas as partes a participação, se qualquer delas não se manifestar positivamente – o silêncio significa recusa –, o mediador deverá comunicar (autos eletrônicos) ou restituir os autos físicos ao juiz para prosseguimento do procedimento judicial com a citação do réu, se for o caso.

7. Peculiaridades da mediação judicial

Celebração de acordo (Lei 13.140/2015, art. 28, parágrafo único): respeitará a forma do termo final de mediação e o ato de citação não será levado a efeito, não cabendo, inclusive, imposição de custas judiciais finais pela satisfação do direito (art. 29 da Lei 13.140/2015). Os autos são remetidos ao juiz (físicos) ou o mediador comunica ao juiz a transação (autos eletrônicos) para que este determine o arquivamento da petição inicial. Haverá homologação da transação contida no termo final da mediação por sentença irrecorrível apenas se houver requerimento do interessado nesse sentido, antes do arquivamento. Caso haja homologação do termo final, o título executivo será judicial e será extrajudicial se não houver homologação.

Prazo para conclusão do procedimento de mediação (art. 28 da Lei 13.140/2015): 60 dias contados da primeira sessão, salvo prorrogação aceita por ambas as partes por termo nos autos.

8. Mediação e conciliação no Direito Público

Conflitos envolvendo particulares e a União, os Estados e os Municípios: o art. 32 da Lei 13.140/2015 e o art. 174 do CPC preveem a possibilidade da conciliação e da mediação por meio de câmaras de mediação e conciliação criadas pela União, Estados, DF e Municípios, para: "I – dirimir conflitos envolvendo órgãos e entidades da administração pública; II – avaliar a admissibilidade dos pedidos de resolução de conflitos, por meio de composição, no caso de controvérsia entre particular e pessoa jurídica de direito público; III – promover, quando couber, a celebração de termo de ajustamento de conduta; IV – prevenção e resolução de conflitos que envolvam equilíbrio econômico-financeiro de contratos celebrados pela administração com particulares".

Não se aplica a resolução consensual de conflitos envolvendo as pessoas jurídicas de Direito Público: às controvérsias que somente possam ser resolvidas por atos ou concessão de direitos sujeitos a autorização do Poder Legislativo (Lei 13.140/2015, art. 32, § 4º).

Admitido e instaurado o procedimento (art. 34 da Lei 13.140/2015): a prescrição resta suspensa. O procedimento somente é considerado instaurado quando o órgão ou entidade pública emitir juízo de admissibilidade, retroagindo a suspensão da prescrição à data de formalização do pedido de resolução consensual do conflito (art. 35, § 1º, da Lei 13.140/2015). A prescrição quanto à matéria tributária continua regulada pelo CTN (art. 35, § 2º, da Lei 13.140/2015).

Quanto às *desapropriações*, a Lei 13.867, de 26 de agosto de 2019, alterou o Decreto-lei 3.365/1941 para incluir os arts. 10-A e 10-B, permitindo ao expropriante efetuar oferta por notificação ao expropriado que, não aceita, desde que a notificação contemple a hipótese, permite ao proprietário aderir à mediação e/ou à arbitragem, assinando termo ou compromisso com o Centro de Mediação e Arbitragem previamente cadastrado pelo expropriante.

Transação por adesão nos conflitos envolvendo a Administração Pública Federal Direta, suas Autarquias e Fundações (Lei 13.140/2015, art. 35): a pedido do interessado com prova do atendimento das condições e com fundamento em: "I – autorização do Advogado-Geral da União, com base na jurisprudência pacífica do Supremo Tribunal Federal ou de tribunais superiores; ou II – parecer do Advogado-Geral da União, aprovado pelo Presidente da República".

Requisitos para a "transação por adesão":

a) atendimento das condições decorrentes da resolução administrativa;

b) renúncia ao direito sobre o qual se funda a ação coletiva que o aderente faz parte mediante a juntada da cópia da respectiva petição. Inicialmente indicará que o fará. Com a aprovação condicional (condição suspensiva) pelo Advogado-Geral da União ou delegado, juntará cópia da petição e renúncia da ação coletiva para eficácia da adesão. Caso haja ação judicial ou recurso administrativo, ambos individuais, a adesão aceita implicará automaticamente em renúncia ao direito sobre o qual se funda a ação ou o recurso.

8. Mediação e conciliação no Direito Público

Transação "por adesão" e prescrição do direito do aderente (art. 35, § 6º, da Lei 13.140/2015): o simples pedido de adesão não representará renúncia à prescrição ou sua suspensão/interrupção no caso de eventual direito do aderente.

Controvérsia entre órgãos ou entidades de direito público que integram a Administração Pública Federal (Lei 13.140/2015, art. 36): a Advocacia-Geral da União deverá levar a efeito a composição extrajudicial do conflito, observados os procedimentos previstos em ato do Advogado-Geral da União. Não havendo acordo, a competência para dirimir a controvérsia será do Advogado-Geral da União (Jurisdição interna nos termos do § 1º do art. 36 da Lei 13.140/2015).

Reconhecimento da existência de créditos da União, de suas autarquias e fundações em face de pessoas jurídicas de direito público federais (Lei 13.140/2015, art. 36, § 2º): a Advocacia-Geral da União solicita ao Ministério do Planejamento a adequação orçamentária para a quitação das dívidas reconhecidas como legítimas.

Adesão ao sistema de composição extrajudicial de conflitos pelos Estados, Distrito Federal e Municípios, suas autarquias e fundações públicas, bem como pelas empresas públicas e sociedades de economia mista federais (exceto as que explorem atividade econômica de produção ou comercialização de bens ou de prestação de serviços – Lei 13.140/2015, art. 38, II) em litígio com a administração direta federal (Lei 13.140/2015 art. 37): faculdade – não há obrigação nesses casos – de adesão à resolução extrajudicial (apenas pela composição) das controvérsias por meio da Advocacia-Geral da União.

Conflitos entre órgãos/entidades de direito público da Administração Pública Federal, relativos a tributos ou créditos inscritos em dívida ativa da União (Lei 13.140/2015, art. 38, III): "a) a submissão do conflito à composição extrajudicial pela Advocacia-Geral da União implica renúncia ao direito de recorrer ao Conselho Administrativo de Recursos Fiscais; b) a redução ou o cancelamento do crédito dependerá de manifestação conjunta do Advogado-Geral da União e do Ministro da Fazenda".

Ações judiciais envolvendo entidades de direito público que integrem a Administração Pública Federal (Lei 13.140/2015, art. 39): como condição da ação, dependem de autorização expressa do Advogado-Geral da União que poderá delegar a competência para conceder a autorização. O juiz deverá extinguir o processo por ausência de documento indispensável para a propositura da ação (CPC, arts. 320 e 321).

Responsabilidade dos servidores e empregados públicos que participarem do processo de composição extrajudicial do conflito (Lei 13.140/2015, art. 40): apenas se, "mediante dolo ou fraude, receberem qualquer vantagem patrimonial indevida, permitirem ou facilitarem sua recepção por terceiro, ou para tal concorrerem", ou seja, comprovado o crime de concussão ou de corrupção passiva.

BIBLIOGRAFIA

ARRUDA ALVIM NETTO, José Manoel de; ALVIM, Thereza; ARRUDA ALVIM, Eduardo; MARINS, James. *Código do consumidor comentado*. 2. ed. São Paulo: RT, 1995.

ASSIS, Araken de. *Manual da execução*. 11. ed. São Paulo: RT, 2007.

BAPTISTA, Luiz Olavo. *Homologação de laudos arbitrais estrangeiros no direito brasileiro*. Arbitragem comercial. Rio de Janeiro: Freitas Bastos, 1985.

BERNINI, Anna Maria. *L'arbitrato amministrato*. Pádua: Cedam, 1996.

CARMONA, Carlos Alberto. *Arbitragem e processo*. 2. ed. São Paulo: Atlas, 2004.

CARNELUTTI, Francesco. Sulla causa della transazione. *Rivista del Diritto Commerciale*, n. 12, pt. 2, Milano, 1914, p. 580.

CHIOVENDA, Giuseppe. *Instituições de direito processual civil*. Campinas: Bookseller, 2000. v. II.

CORBELLÁ, S.; BOTELLA, L. (2003). La alianza terapéutica: historia, investigación y evaluación. *Anales de Psicología*, Murcia (España), v. 19, n. 2, p. 205-221, dic. 2003.

CORREIA, Marcus Orione Gonçalves. *Teoria geral do processo*. São Paulo: Saraiva, 1999.

CRETELLA NETO, José. *Curso de arbitragem*. Rio de Janeiro: Forense, 2004.

DIAMVUTU, Lino. O Princípio da competência-competência na arbitragem voluntária. *Anais da Conferência Proferida na Faculdade de Direito da Universidade Agostinho Neto – Angola*, em 12 de Outubro de 2009.

DIDIER JR., Fredie. *Teoria geral do processo e processo de conhecimento*. 6. ed. Salvador: JusPodivm, 2006. v. 1.

DINAMARCO, Cândido Rangel; GRINOVER, Ada Pellegrini; CINTRA, Antonio Carlos Araújo. *Teoria geral do processo*. 10. ed. São Paulo: Malheiros, 1994.

FERNANDES, José Palma (coord.). *Glossário da sociedade da informação*. Lisboa: Associação para a Promoção e Desenvolvimento da Sociedade da Informação, 2005.

FIGUEIRA JR., Joel Dias. *Arbitragem, jurisdição e execução*. São Paulo: RT, 1999.

FREIRE, Rodrigo Cunha Lima. *Condições da ação*. 2. ed. São Paulo: RT, 2001.

FREUD, A. *The Ego and the Mechanisms of Defense*. New York: International Universities Press, 1936.

FURTADO, Paulo; BULOS, Uadi Lammêgo. *Lei de Arbitragem comentada*. São Paulo: Saraiva, 1997.

GAILLARD, Emmanuel; SAVAGE John. *Fouchard Gaillard Goldman On International Commercial Arbitration*. London: Kluwer Law International, 1999.

GIGLIO, Wagner D. Os conflitos trabalhistas, a arbitragem e a justiça do trabalho. *Revista LTr*, n. 47, p. 273, mar. 1983.

GRECO FILHO, Vicente. *Direito processual civil brasileiro*. São Paulo: Saraiva, 1996. v. 1; 2004, v. 2.

HANOTIAU, Bernard. *Complex Arbitrations:* Multiparty, Multicontract, Multi-issue and Class Actions. The Hague: KluwerLaw, 2005.

LISBOA, Celso Anicet. *A reforma do Código de Processo Civil*. Rio de Janeiro: Forense, 2006.

LISBOA, Roberto Senise. A inviolabilidade de correspondência na internet. In: SIMÃO FILHO, Adalberto; LUCCA, Nilton de (coord.). *Direito e internet*. Bauru: Edipro, 2000.

LISBOA, Roberto Senise. *Manual de direito civil*. 3. ed. São Paulo: RT, 2004. v. 1.

MARINONI, Luiz Guilherme; ARENHART, Sérgio Cruz. *Curso de processo civil* – Execução. São Paulo: RT, 2007. v. 3.

MARQUES, Claudia Lima. *Contratos no Código de Defesa do Consumidor*. 5. ed. São Paulo: RT, 2006.

MARQUES, Claudia Lima; BENJAMIN, Antônio Herman V.; MIRAGEM, Bruno. *Comentários ao Código de Defesa do Consumidor*. 2. ed. São Paulo: RT, 2006.

MARTINS, Pedro A. Baptista. Arbitragem. Capacidade, Consenso e Intervenção de Terceiros: Uma Sobrevista. In: FERRAZ, Rafaella; MUNIZ, Joaquim de Paiva (Org.). *Arbitragem doméstica e internacional*: Estudos em Homenagem ao Prof. Theóphilo de Azeredo Santos. Rio de Janeiro: Forense, 2008.

MARTINS, Pedro A.; LEMES, Selma M. Ferreira; CARMONA, Carlos Alberto. *Aspectos fundamentais da Lei de Arbitragem*. Rio de Janeiro: Forense, 1999.

MATTELART, Armand. *História da sociedade da informação*. São Paulo: Loyola, 2002.

MATTOS, Mauro Roberto Gomes de. *Contrato administrativo e a Lei de Arbitragem*. Disponível em: http://www.gomesdemattos.com.br/artigos/o_contrato_administrativo_e_a_lei_de_arbitragem.pdf. Acesso em: 26 out. 2008.

MONTE ALTO, Clécio F.; ALVES, Paulo C.; PINHEIROS, Antônio M. *Técnicas de compras*. Rio de Janeiro: Editora FGV, 2009.

MUNIZ, Joaquim de Paiva. *A arbitragem ao alcance de todos* – Cartilha de arbitragem. Rio de Janeiro: OAB-RJ – Comissão de Arbitragem, 2004.

NEGRÃO, Ricardo. *Manual de direito comercial e de empresa*. 3. ed. São Paulo: Saraiva, 2008. v. 3.

NEGRÃO, Theotonio. *Código de Processo Civil*. 30. ed. São Paulo: Saraiva, 2004.

NERY JUNIOR, Nelson. *Código de Defesa do Consumidor comentado pelos autores do anteprojeto*. 6. ed. Rio de Janeiro: Forense Universitária, 1999.

NUNES, Luiz Antonio Rizzatto. *Comentários ao Código de Defesa do Consumidor*. São Paulo: Saraiva, 2007.

OLIVEIRA, Edson. *Rapport: A arte secreta dos mestres da persuasão*. Disponível em: https://maispersuasao.com.br/rapport-e-confianca. Acesso em: 17 jan. 2018.

PAESANI, Liliana Minardi (coord.). *Direito da sociedade da informação*. São Paulo: Atlas, 2006.

PEREIRA, Caio Mário da Silva. *Instituições de direito civil*. 18. ed. Rio de Janeiro: Forense, 1996. v. 1.

PINHEIRO, Patrícia Peck. *Direito digital*. 2. ed. São Paulo: Saraiva, 2007.

PONTES DE MIRANDA, Francisco Cavalcanti. *Tratado das ações*. São Paulo: RT, 1970. t. I.

RODRIGUES, Silvio. *Direito civil* – Parte geral. 32. ed. São Paulo: Saraiva, 2002. v. 1.

ROGERS, C. *Psicoterapia centrada en el cliente*. Buenos Aires: Editorial Paidós, 1951.

SANTOS, Moacyr Amaral. *Comentários ao Código de Processo Civil*. 6. ed. Rio de Janeiro: Forense, 1994. v. 4 e 6.

SCAVONE JUNIOR, Luiz Antonio. As assembleias dos condomínios edilícios na sociedade da informação: a possibilidade da assembleia por meio eletrônico. In: PAESANI, Liliana Minardi (coord.). *Direito da sociedade da informação*. São Paulo: Atlas, 2006.

SCAVONE JUNIOR, Luiz Antonio. *Direito imobiliário* – Teoria e prática. 7. ed. Rio de Janeiro: Forense, 2014.

SCAVONE JUNIOR, Luiz Antonio. *Do descumprimento das obrigações.* São Paulo: Juarez de Oliveira, 2007.

SCAVONE JUNIOR, Luiz Antonio. *Juros no direito brasileiro.* 5. ed. Rio de Janeiro: Forense, 2014.

SCAVONE JUNIOR, Luiz Antonio. *Obrigações* – Abordagem didática. 5. ed. São Paulo: RT, 2011.

SILVA PEREIRA, Caio Mário. *Condomínio e incorporações.* 10. ed. Rio de Janeiro: Forense, 1997.

SIMÃO FILHO, Adalberto. Auto-mediação: uma proposta para solução ética de conflitos. *Revista da Faculdade de Direito da FMU*, ano XVIII, n. 26, 2004, p. 141.

SIMÃO FILHO, Adalberto; LUCCA, Newton de. *Direito e internet.* Bauru: Edipro, 2000.

SIQUEIRA JUNIOR, Paulo Hamilton. *Direito processual constitucional.* São Paulo: Saraiva, 2006.

STRENGER, Irineu. *Direito do comércio internacional e* lex mercatoria. São Paulo: LTr, 1996.

TAKAHASHI, Tadao (org.). *Sociedade da informação no Brasil* – Livro verde. Brasília, 2000.

THEODORO JÚNIOR, Humberto. *Curso de direito processual civil.* 39. ed. Rio de Janeiro: Forense, 2003. v. 1.

THEODORO JÚNIOR, Humberto. Arbitragem e terceiros: Litisconsórcio fora do pacto arbitral: Outras intervenções de terceiros. In: MARTINS, Pedro A. Batista; ROSSANI GARCEZ, José Maria (Org.). *Reflexões sobre arbitragem: in memoriam* do Desembargador Cláudio Vianna de Lima. São Paulo: LTr, 2002.

VATTIMO, Gianni. *A sociedade transparente.* Lisboa: Edições 70, 1991.

VILELA, Marcelo Dias Gonçalves. Sociedade por cotas de responsabilidade limitada composta por apenas dois sócios. Exclusão do sócio minoritário ditada pelo sócio majoritário sob o fundamento da justa causa. Previsão de arbitragem. Execução específica. Comentários à jurisprudência (TJSP – AgIn 122.809.4/7 – 3ª Câmara de Direito Privado – Relator: Desembargador Ênio Santarelli Zuliani). *Revista de Arbitragem e Mediação*, v. 2, n. 5, p. 182-183, abr.-jun. 2005.

WALD, Arnoldo. *O direito de parceria e a nova Lei de Concessões.* São Paulo: RT, 1996.

ZAVASCKI, Teori Albino. Sentenças declaratórias, sentenças condenatórias e eficácia executiva dos julgados. In: DIDIER JR., Fredie. *Processo civil:* leituras complementares. 4. ed. Salvador: JusPodivm, 2006.

OBRAS DO AUTOR

Livros publicados/organizados

1. *Arbitragem* – Mediação, Conciliação e Negociação. 10. ed. Rio de Janeiro: Forense, 2020.
2. *Modelos de Peças no Novo CPC*. 3. ed. Rio de Janeiro: Forense, 2018.
3. *Direito imobiliário*. 19. ed. Rio de Janeiro: Forense, 2023.
4. *Lei do Inquilinato comentada artigo por artigo*. 2. ed. Rio de Janeiro: Forense, 2017.
5. *Juros no direito brasileiro*. 5. ed. Rio de Janeiro: Forense, 2014.
6. *Comentários ao Código Civil*. 3. ed. São Paulo: RT, 2014. (org.)
7. *Do descumprimento das obrigações*. São Paulo: Juarez de Oliveira, 2007.
8. *Obrigações*. 5. ed. São Paulo: RT, 2011.
9. *Comentários ao Código Civil Brasileiro*. Rio de Janeiro: Forense, 2006. v. XVII. (em coautoria com diversos autores)
10. *Comentários às alterações da lei do inquilinato*. São Paulo: RT, 2010.
11. *Assédio sexual* – Responsabilidade civil. São Paulo: Juarez de Oliveira, 2001.
12. *Despesas ordinárias e extraordinárias de condomínio*. 2. ed. São Paulo: Juarez de Oliveira, 2000. (em coautoria com Jorge Tarcha)

Capítulos de livros publicados/artigos

1. O quórum para aprovação de obras nos condomínios edilícios. *Estudos avançados de direito imobiliário*. Rio de Janeiro: Elsevier, 2014. v. 1, p. 375-389.
2. A arbitragem como meio alternativo de solução de conflitos individuais e coletivos no direito do trabalho. *Estado e economia* – estudos em homenagem a Ademar Pereira. São Paulo: Saraiva, 2011. v. 1, p. 495-513.

3. Os honorários de advogado como consequência do descumprimento das obrigações e sua cumulação com os honorários de sucumbência. *Tendências jurídicas contemporâneas.* São Paulo: Saraiva, 2011. v. 1, p. 306-334.

4. A Tabela Price como sistema de amortização de empréstimos e financiamentos no Código de Defesa do Consumidor e na sociedade da informação. *20 anos do Código de Defesa do Consumidor* – Estudos em homenagem ao Professor José Geraldo Brito Filomeno. São Paulo: Atlas, 2010. v. 1, p. 225-259.

5. Responsabilidade dos educadores na sociedade da informação. *O direito na sociedade da informação II.* São Paulo: Atlas, 2009. v.1, p. 67-87.

6. As assembleias dos condomínios edilícios na sociedade da informação: a possibilidade da assembleia por meio eletrônico. *O direito na sociedade da informação.* São Paulo: Atlas, 2007. v. 1, p. 189-208.

7. Juros no novo direito privado brasileiro. *O Código Civil e sua interdisciplinaridade.* Belo Horizonte: Del Rey, 2004. p. 533-564.

8. Os contratos imobiliários e a previsão de aplicação da Tabela Price. *Revista de Direito do Consumidor*, São Paulo: Revista dos Tribunais, v. 28, p. 129-136, 1998.